lonely planet

NEW YORK

PARTIR EN FAMILLE

Claire Bertaux

L'auteur Claire Bertaux

Venue en 2003 pour sa thèse en virologie, Claire a succombé aux charmes de New York et a décidé de s'y installer une fois ses études terminées. Elle y vit avec son mari et sa fille âgée de 5 ans, la charmante petite Chloé qui nous a gentiment prété sa frimousse pour illustrer certaines pages. Après le Bronx et Harlem Sud, c'est dans l'Upper West Side que la petite famille a élu domicile.

L'illustratrice lili Bé

lili Bé est une artiste française qui vit à Londres. Elle partage sa vie entre son rôle de maman, son travail d'illustratrice et la tenue d'un blog très drôle (130cartons.com) qui dépeint la vie d'une maman française à Londres. Son talentueux coup de crayon illumine les pages du guide et du livret enfant.

Bien que les auteurs et Lonely Planet aient préparé ce guide avec tout le soin nécessaire, nous ne pouvons garantir l'exhaustivité ni l'exactitude du contenu. Lonely Planet ne pourra être tenu responsable des dommages que pourraient subir les personnes utilisant cet ouvrage.

En Voyage Éditions | un département place des éditeurs

PARTIR EN FAMILLE À NEW YORK
4e édition

12, avenue d'Italie – 75627 Paris Cedex 13
Direction Frédérique Sarfati-Romano
Direction éditoriale Didier Férat
Fabrication Céline Premel-Cabic
Imprimé par L.E.G.O. (Legatoria Editoriale Giovanni Olivotto), Italie
Dépôt légal Mars 2016
ISBN 978 28161 54788

Conception et réalisation
Dominique Goldsztejn

Un grand merci à En Voyage Éditions et plus particulièrement à Frédérique Sarfati-Romano pour sa confiance et à Didier Férat pour ses précieux conseils. Merci à toutes les bonnes fées (elles se reconnaîtront) qui m'ont soutenue tout au long de cette aventure. Merci aussi à tous les charmants *kids* qui se sont prêtés à nos enquêtes sur place. Merci du fond du cœur à toute mon équipe pour me suivre dans toutes mes exigences. Et bien sûr merci à vous lecteurs, qui m'avaient témoigné au cours de ces années remerciements, suggestions et encouragements à continuer et à faire grandir cette collection. Vos messages me touchent énormément et permettent d'améliorer sans cesse la collection, alors surtout continuez à vous exprimer en écrivant à :
commentaires@tfbw.eu

Coordination
TFBW Éditions
Conception graphique
François Loudenot
Coordination éditoriale
Élise Lejeune, Coraline Borchiellini
Cartographie
Kamisphère
Contributions
Loïc Chauvin, Louise Dodet-Béliard, Clara Kasser, Louise Letourneur, Isabelle Petit, Nathalie Portier-Marret

Ça y est, c'est décidé, vous allez emmener votre couvée à New York.

Excellente idée ! Nous avons conçu ce guide pour qu'il soit votre partenaire idéal au cours de cette escapade. Il s'adresse aussi bien aux adultes qu'aux petits globe-trotteurs. Musées, attractions, balades, jeux de piste, restaurants, goûters, pique-niques, shopping, hôtels... tout a été pensé et testé pour répondre aux besoins spécifiques d'une tribu en voyage.

De New York, une des villes les plus filmées, on connaît déjà tout : la forêt de gratte-ciel, les taxis jaunes, les néons des enseignes de pub, les fumées des bouches d'aération, la statue de la Liberté et même la bande-son avec les sirènes tonitruantes. Mais une fois que vous aurez posé le pied à Manhattan, son gigantisme et son effervescence vous laisseront émerveillé et sans voix. C'est comme dans les films, mais en plus grand et en vrai !

Admirer New York vu d'en haut, visiter les plus grands musées, monter à bord d'un porte-avions, naviguer sur l'Hudson, s'initier aux nouvelles technologies, faire du shopping ou déguster le meilleur cheesecake de la ville... Big Apple a tout pour plaire aux grands et aux petits. Mais New York (on devrait dire d'ailleurs New York City), ce n'est pas que Manhattan ! Brooklyn, le Queens, le Bronx... valent aussi le détour.

On fait quoi aujourd'hui ? Quand est-ce qu'on mange ? Où est-ce qu'on dort ? On fait comment ? Ne cherchez plus, vous avez toutes les réponses entre les mains avec, en prime, un cahier de 24 pages de jeux pour vos lutins

Allez, hop, c'est parti !

SOMMAIRE

192 On a cassé la tirelire !

218 Où est-ce qu'on dort ?

238 On fait comment ?

NEW YORK

Où quand comment

Peter Stuyvesant
Nommé en 1647 directeur général de la Nouvelle-Amsterdam, il est le dernier à avoir administré la colonie hollandaise. Il est si autoritaire et si mal aimé que, lorsqu'il a demandé à ses hommes de défendre la colonie contre les Anglais, personne n'a voulu se battre. Et les Anglais ont vaincu sans combat.

Un peu d'histoire

En quelques siècles, Manna-Hata, "l'île aux collines" des Indiens algonquins, est devenue une ville unique au monde. Découverte puis colonisée par les Européens, la baie de New York a traversé les siècles avec des succès, des crises et des conflits pour accueillir aujourd'hui une métropole dynamique et cosmopolite.

Découverte et colonisation

Cosmopolite ? Vous avez dit cosmopolite... Eh bien oui, et ça commence dès la découverte de la baie en 1524, lors d'une expédition commandée par François Ier au navigateur florentin Verrazano, qui la baptisa la Nouvelle-Angoulême. En 1610, l'explorateur anglais Henry Hudson, sous la houlette des Hollandais et pour le compte de la Compagnie néerlandaise des Indes orientales, pénètre à son tour dans la baie. Il remonte le fleuve auquel il va donner son nom. Les Hollandais s'installent et fondent la Nouvelle-Amsterdam.

En 1624, selon la légende, Peter Minuit achète l'île de Manna-Hata aux Indiens pour 60 florins (l'équivalent de 20 $). En 1664, les Anglais s'emparent de la ville qui passe dans les mains du duc d'York et devient... New York !

Indépendance et développement

Avec l'arrivée grandissante des colons européens, New York va devenir, dès 1720, la troisième grande colonie américaine. C'est malheureusement aussi l'une des villes qui comptent le plus d'esclaves. Suite à la

promulgation de lois discriminatoires, des émeutes éclatent et la guerre d'Indépendance débute en 1773. Par le traité de Paris de 1783, l'Angleterre reconnaît l'indépendance de la fédération américaine.

Une période de prospérité s'ensuit et New York voit, à partir de 1811, son urbanisme se développer, notamment avec la conception du plan quadrillé de Manhattan.

Dans les années 1820, New York, avec une population de 127000 habitants, devient la ville la plus peuplée des États-Unis.

Au cours du XIXe siècle, fuyant la misère ou les persécutions, les immigrants débarquent par vagues successives et se regroupent par communautés géographiques ou culturelles dans les différents quartiers de la ville : juifs, Polonais, Irlandais, Allemands, Italiens, Chinois, Russes.

Arrive une période chaotique avec la guerre de Sécession qui prend fin en 1865, année où Abraham Lincoln est assassiné. En 1858 sont entrepris des travaux d'aménagement, et 1873 verra l'implantation d'un vaste parc au centre de Manhattan : Central Park.

Avec les dernières années du XIXe siècle s'ouvre une ère de modernisation. On assiste à la construction du métro aérien, du Met (Metropolitan Museum of Art), du Metropolitan Opera, du pont de Brooklyn et à la mise en place du réseau électrique. En 1886, la statue de la Liberté prend place à l'entrée du port. Cette œuvre de Bartholdi offerte par la France est devenue le symbole de l'espoir pour les millions d'immigrants qui ne cessent d'affluer. Ces derniers forgent l'image de melting-pot dont s'enorgueillit New York, une ville où l'on parle des dizaines de langues.

Le krach de 1929

Le 24 octobre, après l'éclatement d'une bulle spéculative, c'est la panique à Wall Street ! En trois jours, tout le monde veut vendre ses titres et le marché s'écroule dans une spirale infernale. La crise se propage à l'échelle du monde. Elle durera jusqu'à la Seconde Guerre mondiale.

La fin du siècle voit se dessiner la métropole telle que nous la connaissons aujourd'hui et, en 1898, New York se compose déjà de ses cinq *boroughs* (arrondissements) : Manhattan, Brooklyn, le Bronx, le Queens et Staten Island.

Architecte et modernité

Les grands travaux se poursuivent avec le métro souterrain. Des édifices sortent de terre comme le Madison Square Garden, le Flatiron, Grand Central Station.

Après la Première Guerre mondiale, les hispanophones commencent à s'installer. En 1929, une journée connue sous le nom de "jeudi noir" voit éclater le krach boursier de Wall Street qui entraîne une crise touchant l'économie de la ville, mais aussi celles du pays et de la planète.

Des centaines de milliers d'habitants se retrouvent au chômage et à la rue. Dans les années 1930, de nouvelles constructions voient le jour : l'Empire State Building, le Chrysler Building, le Rockefeller Center. Les années 1960 à 1980 se révèlent difficiles. Émeutes et délinquance s'installent dans une ville qui connaît un nombre croissant de pauvres. En 1965, le leader noir Malcom X est assassiné à Harlem.

Le World Trade Center est inauguré en 1973, mais le centre d'affaires est loin d'être un succès. En effet, New York connaît de graves difficultés économiques et se trouve, en 1975, au bord de la faillite. En 1989, le premier maire noir de New York est élu. En 1993, avec l'élection de Rudy Giuliani au poste de maire, New York renoue enfin avec la prospérité. Le programme de "tolérance zéro" mené par ce dernier, tant sur le plan de la criminalité que sur celui de la propreté ou des finances, va redorer l'image de la ville.

Des tragédies et des rebonds

Le 11 septembre 2001 marque une nouvelle date noire dans l'histoire de New York. L'attaque terroriste contre les tours jumelles est un événement sans précédent. Les conséquences, tant économiques que psychologiques, sont désastreuses. Les images du 11 septembre ont fait le tour du monde, marquant les esprits à jamais. La construction d'un mémorial est immédiatement envisagée et le chantier voit le jour en 2006. Les National September 11 Memorial & Museum sont inaugurés le 11 septembre 2011. En mai 2015, le One World Observatory (p. 49) est enfin accessible au public. Perchée au sommet du One World Trade Center, c'est la plus haute tour de New York.

New York sort de la crise économique qui a débuté en 2008 et retrouve son dynamisme tant sur le plan touristique qu'économique. Rudy Giuliani termine son second mandat en décembre 2011. Michael Bloomberg lui succède, et Bill de Blasio est élu en 2014. Le 31 octobre 2012, la ville est frappée par un nouveau drame, l'ouragan Sandy, qui cause de graves dégâts. Une grande partie de New York est privée d'électricité, le sud de Manhattan est inondé et on compte 18 victimes.

Bien que ces tragédies aient laissé des cicatrices, les habitants ont fait preuve de leur habituelle combativité pour que New York, “la ville qui ne dort jamais”, retrouve son effervescence et son aura légendaires.

Vivre comme les New-Yorkais

Les New-Yorkais ont quelques petites habitudes que vous pourrez facilement observer en vous promenant.

Siroter son café en marchant

Le début de journée de la plupart des New-Yorkais commence par un café acheté sur le chemin du travail, de l'école, de la salle de sport. Il est généralement servi brûlant dans un grand gobelet en carton ; seule une bague de carton évite de s'ébouillanter. Il n'y a pas un seul bloc de New York où l'on ne puisse acheter un café à emporter.

Déjeuner d'une lunch box

Sans accès à une cantine ou à une cafétéria, une bonne partie des New-Yorkais apporte son repas pour pouvoir déjeuner vite et pas cher. Le concept du repas du midi ne fait pas partie, en effet, de la culture américaine. Dans les écoles, les enfants doivent souvent même prendre leur lunch en moins de 25 min. La *lunch box* permet de transporter facilement son déjeuner. Simple ou fun, il y en a de toutes sortes.

Les food trucks

New York est la capitale des camions-restaurants. Ces *food trucks* que l'on trouve dans toute la ville continuent à proposer hot-dogs, bagels ou falafels. Mais la *street food,* la "nourriture dans la rue", ne rime plus avec sandwich mou avalé à la va-vite. Le choix est vaste : cuisines italienne, grecque, latino, plats bio, gaufres belges, cupcakes. Poussés par le prix des loyers dans Manhattan, de plus en plus de cuisiniers, et pas des moindres, sont descendus dans la rue pour proposer une cuisine de qualité et même parfois gastronomique. Vous trouverez la liste des *food trucks* et leur localisation sur le site roaminghunger.com/ny ou tweat.it

Les taxis jaunes

New York ne serait pas New York sans ses taxis jaunes. Le choix de cette couleur remonte à 1915, quand la Yellow Cab Company fut fondée et implantée dans les principales villes américaines. Une étude de l'université de Chicago avait déclaré cette couleur comme étant la plus visible de loin. Une loi votée en 1967 imposera le jaune à tous les taxis agréés. Mais ne soyez pas surpris de voir aussi des taxis... verts ! Ils assurent la liaison entre Manhattan et les autres *boroughs* de New York (on ne peut pas les utiliser pour circuler dans Manhattan seulement). Pas de station, les chauffeurs sont en maraude. Il vous suffit de lever la main pour qu'il y en ait un qui s'arrête.

Please wait to be seated

Attention, à New York, comme d'ailleurs dans tout le reste des États-Unis, on ne s'installe pas comme on veut dans un restaurant. Il faut attendre qu'un membre du personnel vous conduise à votre table. Autre règle très américaine : on ne double pas dans les files d'attente devant les magasins, les restaurants, le métro et même aux arrêts de bus. Les New-Yorkais sont très respectueux de cette règle de savoir-vivre et attendent de même des visiteurs.

Les jours fériés

L'année comprend dix jours fériés, mais ici un jour férié ne veut pas dire obligatoirement un jour chômé. Les restaurants et les boutiques sont en effet ouverts 365 jours par an. Certains musées ferment pour Thanksgiving, Noël et le jour de l'An.

- **Jour de l'An** (1er janvier)
- **Martin Luther King Day** (3e lundi de janvier)
- **President Day** (3e lundi de février)
- **Memorial Day** (dernier lundi de mai)
- **Fête nationale** (4 juillet)
- **Labor Day** (1er lundi de septembre)
- **Colombus Day** (2e lundi d'octobre)
- **Veteran Day** (11 novembre)
- **Thanksgiving** (dernier jeudi de novembre)
- **Noël** (25 décembre)

New York en fêtes

De nombreuses manifestations se déroulent tout au long de l'année. Attendez-vous à une foule compacte dans toutes les rues, mais New York en fêtes, cela ne se rate pas. Voici notre sélection d'événements à vivre en famille.

Février (date variable) : Lunar New Year Parade et Chinese New Year

À quelques jours d'intervalle, deux défilés se déroulent dans Chinatown avec chars, dragons, arts martiaux, musiciens et pétards, pour célébrer le Nouvel an chinois.

Mi-mars : St Patrick's Day Parade

Le plus ancien défilé de New York se déroule sur la 5th Avenue (entre la 86th St et la 44th St). Il est conduit par les troupes du 165e régiment d'infanterie irlandais. C'est de loin la plus importante parade avec celle de Thanksgiving.

Pâques : Easter Parade et Easter Bonnet Festival

Sur la très célèbre 5th Avenue, de la 49th St à la 57th St, les New-Yorkais défilent coiffés de chapeaux amusants. La zone autour de la

cathédrale Saint-Patrick est un point de vue idéal. Petite manifestation très pittoresque et amusante pour les enfants.

Mai (1er week-end après la fête des Mères) : 9th Avenue Food Festival

Festival culinaire très fréquenté qui se tient sur la 9th Avenue (fermée pour l'occasion à la circulation entre la 37th St et la 57th St). Restaurants et stands de rue proposent des cuisines de tous les pays. Ambiance festive et musicale.

4 juillet : Independance Day (fête nationale)

Un spectacle pyrotechnique éblouissant aux sons du New York Pops Orchestra, à admirer depuis les quais. Selon les années, il a lieu sur les quais de l'Hudson ou de l'East River.

Fin juillet à fin août : Harlem Week

Une semaine qui dure... un mois, pour découvrir l'histoire et la culture de Harlem. Rassemblements festifs, dégustations culinaires, spectacles, expositions artistiques, événements sportifs... Il y en a pour tous les goûts, tous les âges et la plupart des activités sont gratuites.

Début août : Hong Kong Dragon Boat Festival

Sur l'eau, plus de 120 bateaux-dragons défilent sur le lac Meadow. Sur terre, musique, danses, arts martiaux, artisanat et gastronomie sont mis à l'honneur.

Mi-septembre : Feast of San Gennaro

Little Italy rend hommage au saint patron de Naples (saint Janvier). Le quartier est en fête pendant 11 jours avec parades, spectacles, gastronomie et concours de pâtisseries.

Septembre : Atlantic Antic

À Brooklyn, sur Atlantic Avenue, se tient une foire de rue. Nombreuses scènes avec musiques et spectacles divers, mais aussi balades à poney pour les enfants et cuisine du monde entier pour petits et grands gourmands.

2e lundi d'octobre : Columbus Day Parade

Ce lundi commémore l'arrivée de Christophe Colomb aux Amériques en 1492. Un jour festif qui réunit, sur la 5th Avenue, les New-Yorkais et les touristes de tous horizons venus admirer les musiciens et les chars de la parade. Le défilé commence à la hauteur de la 44th St et se poursuit jusqu'à la 79th St.

31 octobre : Village Halloween Parade

Défilé de gens déguisés, de danseurs et de marionnettes allant vers Greenwich Village depuis la 6th Ave et Canal St. Une tradition très américaine, bien qu'elle ait franchi les frontières. Déconseillé aux très jeunes enfants à cause de la foule. Les *kids* grimés vont de maison en maison pour le traditionnel *trick or treat* ("des bonbons ou un mauvais tour") et récoltent des bonbons au passage.

Mi-novembre à mi-janvier : Holiday Train Show

Au jardin botanique, des trains circulent à travers les grands sites majeurs de New York dans un décor miniaturisé. Un régal pour les petits... Bon, O.K., les grands aussi pourront en profiter. Réservation recommandée sur nybg.org.

4e jeudi de novembre : Macy's Thanksgiving Day Parade

Ce défilé de chars, dominés par des ballons géants à l'effigie de personnages de dessins animés, est sponsorisé par la chaîne de grands magasins Macy's. La parade démarre de la 77th St et Central Park West, puis emprunte Central Park South, de la 7th Avenue jusqu'à la 42nd St. Elle descend ensuite la 6th Avenue pour finir à la 34th St. La veille, on peut assister, juste à côté de l'American Museum of Natural History, au gonflage des ballons.

25 décembre : Christmas

Lumières, couronnes, sapins, guirlandes, et chants de Noël *(carols)* rendent New York absolument féerique. Le Rockefeller Center, Radio City Hall et South Street Seaport sont particulièrement actifs. Les *department stores,* quant à eux, présentent de merveilleuses vitrines. L'expression *happy holidays* ("bonnes fêtes") est souvent utilisée en cette période de fin d'année, elle fait référence aux différentes fêtes religieuses (chrétienne et juive).

31 décembre : Times Square New Year's Eve

Une foule rassemblant des milliers de personnes venues de tous les horizons s'amasse dans les rues autour de Times Square. Tous attendent avec impatience, aux douze coups de minuit, la descente d'une gigantesque boule de cristal qui marque le passage à l'année suivante. Il est conseillé d'arriver tôt et de se couvrir chaudement.

Les plus beaux manèges

Et quand il n'y a pas de fête… il y a toujours les tours de manège pour s'amuser. Voici notre sélection des plus beaux carrousels new-yorkais pour vos loustics. Allez, tournez manège !

SeaGlass Carousel
Dans Battery Park

Les chevaux ont été remplacés par 30 gigantesques poissons faits de fibre de verre illuminés de lumières LED. Absolument féerique !

Entre State St et Water St • M South Ferry [1], Whitehall St [R], Bowling Green [4, 5] • tlj 10h ; entre 18h et 22h selon la saison • tour : 5 $

Carousel at Pier 62
Dans l'Hudson River Park

Chevauchez un ours, une licorne, un loup… tout en admirant les bords de l'Hudson. Oh oui !!!

22nd St • M 23rd St [C, E] • lu-ve 11h-19h, sa-di 11h-20h • tour : 2 $

Le Carousel
Dans Bryant Park

Petit moment de nostalgie avec ce manège qui rend hommage à la France. Les 14 chevaux s'animent au son de chansons françaises.

Entre 42nd et 43rd St sur 6th Ave • M 42nd Street/Bryant Park [B, D, M], 5th Ave [7] • tlj 11h ; entre 18h et 20h selon la saison • tour : 3 $

Central Park Carousel
Dans Central Park

Un des plus grands carrousels des États-Unis avec 57 chevaux qui amusent les enfants depuis 1871.

65th St • M Lexington Ave/53rd St [F], 5th Ave/59th St [N, Q, R], 59th St/Columbus Circle [A, B, C, D, 1] • tlj 10h-18h (avr-oct, en fonction du climat) • tour : 3 $

Jane's Carousel
Sous le Brooklyn Bridge Park

Situé au bord de l'eau et enveloppé dans un écrin de verre, ce manège à l'ancienne fait tourner la tête aux petits et aux grands (les adultes peuvent aussi monter à bord, pour un retour en enfance !).

Accès par Dock St ou Main St • M High St [A, C] • tlj (sf ma) 11h-19h (9 mai-18 sept), je-di 11h-18h (21 sept-8 mai) • tour : 2 $

EW YORK

On fait quoi aujourd'hui ?

Le cœur de New York bat à Manhattan, où sont concentrées la plupart des activités touristiques. Nous avons découpé Manhattan en quatre zones. Lower Manhattan couvre la pointe de l'île en face de la statue de la Liberté. Downtown s'étend de Chinatown à Chelsea avec ses quartiers au charme pittoresque. Midtown abrite Times Square et les théâtres de Broadway. À Upper Manhattan se côtoient Central Park et les grands musées de la ville. Mais New York, c'est aussi des *boroughs* comme Brooklyn, le Queens ou le Bronx qui offrent des activités sympas à faire en famille.

Midtown

1. MoMA (p. 66)
2. Top of the Rock (p. 70)
3. Times Square (p. 71)
4. Grand Central terminal (p. 76)
5. Intrepid Sea Air Space Museum (p. 79)

Downtown

1. High Line (p. 50)
2. Whitney Museum (p. 54)
3. Tenement Museum (p. 59)

Lower Manhattan

1. Statue de la Liberté (p. 38)
2. National Museum of the American Indians (p. 46)
3. One World Observatory (p. 49)

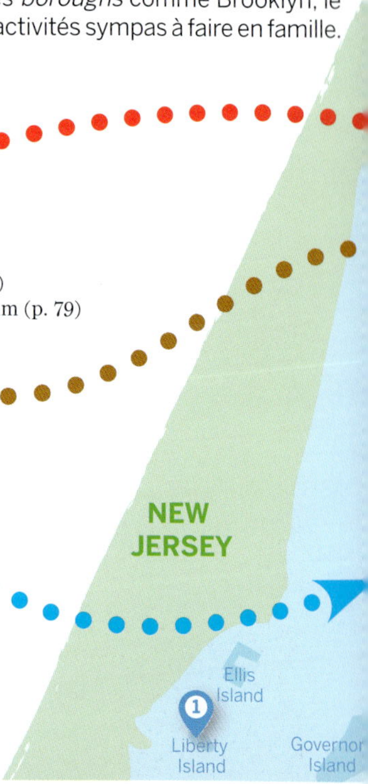

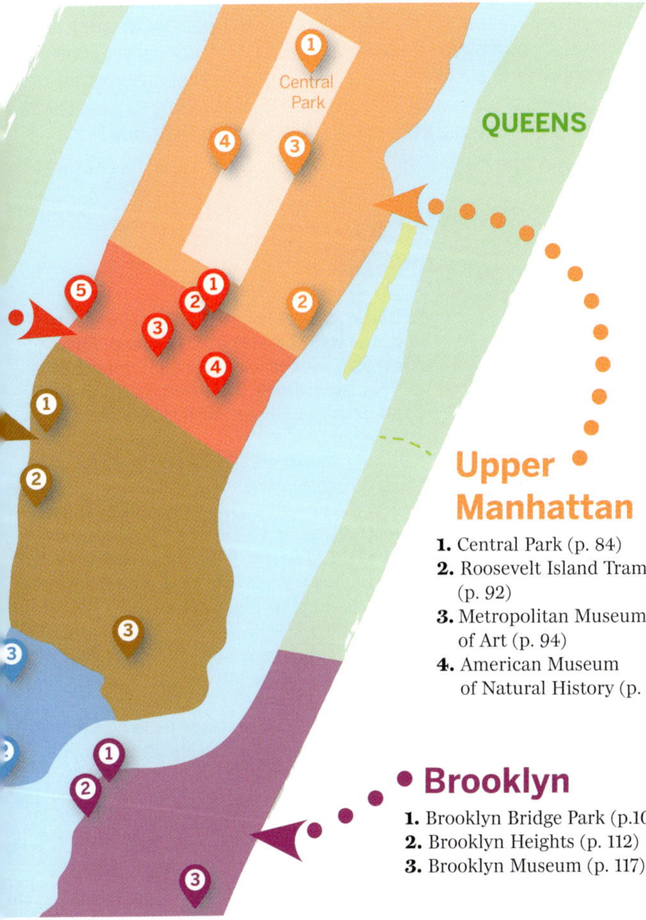

Upper Manhattan

1. Central Park (p. 84)
2. Roosevelt Island Tramway (p. 92)
3. Metropolitan Museum of Art (p. 94)
4. American Museum of Natural History (p. 101)

Brooklyn

1. Brooklyn Bridge Park (p.108)
2. Brooklyn Heights (p. 112)
3. Brooklyn Museum (p. 117)

SUIVEZ LE GUIDE

Les visites ne manquent pas à New York. Choisir va donc être le plus difficile. Pour vous aider, nous avons concocté quelques parcours pour plaire à toute la famille. Ni trop courts, ni trop longs, ils alternent agréablement visites culturelles, moments de détente, pauses gourmandes et virées shopping. Ouvrez grand vos yeux et vos oreilles, vous êtes prêts ? Alors, suivez le guide !

Nos parcours

Parcours n° 1

Le matin, prenez le bateau pour aller visiter la statue de la Liberté et Ellis Island. Après-midi récré avec le jeu de piste "Sur les bords de l'Hudson". Fin de journée à South Street Seaport avec une vue sur Brooklyn Bridge.

• **9h30** • Rendez-vous à la station de métro South Ferry pour gagner le quai d'embarquement d'où part le bateau pour visiter la **statue de la Liberté** (p. 38) et le musée de l'Immigration à **Ellis Island** (p. 42). Réservez vos billets tôt (pour le bateau et la visite de la statue) afin d'éviter les longues files d'attente.

• **10h15** • Embarquez sur l'un des **bateaux** de Statue Cruises (p. 43) – 15 min environ.

• **10h30** • Visite de la **statue de la Liberté**. À votre arrivée, pensez à demander le *livret Junior Ranger Program* pour les 7-12 ans.

• **11h30** • Puis reprenez le bateau pour gagner **Ellis Island** et visitez le **musée de l'Immigration**. Ensuite, remontez à bord du bateau pour regagner **Battery Park**.

• **14h** • Faites le jeu de piste "Sur les bords de l'Hudson" (p. 145) qui vous conduira **de Battery Park au Pier 25**. Une très belle promenade.

• **16h30** • Redescendez par West St jusqu'à la **1 WTC**, la première tour du nouveau World Trade Center. Puis, passez devant le **mémorial** consacré aux tours détruites lors des attentats du 11 septembre. Au choix : le **One World Observatory** (p. 49) pour profiter d'une des plus belles vues panoramiques de Manhattan (mais il faudra avoir réservé vos billets tôt) ou **shopping** dans Church St pour tenter de faire des affaires chez Century 21 (p. 195)

• **18h** • Empruntez Fulton St pour rejoindre l'autre rive. Vous êtes arrivés à **South Street Seaport** (p. 45), l'ancien port de New York, pour un moment de détente ou de shopping. Promenez-vous dans ses rues pavées et sur ses pontons. Vous pouvez y dîner et finir la journée en profitant de la vue sur **Brooklyn Bridge**.

Parcours n° 2

Visite du Muséum d'histoire naturelle, puis direction Central Park pour vous rendre au zoo. Allez admirer la ville du 70e étage du Top of the Rock avant de vous plonger dans l'effervescence de Times Square.

• **10h** • Commencez en allant rendre visite aux terribles dinosaures de l'**American Museum of Natural History** (p. 101). Vous pourrez aussi voir une incroyable collection de grands mammifères empaillés, des pierres précieuses et bien d'autres choses encore.

• **12h30** • Vous pouvez ensuite aller manger un burger chez **Shake Shack** (p. 182), juste derrière le muséum, au coin de W 77th St et de Columbus Ave. Mais si le temps est au beau fixe, embarquez votre panier-repas et allez manger dans Central Park. Prenez l'entrée à la W 77th St et installez-vous près du lac (The Lake).

• **13h30** • Profitez maintenant pleinement de **Central Park** (p. 84). Remontez vers le nord pour partir à la découverte d'un château que l'on croirait tout droit sorti d'un dessin animé : le **Belvedere Castle** (p. 88).

• **14h** • Repartez vers le sud. Engagez-vous dans une petite forêt, **The Ramble**. Traversez le lac par le Bow Bridge, jusqu'à Bethesda Terrace. Puis prenez le passage qui rejoint une allée ombragée, The Mall. Elle vous conduira à l'angle sud-est de Central Park.

• **15h** • Venez assister au grand show des otaries au **Central Park Zoo** (p. 90).

• **16h45** • Quittez **Central Park** et descendez vers la 59th St. Pour les amateurs de la marque, faites un stop dans l'**Apple Store** (p. 213) ouvert 24h/24 et 365 jours par an. Les amateurs de luxe pourront admirer les vitrines de **Bergdorf Goodman** au coin de la 58th, grandioses surtout en période de Noël.

• **17h30** • Reprenez la 5th Ave vers le sud, jusqu'au **Rockefeller Center**, pour aller admirer la vue sur tout New York depuis le 70e étage de **Top of the Rock** (p. 70), entrée sur W 50th St (entre la 5th et 6th Ave). Pensez à réserver en ligne à l'avance.

• **18h45** • Dîner en musique chez **Ellens Stardust** (p. 178) sur Broadway (angle W 51st St). Vous pouvez passer par **Times Square** brillant de ses 1000 néons de jour comme de nuit, avant et/ou après le dîner (Broadway, à partir de la W 47th St).

Parcours n° 3

La journée commence par la visite du Metropolitan Museum et continue avec le jeu de piste dans l'une des plus grandes gares du monde. Pour finir la journée, petite virée à Brooklyn (tlj, sf lu).

• **10h** • Direction le plus grand musée de la ville : le **Metropolitan Museum of Art**, le Met, pour aller voir des antiquités grecques ou égyptiennes, ou des masques d'Océanie. Prenez le livret enfant pour faire le jeu de piste dans le musée.

• **12h30** • Vous pouvez déjeuner au restaurant du musée, pique-niquer à **Central Park** situé juste derrière, ou aller dans un des restaurants du *food court* de **Grand Central Terminal**, votre prochaine étape (p. 179).

• **14h** • Rejoignez **Grand Central** en prenant les lignes 4 ou 5 du métro à la station 86th St (sur Lexington Ave) et descendez à la station Grand Central. Gagnez le hall de la gare, Grand Central Terminal. Avant de commencer le jeu du livret enfant, un petit conseil gourmand : faites une pause pour déguster les délicieux cheesecakes de **Junior's** (p. 179).

• **15h30** • De Grand Central, prenez le métro pour rejoindre la station Lexington Ave-59th St par les lignes 4, 5 ou 6. Que diriez-vous d'une petite balade dans les airs avec le **Roosevelt Island Tramway** (p. 92) ? Voici une façon amusante de découvrir la ville vue du ciel. Un petit aller-retour, et hop ! retrouvez le pavé new-yorkais.

• **16h** • Depuis la station Lexington Ave-59th St, reprenez le métro vers Brooklyn Bridge-City Hall par les lignes 4, 5 ou 6, en direction de Downtown.

• **16h45** • Traversez le pont qui relie Manhattan à Brooklyn. Une fois arrivé de l'autre côté, descendez le long des berges de l'East River en empruntant Old Fulton St. Passez sous le pont pour rejoindre **Brooklyn Bridge Park**.

• **17h30** • Pourquoi ne pas faire un tour au **Jane's Carousel** (p. 17) ? Ce manège datant de 1922 a été habillé de verre par l'architecte français Jean Nouvel. Vous pouvez ensuite aller acheter une glace à l'une des adresses les plus réputées de New York, la **Brooklyn Ice Cream Factory** (p. 190).

• **18h30** • Pour le dîner, **Grimaldi's** (p. 188), une des pizzerias les plus populaires de New York, vous attend au coin de Front St et de Fulton St. Il y a souvent la queue, donc n'attendez pas d'être déjà affamés. Sinon, regardez notre liste de suggestions de restaurants dans Brooklyn (p. 187) ou regagnez Manhattan.

Parcours n° 4

En route pour le plus célèbre des musées d'art moderne, le MoMA. Ensuite, un jeu de piste vous entraîne à la découverte de West Village, pour finir aux jardins suspendus de la High Line (tlj, sf ma).

• **10h** • Passez faire une visite rapide de la **St Patrick's Cathedral** (p. 69) sur la 5th Ave, la plus grande cathédrale catholique des États-Unis, fief de la communauté irlandaise de New York. Ensuite, remontez l'avenue jusqu'à la W 53rd St que vous prenez sur la gauche.

• **10h30** • Allez jusqu'au musée d'art moderne, le **MoMA** (il n'ouvre qu'à 10h30, fermé le mardi). Achetez vos billets en ligne au préalable pour éviter l'interminable file d'attente.

MoMA

• **13h** • Dévorez un burger à l'informel **Burger Joint** (p. 178) caché derrière le hall d'entrée de l'hôtel Parker Meridien (W 56th St, entre 6th Ave et 7th Ave) ou, sinon, allez manger au Salad's Bar du temple de la nourriture bio, **Whole Foods**, à Columbus Circle (p. 181). Vous pouvez aussi, s'il fait beau, emporter vos emplettes pour pique-niquer à **Central Park**.

• **14h** • Rejoignez **Greenwhich Village** (*The Village* comme on le surnomme). Prenez la ligne F à la station 57th St (angle 6th Ave), la B ou la D depuis 59th St-Columbus Circle. Descendez à la station Broadway-Lafayette.

Subway

• **14h30** • C'est le moment de faire, en famille, le jeu de piste du West Village (p. 136).

• **16h30** • Allez goûter les délicieux cupcakes de la **Magnolia's Bakery** (p. 175), direction l'angle de la W 11th St et de Bleecker St.

• **17h** • Remontez quelques blocs pour atteindre le début de la **High Line** (p. 50), (angle de Gansevoort St et de Washington St). Cette coulée verte suspendue se faufile entre les immeubles et offres des vues spectaculaires. Vous pouvez vous relaxer dans les transats. Plusieurs sorties sont possibles, plus ou moins éloignées, en fonction de l'état de fatigue de la tribu.

Parcours n° 5

Nous vous emmenons à la découverte de Brooklyn. Commencez la journée par une virée en bateau, puis flânez dans le quartier branché de Williamsburg. Après un bon brunch, promenade digestive dans Prospect Park avant de rejoindre le Brooklyn Museum. Terminez la journée par la plus belle vue sur la skyline de Manhattan du haut de Brooklyn Heights Promenade (tlj sf lu et ma).

• **9h15** • La façon la agréable de vous rendre à Brooklyn est de prendre l'**East River Ferry** (15 min de traversée). Le quai d'embarquement se trouve à l'angle de E 35th St et de la voie rapide F.D.R. La station de métro la plus proche est 33rd St. Elle se trouve à 15 min de marche ; sinon, le plus pratique est de prendre un taxi. Les tickets de ferry sont en vente sur le site eastriverferry.com ou aux billetteries automatiques sur place. Autre moyen d'accès : le métro L de Manhattan à Bedford Ave.

• **10h** • Débarquez sur la rive de Brooklyn au niveau de N 6th St/N Williamsburg. Admirez la vue de Manhattan depuis ce point. Continuez alors votre route sur la N 6th St. Nous vous proposons de passer un petit moment à arpenter les rues de Williamsburg pour découvrir ses restaurants, boutiques, bars et cafés très sympa. Ce quartier est décontracté et chaleureux. Bedford est l'avenue la plus animée, mais n'hésitez pas à vous aventurer un peu dans les petites rues à la recherche de *street art* très présent dans ce quartier.

• **11h15** • Pour un petit moment détente et de jeux pour les plus petits, arrêtez-vous au **McCarren Park**.

• **11h30** • Redescendez maintenant Driggs Ave jusqu'au coin de South 4th St et faites une pause brunch au restaurant **Pies 'N' Thighs** (p. 188).

• **13h** • Rejoignez la station de métro Broadway pour prendre la ligne G et descendez à la station 15 St-Prospect Park pour atteindre votre prochaine étape : **Prospect Park** (p. 113). Petit frère de Central Park, il est le poumon vert de Brooklyn.

• **13h30** • Traversez le parc pour découvrir sa forêt **The Ravine** (avec de vraies cascades !) et son *playground* naturel **Donald and Barbara Zucker Natural Exploration Area** qui fera le bonheur des *kids*.

• **15h** • Rejoignez le **Brooklyn Museum** (p. 115) situé de l'autre côté du parc. Ce musée est plus petit et plus pratique avec des jeunes enfants que le Met. La section sur les momies

est passionnante. S'il fait beau et que vous préférez rester à l'extérieur, optez alors pour le **Brooklyn Botanic Garden** (p. 116) et partez à la découverte de la flore locale.

• **16h30** • Reprenez le métro ligne 2 jusqu'à Borough Hall. De là, rejoignez la **Brooklyn Heights Promenade** (p. 112) pour une balade avec une vue époustouflante sur la skyline de Manhattan, surtout quand la ville s'illumine en soirée. Au bout de la promenade, rejoignez Old Fulton St pour vous rendre sous le **Brooklyn Bridge**.

• **17h45** • Au bord de l'eau, situé dans l'Empire Fulton ferry, un manège à l'ancienne, le **Jane's Carousel** (p. 17) attend petits et... grands (eh oui, même les adultes peuvent chevaucher les chevaux de bois !). Selon la saison, le manège ferme entre 18h et 19h.

• **18h30** • Dirigez-vous au nord du pont, pour rejoindre le quartier de **Dumbo**. Autrefois industriel, il est devenu un lieu à la mode avec lofts de luxe, boutiques branchées et surtout ce point de vue extraordinaire sur le pont qui donne l'impression de voir vivre l'affiche d'*Il était une fois en Amérique*.

SHAKE SHACK

• **19h** • Après cette longue journée, vous apprécierez une pause burger chez **Shake Shack** directement sous le pont. Pour retourner vers Manhattan, si vous en avez le courage (et les bambins encore un peu d'énergie), vous pouvez traverser le Brooklyn Bridge *by night* ou bien remonter Old Fulton St pour prendre le métro A ou C à Hight St.

Et s'il pleut

Il arrive que des pluies diluviennes s'abattent sur la ville. Mieux vaut vérifier la météo chaque matin pour s'y préparer. Voici quelques conseils pour vous occuper en cas d'intempéries.

Tout d'abord, bien sûr, les musées. Vous avez le choix entre deux immenses institutions comme le **Metropolitan Museum** (p. 94) ou l'**American Museum of Natural History** (p. 101), tous deux parfaits pour oublier la pluie sans risquer de s'ennuyer. Le **MoMA** (p. 66) est aussi une bonne alternative ainsi que le **Whitney Museum** (p. 54).

Vous pouvez aussi choisir des lieux qui proposent des activités spécifiquement destinées aux enfants comme le **Brooklyn Children Museum** (p. 117), pour les plus petits, ou le **Children's Museum of the Arts** (p. 57) avec toute sa palette d'activités manuelles.

Madame Tussauds (p. 73) et ses stars seront ravis de vous recevoir le temps que la pluie s'arrête.

Pour les petits scientifiques, des musées consacrés aux sciences sont également très distrayants : le **New York Hall of Science** (p. 122), le **Liberty Science Center** (p. 127) ou le **MoMath** (p. 55).

Une alternative : une visite ludique de **Grand Central Terminal** (p. 76) avec le jeu du livret pour enfants... ou encore une virée shopping dans les grands magasins.

New York pour tous les goûts

Que vos petites canailles soient des puits de science, des artistes en herbe ou simplement des enfants curieux, ils trouveront de quoi s'amuser à New York !

Pour les amoureux des animaux

- Les zoos de Central Park (p. 90), du Bronx (p. 123) et du Prospect Park à Brooklyn (p. 113)
- New York Aquarium (p. 119) pour ses tortues et son show d'otaries

Pour les moussaillons

- L'Intrepid (p. 79) pour découvrir un porte-avions et un sous-marin
- Une croisière en bateau, avec la Circle Line (p. 81) ou New York Water Taxi (p. 83)
- South Street Seaport (p. 45) et ses vieux bateaux

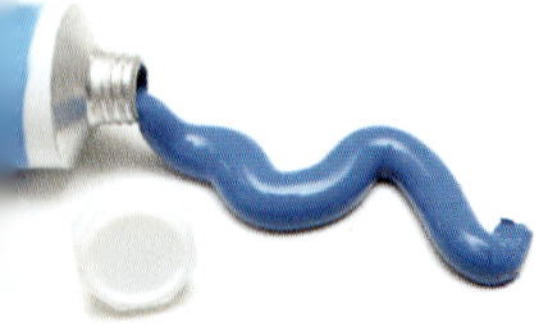

Pour les artistes en herbe

- Le Met (p. 94) pour ses innombrables peintures et sculptures classiques
- Le MoMA (p. 66) pour s'initier à l'art moderne
- Children's Museum of Arts (p. 57) pour créer des œuvres d'art
- Le Whitney Museum (p. 54) et sa riche collection d'artistes américains

Pour les scientifiques

- L'American Museum of Natural History (p. 101) pour tout savoir sur les animaux préhistoriques
- Le New York Hall of Science (p. 122) ou le Liberty Science Center (p. 127) pour faire des expériences scientifiques
- Le MoMath (p. 55) pour découvrir les maths sous un jour amusant

Pour s'amuser
- Coney Island (p. 118) et ses attractions foraines
- Les carrousels (p. 17)
- Brooklyn Children Museum (p. 117) pour faire le plein de découvertes
- Les patinoires (p. 133) pour virevolter en profitant de l'ambiance magique de New York

Pour les petits historiens
- Ellis Island et son musée (p. 42) pour tout comprendre sur l'immigration aux USA
- Le National Museum of the American Indians (p. 46) pour tout savoir sur les Indiens
- Le Tenement Museum (p. 59) et ses émouvants témoignages d'immigrants

Pour respirer au grand air
- Governors Island (p. 44) pour les Robinsons.
- Central Park (p. 84) pour découvrir le poumon vert de Manhattan
- Coney Island (p. 118) pour aller à la plage
- Brooklyn Botanic Garden (p. 116) pour admirer les cerisiers en fleur (au printemps)
- Prospect Park (p. 113) pour découvrir le poumon vert de Brooklyn

Pour le meilleur point de vue sur New York
- La statue de la Liberté (p. 38)
- Le One World Observatory (p. 49), le Top of the Rock (p. 70) ou l'Empire State Building (p. 75), le choix va être difficile !
- Le toit du Met (p. 94) en été
- Depuis un bateau de la Circle Line (p. 81), d'un New York Water Taxi (p. 83) ou depuis le ferry de Staten Island pour admirer la *skyline*
- Depuis Brooklyn Heights Promenade (p. 112)
- Depuis Brooklyn Bridge Park (p. 108)
- Depuis le Roosevelt Island Tramway (p. 92)

MTA ARTS & DESIGN

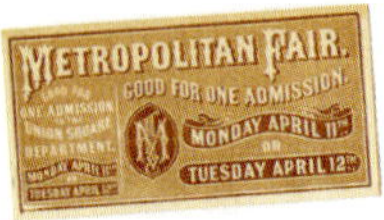

Découvrir l'art dans le métro new-yorkais

Outre un moyen de transport, le métro new-yorkais se révèle aussi un lieu culturel étonnant où des artistes de talent exposent leurs œuvres.

Un peu d'histoire : la **première ligne de métro souterraine** a vu le jour à New York le 27 octobre 1904, presque 35 ans après la création de la ligne aérienne qui parcourait la ville du nord au sud, tractée par de multiples câbles en relais sur une voie de chemin de fer surélevée.

Le métro souterrain s'est développé petit à petit et a finalement été racheté par la ville à des compagnies privées (provoquant aussi la fermeture de la dernière ligne aérienne en 1940) pour être entièrement géré par une autorité d'État, supervisée dès 1968 par la **MTA** (Metropolitan Transit Authority).

Après un essor remarquable, le métro a entamé un déclin dans les années 1970. Vandalisme, détérioration des wagons, explosion des graffitis... Il est devenu le siège de crimes, de vols et d'attaques, éloignant massivement les New-Yorkais de ce mode de transport. Le maire de l'époque, John Lindsay, a alors déclaré une guerre antigraffiti.

Dans les années 1980, un programme de financement de 180 millions de dollars a été lancé pour la remise en état des lignes de métro (nettoyage et modernisation des wagons, action policière renforcée, etc.). C'est à la même

époque que les principaux dirigeants de la MTA ont pensé qu'une initiative artistique originale et engagée devait faire partie intégrante du programme de réhabilitation de ce moyen de transport public. Ils ont été largement soutenus par le monde des artistes, ceux-ci offrant leur participation et leur savoir-faire pour créer une exposition publique à large échelle tout au long des trajets souterrains de la ville. Les exigences étant la durabilité et la facilité d'entretien, la plupart des œuvres ont été réalisées en mosaïque de céramique, en verre ou en bronze. C'est en 1985 qu'a été formellement créé **Arts for Transit and Urban Design**.

Notre conseil Téléchargez l'application mobile Meridian, puis recherchez MTA Arts & Design. Vous pourrez lire la description complète de chaque œuvre d'art classée par ligne de métro ou par artiste. ON Y VA ! ☐

Les stations de métro à ne pas manquer

Des centaines d'œuvres sont exposées dans les stations du métro. En voici quelques-unes parmi nos préférées.

Ⓜ *14th-8th Ave, lignes A, C, E*
Artiste : Tom Otterness
Les enfants s'amuseront à chercher, parfois dans des lieux inattendus comme sous les grilles de l'entrée du métro, sur des poutres ou sous les escaliers, des petites sculptures en bronze transportant des anciennes pièces trouées (ces jetons étaient utilisés auparavant dans le métro).

Ⓜ *Times Square, passage entre 1, 2, 3 et le Shuttle S*
Artiste : Toby Buonagurio
Une série de petites vitrines évoque l'ambiance de Times Square avec trois thèmes principaux : vie urbaine, spectacles et boutiques.

Ⓜ *Times Square, dans le hall précédant les quais du Shuttle S*
Artiste : Roy Lichtenstein
Cette œuvre impressionnante (1,80 m de haut sur 16 m de long) a été réalisée par Roy Lichtenstein quatre ans avant sa mort. Elle reflète l'ensemble de sa carrière et intègre des éléments d'autres artistes, comme l'image tirée des comics de Buck Rogers, personnage de science-fiction né dans les années 1930.

Ⓜ *42nd St-PortAuthority Bus Terminal, ligne A, C, E*
Artiste : Lisa Dinhofer
Les enfants reconnaîtront les petites billes multicolores avec lesquelles ils jouent pendant la recréation. En utilisant comme fond un damier noir et blanc, l'artiste joue sur les contrastes et les formes pour créer une illusion optique donnant l'impression que les billes se déversent hors du mur, vers l'observateur.

Ⓜ *Grand Central Terminal, passage reliant les lignes 4, 5, 6 et le Shuttle S*
Artiste : Dan Sinclair
La sculpture intitulée *Fast Track and Speed Wheels* représente la puissance des moteurs qui font avancer les trains et évoque l'esprit glamour et Art déco du théâtre Radio City Music Hall, situé à proximité.

M *81st St-Museum of Natural History, lignes B, C*

Collectif d'artistes

Dans *For Want of a Nail*, les artistes ont utilisé différentes variétés de matériaux (mosaïques, céramiques, granit, bronze) pour suggérer la diversité exposée au Museum of Natural History (p. 101), situé au-dessus de la station.

M *Lexington Ave-53rd St, passage reliant la ligne 6 et les lignes E, M*

Artiste : Al Held

Ces mosaïques très colorées représentent un vaste univers dans lequel des éléments géométriques de forme et de taille variées flottent librement. Une façon abstraite d'évoquer l'énergie du New York contemporain et de ses gratte-ciel aux formes et styles différents, comme virevoltant au-dessus de nos têtes.

M *86th St, ligne 1*

Artiste : Nitza Tufiño

Cette œuvre est née d'un projet d'intégration de jeunes dans la communauté. L'artiste et 17 adolescents ont photographié des lieux historiques et des scènes de vie typiques et les ont représentés sur ces plaques en céramique qui sont exposées de façon permanente, en témoignage du succès de ce projet.

M *86th St, dans les escaliers reliant les quais de la ligne 6 à ceux des lignes 4 et 5*

Artiste : Peter Sis

Dans *Happy City*, l'artiste représente les ingrédients de la communauté et la vitalité de New York à travers quatre larges yeux. Vous reconnaîtrez, dans les pupilles et les cils, les buildings locaux et certains musées de la ville.

LOWER MANHATTAN

Situé à la pointe de Manhattan, ce quartier a connu l'arrivée des colons hollandais et les premiers pas de millions d'immigrants. Comme il a été touché par les attentats du 11 septembre 2001 puis dévasté par l'ouragan Sandy en octobre 2012, de beaux projets de rénovations ont vu le jour, offrant un attrait touristique accru. C'est d'ici que partent les ferries pour la statue de la Liberté, Ellis Island et Governors Island. Les rives de l'Hudson offrent un beau programme de balade aux petits explorateurs.

La Liberté en quelques chiffres

La statue mesure 47 m de haut et 93 m avec son socle. Elle pèse 225 tonnes. Sa main fait 5 m, son nez 1,37 m et son tour de taille plus de 10 m. Sur la tablette qu'elle tient dans la main est gravé : "4 juillet 1776", date de la déclaration d'indépendance des États-Unis.

Saluer madame Liberté

Statue de la Liberté

À partir de 3 ans **Cette statue offerte par la France est devenue le plus grand symbole des États-Unis. La visiter est un passage quasi obligatoire lors d'un séjour à New York.**

La statue se visite, depuis le piédestal jusqu'à la couronne qui culmine à 93 m ! Depuis l'**Observation Deck**, au 10e étage, profitez de la **vue panoramique** sur Manhattan. Sous la robe de la grande dame, un escalier étroit de 354 marches permet d'accéder à sa couronne. La superbe vue de là-haut vaut largement l'effort. L'accès est réservé aux enfants de plus de 1,20 m.

Avec cette statue, la France a offert le plus incroyable des cadeaux aux États-Unis pour célébrer le **centenaire de l'Indépendance**. Conçue par le sculpteur Bartholdi, elle a été achevée en France en 1884. La charpente métallique a été réalisée par Eiffel. Elle a dû être démontée pour être acheminée par bateau, puis remontée à New York. Le financement du piédestal ayant pris plus de temps que prévu, elle ne sera finalement inaugurée qu'en 1886, dix ans après le centenaire. Dans le **musée,** qui se trouve dans la base du piédestal, vous apprendrez tout sur la construction, l'installation de la statue mais aussi sur la symbolique des piques de sa couronne, de sa tenue, de ses chaînes et de ses boulets brisés.

Nos conseils Il existe plusieurs types de billets pour visiter la statue de Liberté. Il est préférable de les réserver sur statuecruises.com. Tous incluent le transport en ferry avec deux arrêts (Liberty Island et Ellis Island) ainsi que l'entrée au musée d'Ellis Island (p. 42). Le billet "Reserve Only" permet de faire le tour de la statue, mais pas d'y pénétrer. Pour la visiter, il faut un billet "Reserve With Pedestal Access" et pour accéder à la couronne (le must !) un billet "Reserve With Crown" (celui-ci est à réserver très à l'avance en ligne et devra être retiré au Ticket Booth situé près de l'embarcadère). Pour visiter la statue et Ellis Island, il vous faudra partir au plus tard à 13h de Battery Park. Attendez-vous à de longues files d'attente pour les contrôles de sécurité (60 min, parfois). Notez que les billets pour la visite de la statue sont horodatés, mais l'horaire indiqué correspond à l'entrée dans la file d'attente et non à l'accès à la statue.

Plan p. 40-41 1 A8 ONYVA ! ☐

Ford Clinton, Battery Park • M South Ferry [1], Bowling Green [4, 5], Whitehall St [N, R] • nps.gov/elis • 212 363 3200 • horaires variables à vérifier sur statuecruises.com • billet "Reserve with Pedestal access"/"with Crown" adulte 18 $/21 $, enfant (4-12) 9 $ /12 $ • audioguide en français gratuit

Staten Island Ferry

Pour voir les gratte-ciel de New York briller de mille feux, faites juste l'aller-retour avec ce ferry gratuit au coucher du soleil. C'est le plus beau panorama sur le sud de Manhattan. Au passage, vous apercevrez, à quelque distance, la statue de la Liberté et Ellis Island. M *South Ferry [1], Plus d'infos sur siferry.com*

LOWER EAST SIDE
TRIBECA
Brooklyn Bridge
FDR Drive
Water Street
South St Seaport
Pike Street
Canal St [N,Q,6]
Canal St [J,Z]
Worth Street
Centre Street
Lafayette Street
Broadway
Chambers Street
Franklin St [1]
Barclay Street
World Trate Center [E]
Chambers St [A,C]
City Hall [N,R]
Park [2,3]
Brooklyn Bridge [4,5,6]
Fulton [J,Z]
Fulton [2,3]
Fulton [4,5]
Wall St [2,3]
Wall [4,5]
Broad St [J,Z]
Bowling Green [4,5]
Whitehall St [N,R]
South Ferry [1]
Museum of the American Indians
SeaGlass Carousel
Cortland St [N,R]
Rector St [1]
Rector St [N,R]
West Street
9/11 Memorial
One World Observatory
Chambers St [1,2,3]
Nelson Rockfeller Park
NEW YORK WATER TAXI
Warren Street
World Financial Center

Ellis Island Immigration Museum
Statue de la Liberté
Governors Island
Battery Park – Liberty Island – Ellis Island
Staten Island Ferry
NEW YORK WATER TAXI
NEW YORK WATER TAXI
Governors Island – Pier 11/Wall Stre
Liberty Island
State Park – Ellis Island
Nos adresses
Visites (p. 38)
Restaurants (p. 167)
Goûters (p. 169)
Pique-niques (p. 170)
Shopping (p. 194)
Hôtels (p. 221)
500 m
0
N

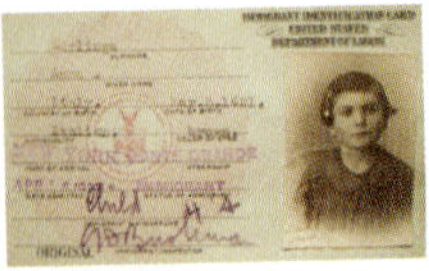

Découvrir l'immigration
au Ellis Island Immigration Museum

À partir de 4 ans **Pour comprendre le passé des États-Unis, il faut visiter cette toute petite île par laquelle sont entrés des millions d'immigrants venus s'installer sur la Terre de tous les espoirs.**

De 1892 à 1954, plus de **12 millions d'immigrés** ont emprunté cette "porte" pour avoir le droit ou non d'entrer aux États-Unis. Leurs descendants représentent aujourd'hui près de la moitié de la population du pays.

Dans le hall d'accueil, le **World Migration Globe** illustre, grâce à des images digitales, les mouvements historiques de migrations aux États-Unis et dans le reste du monde. Sur l'écran vidéo de l'**American Flag of Faces** défilent des photos personnelles mises à disposition du musée par les émigrés eux-mêmes ou par leur descendance.

Les galeries du **Peopling of America Center** racontent l'histoire de l'immigration sur le sol américain de manière interactive, par le biais de témoignages audio. L'exposition va au-delà de l'ère d'ouverture d'Ellis Island puisqu'elle remonte au débarquement des Américains nés dans les années 1550 et se poursuit par les mouvements migratoires d'après la Seconde Guerre mondiale jusqu'à nos jours.

En visitant l'étage du bâtiment principal, vous traverserez plusieurs pièces dans lesquelles vous trouverez des objets et explications retraçant le

Terminal de Liberty State Park

L'attente à Battery Park peut être très longue. Une solution alternative est d'accéder à Ellis Island depuis le Liberty State Park sur l'autre rive de l'Hudson, dans le New Jersey (navette en face du World Financial Center), car moins de visiteurs choisissent cette option. Vous pourrez revenir par Battery Park.

parcours difficile des émigrés qui souhaitaient s'installer aux États-Unis. Ils quittaient leur famille et leur pays à jamais pour tenter leur chance ici. Le voyage durait plusieurs semaines dans des conditions d'hygiène et d'alimentation éprouvantes. Quand, épuisés, ils débarquaient enfin à Ellis Island, ils devaient répondre à un questionnaire et subir un examen médical. S'ils ne correspondaient pas aux critères des autorités américaines, ils étaient renvoyés sans ménagement dans leur pays.

Dans l'**American Family Immigration History Center**, les visiteurs peuvent chercher dans la base de données informatique afin de retrouver un éventuel oncle d'Amérique qui serait passé par Ellis Island. Elle contient quelque 22 millions de noms de passagers ayant débarqué à New York.

Activités enfants Un audioguide gratuit en français est disponible pour les enfants.

Nos conseils Réservez en ligne vos billets de ferry pour éviter la file d'attente aux guichets. Le ferry s'arrête en route à Liberty Island. Si vous ne prévoyez pas de visiter la statue de la Liberté (p. 38), optez pour le billet "Reserve Only". Emportez snacks et boissons, l'offre étant assez limitée sur place.

Plan p. 40-41 2 **A6** ON Y VA !

Ford Clinton, Battery Park • M South Ferry [1], Bowling Green [4,5], Whitehall St [N,R] • nps.gov/elis • 212 363 3200 • horaires variables à vérifier sur statuecruises.com • billet "Reserve only" adulte 18 $, enfant (4-12) 9 $ • audioguide en français gratuit

Se relaxer sur une île
à Governors Island

Tous âges **Cette île sans voiture est une pause bucolique avec en prime une très belle vue sur Manhattan.**

À la fin du XXVIIe siècle, la Province de New York était une colonie anglaise et l'île fut utilisée pour loger les gouverneurs, d'où son nom. Une partie de l'île est aujourd'hui classée monument historique. Depuis 2003, elle est accessible au public l'été et offre de nombreuses activités artistiques et ludiques aux New-Yorkais et touristes.

De **belles demeures victoriennes,** aujourd'hui inhabitées, accueillent des expositions temporaires ou des boutiques. Sur un thème variant chaque année, le projet artistique **Figment** présente des sculptures géantes intégrées dans un espace coloré de jeux pour enfants (*tree house,* minigolf...). Vous pouvez aussi profiter de votre séjour sur l'île pour en faire le tour à vélo (location sur place) ou au volant d'une "rosalie", vélo multiplace pour pédaler en famille.

Très prisée, la **Jazz Age Lawn Party** a lieu un week-end en juillet et un autre en août. On y retrouve l'ambiance de la Prohibition au cours d'un pique-nique rétro au son du charleston. La plupart des participants sont en costumes des années folles (même les enfants sont déguisés!). Des billets réservables en ligne donnent accès aux activités. Mais vous pouvez rester en dehors de la pelouse et profiter au loin de la musique, et ce gratuitement!

Notre conseil L'attente pour prendre le ferry vers Manhattan peut être longue en fonction des journées et des horaires d'affluence. Il est préférable de se munir d'espèces, car les rares distributeurs de billets ne fonctionnent pas toujours très bien. Et c'est sans compter les frais de 5 $ qui vous seront prélevés à chacun de vos retraits !

Plan p. 40-41 7 D6 ON Y VA !

Battery Maritime Building, 10 South St • M South Ferry [1], Bowling Green [4,5], Whitehall St [R, W] • govisland.com • 212 440 2200 • ve-di 10h-19h (mi-mai-mi-sept), lu-ve 10h-18h, sa-di 10h-19h • ferry adulte 2 $, enfant (–12) gratuit (entrée gratuite en matinée les week-ends)

Guetter les bateaux
à South Street Seaport

Tous âges **Déambuler sur les quais de South Street Seaport permet d'imaginer à quoi ressemblait New York, grand port de marine marchande, au début du XIXe siècle.**

Situé au bord de l'East River, South Street Seaport se trouve à proximité du quartier financier de Wall Street. Frappé durement par l'ouragan Sandy, le quartier reprend vie peu à peu et il fait à nouveau bon flâner dans ces jolies rues pavées bordées de pittoresques *townhouses* fort bien rénovées.

On y trouve de nombreux restaurants, des boutiques à la mode ainsi qu'un petit musée (South Street Seaport Museum) en pleine restauration, mais l'ancienne imprimerie

(Bowne Printers) est déjà ouverte au public. Les enfants peuvent y observer comment fonctionnaient des presses au XIXe siècle.

Le long du Pier 16, appelé aussi **Street of Ships**, sont amarrés six magnifiques grands voiliers. Deux d'entre eux sont des bateaux-musées et leur visite va ravir vos moussaillons (on ne peut monter à bord qu'au printemps et en été). Il s'agit du quatre-mâts allemand, le **Peking,** l'un des derniers navires à voiles de transport de marchandises ; et le bateau-phare, l'**Ambrose**.

Plan p. 40-41 5 E3 ONYVA !

19 Fulton St • M Fulton St [A, C, 2, 3, 4, 5], Cortlandt St [N, R] • southstreetseaport.com • 212 732 9287 • accès au Bowne Printers au 12 Fulton Street : tlj 11h-19h, gratuit • Ambrose et Peking (printemps-été) me-di 11h-17h • adulte 12 $, enfant (2-11) 5 $

Jouer aux Indiens

au National Museum of the American Indians

À partir de 4 ans **Les Indiens étaient les premiers habitants du continent américain. Ce musée nous raconte leur histoire mouvementée.**

Le musée national des Indiens d'Amérique propose une exposition permanente, **Infinity of Nations**, qui montre la diversité des cultures indiennes du sud au nord de l'Amérique, des Indiens de Patagonie aux Inuits de l'Alaska. Des objets de tous les jours, des habits, des instruments de musique et des œuvres d'art racontent l'histoire d'une dizaine de tribus amérindiennes qui peuplaient le continent, bien avant l'arrivée des Européens au cours du XVe siècle.

Les objets exposés les plus anciens sont des **sculptures datant de 3000 av. J.-C.** Ces objets ne sont qu'une petite partie des 800 000 amassés, à partir de 1897, par un passionné, George Heye, qui ouvrit son propre musée en 1922. Les enfants pourront admirer les **carnets de dessins** de Sunda Lunta, de la tribu Lakota, ou frissonner devant le **masque** de la tribu **Kwakwaka'wakw** (difficile à prononcer !). Ils découvriront que les Indiens utilisaient déjà des leurres pour la chasse il y a 2 000 ans, avec un faux canard.

Activités enfants *Adventure Guide,* un livret disponible à l'accueil guide la visite avec des photos d'objets à retrouver dans l'exposition. Au dos de chaque photo figurent des explications dans un anglais simple. La bibliothèque du musée propose coloriages, découpages, jeux ou réalisation de poupées. Des ateliers sont organisés à 10h, du lundi au samedi.

Notre conseil Avant de pénétrer dans les salles d'exposition, admirez la magnifique rotonde de ce superbe bâtiment de style Beaux-Arts.

Plan p. 40-41 ❻ D4 ON Y VA ! ☐

1 Bowling Green • Ⓜ Bowling Green [4, 5], Rector St [1], Whitehall St [R], Broad St [J, Z], Wall St [2, 3] • nmai.si.edu • 212 514 3700 • lu-di 10h-17h (ma 20h) • gratuit

Indians in New York

Les colons qui débarquèrent ici rencontrèrent des tribus indiennes qui chassaient, pêchaient et cultivaient maïs et tabac. En 1845, un recensement fait état de tribus d'Algonquins et d'Iroquois vivant à New York. Les Indiens, incités par différents traités à céder leur terre, ont été progressivement déplacés dans des réserves.

Se recueillir
au 9/11 Memorial

À partir de 6 ans **Le mémorial commémore les victimes (près de 3000) des attentats du 11 septembre 2001 et de l'explosion de février 1993.**

Le mémorial se trouve en extérieur. Deux **immenses bassins** de granit ont été construits à l'emplacement des tours jumelles du World Trade Center. Sur le bord de ses cascades sont gravés les noms des victimes. Parmi les arbres de la place, vous trouverez le **Survivor Tree**. Cet arbre est emblème d'espoir car il a résisté aux attentats et à l'ouragan Sandy.

Le **Historical Exhibition** retrace la chronologie des événements. On y voit des objets du jour de l'attentat ainsi que des témoignages humains. L'émotion sera intense en entrant dans la pièce **In Memoriam** qui présente la vie des victimes. Ne manquez pas de voir le film **Rebirth at Ground Zero** racontant la reconstruction du World Trade Center.

Notre conseil Prenez vos tickets en ligne, cela vous évitera les longues files d'attentes.

Plan p. 40-41 3 C3 ONYVA !

180 Greenwich St • M Chambers St [A, C, 1, 2, 3], World Trade Center [E], Cortland St [R], Fulton St [A, C, J, 2, 3, 4, 5], Park Pl St [2, 3], Wall St [4, 5] • 911memorial. org • 212 266 5211 • mémorial tlj 7h30-21h • musée : di-je 9h-20h (dernière entrée 18h), ve-sa 9-21h (dernière entrée 19h) • adulte 24 $, enfant (7-17) 15 $, (– 6) gratuit

9/11 MEMORIAL

Se prendre pour un aigle
au One World Observatory

Tous âges **Vue spectaculaire de New York depuis le plus haut gratte-ciel de la ville. Notre visite ascensionnelle préférée !**

Perché au sommet du One World Trade Center, le **One World Observatory** offre une vue à 360° sur les lieux emblématiques de New York et même au-delà des limites de la ville. Lors de votre ascension vers le **102e étage**, les écrans de l'ascenseur vous montrent le développement de Manhattan des années 1500 à aujourd'hui.

Le **See Forever Theater** vous propulse au cœur de la ferveur new-yorkaise lors d'un court-métrage 3D de vues aériennes et de plans accélérés. Le film terminé, les écrans s'ouvrent pour dévoiler une vue époustouflante sur New York. Le **Sky Portal,** doté d'un écran géant au sol, retransmet en direct une vidéo de ce qui se déroule 102 étages plus bas et procure une impression vertigineuse. Les enfants vont adorer observer New York en miniature !

Nos conseils Évitez de faire la visite à la nuit tombée car la vue est moins intéressante. Réservez vos billets en ligne, ils donnent accès à un horaire fixe (à imprimer sur papier).

Plan p. 40-41 4 C2 ON Y VA !

285 Fulton St • M Chambers St [A, C, 1, 2, 3], World Trade Center [E], Cortland St [R], Fulton St [A, C, J, 2, 3, 4, 5], Park Pl St [2, 3], Wall St [4, 5] • oneworldobservatory.com • 844 696 1776 • lu-di 9h-20h (minuit à certaines occasions) • adulte 32 $, enfant (6-12) 26 $, (– 6) gratuit

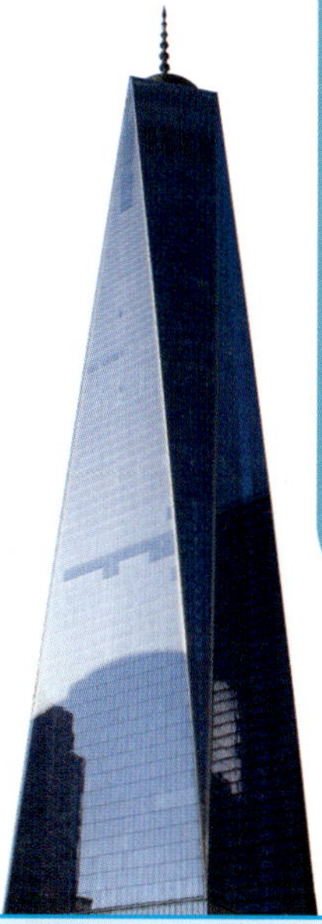

Le One World Trade Center

C'est la plus haute tour de New York. Elle appartient au complexe de sept bâtiments reconstruits à l'emplacement des deux tours détruites lors du 11 septembre 2001. Elle mesure 1 776 pieds de haut, en référence à l'année de la déclaration d'indépendance des États-Unis, soit 541 m.

On quitte l'univers des gratte-ciel pour découvrir d'autres facettes de Manhattan. Vous pourrez vous balader le long de la High Line, une ancienne voie ferrée transformée en promenade verte suspendue, partir sur les traces des émigrants européens en visitant l'émouvant Tenement Museum. Devenir peintre, DJ ou réalisateur de film, s'habiller en pompier, voici quelques idées de récrés pour amuser les *kids*.

Se promener au-dessus des voitures sur la High Line

Tous âges **Cette ancienne voie ferrée aérienne est devenue un étonnant parc suspendu. C'est un lieu de promenade incontournable pour les New-Yorkais.**

Cette **promenade** a beaucoup de succès auprès des familles, car elle permet de circuler en sécurité à l'écart des voitures. Les enfants peuvent y gambader sans aucun risque. La High Line serpente à **7,80 m de hauteur** entre d'anciens entrepôts ou bâtiments en brique et de nouveaux immeubles (appartements ou bureaux.) On peut admirer les toutes dernières créations d'architectes comme **Jean Nouvel** ou **Frank Gehry**.

Tout au long du parcours, la ville est véritablement mise en scène. La promenade est ponctuée d'esplanades, de fontaines et de solariums avec des chaises longues. Au niveau de la 17th Street, vous pouvez même vous asseoir sur les gradins du **Tenth Avenue Square** et regarder le ballet des voitures sur la 10th Avenue à travers une immense baie vitrée. Le long de la High Line, de nombreuses variétés de plantes, pour la plupart indigènes, apportent une touche de verdure luxuriante au milieu de cet ancien quartier industriel.

Des points d'accès jalonnent le passage de la High Line tous les trois à quatre blocs et permettent d'y accéder très facilement. Certains accès possèdent même un ascenseur, ce qui rend la promenade accessible aux poussettes. Vous pourrez découvrir des œuvres artistiques temporaires ou permanentes, tel une peinture murale d'un couple s'enlaçant dans des couleurs kaléidoscopiques (Kobra).

Avant de devenir un parc, la voie ferrée aérienne a été en service de 1934 à 1980. Elle a permis de séparer le trafic des trains de celui des voitures. Avant cela, les nombreux accidents dus à cette cohabitation conflictuelle avaient valu à la 10th Avenue le surnom de **Death Avenue** ("l'avenue de la Mort").

Notre conseil Pour la beauté du spectacle, préférez y aller tôt le matin ou au soleil couchant. Les jours de canicule, vous profiterez en plus d'une petite brise rafraîchissante.

Plan p. 52-53 ④ A1 ONYVA ! ☐

Gansevoort St, 14th St (ascenseur), W 16th St (ascenseur), W 18th St, W 20th St, 23rd St (ascenseur), W 26th St, W 28th St, W 30th St (ascenseur), W 34th (rampe d'accès) • Ⓜ 14th St [A, C, E], 8 Ave [L], 23rd St [C, E], 34th [A, C, E] • thehighline.org • 212 206 9922 • tlj 7h-22h (printemps, automne), tlj 7h-23h (été), tlj 7h-19h (hiver) • gratuit

Une voie écologique

La High Line permet une régénérescence de la nature à New York. En plus d'être un lieu de promenade agréable, elle retient jusqu'à 80 % des eaux de pluie qu'elle reçoit, ce qui aide à diminuer l'effet d'îlot de chaleur de ce quartier très peu vert. La High Line fournit de l'ombre, de l'oxygène ainsi qu'un lieu d'habitation pour les oiseaux et les insectes.

A
B
C
D
1
2
3
4
5
CHELSEA
GREENWICH VILLAGE
11th Avenue
10th Avenue
9th Avenue
8th Avenue
Fashion Avenue
23 St [C,E]
23 St [1]
23 St [F,M]
W 23rd Street
W 21th Street
W 19th Street
18 St [1]
14 St [A,C,E]
W 14th Street
8 Ave [L]
6 Ave [L]
14 St [1,2,3]
Greenwich Avenue
High Line
The High Line
Carousel at Pier 62
Chelsea Pier
Whitney Museum
NEW YORK WATER TAXI
Christopher St/ Sheridan [1]
Bleecker Street
Hudson Street
7th Avenue South
W 4 St [A,B,C,D,E,F,M]
Bedford Street
6th Avenue South
Lincoln Highway
500 m
0
N
W Houston Street
Houston St [1]
Varick Street
Spring St [C,E]
Children's Museum of the Arts
NYC Fire Museum
Nos adresses
Visites (p. 50)
Restaurants (p. 170)
Goûters (p. 175)
Pique-niques (p. 176)
Shopping (p. 196)
Hôtels (p. 222)

E
F
G
H
1
2
3
4
5
MoMath
Merchant's House Museum
Tenement Museum
EAST VILLAGE
SOHO
Washington Square
28 St [6]
23 St [N,R]
23 St [6]
Union Sq [N,Q,R]
14 St/Union [L]
3 Ave [L]
1 Ave [L]
8 St/NYU [N,R]
Astor Pl [6]
Bleecker St [6]
2 Ave [F]
Broadway/Lafayette St [B,D,F,M]
Prince St [N,R]
Spring St [6]
Bowery [J,Z]
Delancey St [F]
Essex St [J,M,Z]
Grand St [B,D]
Lexington Avenue
Park Ave South
3rd Avenue
2nd Avenue
1st Avenue
Union Square E
Broadway
4th Avenue
Lafayette Street
Bowery
Avenue C
E 23rd Street
E 20th Street
E 14th Street
E 10th Street
E 6th Street
E 3rd Street
Bleecker St
East Houston St
Delancey Street
Kenmare Street
Williamsburg Bridge
Grand Street

Découvrir l'art moderne américain
au Whitney Museum

Tous âges Ce musée au look futuriste signé Renzo Piano est le magnifique écrin d'une collection de plus de 20 000 œuvres d'artistes américains de 1900 à nos jours.

Gertrude Vanderbilt Whitney a fondé en 1914 le studio Whitney pour présenter des **artistes américains rejetés des académies traditionnelles**. Dans les années 1930, ce mécène a souhaité offrir sa collection (500 pièces à l'époque) au Met, qui n'en a pas voulu. Elle a alors décidé d'ouvrir son propre musée.

En mai 2015, le musée a déménagé dans le quartier branché du Meatpacking District, près de la High Line, dans un immeuble imaginé par Renzo Piano (l'architecte du musée Beaubourg). L'édifice héberge d'immenses galeries d'exposition situées à l'intérieur et à l'extérieur, offrant des vues **à couper le souffle**. La visite débute au 8e étage. Accédez aux niveaux inférieurs par l'extérieur pour profiter pleinement du panorama.

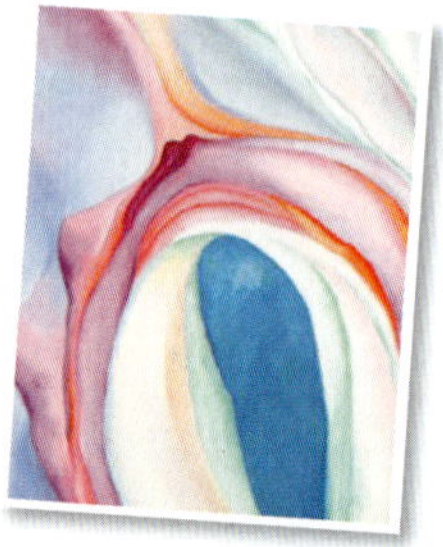

L'art se décline ici dans toutes ses formes : peintures, sculptures dessins, installations, photos, vidéos, etc. Plus de 3 000 artistes américains y sont exposés, dont **Hopper, Warhol, Lichtenstein, Calder**...

Le vendredi (de 19h à 22h), la formule *pay-as-you-wish* est fondée sur une donation ; en revanche, pas de réservation à l'avance possible.

Notre conseil Réservez vos billets en ligne pour éviter les longues files d'attente.

Plan p. 52-53 ③ B3 ON Y VA !

99 Gansevoort St • M 14th St [A, C, E, L] • whitney.org • 212 570 3600 • lu, me-je, di 10h30-18h, ve-sa 10h30-22h • adulte 22 $, (– 18) gratuit, ve 19h-22h : prix libre

Apprivoiser les maths
au MoMath

À partir de 4 ans Le Museum of Mathematics (MoMath) veut montrer cette matière sous un jour amusant tout en étant instructif.

Si les maths vous passionnent, ce musée est pour vous. Et si elles vous ont laissé de mauvais souvenirs, c'est l'occasion de les envisager sous un angle plus ludique. Le but de son fondateur, Glen Whitney, est de montrer que les mathématiques peuvent être amusantes.

Le **musée des maths** présente une trentaine d'activités sur deux étages. Les enfants pourront enfourcher un tricycle dont les roues sont carrées et s'apercevoir que, malgré tout, elles tournent rond. Les maths se cachent partout. Dans ce qui ressemble à un café, ce ne sont pas des sodas, mais des casse-tête qui sont servis. Les murs ressemblent au jeu Tetris.

Dans le **Mathenaeum**, vous pouvez créer toutes sortes de formes géométriques, des plus simples aux plus complexes. Elles peuvent ensuite prendre forme grâce à une imprimante en 3D. Trois niveaux de compréhension sont

Si c'est rond, c'est point carré

Des roues carrées peuvent-elles tourner rond ? Eh oui, c'est possible ! Il suffit que la longueur du côté du carré de la roue soit égale à la longueur de la courbe de la bosse à franchir. Les tricycles à roues carrées du MoMath sont là pour vous le prouver !

proposés pour chacune des activités, selon l'âge des participants. Les enfants âgés de moins de 10 ans auront surtout l'impression de bien s'amuser avec beaucoup de gadgets lumineux, sonores ou interactifs. Mais, l'air de rien, ils auront abordé des concepts mathématiques complexes.

Notre conseil Le musée est truffé de matériel électronique parfois un peu fragile. Il arrive donc assez régulièrement que l'un ou l'autre poste soit hors service, mais il y a toujours bien assez d'autres activités dans le musée pour passer un très bon moment.

Plan p. 52-53 5 E1 ON Y VA ! ☐

11 East 26th St • M B 23rd St [N, R, F, M] • momath.org • 212 542 0566 • tlj 10h-17h • adulte 15 $, enfant (2-12) 9 $

Jouer au pompier
au New York City Fire Museum

À partir de 3 ans Tous les petits garçons ont voulu un jour devenir pompier. Ce musée est l'occasion d'approcher leur rêve au plus près !

Ce petit **musée des Pompiers de New York** expose des machines datant du XVIIIe siècle à nos jours sur les deux étages d'une ancienne caserne des années 1900. Des pompiers retraités sont toujours prêts à expliquer le fonctionnement de toutes ces machines au jeune public, et même aux moins jeunes (en anglais). Les pompiers de New York ont payé un lourd tribut lors des attentats du

11 septembre. Une petite exposition leur rend hommage avec photos et dessins d'enfants.

Au rez-de-chaussée trônent des pompes actionnées par des moteurs à vapeur et tirées par des chevaux, parmi lesquelles on peut voir une pompe La France de 1901. Dans les engins plus récents, vous pourrez admirer un camion des années 1950 tout rutilant. Au 1er étage, sont exposées des pompes du XVIIIe siècle qui étaient actionnées manuellement. Elles sont décorées comme des objets précieux. On peut voir également une belle collection de casques de pompiers de toutes les époques.

Activités enfants Les petits peuvent actionner la sonnerie d'alerte ou se faire prendre en photo coiffés d'un vrai casque et d'une veste de pompier.

Plan p. 52-53 ❶ C5 ON Y VA ! ☐

278 Spring St • Ⓜ Spring St [C, E], Canal St [1] • nycfiremuseum.org • 212 691 1303 • tlj 10h-17h • adulte 8 $, enfant (2-12) 5 $

Se prendre pour Picasso

au Children's Museum of the Arts

À partir de 1 an **Les graines d'artistes apprécieront de pouvoir ici s'adonner à la peinture, manier la pâte à modeler ou même tourner des vidéos.**

Au **musée d'Art pour les enfants**, le terme “musée” n'est pas tout à fait approprié. C'est avant tout un centre d'activités où les *kids*

peuvent exprimer leur créativité dans les domaines des arts plastiques, du son ou de la vidéo.

Au **Cray Bar**, vos petits génies peuvent créer des objets en argile en trouvant leur inspiration, si nécessaire, dans un cahier d'idées. Le **Fine Art Studio** est consacré à la peinture et aux travaux manuels. Le **Sound Booth** leur permet de se prendre pour un DJ, de s'initier à la manipulation des sons et d'enregistrer de la musique. Dans le **Media Lab**, ils peuvent donner vie à des marionnettes sous la forme de petits films d'animation montés image par image. Quelques "œuvres" réalisées par les enfants ont reçu un prix au festival du film de Tribeca. Les tout-petits ne sont pas oubliés. Le **Wee Art Space** les accueille dès l'âge de 10 mois jusqu'à 5 ans pour écouter des histoires, de la musique ou se lancer dans la réalisation d'œuvres d'art.

Des dessins, réalisés par des enfants, sont exposés, choisis parmi une collection de plus de **2 000 œuvres d'artistes en herbe** de tous les pays. Dans le hall principal, des expositions temporaires sont présentées, permettant aux enfants d'étudier les variations artistiques autour d'un thème précis.

Notre conseil Dès votre arrivée, allez inscrire vos enfants aux ateliers si vous souhaitez qu'ils participent. Certains d'entre eux sont en effet très populaires, comme celui de la pâte à modeler, et n'accueillent qu'un nombre restreint de participants. Attention aux oreilles sensibles, le volume sonore peut être assez vite fatigant. Comptez 2 ou 3 h au maximum. Ce lieu est idéal un jour de pluie.

Plan p. 52-53 2 C5 ONYVA !

103 Charlton St • M Houston St [1, 2], B Varick St [M20] • cmany.org • 212 274 0986 • lu, me 12h-17h, je-ve 12h-18h, sa-di 10h-17h • adulte, enfant (+1) 11 $, je 16h-18h : prix libre

Rencontrer Victoria Confino
au Tenement Museum

À partir de 8 ans Ce musée original reconstitue les conditions de vie des immigrants européens débarquant à New York sans argent à la fin du XIXe siècle ou au début du XXe siècle.

À travers cette visite, vous allez pouvoir vivre une émouvante expérience en vous imaginant dans la peau d'arrivants tout juste débarqués à la recherche d'un logement et d'un travail.

Avec **Meet the Residents**, vous rencontrez par exemple Victoria Confino, une jeune fille grecque séfarade de 14 ans issue de la très grande bourgeoisie. Arrivée avec sa famille à New York en 1913, elle vécut dans une grande pauvreté, loin du faste qu'elle avait connu. Elle vous ouvre sa porte et vous explique la vie difficile des dix membres de sa famille entassés dans ce tout petit deux pièces. La reconstitution des appartements du 97 Orchad Street est fidèle. Victoria Confino a vraiment existé et vécu ici. Pour parfaire l'illusion, l'actrice qui joue son rôle s'exprime même dans un mélange d'anglais et de *ladino*, la langue des juifs séfarades qui avaient fui l'Espagne lors de l'Inquisition. Vous êtes invités à lui poser toutes les questions que vous voulez.

D'autres visites comme **Sweatshop Workers** permettent de découvrir les conditions de travail dans ces ateliers où les immigrés s'échinaient pour des salaires de misère. L'exposition **Shop Life** permet d'explorer la vie des commerçants de l'époque dans un bar reconstitué. Des écrans interactifs expliquent, avec des extraits audio ou vidéo, la vie d'un couple de bouchers cacher ou bien celle d'un vendeur aux enchères.

Dans ce type de logement HLM de l'époque, près de 7000 habitants se sont succédé de 1863 à 1935 dans de minuscules appartements. L'immeuble, inoccupé jusqu'à la fin des années 1980, est devenu un précieux témoin grâce à l'historienne Ruth Abraham. Elle a voulu y créer un musée rendant hommage aux immigrés qui ont fait des États-Unis ce qu'ils sont aujourd'hui. En 1992, elle ouvre enfin le Tenement Museum.

Notre conseil Il est indispensable de réserver les visites suffisamment à l'avance, particulièrement celle avec Victoria Confino (trois fois par semaine de juillet à septembre, mais seulement le week-end le reste de l'année). C'est la seule visite autorisée aux moins de 6 ans (poussettes interdites). Il vous faudra, bien sûr, une connaissance minimum de l'anglais. Le site indique le nombre de places disponibles pour chaque visite.

Plan p. 52-53 7 F5 ON Y VA ! ☐

103 Orchard St • M Grand St [B, D], Essex St [J, M, Z], Delancey St [F] • tenement.org • 212 982 8420 • ve-me 10h-18h30, je 10h-20h30 • adulte 25 $, jeune (6-17) 20 $

Parlez-vous le ladino ?

Cette langue mélangeant des mots d'hébreu à de l'espagnol remonte à la fin du XVe siècle, quand les juifs ont été chassés d'Espagne par l'Inquisition. Au fil des siècles, le ladino a été influencé par les différentes langues des pays de la Méditerranée où ils se sont réfugiés. Le ladino s'écrit en caractères hébraïques et de droite à gauche. Aujourd'hui, moins de 200 000 personnes le parlent encore.

Grimper de la cave au grenier
au Merchant's House Museum

À partir de 5 ans **Après la visite du Tenement Museum, vous pouvez continuer votre voyage dans le passé en visitant cette demeure du XIXe siècle.**

Cette résidence a appartenu, de 1835 à 1933, à la famille d'un **commerçant aisé,** Seabury Tredwell. À l'intérieur, tout est resté intact, un peu comme si ses habitants avaient emménagé quelques heures plus tôt : meubles, vêtements et jusqu'au papier peint.

On peut facilement imaginer la vie que menait cette famille au milieu du XIXe siècle en visitant toutes les pièces du sous-sol au grenier. Tout en bas se trouve la cuisine. Les enfants pourront s'amuser à soulever un seau de charbon et comprendre la difficulté à approvisionner les cinq étages.

Vous découvrirez qu'à l'époque, même dans la maison d'une famille de classe moyenne, il n'y avait pas de salle de bains. La toilette se faisait à l'aide d'une bassine en cuivre et l'eau était puisée dans une citerne située dans le jardin.

Notre conseil Prenez le livret d'information à l'accueil ; il vous sera très utile pour la visite.

Plan p. 52-53 6 F4 ON Y VA !

29 East 4th St (entre Lafayette St et Bowery) • M Astor Pl [6], 8th St [N, R] • merchantshouse.org • 212 777 1089 • je 12h-20h, ve-lu 12h-17h (visite guidée à 14h et je 18h30) • adulte 10 $, enfant (– 12) gratuit

S.O.S. fantômes !
Le très sérieux journal *New York Times* a désigné la Merchant's House comme la "maison la plus hantée de Manhattan". La maîtresse des lieux, Gertrude Tredwell, veillerait toujours sur sa maison.

MIDTOWN

Le cœur de Manhattan recèle de nombreux sites et monuments emblématiques du mythe new-yorkais. Le MoMA vous révélera les grandes œuvres de l'art contemporain, Times Square vous fascinera par ses lumières et son rythme trépidant. Top of the Rock mettra New York à vos pieds tandis que l'Intrepid Sea Air Space Museum suscitera peut-être des vocations de pilote d'avion ou de cosmonaute chez vos enfants.

Croiser un lion de pierre
à la New York Public Library

Tous âges C'est assez original de visiter une bibliothèque mais le bâtiment de la New York Public Library vaut vraiment le détour... et en plus c'est gratuit !

Classé **monument historique,** cet édifice est un joyau de l'architecture de style Beaux-Arts. Avant d'entrer, admirez la façade avec ses colonnades corinthiennes et ses deux énormes lions. Une fois dans le hall, vous serez époustouflé par la **majesté des deux grands escaliers** qui mènent aux salles de lecture. À l'étage, les couloirs richement décorés, les plafonds peints, les candélabres posés à l'entrée des halls, les lambris ouvragés vous plongeront dans un décor de cinéma. Des scènes de films ont d'ailleurs été tournées dans ce lieu, dont certaines de *Harry Potter* et *S.O.S. fantômes*, entre autres.

La bibliothèque détient plus de **50 millions de documents,** dont de très précieux, comme une copie originale de la déclaration d'indépendance et une bible de Gutenberg. La **section des cartes et plans** est une des plus riches collections mondiales (elle fut

Patience et Fortitude

Les deux imposants lions en marbre situés de part et d'autre de la façade se nommaient "Leo Astor" et "Leo Lenox"en hommage aux fondateurs de la NYPL. En 1930, le maire de New York, Fiorello La Guardia, les surnomma Patience et Fortitude ; des qualités requises, selon lui, pour surmonter la grande dépression.

intensivement utilisée entre 1942 et 1945 par les services secrets et l'état-major de l'armée américaine).

Ouvert au public en mai 1911, le bâtiment principal de la NYPL accueille aujourd'hui les visiteurs désireux de s'instruire et de travailler dans ce lieu mythique de Manhattan. Le style d'époque a été conservé, bien que la technologie moderne se soit installée pour faciliter le travail de recherche.

L'impressionnante **Rose Main Reading room** est une salle de lecture éclairée par de grandes fenêtres et de nombreux lustres suspendus. Elle est grande comme un terrain de foot et sa hauteur est équivalente à cinq étages. Malheureusement, cette salle est fermée jusqu'en automne 2016 pour rénovation. En attendant, l'**Edna Barnes Salomon Room** est tout aussi belle avec ses grands plafonniers et sa galerie de portraits de personnalités tels que George Washington ou Truman Capote. Aux étages intermédiaires sont présentées des expositions temporaires, avec des livres rares ou des objets remarquables issus des collections ainsi que des panneaux éducatifs.

Notre conseil Après cette petite parenthèse culturelle, profitez de la proximité de **Bryant Park** (p. 74), juste à côté, pour emmener vos lutins se dégourdir les jambes ou faire un petit tour de manège (p. 17).

Plan p. 64-65 ⓬ E3 ON Y VA !

25th Ave et 42nd St • 42nd St-Bryant Park [B, D, F, M], 5th Ave [7] • nypl.org • 917 275 6975 • lu-sa 10h-18h (ma-me 20h), di 13h-17h • gratuit

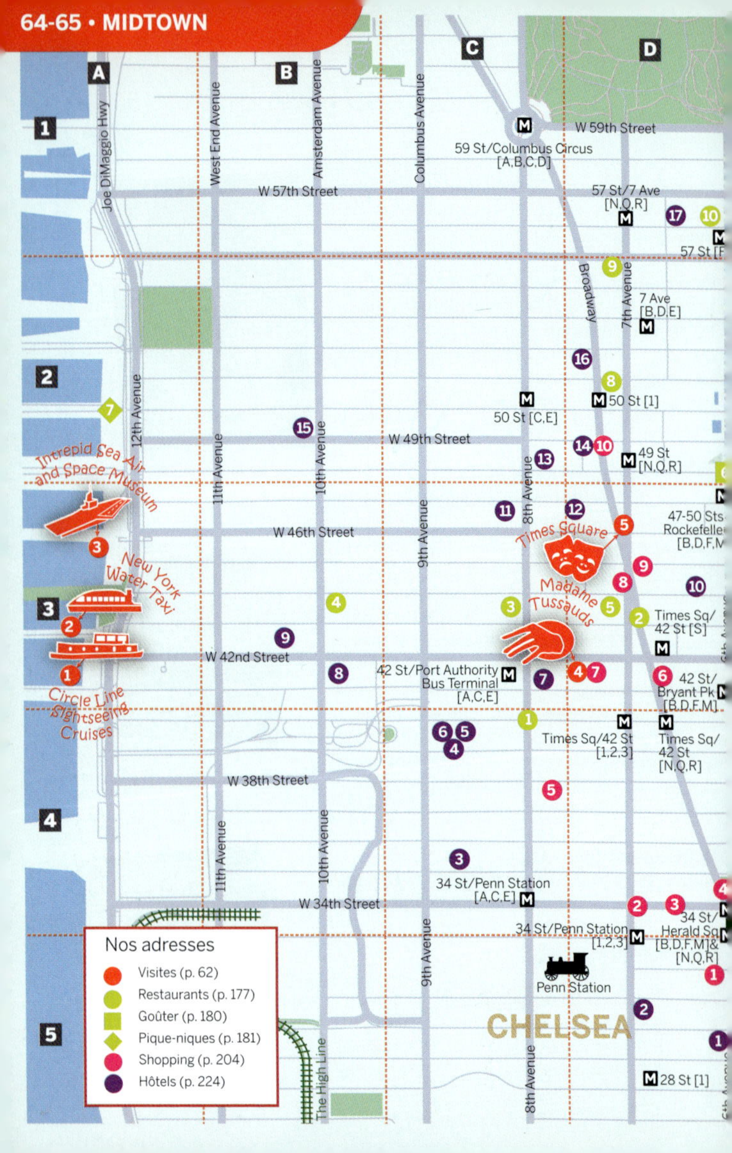
A
B
C
D
1
2
3
4
5
Joe DiMaggio Hwy
West End Avenue
Amsterdam Avenue
Columbus Avenue
W 59th Street
59 St/Columbus Circus [A,B,C,D]
W 57th Street
57 St/7 Ave [N,Q,R]
57 St
Broadway
7th Avenue
7 Ave [B,D,E]
12th Avenue
50 St [C,E]
50 St [1]
W 49th Street
11th Avenue
10th Avenue
49 St [N,Q,R]
Intrepid Sea Air and Space Museum
8th Avenue
9th Avenue
W 46th Street
Times Square
47-50 Sts Rockefeller [B,D,F,M]
New York Water Taxi
Madame Tussauds
Times Sq/42 St [S]
W 42nd Street
42 St/Port Authority Bus Terminal [A,C,E]
42 St/Bryant Pk [B,D,F,M]
Circle Line Sightseeing Cruises
Times Sq/42 St [1,2,3]
Times Sq/42 St [N,Q,R]
W 38th Street
34 St/Penn Station [A,C,E]
W 34th Street
34 St/Penn Station [1,2,3]
34 St/Herald Sq [B,D,F,M]& [N,Q,R]
Penn Station
CHELSEA
The High Line
28 St [1]
Nos adresses
Visites (p. 62)
Restaurants (p. 177)
Goûter (p. 180)
Pique-niques (p. 181)
Shopping (p. 204)
Hôtels (p. 224)

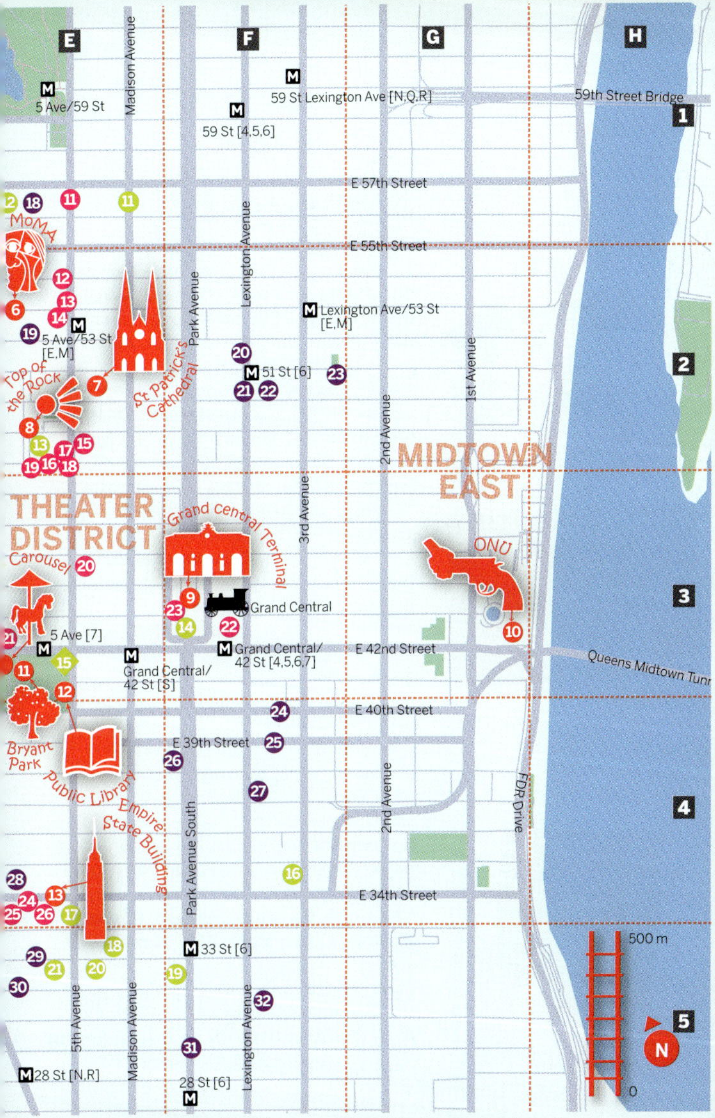

E
F
G
H
1
2
3
4
5
5 Ave/59 St
Madison Avenue
59 St Lexington Ave [N,Q,R]
59 St [4,5,6]
59th Street Bridge
E 57th Street
E 55th Street
MoMA
Lexington Avenue
Park Avenue
Lexington Ave/53 St [E,M]
5 Ave/53 St [E,M]
Top of the Rock
St Patrick's Cathedral
51 St [6]
1st Avenue
2nd Avenue
MIDTOWN EAST
THEATER DISTRICT
Grand Central Terminal
3rd Avenue
Carousel
ONU
Grand Central
5 Ave [7]
Grand Central/ 42 St [4,5,6,7]
E 42nd Street
Grand Central/ 42 St [S]
Queens Midtown Tunn
E 40th Street
E 39th Street
Bryant Park
Public Library
Empire State Building
FDR Drive
Park Avenue South
E 34th Street
33 St [6]
500 m
0
N
5th Avenue
28 St [N,R]
28 St [6]

Découvrir l'art moderne
au MoMA

À partir de 4 ans **Le MoMA est le plus ancien musée d'art moderne du monde. Il possède de nombreuses œuvres prestigieuses, de Van Gogh à Lichtenstein en passant par Picasso, Dalí, Mondrian ou Malevitch.**

Partagez avec vos bambins le monde de l'art moderne qui attire et souvent fascine l'imaginaire des enfants. Couleurs vives, portraits déstructurés, bestiaires improbables, objets usuels détournés… tout un univers artistique à découvrir en famille.

Les collections du **Museum of Modern Art** (MoMA) se déploient sur cinq niveaux avec, de haut en bas, la peinture et la sculpture, l'architecture et le design, les dessins, la photographie, les médias, sans oublier les estampes et les livres illustrés, pour finir avec les films.

Commencez votre visite par les niveaux 4 et 5 qui exposent **peinture et sculpture** de la fin du XIXe siècle à nos jours. S'y succèdent les divers mouvements artistiques, de l'impressionnisme au Pop Art en passant par le cubisme, le surréalisme… Les œuvres des plus grands maîtres y sont exposées : **Van Gogh, Gauguin, Matisse, Picasso, Braque, Léger, Malevitch, Mondrian**…

Parmi les œuvres les plus anciennes se trouvent deux tableaux de Van Gogh, ***La Nuit étoilée*** et ***Portrait de Joseph Roulin*** (salle 1), identifiable à sa casquette d'employé de la Poste. La salle 2 abrite le très célèbre tableau de Picasso, ***Les Demoiselles d'Avignon***. Il s'agit de la dernière peinture à l'huile sur toile, de très grand format, réalisée à Paris par l'artiste.

En salle 5, vous voilà devant la ***Roue de bicyclette*** de Marcel Duchamp, une sculpture facilement reconnaissable puisqu'il s'agit d'une roue de bicyclette posée sur un tabouret. En inventant, au début du XXe siècle, le *ready-made*, cet artiste a ouvert la voie aux mouvements qui vont utiliser des objets courants pour en faire des œuvres d'art.

Avec l'un de ses derniers tableaux, ***Broadway Boogie Woogie*** (salle 10), Mondrian expose sa vision de la ville en positionnant les lumières de Broadway selon le rythme syncopé du boogie-woogie. D'accord, ce n'est pas immédiatement évident, mais, heureusement, le titre et le très intéressant audioguide (également en version *kids*) vous donnent la bonne piste à suivre pour explorer ce tableau déroutant.

Dans la salle 14, avec son tableau ***Moi et le village***, Chagall nous entraîne sur le chemin de ses souvenirs d'enfance dans son village de Vitebsk en Russie.

Question de langage
À une dame qui lui disait : “Vos peintures, pour moi, c’est du chinois”, Picasso répondit : “Mais, madame, le chinois, ça s’apprend.”

Les salles du niveau 4 contiennent nombre d’œuvres pour le moins surprenantes : le simplissime ***OOF*** de Ruscha, l’étonnant ***Bus Driver*** de Segal, l’incontournable ***Marilyn*** de Warhol, l’originale cassolette de moules accompagnée d’une assiette de frites du Belge **Marcel Broodthaers.**

Activités enfants Le MoMA met à disposition du jeune public (niveau 2) de remarquables livrets qui permettent d’appréhender (dans un anglais très accessible) l’art moderne à partir de thèmes qui varient en fonction des expos. Ils permettent aux enfants d’explorer le musée en réalisant des activités grâce à de petits livrets. Des ateliers créatifs, comme le **MoMa Art Lab**, sont accessibles aux familles pour discuter de l’art, découvrir des techniques et réaliser des œuvres personnelles. À noter : le MoMA propose d’excellents audioguides gratuits (même en français !) en versions adulte et enfant, de quoi transformer toute la famille en expert de l’art contemporain !

Les rescapées du Titanic
Dans le film *Titanic*, on aperçoit le tableau de Picasso *Les Demoiselles d’Avignon* dans la luxueuse cabine de 1re classe qu’occupe Rose, l’héroïne. James Cameron a repris un mythe populaire, mais le tableau exposé au MoMA n’a jamais fait le voyage vers New York sur le Titanic.

Nos conseils Profitez des expositions temporaires et des ateliers artistiques ouverts au public au fil de la journée. Pensez à télécharger l’appli mobile du MoMA, facilement utilisable grâce au wi-fi gratuit dans le musée ; vous pourrez faire une visite guidée du musée interactive et complète (existe en version *kids*).

Plan p. 64-65 6 E2 ON Y VA !

11 West 53rd St (entre 5th Ave et 6th Ave) • M 5th Ave-53rd St [E, M], 57th St [F] • moma.org • 212 708 9400 • tlj 10h30-17h30 (ve 20h) (juill-août je 20h45) • adulte 25 $, enfant (– 16) gratuit, gratuit ve 16h-20h

Pousser la porte
de la St Patrick's Cathedral

Tous âges **La plus grande cathédrale catholique dans un pays majoritairement protestant est l'un des piliers de la communauté irlandaise. Elle est d'ailleurs dédiée au saint protecteur de l'Irlande.**

St Patrick's Cathedral est le siège de l'archidiocèse de New York. Construite entre 1858 et 1878 **en style néogothique**, St Patrick, avec ses 101 m de hauteur, dépasse d'un court clocher Notre-Dame de Paris (96 m).

St Patrick apparaît comme un petit bijou d'architecture perdu au milieu des gratte-ciel. En passant ses majestueuses portes en bronze qui ne pèsent pas moins de quatre tonnes, vous serez captivé par la beauté et la finesse des détails. Les mosaïques sont un plaisir pour les yeux, et en particulier la **magnifique rosace** qui mesure 8 m de diamètre. On ne dirait pas vu d'en bas ! Son grand orgue monté en 1930 dispose de 5 918 tuyaux. Ne manquez pas la patronne des Amériques, **Lady of Guadalupe,** une représentation de la Vierge, ainsi que la très belle Pietà, sculpture de la Vierge pleurant le Christ. Réputée pour son acoustique, la cathédrale accueille de nombreux concerts, mais aussi des mariages et enterrements de personnalités.

Saint Patrick's Cathedral représente le haut lieu de la vie spirituelle catholique new-yorkaise. C'est aussi le spot idéal pour regarder le défilé de deux importantes fêtes populaires (p. 14) : l'**Easter Parade** et la **St Patrick's parade.**

Plan p. 64-65 7 E2 ON Y VA !

5th Ave (entre E 50th St et E 51st St) • M 5th Ave-53rd St [E, M], 51st St [6] • saintpatrickscathedral.org • 212 753 2261 • tlj 7h-20h30 • gratuit

Surplomber la ville
depuis Top of the Rock

À partir de 4 ans **L'une des plus chouettes vues de New York et de ses environs depuis le 70e étage du Rockefeller Center.**

Avec l'ouverture du tout nouveau One World Observatory, perché au 102e étage du One World Trade Center (p. 49), la compétition est intense pour se disputer le titre de "plus belle vue de New York". Top of the Rock, Empire State Building, One World Observatory? Hum... avouons-le, le choix est difficile tant chacune de ces "grandes dames" offre un **panorama magnifique**.

Top of the Rock, par rapport à l'Empire State Building, présente l'avantage d'être moins bondé et d'avoir un beau point de vue sur... l'Empire State Building! Autre avantage, la **plate-forme à ciel ouvert sur 360°** qui donne la sensation de planer au-dessus de la ville. Un effet vraiment grisant, sauf pour les gens qui ont le vertige et qui préféreront les plates-formes avec baies vitrées, mais sans plafond, idéales pour prendre de belles photos et de mémorables selfies.

Vous pourrez scruter à loisir l'immense tapis vert que représente Central Park, attribuer leur nom aux différents ponts qui relient Manhattan

Les travailleurs du ciel

Les Indiens mohawks, issus d'une tribu du nord-est des États-Unis, ont contribué dès les années 1920 à édifier les ponts et gratte-ciel de New York. Capables d'escalader et de travailler en hauteur sans appréhension ni vertige, ils ont acquis la réputation de marcher sur des poutres d'acier, à plus de 200 m de hauteur, comme sur un trottoir.

aux autres quartiers ou encore plonger – du regard seulement – sur les voitures et les piétons en contrebas qui ont l'air de petits jouets !

Nos conseils Pour éviter la file d'attente, achetez vos billets en ligne avec un horaire fixe. Privilégiez bien sûr un jour où le temps est clair. Et le must est une visite en fin de journée pour voir la ville briller de mille feux.

Plan p. 64-65 8 E2 ON Y VA !

30 Rockefeller Plaza, W 50th St, entre 5th et 6th Ave • M 47th-50th St-Rockefeller Center [B, D, F, M] • topoftherocknyc.com • 212 698 2000 • tlj 8h-0h • adulte 29 $, enfant (6-12) 18 $

En prendre plein les mirettes à Times Square

Tous âges Chaque année, près de 30 millions de touristes se pressent (pas tous ensemble, bien sûr !) sur cette place considérée comme le "carrefour du monde", fascinés par le spectacle de la rue et des néons.

Times Square est une des places les plus célèbres de New York. Elle est délimitée par Broadway et la 7th Avenue, entre la 42nd et la 47th St. Elle a la forme de deux triangles opposés par leurs pointes et tire son nom de l'ancien emplacement du siège du journal le *New York Times*. C'est le rendez-vous des mordus de comédies musicales et de tous ceux qui aiment se fondre dans cette ambiance électrique sans crainte des bains de foule.

Vous pouvez vous poser sur les Red Steps, une estrade plantée à l'angle de la 47th St, pour assister au ballet des taxis, voir défiler publicités, cours de la bourse, émissions de télé sur des dizaines d'écrans lumineux. Le dernier-né, installé sur la façade du Mariott, est le plus grand du monde : il mesure la longueur d'un terrain de foot, sur huit étages ! En dessous se trouve l'une des boutiques de TKTS (p. 130) qui vend des billets à prix réduit pour les shows de Broadway programmés le jour même.

Activités enfants Vous aurez certainement beaucoup de mal à refuser à vos enfants la visite du **Disney Store** (p. 206) avec son décor magique qui enchantera vos chérubins. Des activités de dessin pour apprendre à reproduire les personnages Disney y sont parfois proposées. Au nord de Times Square, juste après la 48th St, un magasin **M&M's World** (p. 206) propose ses bonbons de toutes les couleurs qui font la joie des enfants et des dentistes !

Plan p. 64-65 5 D3 ON Y VA ! ☐

Times Square (Broadway entre W 42nd St et W 47th St) • M 49th St [N, Q, R]

Rencontrer des people
au musée Madame Tussauds

À partir de 6 ans **Vous souhaitez rencontrer Robert Pattinson ou Justin Bieber, Lady Gaga ou Madonna, Obama, le pape ou le dalaï-lama ? Vous êtes à la bonne adresse. Un peu cher, tout de même.**

Allez savoir pourquoi, les enfants adorent approcher les stars, même sous l'apparence de mannequins de cire. Et ils ne résistent pas à se faire photographier en leur compagnie. Il faut avouer que beaucoup d'entre elles sont très ressemblantes. Du coup, les parents ont aussi un bon prétexte pour côtoyer leurs célébrités préférées.

La visite commence (hélas !) par une longue file d'attente car l'ascenseur n'accepte que 17 personnes à la fois. Mais, ensuite, vous êtes accueilli par Whoopy Goldberg, Jennifer Lopez, Robert Pattinson, Angelina et Brad. Les enfants rencontreront leurs (super)héros préférés : Captain America, Hulk, Iron Man ou encore Lionel Messi.

Dans la **Gallery**, vous pouvez prendre la pose avec Obama dans son bureau ovale. On y rencontre aussi d'anciens présidents américains comme Reagan ; Einstein, le pape ou le dalaï-lama sont également là. Pour les amateurs, Bollywood présente les stars kitsch du cinéma indien.

Pop Culture comblera les parents, qui pourront retrouver les vedettes de leur jeunesse. La Music Room plaira plus à la jeune génération

Madame Tussaud

Née en France en 1761, Mme Tussaud (sans s !) a commencé sa carrière à Berne auprès d'un docteur qui fabriquait des masques de cire, en mettant à profit ses connaissances en anatomie. Elle prit ensuite son indépendance à Paris, pendant la Révolution, avant d'aller présenter ses masques de cire en Angleterre. Elle finit par s'y installer et y resta jusqu'à sa mort en 1850.

avec Lady Gaga ou Justin Bieber, Shakira ou Madonna (pas très réussie). Et dans la Sport Zone, un basketteur est accompagné d'un jockey qui fait la moitié de sa taille.

Plan p. 64-65 4 D3 ONYVA !

234 West 42nd St (7th-8th Ave) • M Times Square-42nd St [S], 42nd St-Port Authority Bus Terminal [A, C, E] • madametussauds.com • 212 512 9600 • lu-di 10h-20h (ve-sa 22h) • adulte 37 $, enfant (4-12) 30 $ (29,70 $/ 24 $ en ligne)

Faire une partie de ping-pong
à Bryant Park

Tous âges **Un petit air de France souffle sur ce parc coincé derrière la New York Public Library, avec son manège à l'ancienne et son terrain de pétanque.**

À deux pas de Times Square ou de Grand Central, ce petit parc est une **vraie oasis**. Son surnom de "petit Luxembourg", en référence au grand jardin parisien, lui vient de quelques particularités : jardins à la française, chaises importées de France, carrousel de chevaux de bois qui tournent au rythme de chansons françaises, terrain de pétanque, kiosques-cafés.

Tout au long de l'année, le parc accueille de nombreux événements : festival de cinéma en plein air, Fashion Week, patinoire (à partir de fin octobre jusqu'à début mars), et l'un des plus beaux marchés de Noël de la ville. Les enfants, quant à eux, se régaleront de tours de manège ou de parties de ping-pong.

Les amateurs de sport cérébral ne sont pas oubliés avec les tables d'échecs ou de backgammon. Dans la **Reading Room**, des chariots proposant le prêt de livres et magazines – à lire sur place – pour tous les âges vous permettront de profiter d'un moment paisible, loin des fureurs de la ville. Du printemps à l'automne, c'est un lieu de pique-nique très agréable, à l'ombre de ses grands arbres.

Plan p. 64-65 11 E3 ON Y VA !

Entre W 40th et W 42nd St et 5th et 6th Ave • M 42nd St-Bryant Pk [B, D, F, M], 5th Ave [7] • bryantpark.org • 212 768 4242 • horaires selon la saison

Se prendre pour King Kong

en grimpant au sommet de l'Empire State Building

À partir de 4 ans **Ce n'est pas le gratte-ciel le plus haut de New York, mais l'Empire State Building est assurément le plus emblématique de la ville. En revanche, victime de son succès, la visite du bâtiment se mérite !**

Du haut de ses 381 m, l'Empire State Building domine la ville depuis 1931. Chaque soir, il s'illumine de couleurs changeantes. La vue sur New York depuis la **terrasse en plein air du 86e étage** est impressionnante et vaut le coup de trépigner dans la longue file d'attente.

En revanche, pour profiter d'une vue dégagée sur Central Park, choisissez plutôt le Top of the Rock (p. 70). Quant au One World

Observatory (p. 49), son atout majeur est sa vue majestueuse sur l'ouverture de l'estuaire avec, au premier plan, la statue de la Liberté.

Notre conseil Achetez votre billet en ligne avec horaire réservé. Malgré cela, la file d'attente peut être longue à cause de l'affluence et des contrôles de sécurité. Des Express Pass sont proposés avec un supplément assez important. De même, si vous souhaitez accéder au 102e étage, vous devrez vous acquitter d'un supplément non négligeable.

Plan p. 64-65 ⓭ E4 ON Y VA ! ☐

350 5th Ave • Ⓜ 34th St-Herald Sq [B, D, F, M, N, Q, R], 33rd St [6] • esbnyc.com • 212 736 3100 • tlj 8h-2h • adulte 32 $, enfant (6-12) 26 $

Séance en plein air

Construits juste après le krach boursier, les bureaux de l'Empire State Building sont restés désespérément vides. En 1933, ce gratte-ciel connaît enfin la célébrité et le succès grâce à un film : *King Kong* et sa légendaire scène avec le singe sur le toit du *skyscraper*.

JEU DANS LE LIVRET ENFANT VOIR PAGE 4

Explorer la gare
de Grand Central Terminal

Tous âges La gare de Grand Central, n'est pas qu'une immense gare, c'est aussi un magnifique édifice d'inspiration Beaux-Arts qui se visite tel un musée.

Quotidiennement se croisent, dans la **plus grande gare de New York**, des milliers de gens indifférents, pour la plupart, à la beauté de ce joyau de l'architecture Beaux-Arts.

Dans les années 1980, Jacky Kennedy a permis de sauver ce magnifique bâtiment de la démolition. Grand Central Terminal a repris sa place d'honneur parmi les grands monuments de la ville et a fêté ses 100 ans en 2013. Il peut s'enorgueillir d'avoir servi de décor (reproduit en animation) à des films célèbres comme *Madagascar* (les animaux veulent y prendre un train).

Dans le hall principal, levez les yeux sur la splendide **voûte céleste** bleue parsemée de constellations zodiacales, dont certaines étoiles sont illuminées. Cette œuvre a été réalisée par un artiste français, du nom de Paul-César Helleu. Amusez-vous à aller chuchoter un secret à la **Whispering Gallery** (près du Oyster Bar).

La gare abrite des boutiques et un marché alimentaire fourni en produits de qualité où l'on trouve même des fromages français. Au sous-sol, vous aurez un vaste choix de stands de restauration.

Pour découvrir tous les mystères de Grand Central Terminal, rendez-vous à la page 4 du livret enfant.

Plan p. 64-65 9 F3 ONYVA ! ☐

89 East 42nd St • Ⓜ Grand Central-42nd St [S, 4, 5, 6, 7] • grandcentralterminal.com • 212 878 7034 • tlj 5h30-2h • gratuit

Sauver la planète
au siège de l'Organisation des Nations unies (ONU)

À partir de 5 ans **Voici une occasion unique de voir de plus près comment fonctionne cette organisation qui tente de prévenir ou d'arrêter les conflits aux quatre coins du monde.**

L'organisation des Nations Unies a été créée officiellement le 26 juin 1945 par 51 pays afin de garantir la paix et la sécurité dans le monde issu de la Seconde Guerre mondiale. L'ONU (UN, en anglais) met également en place des programmes pour vaincre la faim, la maladie et l'analphabétisme.

L'ONU en quelques chiffres

- 193 pays sur 196 sont membres de l'ONU.
- 120 000 Casques bleus sont engagés dans 16 opérations sur quatre continents.
- 90 millions de personnes dans 73 pays reçoivent une aide alimentaire.
- 36 millions de réfugiés et de personnes fuyant la guerre, la famine ou la persécution sont pris en charge.

Le jeudi, un **Children Tour** de 45 min (en anglais) est organisé pour les enfants de 5 à 12 ans (accompagnés d'un adulte). Au début de la visite, un cahier est remis aux jeunes visiteurs afin qu'ils puissent, à l'aide de six personnages – chacun parlant l'une des langues officielles de l'ONU (anglais, français, russe, espagnol, arabe ou mandarin) –, comprendre de façon ludique les missions de l'ONU.

Les enfants vont pouvoir également découvrir le rôle principal de l'**Unicef**, une association humanitaire dédiée à l'enfance en difficulté. On dénombre dans le monde 75 millions d'enfants qui ne vont pas à l'école. L'Unicef a développé une mallette, la **School in a Box**, dont le contenu permet de créer une école quelles que soient les conditions : peinture noire pour faire un tableau sur tout type de

surface, cahiers sans marge utilisables dans toutes les langues...

La **War and Peace Zone**, comme son nom l'indique, évoque la guerre et la paix à travers le monde. On peut y voir une mitraillette transformée par un artiste en guitare électrique. La section **Peacekeeping** ("maintien de la paix") explique l'action des **Casques bleus**, appelés ainsi car ils portent un... casque bleu ! Ils sont envoyés par l'ONU aux quatre coins du monde pour s'interposer entre les combattants et tenter de ramener la paix.

Plan p. 64-65 ⑩ G3 ON Y VA ! ☐

1st Ave (niveau 47th St) • Ⓜ Grand Central-42nd St • visit.un.org/fr • 212 963 4475 • lu-ve 9h-16h30, sa-di 10h-16h (pas de visite guidée le week-end) ; Children Tour le je à 16h15 • adulte 20 $, enfant (5-12) 11 $ (possibilité de réserver une visite en français en envoyant un e-mail à toursunhq@un.org)

Embarquer sur un porte-avions
à l'Intrepid Sea Air and Space Museum ☺☺☺

À partir de 6 ans **Ce porte-avions, après avoir pris sa retraite en 1982, est devenu un musée flottant. Il héberge une impressionnante collection d'engins volants militaires, mais aussi civils.**

Vous pourrez voir de près des avions, des hélicoptères et des capsules spatiales et expérimenter des simulateurs. Mais aussi explorer un sous-marin, grimper dans

le **Concorde** et même dans la navette spatiale **Enterprise !**

Durant ses années de service, l'**Intrepid,** c'est le nom du porte-avions, a participé à différents conflits. Pendant la Seconde Guerre mondiale, il a même subi des attaques d'avions kamikazes japonais. Avant de prendre sa retraite définitive, il a servi pendant sept ans pour récupérer en mer les capsules des missions spatiales américaines.

Sur le pont se trouve une quinzaine d'hélicoptères et d'avions de chasse (dont l'un décoré d'un nez de requin !). On peut y voir l'avion furtif américain **Blackbird** (trois fois la vitesse du son), un **MIG** russe ou un **Mirage IV** français. Vous aurez même l'occasion de monter pour jeter un coup d'œil dans l'un des célèbres hélicoptères **Sikorsky.**

Une ville flottante

L'Intrepid hébergeait, en opération, 2600 officiers et hommes d'équipage. Long de 250 m, il pouvait se déplacer à la vitesse de 33 nœuds (61 km/h). Son armement était constitué de 62 canons de différentes tailles et puissances. Le sous-marin Growler, amarré à côté de l'Intrepid, fait quant à lui 98,30 m de long. Il avait une vitesse en plongée de 12 nœuds (22 km/h) contre 20 nœuds (37 km/h) en surface.

Plusieurs simulateurs sont proposés (pour 9 $, taille minimale 1 m). Le **Transporter Fx** vous entraîne dans un combat aérien avec un avion qui décolle d'un porte-avions en visualisation 3D. Avec le **G-Force,** vous vous retrouverez plaqué dans le siège d'un avion de la Seconde Guerre mondiale. Trois fois par jour, vous pouvez monter et descendre avec la plate-forme élévatrice qui permet d'amener les avions sur le pont du navire. Et en plus, c'est gratuit !

Activités enfants L'Exploreum propose 1200 m² d'activités interactives dédiées aux enfants. Dans la **Space Zone**, ils peuvent prendre place dans une capsule spatiale **Gemini** et suivre son décollage sur un écran. Dans l'Air Zone, ils peuvent grimper dans le cockpit d'un avion de chasse et le piloter à l'aide d'un écran de simulation. Le week-end, le **Discovery Deck** propose aux familles des activités manuelles ou artistiques ainsi que des expériences. Un audioguide en français dédié aux enfants est disponible pour 5 $.

Plan p. 64-65 3 A3 ON Y VA !

Pier 86 (12th Ave, angle 46th St) • M 42nd St-Port Authority Bus Terminal [A, C, E], Times Sq-42nd St [N, Q, R, S, 1, 2, 3] • intrepidmuseum.org • 212 957 7041 • lu-ve 10h-17h, sa-di 10h-18h (été), tlj 10h-17h (hiver) • adulte 24 $, enfant (3-6) 12 $, (7-17) 19 $ • audioguide 5 $

Faire des ronds dans l'eau

avec la Circle Line Sightseeing

À partir de 2 ans **Pour avoir une perception différente de Manhattan, un tour de l'île en bateau s'impose !**

Le pont d'un bateau offre la plus belle des perspectives sur les gratte-ciel, à vous de choisir le programme le mieux adapté à vos attentes

parmi la gamme très variée de croisières proposée par la Circle Line.

Avec la **Liberty Cruise** (durée : 1 h), vous descendez l'Hudson jusqu'à la statue de la Liberté et Ellis Island, le centre historique de l'immigration. La **Landmark Cruise** (durée : 1h30) fait l'aller-retour au sud de Manhattan, depuis l'Intrepid jusqu'au siège de l'ONU, en passant autour de la statue de la Liberté et d'Ellis Island. Pour voir la ville briller de mille feux au crépuscule, embarquez pour une croisière magique sur la **Harbor Lights Cruise** (durée : 2h). Envie de faire le tour complet de l'île de Manhattan ? Optez pour la **Best of NYC Cruise** (durée : 2h30). Vous descendrez ainsi le long de l'Hudson River et remonterez l'East River en passant devant les quartiers de Harlem et sous le fameux **George Washington Bridge**, au nord de la ville. En automne, vous pourrez apprécier les couleurs flamboyantes des arbres du côté du New Jersey. Pour les fondus de sensations fortes, optez pour **The Beast** ("La Bête"). Ce hors-bord ultrarapide passe à fond les manettes (70 km/h) devant les buildings de Midtown et fait le tour de la baie avec en vedette la statue de la Liberté. Attention, ça mouille et ça décoiffe!

Plan p. 64-65 ❶ **A3** ON Y VA ! ☐

Pier 83 (12th Ave, angle 42nd St) • M 42nd St-Port Authority Bus Terminal [A, C, E], Times Sq-42nd St [N, Q, R, S, 1, 2, 3] • circleline42.com • 2125633200 • lu-je 10h-15h30, ve-sa 10h-18h • adulte/enfant (3-12) Liberty Cruise 29 $/20 $, Landmark Cruise et Harbor Lights Cruise 36$/25 $, Best of NYC Cruise 41 $/27 $, The Beast (mai-sept, enfant +1 m) 29$/23 $

Faire des sauts de puce

avec les New York Water Taxi

À partir de 2 ans **Comme certains bus touristiques, cette navette vous permet de descendre à chaque arrêt puis de prendre le bateau suivant.**

Ces bateaux jaunes présentent l'avantage de vous permettre de faire un tour de la ville en vous délectant des vues magnifiques sur le New Jersey, Manhattan et Brooklyn. Vous reconnaîtrez les grands monuments comme l'Empire State Building, le One World Trade Center, le Brooklyn Bridge, et vous passerez tout près de la statue de la Liberté. Vous pouvez **débarquer et embarquer à votre guise** grâce aux six arrêts situés entre la rive gauche de Manhattan, la pointe Sud de la ville et Brooklyn. Les enfants découvriront ainsi la ville de façon amusante, entre terre et mer.

Nos conseils En période d'affluence, anticipez la file d'attente, sinon vous risquez de ne pas pouvoir monter à bord du bateau suivant. Pour faire des économies, profitez des formules combinées avec les visites du 9/11 Memorial, du One World Observatory, de l'Intrepid Museum, de l'Empire State Building ou de Madame Tussauds.

Plan p. 64-65 2 A3 ON Y VA !

Plusieurs arrêts du Pier 84 au Pier 16 • Pour le Pier 84, M 42nd St-Port Authority Bus Terminal [A, C, E], Times Sq-42nd St [N, Q, R, S, 1, 2, 3] • nywatertaxi.com • 212 742 1969 • tlj 10h-18h10 (voir site) • adulte 31 $, enfant (3-12) 19 $

UPPER MANHATTAN

Dans ce riche quartier se côtoient boutiques de luxe, hôtels et immeubles de grand standing, mais aussi de nombreux musées. Le Metropolitan Museum of Art, dit le Met, vous fera voyager à travers 5000 ans d'histoire de l'art, tandis que le Muséum d'histoire naturelle vous entraînera dans la fabuleuse aventure de la vie. Pour la pause détente, vos pas vous mèneront à Central Park, cette immense oasis de verdure en pleine ville.

Courir après les écureuils de Central Park

Tous âges Avec ses collines, ses vallons, ses lacs et ses forêts, Central Park est comme un immense morceau de campagne transplanté en plein cœur de New York.

C'est un élément essentiel de la vie des New-Yorkais qui viennent ici se promener, se détendre, faire du sport, assister à des spectacles ou observer tous les animaux qui en ont fait leur résidence, et plus particulièrement les écureuils.

Central Park s'étend sur 4 km de long, entre la 59th et la 110th St, et sur 800 m de large entre la 5th Avenue et Central Park West. Cela en fait l'un des plus grands parcs urbains au monde. Pour les familles, il est plus intéressant de l'aborder par son milieu, au niveau de l'American Museum of Natural History (p. 101), mais vous pouvez aussi bien y accéder après une visite au Metropolitan Museum à l'est. On peut le traverser facilement d'est en ouest. Pour ne pas vous égarer dans les méandres de ses nombreux chemins, prenez les immeubles bordant le parc comme point de repère.

Vous pouvez commencer votre exploration de Central Park par la visite d'un **château de conte de fées**, le Belvedere Castle (p. 88), qui offre un superbe point de vue sur le parc. Si vous arrivez par l'ouest, vous passerez certainement devant un joli chalet de bois qui cache un charmant **théâtre de marionnettes** (p. 89). Juste en face, la "grande pelouse" (Great Lawn) est idéale pour les pique-niques ou les parties de ballon.

Si vous partez plus au sud, n'oubliez pas de semer vos petits cailloux blancs comme le Petit Poucet pour ne pas vous perdre dans la **forêt du Ramble** avec ses chemins tortueux, son ruisseau et ses rochers que les enfants intrépides pourront s'amuser à escalader. En direction de l'est, vous rejoindrez le **lac** (The Lake) que vous pourrez traverser en empruntant le superbe pont métallique (Bow Bridge) pour rejoindre la Bethesda Terrace et sa **fontaine** majestueuse avec, à son sommet, un ange ailé. C'est un bon point de vue pour regarder les **bateaux** manœuvrer sur le lac.

Ne soyez pas surpris si vous apercevez des gondoliers, vous êtes bien à New York. Pour une partie de canotage, la Boat House vous attend à l'est du lac. Les amateurs de **bateaux télécommandés** se précipiteront un peu plus à l'est, au plan d'eau **Conservatory Water**. Du printemps à l'automne, vous pouvez y louer de petits voiliers pour les faire évoluer à votre guise (plus de renseignements sur sailthepark.com).

Au nord du bassin, la statue d'**Alice au pays des merveilles** plaît beaucoup aux enfants qui

Une star à Central Park

Depuis 1991, le parc accueille une buse à queue rousse, Pale Male, devenue une véritable star. Le volatile a élu domicile à l'une des adresses les plus huppées de Manhattan, au n° 927 de la prestigieuse 5th Avenue. Et comme toute célébrité, elle a son site Web : palemale.com

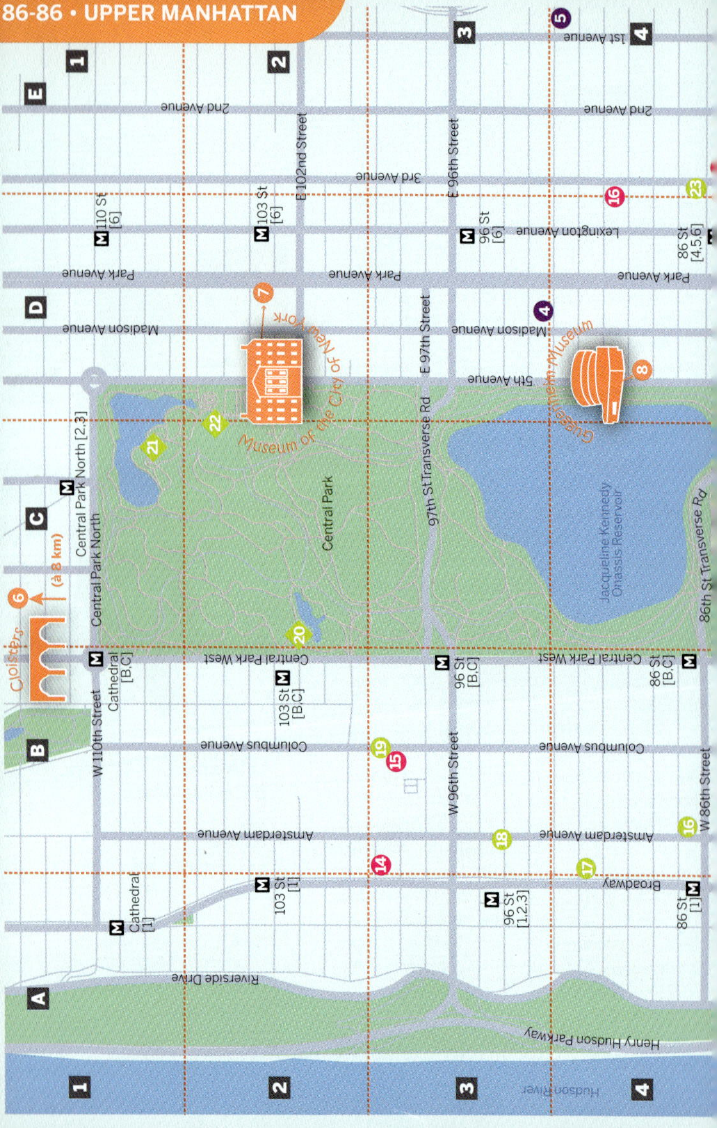

Cloisters
6
(à 8 km)
Museum of the City of New York
7
Guggenheim Museum
8
4
5
Central Park
Jacqueline Kennedy Onassis Reservoir
Central Park North
Central Park North [2,3]
Central Park West
W 110th Street
Cathedral [B,C]
Cathedral [1]
103 St [B,C]
103 St [1]
103 St [6]
110 St [6]
96 St [B,C]
96 St [1,2,3]
96 St [6]
86 St [B,C]
86 St [1]
86 St [4,5,6]
W 96th Street
W 86th Street
E 102nd Street
E 97th Street
E 96th Street
97th St Transverse Rd
86th St Transverse Rd
1st Avenue
2nd Avenue
3rd Avenue
Lexington Avenue
Park Avenue
Madison Avenue
5th Avenue
Columbus Avenue
Amsterdam Avenue
Broadway
Riverside Drive
Henry Hudson Parkway
Hudson River
14
15
16
17
18
19
20
21
22
23
A
B
C
D
E
1
2
3
4

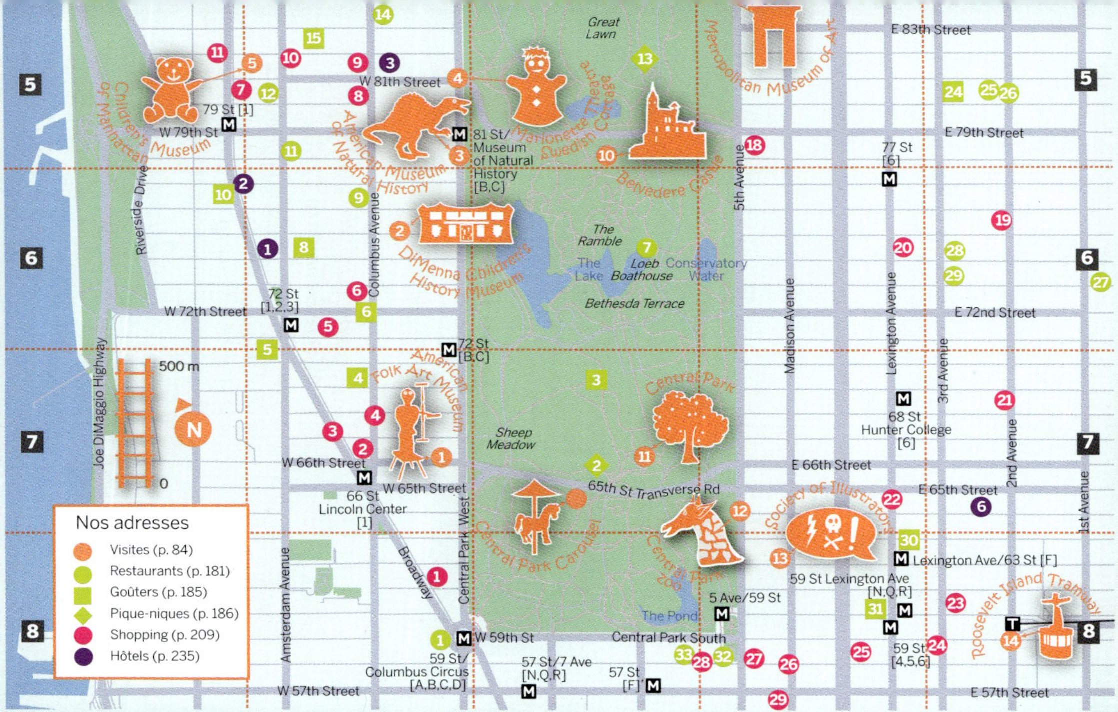

Nos adresses
Visites (p. 84)
Restaurants (p. 181)
Goûters (p. 185)
Pique-niques (p. 186)
Shopping (p. 209)
Hôtels (p. 235)
500 m
0
N
Children's Museum of Manhattan
American Museum of Natural History
Marionette Theatre Swedish Cottage
Metropolitan Museum of Art
Belvedere Castle
DiMenna Children's History Museum
American Folk Art Museum
Central Park
Central Park Carousel
Central Park Zoo
Society of Illustrators
Roosevelt Island Tramway
Great Lawn
The Ramble
The Lake
Loeb Boathouse
Conservatory Water
Bethesda Terrace
Sheep Meadow
The Pond
Riverside Drive
Joe DiMaggio Highway
Amsterdam Avenue
Columbus Avenue
Central Park West
Broadway
5th Avenue
Madison Avenue
Lexington Avenue
3rd Avenue
2nd Avenue
1st Avenue
W 81th Street
W 79th St
W 72th Street
W 66th Street
W 65th Street
W 59th St
W 57th Street
E 83th Street
E 79th Street
E 72nd Street
E 66th Street
E 65th Street
65th St Transverse Rd
Central Park South
E 57th Street
79 St [1]
81 St/ Museum of Natural History [B,C]
72 St [1,2,3]
72 St [B,C]
66 St Lincoln Center [1]
59 St/ Columbus Circus [A,B,C,D]
57 St/7 Ave [N,Q,R]
57 St [F]
5 Ave/59 St
77 St [6]
68 St Hunter College [6]
Lexington Ave/63 St [F]
59 St Lexington Ave [N,Q,R]
59 St [4,5,6]

s'amusent à l'escalader. Un peu plus loin, c'est la statue de Hans Christian Andersen qui attend les bambins avec son grand livre de contes.

Au sud de la 72nd St Transverse Road, l'immense pelouse de Sheep Meadow est aussi une aire de pique-nique ou de détente particulièrement prisée des New-Yorkais. Et juste en dessous de la 65th St Transverse Road, les plus jeunes ne résisteront pas à un tour de **manège** au Friedsam Memorial Carousel.

À l'extrême sud-est du parc, vous trouverez le fameux **zoo de Central Park** (p. 90) qui a été rendu célèbre par le film *Madagascar*.

Notre conseil Si le parc est sûr en journée, il est déconseillé de s'y aventurer à la nuit tombée.

Plan p. 86-87 11 C7 ON Y VA !

Accès entre 59th St et 110th St • M voir la carte • centralparknyc.org • 212 310 6600 • tlj 6h-1h • gratuit

Observer les oiseaux

depuis le Belvedere Castle

À partir de 2 ans **Ce château miniature a servi de scène à la mémorable bataille dans le film *Les Schtroumpfs*. Il offre l'un des plus beaux points de vue sur Central Park.**

Un tout petit escalier en colimaçon mène jusqu'à la terrasse située tout en haut du château d'où vous pourrez admirer la vue panoramique. Il accueille des expositions sur le thème de la nature. C'est aussi une station météorologique.

Ensuite, ne manquez pas d'aller voir les **tortues** dans le petit étang au pied du château.

Activités enfants Au moins 200 espèces d'oiseaux peuplent Manhattan. Partez à leur découverte en empruntant un **Conservancy's Discovery Kit**. C'est un sac à dos qui contient une carte, des jumelles et surtout un livre pour reconnaître, par exemple, le merle d'Amérique *(american robin)*, le chat moqueur *(gray catbird)* ou le carouge à épaulettes *(red-winged blackbird)*.

Plan p. 86-87 ⑩ C5 ON Y VA !

Central Park (niveau 79th St) • M 81st St-Museum of Natural History [B, C] • centralparknyc.org • 212 772 0210 • tlj 10h-17h • gratuit

Aller voir les marionnettes
au Swedish Cottage Marionette Theatre

À partir de 2 ans Un théâtre de marionnettes pour les plus jeunes, au cœur de Central Park, dans un chalet suédois tout en bois ? On y court !

Ce théâtre de marionnettes permet au très jeune public, confortablement installé sur de grands bancs de bois, de découvrir des classiques revisités en version chantante et colorée. Les représentations sont bien sûr en anglais, mais la langue n'est pas un obstacle pour profiter du spectacle. Le théâtre est installé dans un superbe chalet importé tout droit de Suède en 1876.

Plan p. 86-87 4 B5 ON Y VA !

Central Park (niveau 79th St) • M 81st St-Museum of Natural History [B, C] • cityparksfoundation.org • 212 988 9093 • plusieurs horaires selon les jours entre 10h30 et 14h30, durée environ 1 h • adulte 10 $, enfant (−12) 7 $

Regarder danser des otaries

au Central Park Zoo

Tous âges **Bien que modeste par sa taille, c'est le zoo favori des petits New-Yorkais et plus encore depuis qu'il a connu la célébrité en apparaissant dans le film *Madagascar*.**

Il héberge quelque 1400 animaux : otaries, léopards des neiges, toucans, mais aussi des animaux de la ferme. À l'entrée, vous serez accueilli par un magnifique carillon animé avec ses animaux en bronze. Il se met en marche chaque heure, avec une grande variété de mélodies.

Les **otaries** font le show tous les jours dans leur grand bassin vitré (11h30, 14h, 16h). Admirez le talent incroyable de ces intrépides acrobates. De grandes baies vitrées permettent d'observer des **pingouins** qui s'ébattent sous l'eau. Leur déjeuner est à 10h30 et 14h30. Les oiseaux les plus spectaculaires sont certainement les impressionnants **toucans** multicolores. Une forêt tropicale reconstituée accueille insectes et oiseaux dans une atmosphère humide qui fait bien vite oublier que vous êtes à New York. Au **4D Theater,** vous pourrez voir des films dans une salle dotée d'effets spéciaux : vibrations, jets d'air, neige artificielle ou sprays d'eau. Sensations garanties (7 $) !

L'un des points forts de ce zoo est le **Tisch Children Zoo**, un peu à l'écart, où les plus jeunes pourront approcher des chèvres ou d'autres **animaux de la ferme** dans un contexte plus informel. Ne manquez pas les carapaces vides de tortues pour faire de belles photos avec vos bambins.

Nos conseils C'est un endroit très populaire le week-end et lors des belles journées ensoleillées, il vaut donc mieux arriver en tout début de matinée pour éviter la cohue. L'avantage de ce zoo est sa localisation au cœur de Manhattan, mais, pour ces mêmes raisons, sa taille est limitée. Pour voir des animaux sauvages dans des espaces ressemblant à leur habitat d'origine, préférez plutôt le zoo du Bronx (p. 123).

Plan p. 86-87 ⑫ D7 ON Y VA ! ☐

830 5th Ave • Ⓜ 5th Av-59th St [N, Q, R], 59th St [4, 5, 6] • centralparkzoo.com • 212 439 6500 • lu-ve 10h-17h, sa-di 10h-17h30 (été), tlj 10h-16h30 (hiver) • adulte 12 $, enfant (3-12) 7 $

Balto, ce héros

Dans Central Park, au nord du zoo, allez faire une petite caresse à la statue de Balto, ce chien de traîneau qui est devenu un héros en bravant une tempête de neige en janvier 1925 pour acheminer des sérums antidiphtériques dans des hôpitaux en Alaska.

Voyager dans les airs
avec le Roosevelt Island Tramway

Tous âges **Envie d'un peu d'adrénaline ? Alors embarquez à bord de ce téléphérique qui survole l'East River et profitez d'un point de vue original sur la ville et les gratte-ciel.**

Histoire de changer des promenades à pied, nous vous invitons à vous balader... à **76 m au-dessus du sol**. Moins cher qu'un tour en hélicoptère, ce téléphérique offre un moyen peu coûteux de voir la ville d'en haut. Le trajet dure 4 min et on reste le nez collé à la vitre.

Construit en 1976 comme solution de transport provisoire pour relier Roosevelt Island et Manhattan, ce tramway aérien a été maintenu en service malgré l'ouverture en 1989 de la ligne F du métro. Il faut dire que c'est plus *fun* comme moyen de transport. La destination finale, Roosevelt Island, est une minuscule bande de terre (3 km de long, 240 m de large) située au milieu de l'East River, qui n'offre pas un intérêt majeur en dehors de son moyen d'accès. Sur place, un petit tour, et zou ! repartez pour une nouvelle escapade dans les airs ! Il y a un départ toutes les 15 min.

Un téléphérique star de cinéma
On peut apercevoir les cabines blanches et rouges du Roosevelt Island Tramway dans des scènes des films *Leon*, *Spider-Man*, *Dark Water* ou des épisodes de la série *Spin City*.

Plan p. 86-87 14 E8 **ON Y VA !**

Tram Plaza, angle 59th St et 2nd Ave • M Lexington Ave-59th St [4, 5, 6] • rioc.ny.gov/tramtransportation.htm • 212 832 4555 • di-je 6h-2h (ve-sa 3h30) • adulte 2,75 $, enfant (– 1,12 m) gratuit • accès gratuit avec carte MetroCard illimitée

Faire des bulles
à la Society of Illustrators

À partir de 4 ans **Un musée un peu confidentiel, mais qui va passionner les amateurs de BD, de dessins animés ou encore d'illustrations.**

La Société des illustrateurs est un petit musée qui héberge principalement depuis 1901 les travaux des **illustrateurs américains** les plus célèbres ou les plus prometteurs. Depuis 2013, le **MoCCA**, le Museum of Comic and Cartoon Art, l'a rejoint. On y retrouve par exemple les célèbres couvertures du *New Yorker*, référence en la matière. Mais la partie qui intéressera le plus les enfants est le MoCCA consacré à la BD et au dessin animé. On y présente régulièrement les documents préparatoires à la réalisation de dessins animés, comme ceux de la célèbre **Dreamworks** qui a produit de nombreux succès comme ***Madagascar, Shrek, Wallace* et *Gromit***. Chaque année, au moment des fêtes, sont exposées les illustrations originales des livres pour enfants qui ont marqué l'année.

Au 3e étage se trouve un restaurant avec un joli patio. Au-dessus du bar trône une superbe œuvre de **Norman Rockwell.**

Plan p. 86-87 13 D8 ON Y VA ! ☐

128 E 63rd St (entre Park et Lexington Aves) • M Lexington Ave-63rd St [F], Lexington Ave-59th St [N, Q, R], 59th St [4, 5, 6] • societyillustrators.org • 212 838 2560 • ma 10h-20h, me-ve 10h-17h, sa 12h-16h • adulte 10 $ (ma 18h-20h gratuit), enfant (–12) gratuit

JEU DANS LE LIVRET ENFANT VOIR PAGE 10

Voyager dans le temps
au Metropolitan Museum of Art

À partir de 4 ans Le "Met", comme tout le monde l'appelle, se parcourt comme un grand livre d'histoire avec près de 1 million d'œuvres exposées.

C'est l'un des plus grands musées d'art au monde. On peut y parcourir **5000 ans d'histoire** et traverser toutes les civilisations. Vous y verrez un temple égyptien, des momies, des dieux grecs, un char romain, d'impressionnantes statues assyriennes mi-homme mi-taureau, des chevaliers en armure, des masques mystérieux d'Afrique ou des totems d'Océanie, un jardin japonais, les œuvres de peintres européens ou américains.

Et tant d'autres choses encore ! Il faudrait deux semaines, au moins, pour tout parcourir. Pour faire votre choix dans cette incroyable profusion et pour ne pas vous égarer dans ce véritable labyrinthe de salles, demandez à l'accueil une *family map*.

Avec des enfants, les **antiquités égyptiennes** sont incontournables et ils ne seront pas déçus. Dans ce domaine, la collection du musée est l'une des plus riches au monde hors Égypte.

Le **temple de Dendur** (Dendour, en français), installé dans un grand atrium, est la pièce maîtresse de cette collection. Attardez-vous sur les momies et les sarcophages. Arrêtez-vous et admirez les miniatures en bois montrant avec minutie des scènes et des personnages de la vie quotidienne en Égypte : grange, boulangerie, bateau, jardin. Ne manquez pas de jeter un œil à l'impressionnant **tombeau sacré de Perneb**, l'intendant du roi.

Les salles consacrées aux **antiquités grecques ou romaines** sont aussi de toute première qualité. Ne manquez pas, par exemple, ce char tiré par deux lions ou, plus incongru, une paire de jambes en train de courir, vestige de la statue d'un soldat gaulois. On croirait presque voir une sculpture d'art contemporain.

Au même niveau, la grande salle dédiée aux **arts de l'Océanie** mérite le détour. Elle abrite toute une collection de masques et de totems plus étonnants les uns que les autres. Mais l'objet le plus impressionnant ressemble à une grande aile d'avion suspendue au milieu de la salle. C'est le plafond en bois d'une salle de cérémonie.

Dans l'American Wing ("l'aile américaine"), au rez-de-chaussée, les **Period Rooms** montrent des reconstitutions d'intérieurs de maisons américaines. Elles ont été installées derrière la façade d'une ancienne banque remontée à l'identique au sein du musée. Toujours dans

Les itinéraires du Met

Le musée propose une dizaine d'itinéraires à thèmes, dont deux dédiés aux familles avec plan du parcours et temps estimé ainsi que des chasses au trésor. Des audioguides (en anglais) pour les enfants sont également disponibles.

l'American Wing, mais à l'étage supérieur, vous découvrirez des œuvres de peintres américains représentant des thèmes classiques comme la nature ou la colonisation de l'Amérique avec les Indiens et les cow-boys. Au détour d'une salle, on se retrouve dans les jardins du château de Versailles avec une impressionnante peinture sur 360° datant de 1818.

La **peinture européenne** est extrêmement bien représentée avec les peintres éminents de chaque époque, de Vermeer ou Brueghel l'ancien à Picasso, en passant par Van Gogh, Gauguin ou Renoir. Citons *La Jeune Fille à la carafe d'eau* de Vermeer, *Les Nymphéas* de Monet ou encore un autoportrait de Van Gogh. Les richesses du Met ne s'arrêtent pas là. Si vous avez encore un peu de temps, allez voir les salles exposant des armures médiévales ou encore celles consacrées aux arts décoratifs, sorte de grand magasin d'antiquaire.

De nombreuses **expositions temporaires** toujours de grande qualité ont lieu tout au long de l'année. Chaque printemps, l'une d'elles est consacrée à la mode et à un grand couturier.

Activités enfants N'hésitez pas à vous munir des livrets d'activités (en anglais) spécifiquement destinés aux enfants ou à vous renseigner au sous-sol sur les activités disponibles pour les plus jeunes. Ou mieux encore, faites le jeu de piste du livret enfant (p. 10).

Notre conseil Du printemps à l'automne, le toit du musée accueille une installation temporaire d'art moderne. C'est l'occasion de profiter de la vue extraordinaire sur Central Park.

Plan p. 86-87 9 D5 ON Y VA !

1000 5th Ave (angle 81st St ou 82nd St) • M 86th St [4, 5, 6] • metmuseum.org • 212 535 7710 • di-je 10h-17h30 (ve-sa 21h) • don recommandé adulte 25 $, enfant (– 12) gratuit

Visiter une œuvre d'art
au Guggenheim Museum

À partir de 4 ans Ce musée attire autant par l'originalité et la beauté de son architecture que par ses collections de peinture moderne et contemporaine.

Conçue en 1959 par l'architecte **Frank Lloyd Wright**, à la demande du riche collectionneur Solomom R. Guggenheim, la forme originale de ce musée est déjà une œuvre d'art. L'accès se fait par le haut, puis c'est en descendant la rampe circulaire, dominée par une coupole en verre, que les visiteurs découvrent les peintures. Les enfants reconnaîtront-ils cette spirale ? C'est ici que Will Smith poursuit un extraterrestre dans *Men in Black*. Le long de cette rampe, sur les murs arrondis, sont exposés les tableaux des grands maîtres représentatifs des mouvements avant-gardistes : **Chagall, Miró, Picasso, Kandinsky**... Étant donné sa conception architecturale, sa petite surface et ses murs concaves, **seuls 3 % des 6 000 œuvres** sont exposés.

Activités enfants Vous pouvez emprunter un sac d'activités à l'*Information Desk*. Il contient des jeux, des objets, un livre d'images, un carnet de dessin. Des **Family Activity Guides** apportent

des informations sur des œuvres du musée et suggèrent des activités. Et, chaque dimanche, des visites guidées sont proposées aux familles. Très pédagogiques, elles permettent aux enfants de comprendre le pourquoi et le comment de la peinture moderne. Le tout est dans un anglais accessible.

Plan p. 86-87 8 D4 ON Y VA !

1071 5th Ave (entre 88th St et 89th St) • M 86th St [4, 5, 6] • guggenheim.org • 212 423 3500 • di-me, ve 10h-17h45, sa 10h-19h45 • adulte 25 $, enfant (– 12) gratuit, sa 17h45-19h45 : prix libre

Devenir expert de Manhattan

au Museum of the City of New York

À partir de 4 ans **Ce musée retrace l'histoire de la ville de New York et de ses habitants du XVIIe siècle à nos jours. Un des musts est une exceptionnelle maison de poupée.**

Installé dans une belle demeure de style colonial, ce musée fondé en 1923 s'intéresse au passé, au présent et au futur de Big Apple. Moins connu et plus excentré que d'autres musées de Manhattan, il n'en vaut pas moins le détour. L'espace d'exposition étant assez petit, la visite est courte, ce qui est pratique avec des jeunes enfants.

Les collections de ce musée comprennent des peintures, des dessins, des gravures ainsi que des photographies qui représentent la ville de New York et ses résidents, mais également des objets décoratifs (notamment une collection de

700 éventails), des livres, des manuscrits rares telles des lettres de Jefferson.

Ne manquez pas l'incroyable **maison de poupée** du musée : *la Stettheimer Dollhouse*, réalisée au début du XXe siècle par une décoratrice de théâtre Carrie Stettheimer. Elle a passé plus de 25 ans à créer les moindres détails de cette maison miniature composé de 12 pièces sur deux étages, haute de 70 cm et large de 1,30 m. Approchez-vous pour mieux découvrir de minuscules tableaux suspendus aux murs. Tous authentiques, ceux-ci ont été réalisés spécialement par de grands artistes tels que le peintre français Marcel Duchamp ou bien l'artiste américain George Bellows.

Un autre must est ***Timescapes***, une projection multimédia sur trois écrans qui raconte **l'histoire de New York** depuis les campements des premiers habitants, les Amérindiens, jusqu'à la grande ville multiculturelle qu'elle est devenue aujourd'hui.

Les expos variant tout au long de l'année, nous vous conseillons de consulter le programme en ligne : mcny.org/exhibitions/current. Des exemples de sujets traités sont le marathon de New York, l'histoire de l'activisme social à New York, l'évolution de l'habitat new-yorkais, les caricaturistes ayant traité de sujets sur la ville… Des thèmes variés présentés grâce à des supports différents.

Remonter l'histoire

Les premiers habitants de l'actuelle New York venaient tous d'Amsterdam, mais ils parlaient 18 langues. Ils développèrent la ville avec le commerce. Dès 1820, elle attire de nombreux immigrants et devient la plus grande ville des États-Unis avec ses 123 000 habitants.

Activités enfants Pour visiter le musée en famille et faire participer vos bambins, demandez à l'entrée les livrets gratuits de chasse au trésor : ***Chet the Architect*** ou

Activist New York. Ils sont conçus pour inciter les enfants à observer en répondant à des questions dans un anglais assez simple. L'exposition ***I spy New York*** est issue d'un projet éducatif et rassemble des photos de la ville réalisées par des enfants de 8 à 11 ans.

Plan p. 86-87 7 D2 ON Y VA !
1220 5th Ave (103rd St) • M 103rd St [6], Central Park North-110th St [2, 3] • mcny.org • 212 534 1672 • tlj 10h-18h • adulte 14 $, enfant (– 19) gratuit

Découvrir l'art populaire
à l'American Folk Art Museum

À partir de 4 ans **Ce petit musée présente toute une sélection d'art populaire américain : poteries, tissages, peintures, sculptures. L'entrée est gratuite !**

Les enfants apprécient souvent la simplicité et la sincérité qui émane de ces objets créés par des artistes du dimanche. Les tableaux évoquent aussi bien des moments de la vie quotidienne que des scènes de fêtes, comme ce tableau montrant, dans un style naïf, des travailleurs qui s'amusent le dimanche à Coney Island.

Au milieu du musée trône la grande **maquette d'un gratte-ciel** de 136 étages. Dans l'esprit de son créateur, un immigré italien, il devait préfigurer le *Palace encyclopédique du monde* qui aurait contenu tout le savoir du monde. Le musée programme un concert gratuit tous les vendredis à 17h30.

Plan p. 86-87 1 B7 ONYVA !

2 Lincoln Square (angle Columbus Avenue et 66th St) • M 66th St-Lincoln Center [1, 2] • folkartmuseum.org • 212 595 9533 • lu-je, sa 11h30-19h, 12h-19h30, di 12h-18h • gratuit

Trembler devant les dinosaures

de l'American Museum of Natural History

Tous âges **Rendu célèbre grâce à la série de films *La Nuit au musée*, ce musée d'Histoire naturelle est certainement le préféré des enfants et des familles.**

Fondé en 1869, ce musée contient une collection de plus de 30 millions d'objets. Inutile de vous dire que vous ne verrez pas tout ! Comme tout musée d'Histoire naturelle qui se respecte, il possède son incontournable **collection de dinosaures.** Mais vous pouvez également y croiser une baleine, des ours empaillés, des fossiles, des météorites et même des papillons vivants.

Un plan est indispensable pour se retrouver dans ces bâtiments labyrinthiques et choisir parmi la cinquantaine d'expositions proposées. L'une des galeries les plus étonnantes de ce musée est celle consacrée aux **mammifères d'Amérique du Nord** *(North American Mammals)*. On a l'impression d'entrer dans un zoo pour y admirer des bisons, des grizzlis, des pumas ou simplement des loutres dans leur habitat naturel, mais en réalité tout n'est qu'illusion : les **animaux sont empaillés** et les paysages ne sont que des peintures. Le rendu est pourtant impressionnant de vérité et les animaux ne sont pas enfermés dans des cages à tourner en rond.

Dans la section dédiée aux **mammifères d'Afrique**, vous risquez de vous retrouver nez à nez avec un troupeau d'éléphants, une tribu de gorilles ou encore quelques autruches. Et dans le hall de la vie océanique, dans une presque obscurité bleutée, une immense **baleine** semble nager au-dessus de vous !

La nuit au musée

Vous voulez explorer le musée à la lampe de poche, visiter les dinos éclairés de nuit en rouge, fabriquer un totem, voir des animaux vivants (loups, corbeaux, reptiles, etc.) et dormir sous la baleine bleue quand le musée est fermé ? Alors téléchargez le formulaire d'inscription sur amnh.org (rechercher *sleepover*) pour une expérience absolument unique ! 145 $ par personne.

Au dernier étage, vous retrouverez les stars du musée : les dinosaures avec leurs représentants habituels comme le **T-Rex** ou le **stégosaure.**

Parmi les fossiles, on trouve un étonnant **tatou géant**, le glyptodon, qui pesait près de 2 tonnes.

Le fossile d'un nouveau dinosaure a rejoint le 4e étage du musée depuis 2015. Cet herbivore géant de 37 m de long et pesant 70 tonnes appartiendrait au groupe des titanosaures. Ce type de dinosaures vivait dans les forêts de la Patagonie il y a 95 à 100 millions d'années. C'est l'un des plus grands dinosaures jamais découverts à ce jour ! Dans cet espace restreint, sa taille démesurée est impressionnante.

Une galerie est consacrée à l'anthropologie et à l'**évolution de l'espèce humaine**. C'est devenu la dernière demeure de la fameuse "Lucy" qui a vécu en Afrique il y a plus de 3 millions d'années. Son squelette découvert en Éthiopie en 1974 a bouleversé notre connaissance des origines des êtres humains. On a longtemps pensé que c'était notre grand-mère à tous. Il semblerait que ce soit plutôt notre cousine. De nombreuses activités interactives permettent de mieux comprendre les théories de l'évolution.

Après les petites et les grosses bestioles, voici, avec la **galerie de minéralogie**, les minéraux, les pierres précieuses ou semi-précieuses taillées ou brutes. Les enfants peuvent en toucher certaines, comme une énorme géode.

Une section présente aussi les **modes de vie des peuplades** de tous les continents avec de très belles mises en scène. On y trouve une superbe collection de totems provenant de la côte Nord-Ouest américaine.

Oh les beaux bisons !

Animal caractéristique d'Amérique du Nord, le bison mâle pèse entre 800 et 1100 kg. Malgré son poids, il peut courir à 50 km/h. Avant l'arrivée des Européens, 50 à 70 millions de bisons vivaient dans les Grandes Plaines du Midwest. Presque exterminés lors de la conquête de l'Ouest, ils sont maintenant protégés dans des réserves naturelles ou des zoos.

L'aile nord du musée abrite une grande sphère suspendue au milieu d'un hall. Il s'agit du **Rose Center for Earth and Space,** consacré à la planète Terre et... à l'espace.

Toutes les 30 min, un film est projeté sur la voûte intérieure de la sphère. La voix de Whoopi Goldberg vous entraîne dans un voyage de 13 milliards d'années parmi les étoiles (*Journey to the Stars*, généralement de 10h30 à 16h30-17h, en anglais). Il y a aussi une salle de cinéma **IMAX** qui diffuse des films sur les phénomènes naturels.

Activités enfants La Discovery Room accueille les enfants de 5 à 12 ans qui peuvent toucher des objets semblables à ceux exposés dans les galeries, examiner des insectes avec un microscope électronique, reconstituer un dinosaure ou dessiner des masques. Pour les horaires, renseignez-vous à l'accueil.

Notre conseil Chaque année, de septembre à mai, le muséum accueille quelque **500 papillons** dans le *Butterfly Conservatory*. Cette sublime exposition temporaire implique de prendre un billet *General Admission Plus One.*

Plan p. 86-87 3 B5 ON Y VA !

Central Park West (angle W 79th St) • M 81st St-Museum of Natural History [B, C] • amnh.org • 212 769 5100 • tlj 10h-17h45 • Billet General Admission : adulte 22 $, enfant (2-12) 12,50 $; General Admission Plus One (accès au choix à une expo temp., IMAX, film 3D ou Space Show) : adulte 27 $, enfant (2-12) 16 $, SuperSaver Admission (billet donnant accès à tout) : adulte 35 $, enfant (2-12) 22 $

Découvrir les secrets de New York
au DiMenna Children's History Museum

À partir de 7 ans La New York Historical Society cache en son sous-sol un petit musée qui permet de découvrir l'histoire de New York et des États-Unis en s'amusant.

Cette adresse peu connue explore 300 ans d'histoire à travers les yeux des enfants des siècles passés. Des **kiosques et des panneaux interactifs** présentent la vie d'un vendeur de rues de journaux à la fin du XIXe siècle, ou celle d'une petite fille d'une famille hollandaise aisée vivant à Brooklyn au XVIIIe siècle. Les enfants peuvent se transformer en détective du passé et résoudre des énigmes sur l'histoire de New York, mais il est préférable que vous possédiez un bon niveau d'anglais.

Au rez-de-chaussée et au 1er étage se trouvent des objets et des documents piochés dans une collection de près de **1,6 million de pièces** touchant à l'art, à la littérature ou à l'histoire. Ouvert en 1806, c'est le **plus vieux musée de New York**. Vous pouvez aussi y voir un film sur écran panoramique, qui retrace, en l'espace de 8 min, toute l'histoire de New York (en anglais).

Plan p. 86-87 2 B6 ON Y VA ! ☐

170 Central Park West • M 81st St [B, C], 79th St [1] • nyhistory.org/childrens-museum • 212 873 3400 • ma-sa 10h-18h (ve 20h), di 11h-17h • adulte 20 $, enfant (5-13) 6 $

Explorer son corps
au Children's Museum of Manhattan

À partir de 1 an **Ce musée s'adresse en priorité aux tout-petits en leur proposant toutes sortes d'activités d'éveil.**

Le terme de musée est un peu prétentieux. C'est en fait plutôt un **espace de jeux** pour enfants jusqu'à 7-8 ans, avec un angle éducatif. Le lieu est très fréquenté par les nounous locales qui l'utilisent comme garderie, et devient rapidement une zone jonchée de jouets épars, sales et disséminés dans les étages, ne laissant pas souvent la possibilité de réaliser les exercices proposés. Le rez-de-chaussée est le seul étage qui vaille la peine de s'arrêter, avec des explications sur l'alimentation saine et le fonctionnement du cœur et des intestins.

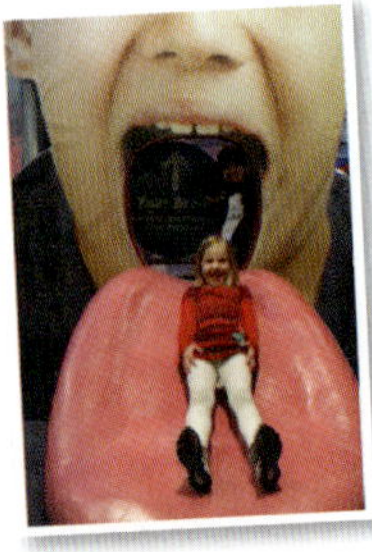

Notre conseil Préférez le Brooklyn Children's Museum (p. 117).

Plan p. 86-87 5 B5 ONYVA !

212 W 83rd St • M 79th St [1], 86th St [1], 81st St-Museum of Natural History [A, B, C] • cmom.org • 212 721 1223 • ma-di 10h-17h (sa 19h) • adulte 11 $, enfant (–12) gratuit

Faire un tour au Moyen Âge
aux Cloisters

À partir de 4 ans **Ce monastère fortifié a été construit de toutes pièces avec de vrais morceaux de cloîtres importés d'Europe par un passionné d'art médiéval.**

Après avoir passé plusieurs jours dans l'agitation de Manhattan au milieu des gratte-ciel, ce vrai-faux monastère est une vision familière et reposante pour un Européen. Les enfants y trouveront leur bonheur en partant à la recherche de toutes sortes d'animaux : des ânes et des vautours, des lions, mais aussi des dragons et même la fameuse licorne. Perché sur l'une des rares collines de Manhattan, au bord de l'Hudson, ce monastère a été reconstitué à partir d'éléments "empruntés" à des monastères et des abbayes de France et d'Espagne. Il héberge une **très belle collection d'art médiéval**, des vitraux, des statues, des objets de culte, de la vaisselle et des tapisseries dont une série de sept panneaux évoquant la chasse à la licorne. Ne manquez pas une pièce étonnante : Jésus sur un âne à roulettes.

Notre conseil Avec le même billet, vous pouvez enchaîner le Metropolitan Museum et les Cloisters. Le bus M4 vous emmène de l'un à l'autre.

Plan p. 86-87 ⑥ **Hors plan par C1** ON Y VA ! ☐

99 Margaret Corbin Drive, Fort Tryon Park • M 190th St, puis B M4 • metmuseum.org/cloisters • 212 923 3700 • tlj 10h-17h15 (mars-oct), 10h-16h45 (nov-fév) • adulte 25 $, enfant (– 12) gratuit, billet combiné avec le Metropolitan Museum le même jour

New York ne se limite pas à Manhattan ! Il n'y a que le Brooklyn Bridge à traverser et vous voilà... à Brooklyn, un *borough* très en vogue. Réputé pour offrir les plus belles vues sur Manhattan, il est également riche en attractions culturelles et ludiques pour les *kids*. Brooklyn Museum, Children's Museum, Brooklyn Bridge Park, Brooklyn Botanic Garden, les plages de Coney Island, ainsi que des boutiques branchées, des restaurants tendance... Voici de quoi passer une bonne journée.

Admirer la skyline

du Brooklyn Bridge Park ☺☺☺

Tous âges **Longeant un méandre de l'East River, ce superbe parc offre des zones de détente, des œuvres d'art en plein air et des vues époustouflantes sur Manhattan.**

Cette zone était un centre industriel important pendant le XIXe et le début du XXe siècle. On y trouvait des embarcadères, des entrepôts et des usines, peu à peu laissés à l'abandon dans les années 1950. À partir de 2010, des travaux l'ont transformé en un **parc de 34 ha** avec en toile de fond une vue imprenable sur les monuments caractéristiques de New York. Le *must* est de venir en fin de journée pour profiter de la **vue magique sur Manhattan** au coucher du soleil.

Le parc est découpé en différentes sections et possède plusieurs *piers* (jetées). Tout le long du Brooklyn Bridge Park, vous trouverez des **activités pour les *kids***: aire de jeux, canoë (gratuit), patinoire sur rollers en belle saison et luge en hiver. Les ***playgrounds*** se succèdent mais ne se ressemblent pas. Celui du **Pier 6** est de loin le plus grand et le plus fun... et notre préféré ! Avec ses quatre aires de jeux et sa configuration en **labyrinthe**, il ravira les petits aventuriers par sa multitude d'activités : bacs à sable, toboggans, balançoires, points d'eau…

Au Pier 1, vous allez trouver le **Granite Prospect**. Cet escalier, construit à partir de pierres récupérées lors de la reconstruction du Roosevelt Island Bridge, est devenu un lieu emblématique pour se reposer tout en contemplant la ***skyline***.

Les bambins, quant à eux, vont adorer poser leurs pieds nus dans le sable de la **plage aménagée du Pier 4**. Au bout, se trouve une petite île inaccessible et sauvage, la **Bird Island** ("île aux oiseaux"), dont la diversité végétale favorise la présence des oiseaux.

Différents accès s'offrent à vous : par le métro, en traversant à pied le Brooklyn Bridge (1,8 km mais une très belle promenade !), en prenant un Water Taxi (p. 83) ou par l'East River Ferry qui vous déposent tous deux au Pier 1. L'idéal étant de les combiner pour varier les plaisirs.

Notre conseil Rendez-vous sur le site brooklynbridgepark.org pour télécharger le plan qui vous sera utile pour circuler et repérer les œuvres d'art disséminées dans le parc.

Plan p. 110-111 ❸ A2 ON Y VA ! ☐

Brooklyn Bridge Park • Ⓜ High St [A, C], Clark St [F], York St [2, 3] • East River Ferry départ de Walt St – Pier 11, adulte 4 $ (sa-di 6 $), enfant (– 5) gratuit • eastriverferry.com • brooklynbridgepark.org • tlj 6h-1h (Pier 2, 5, 6, ouverts jsq 23h)

DUMBO
Manhattan Bridge
Jane's Carousel
York St [F]
Cadman Plaza West
High St [A,C]
Brooklyn Bridge Park
Flatbush Avenue
Brooklyn Queens Expy
Clark St [2,3]
Brooklyn Bridge Park
Brooklyn Bridge Bd
Brooklyn Heights Promenade
Court St [N,R]
Jay St - MetroTech [A,C,F]
DeKalb Ave [B,Q,R]
Dekalb Avenue
Borough Hall [2,3]
Borough Hall [4,5]
Fulton Street
Hoyt St [2,3]
Nevins St [2,3,4,5]
Livington Street
Hoyt - Schermerhorn [A,C,G]
BROOKLYN HEIGHTS
Atlantic Avenue
BOERUM HILL
Bergen St [F,G]
Court Street
500 m
0
N
Columbia Street
Union Street
Carroll St [F,G]
CARROLL GARDENS
Coney Island
(35 min en métro ligne F)
Nos adresses
Visites (p. 108)
Restaurants (p. 187)
Goûters (p. 190)
Pique-niques (p. 191)
Shopping (p. 214)

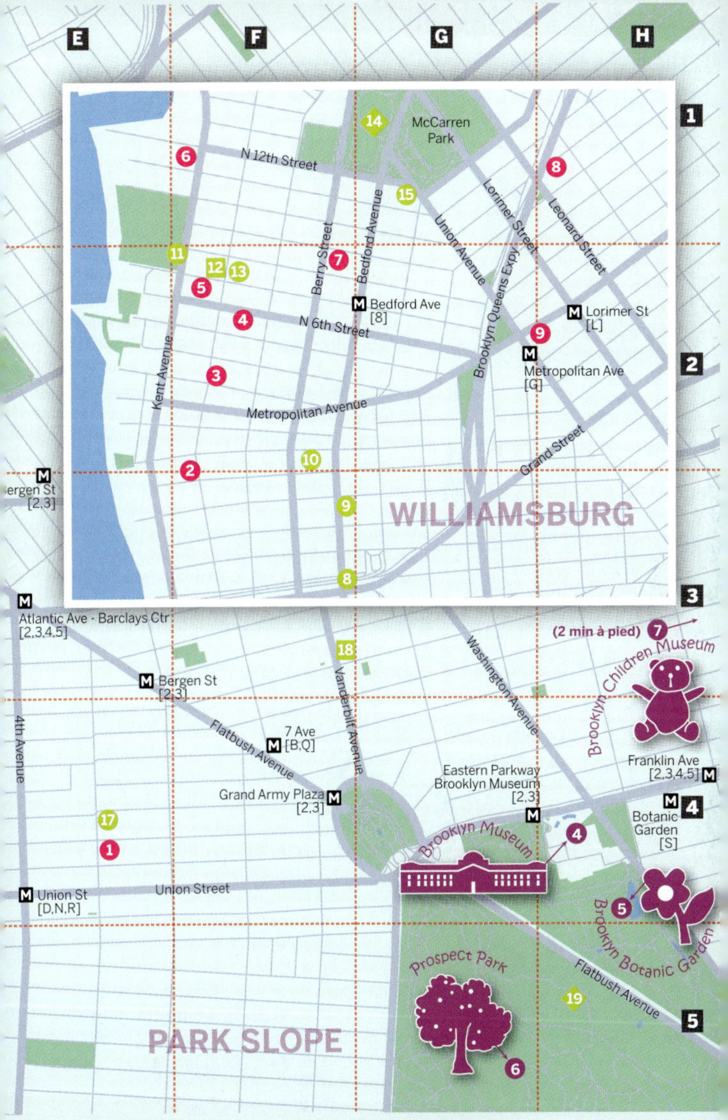

E
F
G
H
1
2
3
4
5
McCarren Park
N 12th Street
Berry Street
Bedford Avenue
Union Avenue
Lorimer Street
Leonard Street
Bedford Ave [8]
N 6th Street
Lorimer St [L]
Brooklyn Queens Expy
Metropolitan Ave [G]
Kent Avenue
Metropolitan Avenue
Grand Street
Bergen St [2,3]
WILLIAMSBURG
Atlantic Ave - Barclays Ctr [2,3,4,5]
(2 min à pied)
Brooklyn Children Museum
Washington Avenue
Bergen St [2,3]
Vanderbilt Avenue
Flatbush Avenue
7 Ave [B,Q]
4th Avenue
Franklin Ave [2,3,4,5]
Eastern Parkway Brooklyn Museum [2,3]
Grand Army Plaza [2,3]
Botanic Garden [S]
Brooklyn Museum
Union St [D,N,R]
Union Street
Brooklyn Botanic Garden
Prospect Park
Flatbush Avenue
PARK SLOPE

Se balader dans le plus vieux quartier de New York

à Brooklyn Heights

Tous âges **Cette promenade va vous faire découvrir un charmant quartier historique et vous offrir l'une des plus belles vues sur Manhattan, de jour et surtout de nuit !**

Brooklyn Heights est le **plus ancien quartier de New York**. Classé historique, il se compose de rues étroites arborées et bordées de *brownstones*, ces maisons typiques du XIXe siècle. Bien alignées et construites en brique rouge, elles sont de style grec, gothique, néoclassique, fédéral… ce qui donne une allure très romantique au quartier. Aujourd'hui, c'est un endroit très prisé par les familles new-yorkaises pour sa proximité avec Manhattan et ses aménagements très adaptés aux familles.

Mais le *must*… c'est la vue depuis la **Brooklyn Heights Promenade** ! Un petit parc qui se trouve au-dessus de l'autoroute reliant Brooklyn au Queens et qui offre **une vue à couper le souffle**. À l'abri des arbres, installez-vous sur les bancs pour contempler ce panorama unique sur Lower Manhattan, l'East River, le pont de Brooklyn et la statue de la Liberté, au loin du côté gauche. Pendant ce temps les enfants peuvent gambader le long de la promenade ou jouer dans un *playground*.

Notre conseil C'est de ce lieu surélevé que vous prendrez probablement vos plus belles photos de la Skyline, surtout au coucher du soleil. Venez donc plutôt en fin de journée.

Breuckelen

Les Néerlandais sont les premiers Européens à coloniser la région. En 1624, ils achètent des terres aux Mohawks et fondent Breuckelen, qui devient la première municipalité de la Nouvelle-Néerlande. En 1664, les Britanniques en prennent le contrôle et le nom évolue au fil des années, passant de Brockland, à Brocklin, ensuite Brookline, puis Brooklyn.

Plan p. 110-111 ② A3 ON Y VA ! ☐

Accès par Montague St • Ⓜ Borough Hall [2, 3, 4, 5] • nyharborparks.org/visit/brhe.html • tlj aube-1h • gratuit

Prendre un grand bol d'air
dans Prospect Park

Tous âges **Plus sauvage et moins fréquenté que Central Park, ce parc est idéal pour faire une pause loin du tumulte de la ville. Dépaysement total garanti !**

Ce grand parc (237 ha) offre un côté plus sauvage et moins fréquenté que son "grand frère" Central Park (341 ha). Tous deux ont été conçus par les mêmes architectes paysagistes à la fin du XIXe siècle. Le parc est ponctué de multiples attractions qui s'adaptent aux saisons.

Commençons par l'**Audubon Center** situé dans le très joli bâtiment historique du *boathouse*. Des informations et des kits de découverte de la nature vous y attendent.

Construite au XVIIIe siècle par une famille hollandaise, la **Lefferts Historic House** est une escale éducative pour les enfants avec son jardin, ses expositions historiques et ses objets d'époque. Les petits sont encouragés à jouer avec des jeux traditionnels ou à s'adonner à des activités manuelles : fabrication de bougies, de beurre, couture...

Les bambins seront heureux de pouvoir chevaucher un des majestueux chevaux du **carrousel** ouvert durant la belle saison.

Le **lac** de Prospect Park (*LeFrak Center at Lakeside*) est le plus grand de Brooklyn (10 ha). En fonction des saisons, il offre diverses activités adaptées aux familles: jeux d'eau, patins sur glace, rollers, embarcations à pédales, canoës...

N'hésitez pas à grimper en haut de la **Lookout Hill** (61 m d'altitude) pour avoir une vue imprenable sur Long Island, Brooklyn, Manhattan et le New-Jersey. Vous pourrez aussi vous aventurer dans **The Ravine**, une vraie forêt avec des cascades, ou admirer des cerfs-volants virevolter à **Long Meadow.**

Prospect Park compte aussi de nombreux *playgrounds* dont le **Donald and Barbara Zucker Natural Exploration Area,** qui utilise des troncs d'arbres et autres matériaux endommagés par les tempêtes pour créer un espace de jeux original, déstructuré et naturel pour les *kids.*

Et pour voir des espèces animales de tous les continents, rendez-vous au **Prospect Park Zoo**. Le ticket d'entrée est raisonnable et les enfants pourront observer pandas, chèvres, phoques, dingos, castors...

Plan p. 110-111 6 G5 ON Y VA ! ☐

Prospect Park West • M Grand Army Plaza [2, 3], Eastearn Parkway/Brooklyn Museum [2, 3], Prospect Park [B, Q, S], Parkside Av [Q], 15 St/Prospect Park [F, G] • prospectpark.org • 718 965 8951 • tlj 5h-1h • Audubon Center : je-ve 12h-15h, sa-di 10h-13h • Lefferts Historic House : sa-di 12h-16h • Prospect Park Zoo : adulte 8 $, enfant (3-12) 5 $ • Carrousel (printemps-été) : tour 2 $

Pénétrer dans la chambre des momies

du Brooklyn Museum

À partir de 5 ans **Deuxième plus grand musée des États-Unis après le Metropolitan Museum, il possède l'une des plus belles collections d'art égyptien du monde.**

Depuis 1897, le musée a accumulé pas moins de **1,5 million de pièces**, des antiquités égyptiennes à l'art contemporain, sans oublier les œuvres africaines, asiatiques et du monde musulman. C'est la section des **antiquités égyptiennes** qui recueillera les suffrages du jeune public. Elle est mieux organisée que celle de son concurrent, le Met. La partie la plus impressionnante est la **Mummy Chamber** ("chambre des momies") qui expose des momies, des sarcophages et des objets funéraires. Ne manquez pas les **Period Rooms** qui offrent un aperçu passionnant de la vie des Américains aux siècles passés. Pas moins de **23 intérieurs de maisons** ont été reconstitués.

Activités enfants Les dimanches d'octobre à mai avec **Arty Facts**, les enfants de 4 à 7 ans explorent le musée avec leurs parents et réalisent leur propre œuvre d'art (11h et 13h30, durée 90 min, 10 $).

Plan p. 110-111 4 H4 ON Y VA ! ☐

200 Eastern Pkwy, Brooklyn • M Eastern Parkway-Brooklyn Museum [2, 3], Franklin Ave [4, 5] • brooklynmuseum.org • 718 638 5000 • me-di 11h-18h (je 22h) • adulte 16 $, enfant (−19) gratuit

Rodin à Brooklyn

À l'entrée du Brooklyn Museum, sous une grande verrière, les visiteurs français seront étonnés de croiser la maquette des Bourgeois de Calais et une statue de l'écrivain Balzac, réalisées par Rodin.

Jouer au botaniste
au Brooklyn Botanic Garden

Tous âges **La principale mission de ce jardin botanique est de familiariser les enfants avec la nature et les plantes.**

À l'entrée du parc, le **jardin japonais** est absolument superbe avec son étang et son petit pavillon posé sur l'eau, surtout au printemps et à l'automne. Dans le **Steinhardt Conservatory,** ne manquez pas les bonsaïs et surtout les incroyables pierres vivantes *(living stones)*. Sur le chemin du retour, d'autres jardins vous attendent comme le **Herb Garden** ou le **Rock Garden**.

Encore un petit ver ?
Un ver de terre consomme vingt à trente fois son volume de terre chaque jour et contribue à la bonne santé des jardins. En 1881, Charles Darwin écrivait : "Il est permis de douter qu'il y ait beaucoup d'autres animaux qui aient joué dans l'histoire du globe un rôle aussi important que ces créatures d'une organisation si inférieure."

Si vous êtes à New York au printemps, ne manquez sous aucun prétexte **Sakura Matsuri.** Il s'agit du festival japonais des cerisiers en fleurs, qui se déroule de fin mars à mi-mai et dont l'apogée se fait durant un week-end où l'on peut voir des **fans de mangas** habillés comme leurs personnages préférés et assister à des cérémonies et traditions japonaises (thé, taiko, origami, etc.). Ils se promènent sous les allées de cerisiers en fleurs et pique-niquent sur les pelouses adjacentes.

Activités enfants Le **Discovery Garden** invite les enfants à utiliser tous leurs sens : en observant les papillons, en touchant et en sentant les plantes.

Plan p. 110-111 5 H4 ONYVA !

990 Washington Ave, Brooklyn • M Eastern Parkway-Brooklyn Museum [2, 3, 4], Franklyn Ave [4, 5] • bbg.org • 718 623 7200 • ma-ve 8h-18h, sa-di 10h-18h (mars-oct), ma-ve 8h-16h30, sa-di 10h-16h30 (nov-fév) • adulte 12 $ (gratuit le ma tte l'année et ma-ve entre nov et fév), Sakura Matsuri 25 $, enfant (– 12) gratuit

Découvrir la vraie vie
au Brooklyn Children Museum

Tous âges **Ce paradis de l'éveil et de la découverte est un formidable espace de jeux pour les *kids*.**

Spacieux, lumineux, pédagogique, ce musée est conçu pour initier les *kids* à la vie pratique des grands. À vrai dire, c'est plutôt un **immense espace de jeux éducatifs**. Il s'adresse aux enfants âgés de 2 à 10 ans. Les parents ne se lasseront pas de voir leurs chérubins s'enthousiasmer tant les activités sont variées.

Dans le **World Brooklyn,** les bambins peuvent s'amuser à faire leurs courses au supermarché ou jouer les *pizzaïolos*. Ils peuvent aussi découvrir la nature en se mêlant aux tortues et poissons dans un labyrinthe d'aquariums. Un espace est réservé aux plus petits pour s'adonner à des jeux d'eau, transvaser du sable

bleu, peindre ou jouer de la musique. Vos lutins apprendront des notions essentielles sur la biologie, la physique ou la culture. Des ateliers divers sont proposés tout au long de la journée (se renseigner à l'arrivée).

Notre conseil Le café du musée offre une restauration sur le pouce, mais il est possible d'emporter un pique-nique à consommer sur place ou dans le charmant **Brower Park** voisin.

Plan p. 110-111 ❼ Hors plan (par H3) ON Y VA !

145 Brooklyn Ave • M Kingston Ave [3], Nostrand Ave [A, C], Kingston/Throop Ave [C] • brooklynkids.org • 718 735 4400 • ma-di 10h-17h, (je 18h) • adulte et enfant 11 $ (–1 an) gratuit

Aller à la plage
à Coney Island

Tous âges **Aux beaux jours, des milliers de New-Yorkais se pressent à Coney Island pour y faire trempette ou pour les attractions du fameux Luna Park.**

Située à une heure du centre de Manhattan, à l'extrême sud de Brooklyn, Coney Island est une presqu'île principalement connue pour sa plage et ses parcs d'attractions. Sa réputation date des années 1900. À cette époque, la climatisation n'existait pas et les New-Yorkais s'y précipitaient pour passer les chauds week-ends d'été. La climatisation est arrivée et l'attractivité de Coney Island a chuté jusqu'à un quasi-abandon. Néanmoins, de nos jours, c'est une destination toujours très prisée dès qu'il commence à faire beau. La baignade est surveillée et la promenade du bord de mer très agréable. On peut y croiser aussi des surfeurs et des pêcheurs.

Mais Coney Island, c'est aussi le royaume de la fête foraine avec son **Luna Park** (ouvert de mars à nov) composé de **manèges** presque centenaires qui côtoient les dernières nouveautés. La grande roue **Deno's Wonder Wheel** est en fonction depuis 1918 et **The Cyclone** depuis 1927. On y trouve aussi de nombreux restaurants, bars et boutiques.

L'autre attraction est le **New York Aquarium**. Il s'agit du plus ancien des États-Unis. Malheureusement, il a été très impacté par l'ouragan Sandy et il n'est que partiellement ouvert, ce qui rend sa visite peu intéressante compte tenu du prix d'entrée.

Chaque année, depuis plus de 30 ans, a lieu au mois de juin la **Mermaid parade** (le "défilé des sirènes"). Une sorte de carnaval assez déjanté de sirènes de tout style pour fêter le début de l'été.

Notre conseil Si votre principal objectif est de profiter du **Luna Park,** le plus avantageux est d'acheter un bracelet qui donne l'accès illimité aux manèges. Un bracelet pour 4h vaut 35 $ pour un adulte et 20 $ pour les enfants (-1 m) Attention, les bracelets ne sont pas valables les week-ends d'été et jours fériés).

Plan p. 110-111 ❶ Hors plan (par C5) ON Y VA ! ☐

Surf Ave, Coney Island, Brooklyn •
M Coney Island-Stillwell Ave [D, F, N, Q] •
coneyislandfunguide.com

Les autres *boroughs* de New York proposent de belles aventures en famille. Le Queens vous réserve une expérience passionnante en son et images tandis que, dans le Bronx, un zoo et un jardin botanique vous attendent. Les scientifiques en herbe pourront assouvir leur soif de découverte dans le New Jersey, et les fans d'Halloween s'aventureront un peu plus loin dans l'État de New York, sur les bords de l'Hudson.

Réaliser une séquence d'animation

au Museum of Moving Images

À partir de 5 ans **Le "musée des images qui bougent" est l'un des meilleurs musées au monde dans son domaine. Vous ne regretterez pas le déplacement.**

Ce musée expose **1400 objets** (choisis parmi une collection de près de 130 000 pièces) en rapport avec le cinéma, la télévision et depuis peu avec les médias numériques. De nombreuses activités interactives permettent de comprendre, par la pratique, comment se fabriquent les images et le son qui les accompagnent.

Tout un niveau est consacré à la présentation des **jouets optiques** qui ont précédé l'invention du cinéma. Elle est suivie par une exposition des premiers appareils de cinéma ou de télévision. Un petit film, *Boxing Cats*, produit par Thomas Edison, montre deux chats en train de boxer. Dans la section consacrée aux effets spéciaux, vous découvrirez la marionnette utilisée dans le film *L'Exorciste* qui a permis de réaliser les scènes où la tête de la fillette tourne sur 360°.

L'ancêtre du cinéma

En 1826, un médecin anglais invente un drôle d'objet au drôle de nom : un thaumatrope. Sur une rondelle de carton est dessiné un animal et sur son autre face une cage. Deux bouts de ficelle sont fixés de chaque côté. En faisant tourner très vite la rondelle, on a l'impression que l'animal se retrouve en cage. C'est l'un des ancêtres du cinéma.

On passe ensuite aux travaux pratiques. Dans le **Film Laboratory**, vous assisterez à une démonstration de montage d'images vidéo (ve-sa, trois fois par jour). L'animateur explique les différents cadrages possibles et les éléments à insérer avant de visualiser le résultat final. C'est fascinant ! Dans la cabine **Automated Dialogue Replacement**, les parents maîtrisant un minimum l'anglais pourront s'amuser à faire le doublage d'une séquence du film *Babe, le cochon devenu berger*. Les enfants, eux, pourront essayer d'ajouter des bruitages et des effets sonores à une séquence de film ou de dessin animé, ou bien tenter de réaliser une petite animation en photographiant successivement des cartons découpés qu'ils auront déplacés.

La visite continue ensuite avec une exposition consacrée **au maquillage et aux perruques**, suivie d'une autre consacrée à la réalisation des maquettes et des décors. Vous croiserez des personnages en latex ou en plastique, comme ces extraterrestres débarqués ici après avoir joué dans les films *Men in Black*. La visite se termine par une salle avec des machines de jeu d'arcade datant de la "préhistoire" du jeu vidéo.

Notre conseil Le Moving Image Café offre un cadre design très agréable pour un déjeuner rapide ou une pause snack, avec option terrasse en été. Prévoyez au moins 2 h pour profiter de la multitude de choses à découvrir.

36-01 35th Ave, Astoria • M Steinway St [M, R] • movingimage.us • 718 777 6888 • me-je 10h30-17h, ve 10h30-20h, sa-di 11h30-19h • adulte 12 $, enfant (3-12) 6 $ (gratuit ve 16h-20h) ON Y VA ! ☐

Exploration spatiale
Pour lancer des vols habités dans l'espace, la NASA a construit 12 fusées Titan, capables de mettre en orbite les capsules Gemini d'un poids de 3600 kg! et pouvant accueillir deux astronautes. Le premier vol avec équipage a eu lieu le 8 avril 1964.

Devenir un puits de science

au New York Hall of Science

À partir de 4 ans **Les petits curieux n'auront que l'embarras du choix parmi les 450 expos interactives couvrant tous les domaines de la science.**

Non, la science n'a rien d'ennuyeux. Et ce musée du Queens fait tout pour le prouver. Ici, les enfants ont le droit de toucher à tout, de sauter, de grimper pour tester leur équilibre ou leurs réflexes. Les plus calmes pourront construire des modèles réduits ou programmer des ordinateurs.

Dans la North Wing, l'expo **Search for Life** permet d'explorer les autres planètes à la recherche d'eau, l'élément essentiel à la vie. On peut conduire un rover sur Mars, faire atterrir une sonde sur Titan ou manipuler le télescope Hubble. Les hyperactifs s'éclateront dans la section **Sports Challenge**. Ils expérimenteront le principe de la gravité sur un petit mur d'escalade. Ils testeront leur équilibre en pratiquant le surf ou mesureront leur vitesse de lancer avec une balle de baseball.

Pour se défouler un peu plus, une aire de jeux extérieure les attend avec de **nombreuses activités**: jeux d'eau avec une machine à vagues, moulins à vent solaires à activer, jeux sonores, pont de bois, toboggan... D'autres expositions entraînent les jeunes visiteurs dans l'exploration des mondes des maths, de la lumière ou des molécules. Des animateurs réalisent, plusieurs fois par jour, des *Daily Demonstrations* de 15 min, avec la participation

des visiteurs (programme à l'accueil). Devant le bâtiment trônent des **fusées des années 1960**. À côté, on peut expérimenter les forces de la gravité en jouant au mini-golf.

Activités enfants Au rez-de-chaussée, une aire avec des jeux de construction, un jeu d'agilité et un circuit de petites voitures, est réservée aux enfants de moins de 6 ans accompagnés.

Notre conseil Le Delish Café propose sur place une restauration à base de produits frais et locaux, naturels ou bios.

47-01 111th St, Queens • M 7 111 St [7] • nysci.org • 718 699 0005 • lu-ve 9h30-17h, sa-di 10h-18h • adulte 15 $, enfant (2-17) 12 $ ON Y VA ! ☐

Rencontrer des animaux sauvages
au Bronx Zoo

Tous âges **Ce zoo (l'un des plus grands au monde !) vous fera vite oublier que vous êtes à New York en vous permettant d'explorer les plaines d'Afrique, les montagnes de l'Himalaya ou l'Asie sauvage.**

C'est l'un des **plus grands zoos du monde** avec plus de 100 ha et près de 4 000 animaux de 650 espèces, du lémurien au tigre des neiges, en passant par les ours, les girafes, les gorilles ou les otaries.

Il est important de savoir que le zoo est ouvert toute l'année mais possède deux saisons : la **saison d'été** (mai-fin oct), durant laquelle vous

pourrez voir l'intégralité de ce que nous allons vous décrire ici, et la **saison d'hiver** (nov-avr), où la majorité des animaux ne sont pas visibles car ils sont à l'intérieur. Seuls le **cinéma 4D** et le **Terrarium** restent ouverts, donc vous ne verrez pas grand-chose mais vous pourrez vous balader dans un parc magnifique.

Dans chaque lieu, des panneaux fournissent des explications sur l'habitat et le mode de vie des animaux. Ils sont parfois accompagnés de QCM pour tester les connaissances des enfants.

Le parcours le plus spectaculaire du zoo est le **Wild Asia Monorail** (mai-oct). Dans un petit train, les voyageurs assis transversalement par rapport au sens de la marche "survolent" des chevaux sauvages de Mongolie, un tigre de Sibérie, un couple d'éléphants (ensemble depuis plus de quarante ans), des antilopes ou un panda roux.

Plus à l'est, vous passerez devant les **African Plains** avec les lions, les girafes, les zèbres ou les gazelles. Un peu plus loin, c'est le territoire des **gorilles** que vous pourrez observer derrière une grande baie vitrée (à moins que ça ne soit l'inverse !). Dans le même secteur, le Dancing Crane Cafe, un fast-food (hélas !) plutôt de mauvaise qualité, permet de se rassasier tout en observant le ballet des flamants roses. Non loin de là, les petites souris vous attendent dans la **Mouse House**, les papillons dans le **Butterfly Garden** (mai-oct) et les serpents au **World of Reptiles**.

Sur votre agenda, notez qu'à 11h et à 15h, à la **Sea Lion Pool**, c'est l'heure du déjeuner des

lions de mer qui assurent toujours le spectacle au grand ravissement des petits et, souvent, des grands. À 14h45, c'est le repas des oiseaux au **World of Birds**. À 15h30, c'est au tour des pingouins au **Sea Bird Aviary.**

Et ne manquez pas, à proximité, **Madagascar**, le royaume des lémuriens configuré comme une grotte qui accueille aussi des crocodiles, des rats sautants et même (beurk !!!) des cafards géants. Et si tout ce beau monde ne vous a pas suffi, il vous reste encore les ours, toutes sortes d'oiseaux et même le bison des plaines américaines.

Activités enfants Les plus jeunes ont droit à leur propre zoo, le **Children's Zoo**. Ils peuvent approcher aussi bien les petits animaux sauvages que ceux de la ferme. Pour voir ces charmants petits rongeurs que sont les chiens de prairie, un tunnel débouche, sous un dôme en plastique, au milieu de leur pelouse. Parmi les autres pensionnaires de la faune sauvage, on peut rencontrer des loutres, des alligators, des salamandres, des singes-écureuils, etc. Chèvres, moutons, vaches à bosse et dindons représentent l'essentiel des animaux domestiques de la ferme.

Nos conseils Une demi-journée est bien le minimum pour explorer les 100 ha du parc. Les plus accros peuvent y passer la journée. Plusieurs activités du zoo sont payantes, optez donc plutôt pour le billet où tout est inclus : le **Total Experience Ticket**. Il vous évitera de faire de nouveau la queue à chaque attraction payante, ainsi que des négociations renouvelées avec vos bambins.

Réputation usurpée

Le lion est généralement considéré comme un chasseur sans pitié. Mais, le plus souvent, il s'y reprend à six fois pour attraper sa proie. Et si celle-ci arrive à distancer le roi des animaux sur plus de 90 m, ce dernier abandonne. Néanmoins, quand il arrive à ses fins, il n'hésite pas à engloutir près de 40 kg en un seul repas. Gros mangeur !

Pour vous rendre au zoo, le bus express 11 est une option qui peut s'avérer plus rapide et plus directe que le métro (plusieurs arrêts sur Madison Ave).

Plusieurs accès : Bronx Park South (angle Boston Road), Bronx River Parkway (angle Boston Road), Bronx • M East Tremont Ave-West Farms Sq [2, 5], B Boston Rd-Pelham Pkwy [11] • bronxzoo.com • 718 367 1010 • lu-ve 10h-17h, sa-di 10h-17h30 (été), tlj 10h-16h30 (hiver) • adulte 22,95 $, enfant (3-12) 15,95 $ ON Y VA ! ☐

Se mettre au vert
au New York Botanical Garden

Tous âges Il est facile d'oublier que l'on est dans une mégapole dans cet écrin vert tant les magnifiques jardins paysagers et les plantations occultent vite le béton.

Avec 48 jardins et de multiples collections de plantes répartis sur 97 ha, ce parc botanique situé dans le Bronx est à la hauteur de sa renommée. On peut aussi bien y passer 4 h à jardiner sous la houlette de professionnels qu'emprunter des jeux de plein air. Pour avoir une idée de la forêt qui recouvrait la région avant l'arrivée des colons, une balade dans la **vaste forêt** composée de chênes, de bouleaux blancs et de hêtres américains s'impose.

Pour découvrir les écosystèmes de la savane africaine ou de la forêt tropicale, rendez-vous sous la **Grande Serre** puis, pour un bain de "zénitude", direction le jardin japonais.

Durant les fêtes de fin d'année, le parc accueille un spectacle qui ravit petits et grands. De petits trains, reconstitués en écorce de pin, glands de chêne et autres mousses, circulent dans une New York miniaturisée et noyée dans un décor végétal. Magique !

Activités enfants Dans le **jardin d'aventure Everett**, un programme d'activités variant avec les saisons permet aux enfants et adolescents d'explorer, de découvrir et d'observer les sols, les graines, les plantes et leur évolution. Une attitude écoresponsable est prônée en leur montrant comment utiliser des moyens naturels, comme les coccinelles ou les vers de terre, pour lutter contre certaines maladies.

Enfin, divers jeux de plein air sont à votre disposition pour profiter pleinement de cet espace : cerfs-volants, croquet, badminton.

2900 Southern Boulevard, Bronx • M Botanical Garden • nybg.org • 718 817 8700 • ma-di 10h-18h • adulte 20 $ (25 $ le we), enfant (2-12) 8 $ (10 $ le we) ON Y VA ! ☐

S'amuser en apprenant
au Liberty Science Center

À partir de 4 ans **Situé dans le New Jersey, ce musée des sciences mérite le détour. Il propose de nombreuses activités parfaitement adaptées au jeune public.**

Les enfants peuvent jouer au géologue, au chirurgien, à l'architecte ou même se prendre pour un singe ou une chauve-souris. L'activité

qui attire le plus de jeunes visiteurs est le **Touch Tunnel**. C'est un labyrinthe, réservé aux plus de 7 ans, où les *kids* se déplacent dans le noir en se guidant uniquement avec le sens du toucher.

Dans la section **Energy Quest**, il s'agit de partir à la conquête des énergies fossiles ou renouvelables. Les petites voitures d'un circuit fonctionnent à l'électricité solaire. La **Tidal Station** montre l'énergie que l'on peut tirer des vagues. Avec **Skycrapper**, les enfants vont pouvoir bâtir des gratte-ciel avec grue et blocs en plastique, marcher sur des poutres pour tester leur résistance (avec un harnais de sécurité !).

Activités enfants Tout est fait ici pour les enfants. La **zone I Explore** est réservée aux 2-5 ans : construire une voiture en bois, utiliser un canon à balles ou un xylophone en pierre, grimper dans une cage...

222 Jersey City Blvd, Jersey City • M Park Place [2], puis marcher jusqu'à la station World Trade Center pour prendre le PATH jusqu'à la station Exchange Place, pour continuer sur la ligne (Hudson-Bergen Light Rail) jusqu'au Liberty State Park • lsc.org • 201 200 1000 • ma-ve 9h-16h, sa-di 9h-17h30 • adulte 21,75 $ (avec IMAX ou 3D 27,75 $), enfant (2-12) 17,75 $ (avec IMAX ou 3D 22,75 $) ON Y VA ! ☐

Fêter Halloween dans un champ de citrouilles

au Jack O'Lantern Blaze

À partir de 4 ans **Une incroyable collection de citrouilles sculptées pour Halloween vous attend le long des rives de l'Hudson.**

Depuis une dizaine d'années, cette manifestation saisonnière (qui a lieu en octobre et novembre) se déroule dans l'État de New York, au Van Cortlandt Manor, un site historique datant du XVIIIe siècle.

Le billet d'entrée (avec un horaire préétabli) va vous permettre de déambuler, durant 30 à 45 min, au milieu de **5000 citrouilles toutes sculptées à la main** et disposées sur les rives de la rivière Hudson. Les enfants vont adorer ces étonnantes sculptures géantes, constituées chacune de dizaines ou de centaines de courges, dessinant des **scènes à couper le souffle** ; ils pourront ainsi admirer un dragon-serpent géant, une toile d'araignée ou encore un T-Rex grandeur nature. À voir bien sûr au crépuscule pour profiter encore plus de la magie des lieux.

Notre conseil Pensez à acheter bien à l'avance vos billets en ligne car l'événement est très prisé des Américains.

525 South Riverside, Croton-on-Hudson • Train Metro North Hudson line (1 h de trajet depuis Grand Central Terminal), arrêt Croton Harmon, puis 5 min de taxi • hudsonvalley.org/events/blaze • 914 631 8200 • adulte (20 $), enfant (3-17) 16 $, sa (25 $/20 $)

ON Y VA ! ☐

Voir un musical
à Broadway

ON Y VA !

À partir de 5 ans **Les comédies musicales *(musicals)* sont très nombreuses à Broadway, et de très grande qualité. Alors, si votre budget le permet...**

Même si vous ne comprenez pas l'anglais, la musique, la danse et la mise en scène l'emportent sur les dialogues. Certains spectacles s'adressent plus particulièrement au jeune public comme *The Lion King (Le Roi Lion)*, *Wicked* ou *Aladdin*. Cependant, faites attention, car pour certains spectacles un âge minimal est requis.

Les tarifs sont assez élevés, comptez 100 $ en moyenne, mais vous pouvez aussi obtenir des billets à tarif réduit, pour le soir même, au kiosque TKTS au croisement de Broadway et de la 47th St, sous les "marches rouges" (M 49th St [N, R, W]). Le kiosque TKTS ouvre du lundi au samedi de 15h à 20h (le dimanche jusqu'à 19h) ainsi que les mercredi, jeudi et samedi de 10h à 14h, le dimanche de 11h à 15h. Un autre kiosque TKTS, souvent moins bondé, se trouve à South Streat Seaport (M Fulton St [A, C, 2, 3, 4, 5]), qui est ouvert tous les jours de 11h à 18h (sf di : 16h).

Pour maximiser vos chances, présentez-vous au kiosque dès son ouverture. Deux sites en ligne (theatermania.com et playbill.com) permettent également d'acheter des places à prix réduits, jusqu'à trois mois à l'avance. Les spectacles *Off Broadway*, moins chers, sont tout aussi attrayants. *Stomp* et le *Blue Man Group*, à l'affiche depuis longtemps, plairont aux enfants.

Assister à un radio-crochet
à l'Appolo Theater à Harlem

ON Y VA ! ☐

À partir de 7 ans Pour prendre la mesure de la vitalité de la scène new-yorkaise, rien de mieux que de se rendre à l'*amateur night* de l'Appollo Theater,

Cette salle mythique a vu défiler, depuis quelques décennies, les plus célèbres artistes noirs américains. Une fois par semaine, le théâtre permet à des amateurs, au cours de l'*amateur night*, de faire leurs premières armes sur scène. Le public donne de la voix pour décider qui va rester sur scène - ou pas - pour finir son spectacle.

La première version, en 1934, a permis de révéler de nombreux talents ; Billie Holiday, Ella Fitzgerald, les Jackson Five (le groupe d'origine de Michael Jackson), James Brown, Stevie Wonder, Mariah Carey pour n'en citer que quelques-uns, mais la liste est impressionnante. Cela se passe le mercredi soir et l'ambiance est autant dans la salle que sur scène !

Notre conseil Consultez le calendrier car les spectacles et les thèmes sont très variés : *Comedy Club*, spectacles de danse, pièces de théâtre, concerts de jazz... Lors de fêtes de Noël, des spectacles conçus pour les familles sont proposés ; certains sont même gratuits !

3253 W 125th St (entre Adam Clayton Powell Jr Bl et Frederick Douglass Bl) • apollotheater.org/amateur-night-events • 212 531 5300 • M 125th St [A, C, D], 135th St [2, 8] • me 19h30 • à partir de 20 $ • réservation sur ticketmaster.com

Chanter une messe gospel
dans une église de Harlem

ON Y VA !

À partir de 6 ans **Le dimanche matin, les paroissiens sortent leurs plus beaux habits et vont rejoindre leur église pour entonner, avec ferveur, prières et chants religieux. Une occasion unique de partager des moments riches en émotions.**

L'agence Harlem Spriritual organise, chaque dimanche matin, un tour en bus de 4 h avec guide francophone, pour découvrir Harlem et assister ensuite à une messe gospel. Ce tour va vous permettre de comprendre l'histoire des Noirs américains de New York, depuis l'arrivée des premiers Afro-Américains jusqu'à leur épanouissement lors d'une période qualifiée de "Harlem Renaissance", de l'émergence du mouvement des droits civiques, avec l'apparition de figures politiques telles que Marcus Garvey, Adam Clayton Powell Jr ou encore Malcom X, jusqu'à la reconstruction de Harlem. Les révoltes, les espoirs, les années du ghetto et enfin le nouveau visage de Harlem n'auront plus de secret pour vous à la fin de ce tour.

Une fois dans l'église, vous serez regroupés pour ne pas déranger le service. Mais n'ayez crainte, vous serez chaleureusement accueillis par les fidèles qui se feront une joie de partager leurs chants et prières avec vous.

Départ du tour en français à 8h45 au 690 8th Ave, retour à Times Sq • M 42nd St-Port Authority Bus Terminal [A, C, E] • harlemspirituals.com • adulte 59 $, enfant (5-11) 45 $, enfant (–5) gratuit mais sur les genoux d'un parent

Le gospel

Le mot gospel vient de *god* (dieu) et *spell* (parole), c'est-à-dire la "parole de Dieu" (l'Évangile). Ces chants religieux sont pratiqués par les Afro-américains lors de la messe, dans des temples méthodistes, baptistes ou pentecôtistes. Le gospel prend son essor aux États-Unis dans les années 1930 et va influencer la musique noire américaine ; notamment la soul et le blues, mais aussi le rock.

Faire des glissades
sur un ice rink ou sur une luge

À partir de 5 ans **L'hiver, pour profiter de New York enveloppé de son beau manteau de neige, deux activités ont les faveurs des familles : le patinage sur glace et la luge. Prêt à essayer ?**

Côté sports de glace et de neige, voici nos patinoires préférées ainsi que deux spots pour faire de la luge. On se couvre bien et on est prudent !

Rockefeller Center Rink

ONYVA !

Sans conteste, la plus emblématique des patinoires de New York, avec en prime un immense sapin en décembre.

5th Ave (entre 49th St et 50th St) • tlj 8h30-0h • session de 1 h30 • M 47th-50th St-Rockefeller Center [B, D, F, M] • therinkatrockcenter.com • adulte de 25 à 32 $ (selon la période), enfant (−11) 15 $ • location de patins : 12 $, leçons de patinage tlj de 9h-18h • 50 $ pour 30 min de cours et 1 h de patinage seul

ONYVA !

Trump Rink à Central Park

Cette patinoire est nichée au cœur de Central Park, offrant une vue imprenable sur les buildings alentour.

Accès par la partie sud-est de Central Park, côté 5th Ave • M 59th St [A, B, C, D, 1, 4, 5, 6, 9] • wollmanskatingrink.com • lu-je adulte 11,25 $, ve-di 18 $, enfant (−11) 6 $, location de patins 8 $, consignes 5 $ (plus 6 $ de caution), spectateur 5 $

Bryant Park Rink ON Y VA ! ☐

Pour virevolter au milieu des gratte-ciel

Entre W 40th et W 42nd St et 5th et 6th Ave • tlj 8h-22h • Ⓜ 42nd Street-Bryant Park [B, D, F, M, 1], 5th Ave [M] • bryantpark.org • location de patins : 15-19 $ (selon la période), consigne gratuite, cadenas : 9 $, vestiaires pour sacs : 8 à 10 $ (selon la taille)

Faire de la luge ON Y VA ! ☐

Côté luge, chaque lendemain d'une belle chute de neige, les parcs un peu vallonnés de New York se couvrent d'une multitude d'enfants sur leurs luges colorées. Elles s'achètent entre 10 et 20 $ dans les Duane Reade, CVS, drugstores ou K-Mart. Nos deux sites préférés sont **Central Park** (côté est, à hauteur de la E 72nd St, E 79th St, E 86th St ou côté ouest, à hauteur de la W 100th St) et **Riverside Park** (à la hauteur de W 91st St). Vous reconnaîtrez aisément les zones appropriées, car les arbres et poteaux sont protégés avec des bottes de paille. En cas de grosses chutes de neige, ne vous aventurez pas sur les lacs gelés.

Voir un match de baseball
au Yankee Stadium ON Y VA ! ☐

À partir de 8 ans **Un match de baseball au Yankee Stadium est une opportunité à ne pas rater pour les fans de sport.**

Le baseball fait partie intégrante de la culture américaine. Les jours de match, des foules se pressent au Yankee Stadium pour encourager l'équipe des Yankees, l'une des équipes de baseball les plus connues au monde. Le mythique Yankee Stadium qui a été reconstruit près de l'ancien bâtiment est situé dans le Bronx, mais il est facile de s'y rendre en métro. C'est l'occasion de manger un vrai *footlong hot dog* (un maxi hot dog !). Achetez votre billet sur ticketmaster.com. Le prix varie selon les matchs, mais comptez en moyenne 50 $.

1 E 161st St, Bronx • M 161st St-Yankee Stadium [A, D]

Voir jouer les Knicks
au Madison Square Garden

ON Y VA !

À partir de 8 ans **Le Madison Square Garden est un haut lieu du basket-ball. Assister à un match procure de fortes émotions.**

Sans être chauvin, avouons que l'apparition de quelques noms de "grands" joueurs français en NBA, comme Toni Parker ou Joachim Noah, a prouvé que dribbler ou faire des paniers n'était pas réservé aux seuls Américains. Voir jouer les Knicks au légendaire Madison Square Garden va donc ravir les admirateurs de ce sport assez spectaculaire. Un vrai show grâce à la présence des *pom-pom girls* et les cris d'encouragement des fans ! Vous pouvez acheter vos places sur ticketmaster.com. Le prix varie selon les matchs, comptez néanmoins 150 $ environ et réservez très en avance.

4 Pennsylvania Plaza • M 34th St-Penn Station [E, 3]

Balade dans West Village

Cet itinéraire vous fera découvrir un visage inattendu de Manhattan. Greenwich Village, et plus particulièrement le quartier situé à l'ouest de Broadway, vous livrera le charme de ses petites rues étroites pas toujours rectilignes, de ses anciennes demeures, de ses jardins et de ses parcs.

durée : environ 2 h
(hors pauses shopping ou repas)
réponses p. 248

Le jeu commence à la station de métro **Broadway-Lafayette,** au croisement de Broadway et W Houston St.

Broadway est la plus ancienne voie de circulation de Manhattan. Les Indiens l'avaient surnommée "Wickquasgeck" (hum, pas facile à prononcer !). Elle serpentait alors à travers marais et rochers. À leur arrivée, les Hollandais l'ont transformée en l'artère principale de circulation de la Nouvelle-Amsterdam.

Traversez Broadway et **prenez** Houston St vers l'ouest. Vous croisez Mercer St, Greene St, puis **tournez à droite** sur Wooster St. Cette rue passe entre deux immeubles. Au milieu des édifices, vous allez pouvoir observer une sculpture monumentale en béton réalisée par un célèbre artiste espagnol.

Qui a sculpté cette œuvre ?
Pablo P________________

Cette sculpture de béton de 9 m de haut pèse 67 tonnes et représente le portrait de Sylvette. Elle a été commandée en 1967 par la New York University. Il s'agit d'un agrandissement géant d'une sculpture que l'artiste a réalisée en 1934.

Tournez le dos à Sylvette et prenez l'allée en face de vous jusqu'à Laguardia Place. À votre droite se trouve un petit jardin communautaire malheureusement menacé par des promoteurs immobiliers. Au printemps et à l'automne, on peut y observer de magnifiques papillons monarques reconnaissables à leur couleur orange et noir. Toute l'année se promènent aussi des petits mammifères peu farouches et très communs à New York.

Question 2

Quel est ce petit animal ?

____

Ces petits rongeurs, au pelage gris et à la queue empanachée, font leur réserve pour l'hiver. Ils enterrent des glands sur leur territoire pour les consommer plus tard. Or, ils oublient souvent leurs cachettes et favorisent ainsi la dissémination et la pousse de petits chênes.

Ensuite, **rejoignez** Bleecker St et tournez à droite dans Thompson St où se trouvent plusieurs magasins consacrés à un jeu stratégique réputé pour sa difficulté.

Question 3

Quel est le nom de ce jeu ?
Les ______________________

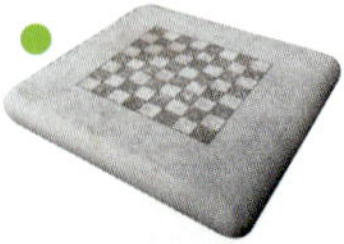

Au sud-ouest du Washington Square Park (sur Mac Dougal St et E 4th St), se trouvent des tables installées à demeure et couvertes d'un plateau à damier. Des joueurs s'affrontent et proposent aux passants, pour quelques dollars, de faire une partie contre eux.

Remontez Thompson St jusqu'au Washington Square Park. Aménagé en 1826 sur l'emplacement d'un cimetière, ce parc est aujourd'hui un agréable lieu de balade. Sa longueur équivaut à quatre blocs et sa largeur à deux blocs.

Question 4

Quelle est sa surface en nombre de blocs ?

____

En 1889, une arche en bois fut construite pour célébrer le centenaire de l'investiture du premier président des États-Unis : Georges Washington. Elle fut plus tard reconstruite en marbre blanc. Chaque année, les étudiants de l'université voisine, New York University, fêtent l'obtention de leur diplôme en défilant dessous.

Quittez Washington Square Park par l'entrée par laquelle vous êtes arrivés. Dans la rue qui longe le parc, Mac Dougal St, **tournez à gauche.** Au passage, **admirez la vue** sur la tour du One World Trade Center qui remplace les Twin Towers. C'est, à ce jour, la plus haute tour du continent américain.

Question 5

Que signifie *twin* ?

____

Aux États-Unis, il y a plus de dix gratte-ciel de plus de 300 m de haut. En tête, dorénavant, se trouve la One World Trade Center à New York avec 541 m. Ensuite viennent la Willis Tower à Chicago avec 442 m, l'Empire State Building avec 381 m et le Chrysler Building avec 319 m, tous deux situés à Manhattan. Chaque année, des coureurs se lancent à l'assaut de l'Empire State. Le record est de 9'33" pour 86 étages et 1576 marches.

Tournez à droite dans W 3rd St et cherchez le Blue Note, un célèbre club de jazz. Un élément architectural, empruntant la forme d'un instrument de musique, permet aux clients de s'abriter de la pluie en attendant d'entrer dans le club.

Question 6

Quel est cet instrument ?

____

Dans ce club, ouvert depuis 1981, se sont produits de grands musiciens de jazz comme Charlie Mingus, John Coltrane, Miles Davis… Le jazz, symbole de la musique américaine, puise ses racines dans le blues et le ragtime des communautés afro-américaines du sud des États-Unis.

Continuez quelques mètres jusqu'à la 6th Ave que vous prenez à gauche, puis **engagez-vous** dans Minetta Lane pour **ressortir** par Minetta St qui fait un coude. Cette ruelle construite au-dessus de la rivière Minetta en suit le tracé.

À l'intersection avec Minetta St, regardez la façade du bâtiment de droite devant vous, celle avec des escaliers métalliques. On appelle ce genre de bâtiments (très typique de New York) des *cast-iron buildings*.

Question 7

Que signifie *cast-iron* ?
Fer **Extérieur** **Fonte**
(Entourez la bonne réponse.)

Les Indiens appelaient cette rivière *Manette*, ce qui signifiait "l'eau du diable". Sous certains immeubles, à travers des grilles, on peut apercevoir le cours d'eau souterrain.

Au bout de Minetta St se trouve la 6th Ave. **Traversez-la.** En face de vous, Downing St et le Winston Churchill Square. Entrez dans le square. Sur l'un des murs qui le bordent, on voit une ancienne publicité peinte pour un commerce.

Question 8

Quel est ce magasin ?
Une p____________________

Ce type de publicité existe encore et sert à promouvoir la sortie d'un film ou d'un jeu vidéo, par exemple. Elles sont peintes à la main par des ouvriers installés à bord d'une nacelle qui descend le long du mur depuis le toit.

Prenez Bleecker St à droite du square Sir Winston Churchill jusqu'au croisement avec Carmine St. Passez l'église Our Lady of Pompeii construite par la communauté italienne.

JEU DE PISTE N° 1

Continuez sur Bleecker St jusqu'à la 7th Ave. Traversez-la et **prenez à gauche** sur quelques mètres. Là se trouve la boutique d'un artisan dont on devine la profession grâce aux objets qui recouvrent la devanture de son magasin.

Question 9

Quelle est la profession de cet artisan ?
C'est un ________________

À cause du prix très élevé des loyers et des impératifs de leur vie professionnelle, les New-Yorkais déménagent souvent. Ceci explique le grand nombre de *locksmiths*.

Sur la 7th Ave, **revenez** sur vos pas de quelques mètres et **prenez** Commerce Street sur la gauche. Au croisement avec Bedford St, **allez** à droite jusqu'au 75 Bedford St. Cette demeure possède une particularité.

Question 10

À New York, elle détient le record de la maison la plus :
Basse Haute Étroite
(Entourez la bonne réponse.)

Les façades des *townhouses*, constructions typiques de Manhattan, sont en brique et mesurent dans les 5 m. Cette maison a été occupée, entre autres, par Cary Grant.

Remontez Bedford St jusqu'au croisement avec Grove St. L'une des quatre maisons, à l'angle de ce carrefour, est construite dans un matériau très utilisé dans le pays. Elle reste aujourd'hui l'un des seuls exemples qui restent à New York.

Question 11

En quoi est construite cette maison ?
En ______

Beaucoup de bâtiments de New York sont en brique, matériel privilégié pour son apparence, sa résistance au feu et sa facilité à être transporté. Les matériaux étaient acheminés par bateaux sur l'Hudson, le long duquel se trouvaient les usines de briques.

Prenez à gauche. Jetez un coup d'œil sur Grove Court. Habituellement, les jardins sont situés à l'arrière des immeubles. Ici, au contraire, c'est le jardin qui donne sur la rue et les habitations sont en retrait. **Continuez** sur Grove Street, tournez à droite sur Hudson St puis, encore à droite, **remontez** Christopher St jusqu'à un petit square dans lequel se trouve un groupe de statues toutes blanches.

Question 12

Quel est l'auteur de ces sculptures ?
G______ S______

Elles ont été érigées en 1992 pour commémorer les émeutes de 1969 entre les gays et la police. Ces événements sont, pour beaucoup, considérés comme le début du mouvement de libération des homosexuels. Cette étape importante a même été citée par Obama lors de son discours d'investiture de 2013.

Dans ce quartier, vous pouvez remarquer de nombreux drapeaux multicolores qui ne sont pas ceux des États-Unis, mais qui représentent le symbole international de cette communauté.

Question 13

Comment appelle-t-on cet ensemble de couleurs ?
Un _____ -en- _______

Le drapeau américain appelé *Stars and Stripes* est constitué de 13 rayures rouges et blanches, représentant les États fondateurs, et de 50 étoiles sur fond bleu, chacune symbolisant les États constituant les États-Unis. La 50ᵉ étoile a été ajoutée en 1959 après l'intégration d'Hawaï.

Dans ce petit parc, vous allez trouver également la statue d'un militaire célèbre qui s'est illustré lors de la guerre de Sécession.

Question 14

Quel est le nom de ce militaire ?
Le général Philip S____________

Les États sudistes ont fait sécession avec le reste du pays lors de l'élection d'Abraham Lincoln car ce dernier voulait faire abolir l'esclavage. Les Sudistes, adversaires de ce projet, et les Nordistes (les Yankees), partisans de l'abolition, se sont affrontés lors de la guerre de Sécession qui a duré de 1861 à 1865. Cette guerre civile a fait de nombreuses victimes des deux côtés : 359 000 morts chez les Nordistes et 258 000 chez les Sudistes.

Continuez sur Christopher Street pour retrouver la 6th Ave. **Tournez à gauche** et poursuivez jusqu'au n° 425 de la 6th Ave. Vous pouvez entrer dans ce bâtiment tous les jours, sauf le dimanche.

Question 15

Quel est le nom de cet édifice ?
J_______ M______ Public Library

Cet immeuble a abrité un tribunal, une prison, une école de police. Il était tombé dans une telle décrépitude qu'il a failli être détruit vers 1960. Grâce à l'action des riverains, en 1967, la ville en a fait ce qu'il est toujours aujourd'hui : une bibliothèque municipale.

Arrivée

Notre jeu se termine devant cette bibliothèque, un lieu très fréquenté par les rats... de bibliothèque !

Sur les bords de l'Hudson

Nous vous entraînons à la pointe sud de Manhattan, un endroit chargé d'histoire et un lieu de détente apprécié de tous, New-Yorkais comme touristes. Jardins, sculptures, marina, monuments, points de vue, vous n'en finirez pas d'aller de découverte en découverte.

Départ

durée : environ 2 h
(hors pauses shopping ou repas)
réponses p. 248

Point de départ : la station de métro South Ferry (ligne 1) au sud-est de Battery Park, à côté de l'embarcadère du ferry pour Staten Island.

Question 1

Quelle est la couleur des bateaux de la compagnie Ferry Staten Island ?

____

Le ferry fait la navette entre Staten Island et Manhattan en longeant la statue de la Liberté. Le trajet gratuit dure 20 min. Chaque jour, 70 000 passagers, pour la plupart des banlieusards, font l'aller-retour domicile-travail. Le *must* est de le prendre au soleil couchant pour voir s'embraser les façades des buildings de Manhattan.

Remontez légèrement au nord pour trouver, de l'autre côté de State St, une petite église. Elle porte le nom d'une sainte.

Question 2

Quel est son nom ?
E______ A_____ S_______

JEU DE PISTE N° 2

Née aux États-Unis en 1774, elle a été la première femme américaine canonisée. Elle a créé la première école catholique du pays et a fondé la première congrégation des Sœurs de la charité. Que de premières pour cette sainte !

Continuez sur le même trottoir. Vous ne pouvez manquer deux groupes de sculptures de couleurs vives, rouges et jaunes, qui trônent devant un building. Pause photo indispensable !

Question 3

Quel est le nom de l'artiste ?

____

Grand nom du graffiti et du *street art*, il a débuté en dessinant à la craie blanche, sur les panneaux publicitaires laissés libres entre deux campagnes d'affichage de pub, dans le métro et dans la rue. Devenu rapidement célèbre, cet artiste incarne le dynamisme du milieu artistique new-yorkais des années 1980.

Traversez la rue et rejoignez la rive de l'Hudson. Passez devant *The Sphere* près de laquelle une flamme brûle en permanence. Elle a subi des dommages lors des attentats du 11 septembre et est devenue aujourd'hui un mémorial aux victimes. **Continuez** vers un petit fort, légèrement au sud, où sont vendus les tickets pour visiter la statue de la Liberté ou Ellis Island.

Question 4

Quel est le nom de ce fort ?

____

Il a été construit en 1808 pour renforcer les défenses des rives de Manhattan. Il doit son nom au gouverneur de New York qui le commanda (et non à un ancien président des États-Unis). Restauré, il est aujourd'hui un monument historique.

Sur la gauche du fort se trouve une sculpture qui représente un groupe de personnes dans des attitudes différentes.

Question 5

Quel est le nom de cette sculpture ?

____

Créée en 1973 par Luis Sanguino, elle est dédiée à "tous ceux qui sont entrés en Amérique et pour qui l'arrivée ici représentait la fin d'un long voyage et l'espoir d'une vie meilleure, pour ceux qui fuyaient famine, misère, guerre, persécutions...".

Rejoignez la rive et arrêtez-vous pour contempler la statue de la Liberté, probablement la statue la plus célèbre du monde.

Question 6

Quel est son nom en anglais ?
Statue of ________________

Elle a été conçue par le sculpteur Jean-Charles Bartholdi et sa structure métallique a été réalisée par Gustave Eiffel. La France l'a offerte aux États-Unis en 1886. Son nom, à l'origine, est *La Liberté éclairant le monde*.

Remontez le quai jusqu'au n° 6 pour regarder un ensemble de sculptures en bronze. Il représente deux marins, l'un à genoux et l'autre debout, semblant réellement désespérés. Un troisième, couché, tente de secourir un autre marin tombé à l'eau.

Question 7

Qui a sculpté cette œuvre ?

____

Ces statues d'un réalisme étonnant ont été érigées en hommage aux marins de la marine marchande qui ont péri en mer au cours des guerres.

Poursuivez jusqu'au bout du parc, puis continuez sur la gauche pour trouver deux instruments de musique en bronze posés sur le sol.

Question 8

Quels sont ces instruments ?

______________ ______________

Ces sculptures géantes en bronze sont l'œuvre du britannique Tony Cragg. Il utilise des objets de la vie quotidienne comme matériau de base, qu'ils soient neufs ou récupérés.

Profitez-en pour faire un tour au-dessus de l'arche et admirer la vue sur la statue de la Liberté, Ellis Island et le New Jersey. **Allez** sur la rive directement depuis là où vous êtes. Vous allez voir une étrange sculpture avec de gros yeux qui regardent vers le large.

Question 9

Quelle artiste française a réalisé cette œuvre ?

_______________ _______________

Née en 1911 à Paris, elle a adopté la nationalité américaine et a vécu à New York. Elle est morte à l'âge de 98 ans. Cette plasticienne est notamment connue pour ses sculptures géantes d'araignées.

Poursuivez jusqu'à un petit parc situé au bord de l'eau, South Cove Park. **Montez** sur la structure. De là, vous pourrez lire l'heure sur une grosse horloge installée sur l'autre rive de l'Hudson (dans le New Jersey) par une marque très connue.

Question 10

Quelle est cette marque ?

____

Le nom de New Jersey provient de l'île anglo-normande de Jersey. Il a été donné en l'honneur de Sir George Carteret, natif de Jersey, qui est l'un des deux hommes à qui la terre a été donnée. Les taxes et loyers sont moins élevés qu'à Manhattan, de nombreuses entreprises y sont donc installées.

Poursuivez vers le nord le long de l'Hudson. La promenade fait un crochet sur la gauche. Plus loin, sur la droite, un grand portique de style contemporain sert d'entrée au Rector Park.

Question 11

À qui ce parc est-il interdit ?

____

Question 12

Continuez de longer le quai jusqu'à rejoindre une marina plus grande, North Cove. Sur votre droite se trouve un petit parc à l'extrémité duquel vous découvrirez un morceau de mur, sur lequel est peint un drôle d'animal à grosses lèvres.

D'où vient ce morceau de mur décoré ?
De _________

New York est une ville cosmopolite, des habitants originaires de nombreux pays y cohabitent. À chaque fois qu'un événement important a lieu dans le monde, on en retrouve un témoignage dans New York. Ce morceau n'est pas le seul présent dans la ville. Vous pouvez en voir aussi sur Madison Avenue et au siège de l'ONU.

Question 13

Cherchez sur les quais de la marina les balustrades sur lesquelles sont incrustées des phrases, comme *City of the world, for all races are here* ("Ville du monde, car toutes les races sont ici").

Qui en est l'auteur ?

____

Poète et humaniste, il a vécu au XIXe siècle. Ce vers est extrait de l'un de ses poèmes *City of Ships* ("la ville des bateaux").

Au nord de cette esplanade, sur votre droite, un immense dôme de verre et d'acier abrite un jardin d'hiver composé de plantes et d'arbres, dont 16 palmiers géants.

Derrière cette serre, un gratte-ciel surplombe le quartier. C'est le One World Trade Center. À son sommet se trouve un observatoire d'où l'on a une vue superbe sur la ville.

Il s'agit du ______ __________ Observatory
(Indice : la réponse se trouve p. 49.)

Le One World Trade Center a été érigé à la place des fameuses Twin Towers détruites lors des attentats du 11 septembre 2001. Sa hauteur est de 541 m ou 1 776 pieds, en référence à l'année de la déclaration d'indépendance des États-Unis.

Continuez sur la gauche et **remontez** le quai jusqu'à un mémorial qui rend hommage à la Grande Famine qui a sévi dans un pays européen, entre 1845 et 1852. Cette famine a tué un million de personnes et poussé un autre million à émigrer aux États-Unis.

De quel pays s'agit-il ?

____

Sa communauté, l'une des plus importantes de New York et des États-Unis, est estimée à environ 40 millions de personnes. Tous les 17 mars, la grande parade en l'honneur de saint Patrick défile sur la 5th Ave. Chacun doit porter du vert, un vêtement ou un objet.

Continuez jusqu'à un espace vert où il y a une aire de jeux *(playground)*. Elle est entourée d'une barrière qui ressemble à la coque d'un bateau.

Question 16

Quel est le nom de ce parc ?

N_________ R______________ Park

New York chouchoute les enfants car presque à chaque coin de rue se trouve un *playground*. Le premier *playground* pour adultes, Macombs Dam Park, a été créé en 2012 dans le Bronx.

À l'avant de ce "bateau" est posée la sculpture d'un animal aujourd'hui disparu et originaire de l'île Maurice.

Question 17

Quel est le nom de cet animal ?

______ ________

Moins de cent ans après l'arrivée des Européens sur l'île Maurice, à la fin du XVIIe siècle, cet oiseau lourdaud, de la taille d'un gros dindon et incapable de voler pour s'échapper, a été entièrement exterminé par les colons hollandais. Il est devenu le symbole des espèces disparues sur l'île Maurice, et aussi de l'impact néfaste que l'homme peut avoir sur la nature.

Continuez à longer le parc sur sa droite jusqu'à atteindre l'extrémité nord-est. Une autre aire de jeux accueille les enfants. On y rencontre de nombreuses et étonnantes sculptures en bronze du sculpteur américain Tom Otterness. **Amusez-vous** à évoluer entre ces petits personnages rondouillards et ces drôles d'animaux, comme une grenouille, un oiseau, une maman singe, un bonhomme s'échappant d'un verre et un homme-serpent.

Question 18

Que fait l'homme-serpent accroché à son réverbère ?

_______ _______

Les nombreuses œuvres de ce sculpteur américain, né en 1952, ornent plusieurs lieux de la ville : parcs, places et même dans la station de métro 14th-8th Avenue (p. 35)

Remontez le quai jusqu'au ponton suivant, à hauteur de North Moore St, et rendez-vous à l'extrémité ouest, au bord de l'eau, pour regarder à travers une longue-vue le panorama sur les rives du New Jersey.

Le parcours se termine au bord de cette baie, où tout a commencé pour des milliers et des milliers de futurs Américains.

Arrivée

À la découverte de Midtown

Départ

Midtown, avec la 5th avenue, les grands magasins et Times Square, est souvent considéré comme une destination shopping. Pourtant ce quartier a plus à offrir. Suivez-nous et vous verrez Midtown sous un aspect bien différent !

durée : environ 2 h
(hors pauses shopping ou repas)
réponses p. 248

Le jeu de piste débute à la station **59 St-Columbus Circle** [1, A, B, C, D]. En sortant du métro, levez la tête et cherchez l'immense **sphère en acier** qui représente le monde.

Au centre de la place se trouve une grande colonne sur laquelle trône une statue de Christophe Colomb, **Christopher Colombus** en anglais... d'où le nom donné à cette place. C'est à partir de ce rond-point (le km 0) que toutes les distances de New York sont calculées.

"Laissez le monde derrière vous" et dirigez-vous vers **Central Park**. Vous êtes face à l'une des 18 entrées (*Merchant's Gate*). **Observez** le monument en pierre surmonté d'une statue en bronze doré représentant une femme sur un char tiré par 3 chevaux de mer (des créatures fantastiques mi-chevaux, mi-poissons). Il a été érigé en 1912 en l'honneur du naufrage d'un cuirassé.

Question 1

Quel est le nom de ce bateau ?
(Indice : c'est aussi le nom d'un État des USA.)

____

Dans la nuit du 15 février 1898, ce bateau explose dans la rade de la Havane à Cuba, emportant avec lui plus de 200 marins. Jugeant ce naufrage suspicieux, les États-Unis entrent en guerre contre les Espagnols qui occupent Cuba. Cet incident ouvre la guerre hispano-américaine qui va offrir l'indépendance (passagère) à Cuba, mettre fin à l'empire colonial espagnol et permettre aux USA de devenir la 1re puissance mondiale en récupérant les anciennes colonies hispaniques.

Descendez Broadway jusqu'à la 57th St et **tournez** à gauche. **Continuez** sur la 57th St. Sur votre chemin, vous allez voir un étonnant restaurant, un *diner*, reconnaissable à sa devanture en carrelage coloré.

Question 2

Quel est le nom de ce *diner* ?

_______________ _______

Ce type de restaurant (appelé *diner*) était à l'origine un wagon de train réaménagé mais qui ne roulait pas et qui servait des déjeuners bon marché aux travailleurs. Puis ils sont restés ouverts le soir après 20h, alors que les autres restaurants étaient déjà fermés. À la fin des années 1950, ils perdent de leur popularité et sont remplacés par des *fast-foods*.

Au coin de la 57th St et de la 7th Ave se trouve l'une des salles de spectacle les plus connues au monde : le **Carnegie Hall**. Avancez à l'angle de la 58th St, jusqu'au restaurant **Petrossian** situé dans l'**Alwyn Court**, un immeuble doté d'une sublime façade en pierre sculptée.

Question 3

Au-dessus de l'entrée du restaurant, observez les deux animaux mythiques sculptés.

De quel animal s'agit-il ?

____

L'Alwyn Court est un immeuble d'habitation de 12 étages construit en 1909 dans un style Renaissance française. Il est aujourd'hui classé monument historique. À l'origine, les appartements luxueux comportaient 14 pièces et cinq salles de bains ! Ils ont été divisés depuis.

Continuez sur la 57th St et, au milieu du bloc, repérez l'étonnant panneau **6 ½ Ave**. C'est une avenue piétonne qui traverse les buildings de la 57th St à la 51st St.

Avancez sur la 57th St jusqu'au n° 118. Entrez dans l'hôtel **Parker Meridien**. Allez-y, n'hésitez pas à traverser la très belle arcade du café de l'hôtel. À l'autre bout vous ressortirez dans le hall et, sur votre droite, vous verrez un immense rideau rouge. Parfois, une longue file d'attente se forme devant. Derrière se cache un fameux restaurant de burgers.

Question 4

Quel est le nom de ce restaurant ?

____

Ressortez du **Parker Meridien** de la même façon que vous êtes entré et reprenez la 57th St jusqu'au n° 40 W (entre 6th Ave et 5th Ave) où se trouve un passage sous un immeuble. C'est en fait la galerie d'art **Marlborough Gallery,** qui expose les œuvres de grands artistes, une sorte de mini-musée… gratuit !

Retournez sur vos pas et sortez du passage par la 57th St. Tournez sur votre gauche et remontez la 6th Ave, puis tournez à droite dans la 58th St. Sur le trottoir de droite, vous allez voir une étonnante statue noire. Il s'agit de **l'Oiseau Lunaire** de Joan Miró. Elle se trouve à côté d'un cinéma dont le nom rappelle la France.

Question 5

Il s'agit du ________________ Theatre

En face, repérez l'enseigne **The Shops at The Plaza**. Entrez et **descendez** les escalators pour arriver dans la **galerie commerciale.** Cherchez maintenant la boutique d'une célèbre héroïne de livres pour enfants.

Question 6

Comment s'appelle cette petite fille blonde avec sa jupette noire ?
E__________

Cette petite fille est une star aux USA depuis 1955. D'abord vedette d'albums pour enfants, elle a connu le succès au cinéma. Ses aventures se passant au Plaza, l'hôtel lui a dédié une boutique. Une suite au 18e étage est décorée comme dans le film.

Ressortez par les escalators dans la 58th St et tournez à gauche. Vous arrivez sur **Grand Army Plazac**qui se divise en deux sections. Sur la première partie, se trouve la **Pulitzer Fountain** avec la statue en bronze de Pomona, une déesse romaine. Dirigez-vous maintenant vers l'autre partie de la place. Vous allez remarquer de **nombreuses calèches,** car c'est leur "parking". Cochers et chevaux attendent ici les clients pour une promenade dans Central Park.

Au centre, vous allez trouver un monument en bronze doré. Un militaire est sur un cheval avec une femme qui marche à côté de lui, tenant une branche de palmier.

Question 7

Quel est le nom de famille de cet homme ?

____

Cet homme est un général nordiste reconnu comme l'un des grands tacticiens de la guerre de Sécession (1861 à 1865). Il a mis en place la stratégie de la *hard war* (guerre totale) ; c'est-à-dire que l'on ne se limitait pas à des batailles militaires. La destruction systématique des biens privés faisait partie de son plan. Il a notamment fait détruire totalement la ville d'Atlanta en Géorgie.

Commencez votre descente de la 5th Ave, célèbre pour ses boutiques de luxe. À l'angle de la 58th St, admirez les vitrines des magasins **Bergdorf Goodman** qui sont parmi les plus belles et les plus chics de la ville.

À l'angle de la 56th St se trouve **Tiffany and Co.**, la plus célèbre joaillerie américaine. C'est devenu un lieu hautement touristique depuis la fameuse scène d'Audrey Hedburn dans le film *Diamant sur canapé (Breakfast at Tiffany's)*. Une couleur caractérise cette marque de bijoux, présente sur les sacs, les emballages et les catalogues du joaillier publiés depuis 1845.

Question 8

Quelle est cette couleur ?

Rose **Gris clair** **Turquoise** **Noir**

(Entourez la bonne réponse.)

Tournez à droite sur la 56th St et rejoignez la 6th Ave (appelée aussi Avenue of the Americas). À l'angle de la 55th St, une sculpture géante de quatre lettres rouges vous attend pour une photo souvenir. Ce logo a été créé en 1964 par Robert Indiana pour une carte de vœux du MoMA.

Question 9

Quelles sont ces quatre lettres ?

____ ____ ____ ____

Continuez à descendre la 6th Ave jusqu'à l'angle de la 50th St où se trouve une salle de spectacle mythique, le **Radio City Music Hall**.

Chaque année à l'époque de Noël, est organisé le *Radio City Christmas Spectacular*, l'un des shows les plus regardés aux USA. Les vedettes de ce spectacle sont The Rockettes, un groupe de danse féminin qui existe depuis 50 ans.

Entrez dans la 50th St et observez la façade du Radio City Music Hall. Vous allez découvrir **trois emblèmes** en métal qui représentent les arts du spectacle : musique, théâtre, danse.

Question 10

Placez-les dans l'ordre de gauche à droite

________ ________ ________

En continuant vers l'est sur la 50th St, traversez le **Rockefeller Center.** La place centrale est entourée des drapeaux des pays membres de Nations Unies. De nombreux événements saisonniers rassemblent chaque année ici des milliers de personnes. En contrebas, dans la fontaine, se trouve une statue dorée représentant **Prométhée**, bienfaiteur de la race humaine selon les Grecs.

JEU DE PISTE N° 3

Le Rockefeller Center se compose de 19 bâtiments Art Déco. Il fut l'un des projets les plus importants d'art moderne américain dans les années 1930. Il rassembla près de 39 artistes pour réaliser des mosaïques, des statues, des peintures murales. Le GE Building est le gratte-ciel le plus haut du complexe. À son sommet se trouve Top of the Rock (p. 70) et sa vue panoramique.

Marchez jusqu'à la 5th Ave ; vous allez passer devant **Saint Patrick's Cathedral** qui trône majestueusement au milieu des gratte-ciel. Poussez la porte pour admirer l'intérieur et son **magnifique orgue** de 5918 tuyaux.

Continuez votre chemin vers le sud. Au n° 620, entre la 50th St et la 49th St, vous découvrirez un immeuble avec une magnifique entrée ornée de **petites statues dorées**. Regardez le blason au-dessus. Il est écrit "Dieu est mon droit", la devise de la monarchie britannique.

Question 11

Combien comptez-vous de statuettes ?

______

Poursuivez votre chemin. De part et d'autre de la 47th St se trouvent **deux gros diamants** qui marquent l'entrée de Diamond District ("quartier des diamantaires") qui regorge de bijouteries. Entre la 5th et la 6th Ave, la 46th St est appelée Little Brazil. Elle rassemble des commerces et restaurants brésiliens. Le drapeau du Brésil est exposé partout.

Question 12

Quelles sont ces couleurs ?

______ ______ ______

Rejoignez la 6th Ave en traversant le charmant petit parc au milieu de la 46th St qui vous fait ressortir par la 45th St. À l'angle de la 6th Ave et de la 42nd St, vous allez trouver **Bryant Park** où vous pourrez faire une petite pause.

Traversez le parc pour gagner la 5th Ave et la **New York Public Library**. L'entrée de ce magnifique bâtiment de style Beaux-Arts est gardée par deux énormes animaux en pierre.

Question 13

De quel animal s'agit-il ? ________________

Marchez vers l'est le long de la 42nd St pour rejoindre la gare de **Grand Central Terminal**, la plus grande gare de New York. Levez les yeux pour admirer la magnifique pointe du **Chrysler Building**.

Bâti en 1930 dans un style Art-Déco, le Chrysler fut le plus grand gratte-ciel du monde (320 m) un an durant… juste avant d'être détrôné par l'Empire State Building.

Grâce au jeu du livret enfant, vous allez pouvoir percer les secrets de cette très belle gare.

Arrivée

MENU
Burgers
MENU

Quand est-ce qu'on mange ?

New York est le royaume du burger et les fast-foods ne désemplissent pas ; certains se sont même fait un nom grâce à leur qualité. Mais la ville offre également la possibilité de faire un tour du monde gastronomique. Les émigrés de toutes origines ayant débarqué avec leurs traditions culinaires, la variété des cuisines est pratiquement infinie. La tendance du "manger sain" gagnant du terrain, nous avons déniché des restaurants et des fast-foods attentifs à la qualité de leurs produits. Les becs sucrés ne sont pas oubliés. Ils pourront craquer sur les tendres cookies, les délicieux New York cheesecakes et les jolis cupcakes. Profitez aussi des joies des pique-niques, car Big Apple offre de superbes parcs pour un déjeuner bucolique. Lors de votre commande, n'oubliez pas que vous êtes dans le pays où l'on voit tout en grand. Les portions sont au format XXL, c'est-à-dire très copieuses. Rappelez-vous aussi que les prix affichés sont hors taxe. Prévoir 8,875 % de taxe et un pourboire *(tip)* de 16 % à 20 % sur le total.

LES PLATS TRADITIONNELS

Difficile de dire ce qui est typiquement new-yorkais en termes de cuisine, tant New York est cosmopolite, et ce jusque dans l'assiette ! Mais durant ce séjour, vous allez pouvoir goûter à des spécialités américaines que vous n'avez pas l'habitude de manger chez vous. Bon appétit et bonnes découvertes !

Les **pancakes** se dégustent au petit déjeuner avec du sirop d'érable *(maple syrup)*. Leur forme fait penser à celle d'un blini, une crêpe petite et très épaisse.

La ***Caesar salad*** (salade César) est une salade emblématique des États-Unis. Elle est servie le plus souvent avec des crevettes *(shrimps)* ou des dés de poulet *(chicken)*. Ce qui ne change pas, en revanche, c'est la fameuse sauce César, une sorte de mayonnaise très liquide avec un petit goût d'anchois et des croûtons.

Le ***coleslaw*** est un accompagnement *(side)* composé de carottes et de chou cru râpés, mélangés dans une sauce très crémeuse et servis froids.

Les **bretzels** sont d'origine bavaroise. Il en existe deux sortes. La première est de grande taille et de forme torsadée, à la mie tendre, la seconde est petite et croquante. On en vend partout dans la rue.

Le **bagel** est un petit pain rond avec un trou au centre, introduit à New York il y a un siècle par les juifs ashkénazes. Depuis, il a conquis toute l'Amérique, et même la France ! Il existe différentes saveurs : nature, aux graines de pavot ou de sésame, aux oignons ou en version sucrée avec des raisins. On le mange grillé au petit déjeuner ou en sandwich dans la journée.

Le ***fried chicken*** (poulet frit) est un plat originaire du sud des États-Unis, mais qui est très populaire à New York. Les morceaux de poulet sont panés dans des œufs, de la farine et des épices, puis frits dans de l'huile de maïs. Un régal !

Les ***macaroni and cheese***, que l'on appelle aussi *Mac&Cheese*, sont un autre plat favori des enfants américains. C'est un gratin de macaronis au fromage, généralement un mélange de cheddar et de gruyère. C'est (très) crémeux tout en étant croustillant.

Les **donuts** sont des beignets d'origine hollandaise dont le dessus est recouvert d'un glaçage. Ils sont si populaires que des chaînes de donuts se sont développées dans tous les États-Unis.

Le **New York cheesecake** est un gâteau qui doit sa saveur si spécifique au Philadelphia Cream Cheese. On en trouve presque partout et il se décline en plusieurs versions : chocolat, *lime* ou *red velvet,* par exemple.

LES CHAÎNES

New York compte un nombre très important de chaînes de restauration. Voici une sélection de celles qui sont les plus adaptées aux familles. Elles proposent des dizaines d'adresses dans toute la ville et sont facilement repérables dans chaque quartier.

Bareburger • bareburger.com

Ici, on peut composer son burger bio en choisissant le type de pain, de viande (bœuf, dinde, agneau, sanglier, bison, autruche) et les accompagnements. Les produits sont issus du commerce local.
Burger 13 $, sandwich 11 $

Chipotle • chipotle.com

Ces restaurants mexicains de type fast-food, au décor sobre, se démarquent par la qualité de leurs produits : viandes et volailles sans

antibiotiques et hormones, légumes frais issus de l'agriculture locale ou bio. Les plats sont préparés directement devant vous. Un petit plateau enfants est proposé avec deux tacos, deux ingrédients au choix, du riz et du guacamole, ainsi qu'une petite brique de lait.
De 6 à 8 $

Five Guys • fiveguys.com
Élu l'un des meilleurs fast-foods américains, ses burgers sont délicieux et préparés à la demande selon votre choix d'ingrédients. Les frites sont cuites dans de l'huile d'arachide, ce qui leur donne un goût unique. Aucun ingrédient n'est congelé et les produits sont garantis frais. Les enfants pourront, pendant l'attente, grignoter gratuitement quelques cacahuètes encore dans leur coque, et les boissons sont à volonté !
Burger 6,25 $.

Luke's Lobster • lukeslobster.com
Cette petite chaîne originaire de la Nouvelle-Angleterre réjouira les amateurs de crustacés. Ne manquez pas de tester le *Maine Lobster Roll,* sandwich au homard, un vrai régal.
Sandwich avec soda et chips 18 $

Pinkberry • pinkberry.com
Ici, le concept est de choisir un yaourt glacé (nature ou sucré) parmi un grand choix de parfums selon la saison et d'y ajouter des ingrédients au choix *(toppings)* : pépites de chocolat, fruits frais, boules de *bubble tea,* bonbons ou brisures de cookies. Un super goûter plus sain à proposer aux enfants lorsqu'ils seront lassés des cupcakes ! Notre parfum favori : la grenade *(pomegranate).*
Petite coupe + garniture 5 $

Shake Shack • shakeshack.com
Sûrement la plus célèbre des chaînes de fast-food new-yorkaises, spécialisée en burgers et milk-shakes. Les hot dogs sont aussi très bons. C'est un fast-food, certes, mais de qualité. Ici, la viande est garantie sans hormones.
Schack Burger 5,29 $,
hot dog 3,30 $

The Meat Ball Shop • themeatballshop.com
Les *meatballs* (boulettes de viande) sont un grand classique de la cuisine américaine. Tous les petits Américains en raffolent... et les grands aussi ! Cette chaîne de restaurants en a fait sa spécialité. À vous de composer votre plat en combinant les différents ingrédients : boulettes au bœuf, au porc, au poulet ou aux légumes, pâtes, polenta ou salade comme accompagnement et, pour finir, la sauce de votre choix.
Plat de meatballs 10 $

Whole Foods • **wholefoodsmarket.com**
L'une des meilleures adresses de chaîne de supermarchés avec rayon traiteur pour un repas rapide, sain et bio. On y trouve une vaste sélection de plats froids et chauds en libre-service. Très bon bar à sushis. *Prix au poids*

LES RESTAURANTS

Dans les pages qui suivent, vous allez découvrir nos adresses préférées pour petits et grands gastronomes. Nos coups de cœur sont signalés par un YUMMY qui veut dire… c'est bon !

Et voici deux symboles pour vous permettre de repérer facilement les restaurants qui chouchoutent plus particulièrement les *kids* !

C Chaise haute pour bébé
K Menu enfant

LOWER MANHATTAN

RESTAURANTS

Miramar Mediterranean Seafood Restaurant *(méditerranéen)* YUMMY
21 South End Ave (au bord de l'Hudson) • M Rector St [1] • miramarnyc.com • 212 964 3000 • tlj 11h-23h
C K Plan p. 40-41 1 C4
Ce restaurant aux couleurs méditerranéennes propose un choix varié de poissons frais et de mets d'inspiration grecque. Les portions sont généreuses et les membres du personnel, très accueillants avec les familles ; ils proposent des coloriages et de grandes tables rondes avec banquettes, idéales pour caser les enfants. C'est une pause parfaite lors du jeu de piste "Sur les bords de l'Hudson" p. 145.
Plateau de mezze 16 $, plat 19 $

Blue Smoke *(barbecue)*
255 Vesey St (entre West St et North End Ave) • M World Trade Center [E], Chambers St [A, C], Park Pl [2, 3] • bluesmoke.com • 212 889 2005 • lu-ve 11h30-22h (ve 23h), sa 10h-23h, di 10h-22h
C K Plan p. 40-41 2 B2
À deux pas du mémorial du World Trade Center (p. 49), les bambins sont accueillis avec parking à poussette, chaise haute, menu *kids*, coloriages et décoration d'un petit sablé qui sera cuit pendant le repas. C'est l'occasion de découvrir la cuisine traditionnelle du Sud servie en assiette ou en copieux sandwichs. Ne manquez pas le *North Carolina pulled pork* ! *Plat 18 $, sandwich 14 $, menu enfant 11 $*

Hudson Eats at Brookfield Place *(food hall)* YUMMY
225 Liberty St (dans Brookfield Place) • M Cortland St [1, N, R], World Trade Center [E] •

brookfieldplaceny.com/directory/food • 212 417 7000 • lu-ve 7h-21h, sa 10h-21h, di 11h-19h
Plan p. 40-41 3 C2
Situé dans le centre commercial de Brookfield Place, cet établissement propose différents stands sur le pouce de qualité. Les prix sont élevés, mais les mets sont excellents. Chacun choisira selon son appétit parmi tartines (13,50 $), sandwich à la viande grillée (8,50 $), pizzas fines (11 $)… Pendant le repas, vous pourrez contempler la vue sur l'Hudson River, encore plus belle au coucher du soleil !

Whole Foods *(supermarché)*
270 Greenwich St (entre Warren St et Murray St) • M Chambers St [1, 2, 3] • 212 349 6555 • tlj 7h-23h
C Plan p. 40-41 4 C2
Voir descriptif p. 167.

Sarabeth's *(américain)*
339 Greenwich St (entre Jay St et Harrison St) • M Franklin St [1, 2] • sarabeth.com • 212 966 0421 • tlj 8h-22h30 (sa 23h, di 22h), brunch sa-di 8h-16h
C K Plan p. 40-41 6 C1
L'une des meilleures adresses pour bruncher. Sarabeth's s'est d'abord fait connaître pour ses confitures que l'on peut trouver dans les supermarchés. Depuis, plusieurs restaurants ont ouvert à New York et à l'étranger. Autre adresse dans Upper Manhattan p. 184.
Brunch 15 $, burger et pizza 14 $

Bubby's *(américain)*
120 Hudson St. (angle N. Moore St) • M Franklin St [1] • bubbys.com • 212 219 0666 • di-ve 7h-22h (je 23h, ve 0h), sa 8h-0h
C K Plan p. 40-41 7 C1
Ce restaurant sert des plats américains traditionnels dans un cadre agréable et familial. Si vous avez envie d'un brunch gourmand, c'est l'endroit idéal ! Par contre, ne venez pas trop tard car vous ne serez pas les seuls à vouloir déguster les assiettes généreuses de pancakes, d'œufs frais et saucisses fumées et la délicieuse *apple pie*.
Menu kids 10 $, brunch 20 $

Cercle Rouge *(franco-américain)*
241 West Broadway (angle White St) • M Canal St [A, C, E], Franklin St [1] • cerclerougeresto.com • 212 226 6252 • lu-je 12h-0h (ve 1h), sa 11h-1h, di 11h-0h
C K Plan p. 40-41 8 C1
Ici, c'est le paradis des familles le week-end. Vous pourrez prendre un brunch entre adultes sur une terrasse ombragée tandis que les enfants profiteront d'un spectacle de magie rien que pour eux à l'arrière du restaurant ! La carte est variée et propose tous les classiques du brunch traditionnel : œufs Bénédicte, pancakes ou un très bon plateau de fromages ou des moules marinière. Le cocktail maison *Bellini* est délicieux.
Brunch 24,50 $, burger frites 16 $

Jing Fong Restaurant *(chinois)*
20 Elizabeth St (entre Bayard St et Canal St) • M Canal St [N, Q, J, Z, 4, 6] • jingfongny.com • 212 964 5256 • lu-ve 10h-22h, sa-di 9h30-22h
C **Plan p. 40-41** 9 **D1**
Situé dans Chinatown, ce restaurant contient des centaines de tables rondes, chacune pouvant accueillir une dizaine de personnes. Les charriots chargés de *dim sums* (raviolis à la vapeur) défilent entre les tables tous les jours jusqu'à 15h, pour le plus grand amusement des enfants. L'endroit est toujours bondé, venez donc vers 11h30-12h.
Dim sum 3,50 $

Cowgirl Sea-Horse *(tex-mex)*
259 Front St (angle Dover St) • M Fulton St [A, C, J, Z, 2, 3] • cowgirlseahorse.com • 212 608 7873 • lu-je 11h-23h, ve 11h-0h, sa 10h-0h, di 10h-23h
C K **Plan p. 40-41** 10 **E2**
Posé au pied du Brooklyn Bridge, ce petit restaurant offre une carte tex-mex dans un décor étonnant : on ne sait pas si on est dans un saloon ou dans un restaurant en bord de mer. Nachos, tacos, quesadillas, burritos... Rien qu'en lisant la carte, on est déjà ailleurs ! Un conseil : vérifiez que le pourboire n'est pas facturé d'office sur la note.
Plat 13 $, dessert 6 $

Chipotle *(mexicain)*
100 Maiden Lane (entre Gold St et Pearl St) • M Wall St [2, 3] • chipotle.com • 212 742 2690 • tlj 11h-22h
C K **Plan p. 40-41** 11 **D3**
Voir descriptif p. 165.

Luke's Lobster *(fruits de mer)*
26 South William St (entre Broad St et Hanover Sq) • M Bowling Green [4, 5], Wall St [2, 3] • lukeslobster.com • 212 747 1700 • lu-ve 11h-21h, sa-di 12h-20h
Plan p. 40-41 13 **D3**
Voir descriptif p. 166.

GOÛTERS

Duane Park Patisserie
179 Duane St (entre Hudson St et Greenwich St) • M Chambers St [1, 2, 3] • duaneparkpatisserie.com • 212 274 8447 • lu-sa 8h-19h, di 8h-17h
Plan p. 40-41 5 **C1**
Cette pâtisserie située à Tribeca fera le bonheur des amateurs de douceurs. Grand choix de gâteaux, dont certains sont d'inspiration française, et de cupcakes. Quelques tables, mais la majorité des gens partent dévorer leur butin au Washington Park, tout proche.

Financier Patisserie

62 Stone St (entre Mill Lane et Hanover Sq) • M Broad St [J, Z], Wall St [2, 3] • financierpastries.com • 212 344 5600 • lu-ve 7h-19h, sa 9h-17h

Plan p. 40-41 ⑫ D3

Les jolis étals de gâteaux vont vous faire penser à une pâtisserie française. Et c'est le but ! Les Américains en raffolent et plusieurs adresses ont vu le jour dans Manhattan.

PIQUE-NIQUES

Battery Park

M Bowling Green [4, 5]

Plan p. 40-41 ⑭ C4

Les endroits pour pique-niquer ne manquent pas le long de ce parc en bord de mer. En prime, vous aurez une belle vue sur la statue de la Liberté !

Governors Island

M South Ferry [1], Bowling Green [4, 5], Whitehall St [R, W]

Plan p. 40-41 ⑮ E6

En saison estivale, cette île facilement accessible par ferry (p. 44) est l'endroit idéal pour un pique-nique familial sur l'herbe. De nombreuses animations pour les enfants et la vue sur la pointe de Manhattan en font un des rendez-vous préférés des New-Yorkais. Préparez vous-même votre pique-nique ou choisissez parmi les stands de nourriture sur place. Dépaysement assuré !

DOWNTOWN

RESTAURANTS

John's Pizza *(pizza)*

278 Bleecker St (entre Jones St et Morton St) • M 4th St [A, C, D, E, F, M] • johnsbrickovenpizza.com • 212 243 1680 • di-je 11h30-23h30, ve-sa 11h30-0h

C K Plan p. 52-53 ① D4

Une des meilleures pizzas de Manhattan, une pâte fine cuite au four à charbon de bois avec un très grand choix de garnitures. La salle est agréablement organisée en *booths* (compartiments séparés). La longue file d'attente à l'extérieur ne doit pas vous effrayer, elle avance vite. Le service est simple et efficace. Cartes de crédit non acceptées.

Petite pizza 15,50 $, grande pizza 17,50 $

Keste *(pizza)*

271 Bleecker Street (entre Jones et Cornelia St) • M W 4th St [A, B, C, D, E, F, M] • kestepizzeria.com • 212 243 1500 • lu-je 12h-15h30 et 17h-23h, ve-sa 12h-23h30, di 12h-22h30h

Plan p. 52-53 ② D4

Au menu, de délicieuses pizzas napolitaines authentiques cuites au feu de bois dans un four importé de Naples. Une pâte fine, des ingrédients frais et savoureux... Un conseil : venez en dehors des heures d'affluence car l'endroit est petit et l'attente peut être longue. Si le temps le permet, emportez votre pizza pour la manger dans un parc voisin. Ne manquez pas la *Nutella pizza* en dessert. Un régal ! *Pizza 16 $*

Cowgirl *(américain)*
519 Hudson St (angle W 10th St) • M Christopher St-Sheridan Sq [1, 2] • cowgirlnyc.com • 212 633 1133 • lu-je 11h-23h, ve 11h-0h, sa 10h-0h, di 10h-23h, brunch sa-di 10h-15h45
C K Plan p. 52-53 3 C4
Situé à la lisière de Chelsea, ce lieu au cadre far west sert de savoureux burgers accompagnés de *coleslaw* ou frites maison. On trouve aussi les classiques du sud des États-Unis comme le chili con carne ou le poulet frit *(fried chicken)* et un menu spécial pour les *kids* de moins de 12 ans. *Burger 12,25 $, salade 12 $*

Gansevoort Market *(food hall)*
52 Gansevoort St (entre Greenwich et Washington St) • M 8 Ave [L], 14th St [A, C, E] • gansmarket.com • 212 242 1701 • tlj 8h-20h
Plan p. 52-53 5 B3
À 50 m de la High Line (p. 50), le Gansevoort Market n'est pas un marché à proprement parler, mais plutôt un espace proposant un choix varié de produits frais. L'ambiance est décontractée (appréciable avec des enfants) et peu touristique. Le principe est d'acheter son plat aux stands de restauration et de s'asseoir dans l'espace commun lumineux et joliment décoré pour déguster. Pratique pour satisfaire les envies de chacun sans se chamailler. Au choix : tacos, crêpes, pizzas, sandwich au homard, bruschettas, jus de fruits frais, glaces... *Taco 4,95 $, la part de pizza 5 $*

Corner Bistro *(burger)*
331 W 4th St (angle Jane St) • M 14th St [1, 2, 3], 8th Ave [L] • cornerbistrony.com • 212 242 9502 • lu-sa 11h30-4h, di 12h-4h
Plan p. 52-53 6 C3
Un petit bar qui ne paie pas de mine, mais qui délivre un succulent burger avec bacon. Sa taille (énooooorme) demande pas mal d'habileté pour ne pas tacher ses vêtements ! *Burger 7,75 $*

The Meatball Shop *(américain)*
◎ 64 Greenwich Ave (entre W 11th St et Perry Ave) • M 14th St [1, 2, 3] • 212 982 7815 • tlj 11h30-0h (ve-sa 2h)
C K Plan p. 52-53 7 D3
◎ 200 9th Ave (entre W 22nd St et W 23rd St) • M 23rd St [A, C, E] • 212 257 4363 • tlj 11h30-0h (ve-sa 2h)
C K Plan p. 52-53 15 B1
◎ 84 Stanton St (entre Allen St et Orchard St) • M 2nd Ave [F] • 212 982 8895 • tlj 11h30-2h (ve-sa 4h)
C K Plan p. 52-53 32 G4
Voir descriptif p. 166.

Five Guys *(burger)*
56 W 14th St (entre 5th et 6th Ave) • Ⓜ 6th Ave [L], 14th St [F, M] • fiveguys.com • 212 675 2229 • tlj 11h-22h
Ⓒ Plan p. 52-53 ⑨ D2
Voir descriptif p. 166.

La Boqueria *(espagnol)*
53 W 19th St (entre 5th Ave et 6th Ave) • Ⓜ 23rd St [F, M, N, R, 6] • boquerianyc.com • 212 255 4160 • tlj 12h-23h (ve-sa 0h)
Plan p. 52-53 ⑪ D2
Des tapas aussi bonnes, si ce n'est meilleures, que celles que vous pourriez manger en Espagne. En dessert, de délicieux *churros* (beignets espagnols) à tremper dans du chocolat chaud et épais.
Tapas à partir de 7 $, 5 churros 7 $

New York Burger Co *(burger)*
newyorkburger.com
◎ 678 6th Ave (entre 21st et 22nd St) • Ⓜ 23rd St [F, M] • 212 229 1404 • lu-ve 11h-23h, di 11h-22h
Ⓒ Plan p. 52-53 ⑫ D1
◎ 470 W 23rd St (angle 10th Ave) • Ⓜ 23rd St [A, C, E] • 212 255 0400 • lu-ve 11h-23h, sa-di 11h-22h
Ⓒ Plan p. 52-53 ⑭ B1
L'un des meilleurs rapports qualité-prix pour un excellent burger à la viande Angus, une salade ou du chili con carne. Cette petite chaîne n'a du fast-food que la rapidité de son service. Tous les burgers sont déclinables en taille mini, ce qui est parfait pour les *kids*.
Burger et sandwich 8-9 $, hot dog 4 $

Patsy's *(pizza)*
patsyspizzeria.us
◎ 318 W 23rd St (entre 8th et 9th Ave) • Ⓜ 23rd St [C, E, 1] • 646 486 7400 • di-je 11h30-22h45, ve-sa 11h-0h
Ⓒ Plan p. 52-53 ⑯ C1
◎ 67 University Pl (entre 10th et 11th St) • Ⓜ Union Square-14th St [L, 4, 5, 6], 8th St-NYU [N, R] • 212 533 3500 • di-je 11h30-22h30, ve-sa 11h30-23h30
Ⓒ Plan p. 52-53 ㉗ E3
La pizza new-yorkaise à pâte fine par excellence. Le premier Patsy's a été ouvert par Patsy et Carmella en 1933, dans East Harlem. Leurs pizzas, cuites dans un four à charbon avec de la mozzarella maison, sont vite devenues célèbres dans toute la ville !
Pizza à partir 16,50 $

Murray's Bagels Chelsea *(bagels)*
242 8th Ave (entre 22nd St et 23rd St) • Ⓜ 23rd St [C, E, 1, 2] • murraysbagelschelsea.com • 646 638 1335 • lu-di 7h-20h30 (ma-me 21h, je-ve 22h, sa-di 19h)
Plan p. 52-53 ⑰ C1
Un des meilleurs bagels de la ville. Murray's a pour particularité de ne pas faire griller ses bagels avant de

les servir. Vous trouverez forcément votre bonheur parmi la multitude de garnitures proposées : confiture ou tofu et pas moins de huit sortes de saumon !
Bagel nature 1,25 $, garni 8,50 $

YUMMY

Shake Shack *(burger)*
Southeast Corner of Madison Square Park (près de Madison Ave et 23rd St) • M 23rd St [N, R, 6] • shakeshack.com • 646 747 2606 • tlj 7h30-23h
Plan p. 52-53 ⑲ E1
C'est là que s'est ouvert le premier kiosque à burgers Shake Shack à New York. Depuis, il est devenu une chaîne... internationale (une ouverture est même prévue à Paris en 2016). Voir descriptif p. 166.

Schnipper's Quality Kitchen *(fast-food)*
23 E 23rd St (entre Park Ave et Madison Ave) • M 23rd St [N, R, 6] • schnippers.com • 212 233 1025 • lu-ve 10h30-23h, sa-di 11h-22h
C **Plan p. 52-53 ㉑ E1**
Décor contemporain avec d'immenses baies vitrées et une structure en aluminium pour ce fast-food, fier de servir une *old-fashioned American food*, à savoir les grands classiques américains : burgers, hot dogs, milk-shakes. C'est donc traditionnel et sans (mauvaise) surprise. Autre adresse dans Midtown p. 177.
Burger 5,50 $

Big Daddy's *(diner)*
239 Park Ave S (entre 19th et 20th St) • M 23rd St [4, 6] • bigdaddysnyc.com • 212 477 1500 • lu-je 8h-0h, ve-sa 8h-5h, di 8h-23h
C K **Plan p. 52-53 ㉒ E2**
Cette chaîne de restaurants à l'ambiance des *diners* des *fifties* va vous plonger dans une Amérique mythique : couleurs électriques, tables en Formica, enseignes en néon. Et dans l'assiette, on trouve les grands classiques américains : burgers, milk-shakes, cupcakes. Voir aussi Upper Manhattan p. 183.
Brunch 12 $, burger 12 $

Whole Foods *(supermarché)*
4 Union Square E, sur E 14th St • M 14 St-Union Sq [L, N, Q, R, 4, 5, 6] • wholefoodsmarket.com • 212 673 5388 • tlj 7h-23h
C **Plan p. 52-53 ㉓ E2**
Voir descriptif p. 167.

Max Brenner *(américain)*
841 Broadway (entre E 13th St et E 14th St) • M Union Square-14th St [L] • maxbrenner.com • 646 467 8803 • di-je 9h-0h (ve-sa 9h-2h), brunch sa-di 9h-16h
C K **Plan p. 52-53 ㉕ E2**

Dans un superbe décor qui fait penser à *Charlie et la chocolaterie*, l'aliment vedette est... le chocolat. Mais on trouve aussi au menu les grands classiques de la cuisine américaine, notamment des burgers. Ne manquez pas la pizza au Nutella !
Plat 15 $

The Grey Dog *(sur le pouce)*
90 University Pl (entre 11th et 12th St) • M 14 St-Union Square [L, N, R, 4, 5, 6] • thegreydog.com • 212 414 4739 • lu-ve 7h-23h30, sa-di 7h30-23h30
C K Plan p. 52-53 26 E3
Situé à proximité de l'université de New York, ce petit restaurant à la décoration rustique et colorée offre une ambiance accueillante et décontractée. Les tables ne sont pas nombreuses, mais la formule est idéale pour une petite halte en famille ! À déguster : leurs savoureux sandwichs servis dans le pain de votre choix, leurs soupes et salades fraîches et variées, leurs pâtisseries du jour...
Sandwich 11 $, salade 13 $

Luke's Lobster *(fruits de mer)*
93 E 7th St (entre 1st Ave et Ave A) • M Astor Pl [4, 6] • lukeslobster.com • 212 384 8487 • tlj 11h-22h (ve-sa 23h)
Plan p. 52-53 28 G3
Voir descriptif p. 166.

Bareburger *(burger)*
535 Laguardia Pl (entre Bleecker et W 3rd St) • M Broadway-Lafayette St [B, D, F, M] • 212 477 8125 • di-je 11h30-22h30, ve-sa 1hh-23h
C K Plan p. 52-53 30 E4
Voir descriptif p. 165.

Katz's Delicatessen *(américain)*
205 E Houson St (angle Ludlow St) • M 2nd Ave [F] • katzsdelicatessen.com • 212 254 2246 • lu-me 8h-22h45, je 8h-2h45, non-stop de ve 8h à di 22h45
C Plan p. 52-53 31 G4
Certainement le plus connu de tous les *delis* new-yorkais ; on le voit dans une célèbre scène de *Quand Harry rencontre Sally*. Idéal pour goûter un sandwich au pastrami ou les spécialités de la cuisine juive : *matzo ball soup* (bouillon de boulettes de pain azyme) ou *knish* (beignet de pomme de terre garni au choix d'épinards, de brocolis, etc.).
Sandwich 15 $

YUMMY

Eight Turn Crêpe *(sur le pouce)*
55 Spring St (entre Lafayette St et Mulberry St) • M Spring St [6] • eightturncrepe.com • 212 334 3408 • tlj 11h-23h
Plan p. 52-53 33 F5

Ce minuscule bar, qui n'existe qu'à Tokyo et New York, propose des crêpes de riz japonaises présentées comme des *wraps*, faites minute et de composition très diverse comme poulet thaï, crevettes-avocat, algues-edamame ou glace au thé vert et NY blueberry cheesecake, pour les versions sucrées. Pour un petit encas ou un goûter sur le pouce. Attention, on ne peut pas s'asseoir sur place, mais le charmant petit square Petrosino et ses bancs ne sont qu'à quelques mètres.
Crêpe 9,50 $

GOÛTERS

Magnolia's Bakery

YUMMY

401 Bleecker St (angle W 11th St) • M 14th St [1, 2, 3] • magnoliabakery.com • 212 462 2572 • tlj 9h-23h30 (ve-sa 0h30)
Plan p. 52-53 4 C3
Cette adresse est devenue culte pour les fans de *Sex and the City*. Attendez-vous donc à de longues files d'attente avant d'être servis. Grand choix de cupcakes et de pâtisseries américaines à emporter. Autres adresses dans Midtown p. 180 et Upper Manhattan p. 185.

Pinkberry

523 6th Ave (entre W 13th St et W 14th St) • M 6th Ave [L], 14 St [F, M] • pinkberry.com • 212 414 8429 • di-je 11h30-22h30, ve-sa 11h30-23h
Plan p. 52-53 8 D2
Voir descriptif p. 166.

Eleni's Cookies

Dans le Chelsea Market, 75 9th Ave (entre W 15th St et W 16th St) • M 14th St [A, C, E] • elenis.com • 212 255 6804 • lu-ve 8h30-20h30, sa 8h30-20h, di 8h30-19h
Plan p. 52-53 10 B2
Au paradis des décorateurs de cookies, Eleni's aura sa place avec sa multitude de pâtisseries joliment décorées selon le thème de la saison. Ils ont même conçu des gâteaux avec les personnages préférés des enfants. Trop chou !

Doughnut Plant

YUMMY

doughnutplant.com
◎ 220 W 23rd St (entre 7th Ave et 8th Ave) • M 23rd St [A, C, E, 1, 2] • 212 675 9100 • di-me 7-22h, je-sa 7h-0h
Plan p. 52-53 18 C1
◎ 379 Grand St (entre Norfolk St et Essex St) • M Delancey St [F], Essex St [J, M] • 212 505 3700 • tlj 6h30-20h (ve-sa 21h)
Plan p. 52-53 37 G5
Une enseigne entièrement dédiée aux donuts (beignets) avec un choix incroyable de saveurs. Un vrai piège à gourmands. Sur place ou à emporter.

Baked by Melissa

7 E 14th St (entre 5th Ave et Union Sq W) • M 14th St-Union Square [L, N, Q, R, 4, 5, 6] • bakedbymelissa.com • 212 842 0220 • lu-ve 8h-23h, sa-di 9h-23h
Plan p. 52-53 24 E2
Les mini-cupcakes de Melissa sont de petites merveilles délicatement

décorées et déclinées en de multiples saveurs. Adresse hautement recommandée dans la jungle des boutiques de cupcakes. La petite taille de ces gâteaux vous donnera l'excuse parfaite pour en goûter plusieurs.

Rice to Riches

37 Spring St (angle Mott St) • Ⓜ Spring St [4, 6] • ricetoriches.com • 212 274 0008 • tlj 11-23h (ve-sa 1h)

Plan p. 52-53 34 F5

Bienvenue au royaume du riz au lait (*pudding rice*) ! Décliné en d'innombrables variantes, il fera un goûter original. Mention spéciale pour les panneaux humoristiques qui ornent les murs.

Sweet Buttons

84 Rivington St (entre Allen et Orchard St) • Ⓜ 2nd Ave [F] • sweetbuttonsdesserts.com • 212 253 8484 • di et ma-je 11h-20h, ve-sa 11h-23h

Plan p. 52-53 35 G5

Cette charmante boutique propose une sélection de cupcakes à emporter, divins et très légers aux parfums classiques et, chaque mois, une sélection originale selon les saisons, mais aussi des tartelettes citron meringuées, panna cotta ou passion. La particularité est la petite taille des desserts version "bouchées", ce qui permet d'en essayer tout plein !

Cupcake 1,50 $, tartelette 2,25 $

Erin McKenna's Bakery

248 Broome St (entre Orchard St et Ludlow St) • Ⓜ Delancey St [F], Essex St [J, M, Z] • erinmckennasbakery.com • 855 462 2292 • tlj 10h-20h, (ma-je 22h, ve-sa 23h)

Plan p. 52-53 36 G5

Cette pâtisserie a pensé aux gourmands qui sont intolérants au gluten. Une belle et bonne idée !

PIQUE-NIQUES

Piers 62, 63, 64

À la hauteur de W 23rd St • Ⓜ 23rd [C, E]

Plan p. 52-53 13 A1

Les quais de l'Hudson *(piers)* sont aménagés de manière très agréable pour un pique-nique avec des sièges, des fontaines, des sanitaires et même des jeux pour les enfants.

Madison Square Park

23rd St (entre Madison Ave et 5th Ave) • Ⓜ 23rd St [F, M, N, R, 6]

Plan p. 52-53 20 E1

Ce parc est très pratique car doté de bancs publics et situé près de la grande épicerie italienne Eataly (p. 203) pour faire vos emplettes. Attention, du fait de sa situation très centrale, il est aussi très fréquenté. De nombreux écureuils, particulièrement peu farouches, peuvent venir vous disputer votre sandwich.

Washington Square Park

Angle Washington Pl et 5th Ave • M 4th St [A, B, C, D, E, F, M]
Plan p. 52-53 29 E4

Un joli parc pour un break bucolique, avec de nombreuses places assises. Une belle fontaine permet aux enfants (et aux grands) de se rafraîchir les jours de grosse chaleur. Beaucoup de restaurants sur le pouce sont situés tout autour.

MIDTOWN

RESTAURANTS

Schnipper's Quality Kitchen *(fast-food)*

Dans le New York Times Building, 620 8th Ave (angle W 41st St) • M 42nd St-Port Authority • Bus Terminal [A, C, E] • schnippers.com • 212 921 2400 • lu-ve 10h30-23h, sa 11h-23h, di 11h-22h
C Plan p. 64-65 1 C4

Voir descriptif dans Downtown p. 173.

Burger 5,99 $, Schnippers Classic Burger 8,49 $

Bubba Gump Shrimp *(fruits de mer)*

1501 Broadway, sur Times Sq • M Times Sq-42nd St [N, Q, R, S, 7] • bubbagump.com • 212 391 7100 • tlj 11h-0h (ve-sa 1h)
C K Plan p. 64-65 2 D3

Cette chaîne de restaurants de fruits de mer, notamment de crevettes, qui a inspiré *Forrest Gump*, compte 42 adresses dans le monde ; celle-ci possède une vue superbe sur Times Square. Dès l'entrée, on est plongé dans l'ambiance du film. Sachez qu'au cours du repas, les serveurs vous poseront des questions. Alors révisez avant en regardant le DVD !

Plat 19 $, menu enfant (– 10) 10 $

Shake Shack *(burger)*

691 8th Ave (angle W 44th St) • M 42nd St-Times Sq [N, Q, R, S, 7] • shakeshack.com • 646 435 0135 • tlj 11h-0h
C Plan p. 64-65 3 C3

Voir descriptif p. 166.

Pio Pio *(péruvien)*

604 10th Ave (entre 43rd St et 44th St) • M 42nd St-Port Authority [A, C, E] • piopio.com • 212 459 2929 • tlj 11h-23h (ve-sa 0h)
C Plan p. 64-65 4 B3

Dans un grand espace où on peut manger côte à côte, vos enfants demanderont certainement à goûter le *pollo a la brasa* (poulet grillé). La carte propose aussi d'autres plats péruviens comme les *ceviches*, ces assiettes de poisson cru mariné dans le jus de citron et accompagné de

patate douce, de maïs et de salade. Vente à emporter. Autre adresse dans Upper Manhattan p. 183.
Plats de 16 à 36 $

Carmine's *(italien)*
200 West 44th St (entre 7th et 8th Ave) • M Times Square [B, D, F, M, S, 1, 2, 3], Port Authority [A, C, E] • carminesnyc.com • 212 221 3800 • lu 11h30-23h (ma, je-ve 0h), me-sa 11h-0h, di 11h-23h
C K Plan p. 64-65 5 D3
Carmine's est un restaurant familial et convivial offrant des mets inspirés de la cuisine du sud de l'Italie. Les plats sont variés et les portions sont généreuses. De même, les desserts sont géants et gourmands ! Un conseil, prenez un plat à partager à deux ; vous serez largement rassasiés et l'addition sera plus raisonnable.
Plat 32,95 $.

Ellens Stardust *(diner)*
1650 Broadway (angle W 51st St) • M 50th St [1, 2] • ellensstardustdiner.com • 212 956 5151 • di-je 7h-0h (ve-sa 1h)
C K Plan p. 64-65 8 D2
Outre son décor au style années 1950 qui va ravir les fans de *diners*, Ellens Stardust va plaire à toute la famille avec son spectacle assuré par une talentueuse équipe de serveurs-chanteurs. Classiques des shows de Broadway – où certains des serveurs se produisent –, standards américains et même airs d'opéra sont au menu. Vous passerez un bon moment en musique, à des prix très raisonnables.
Salade 15 $, sandwich avec frites 16 $, menu enfant (– 6) 9,50 $

Carnegie Deli *(deli)*
854 7th Ave (entre W 54th St et W 55th St) • M 57th St-7th Ave [N, Q, R] • carnegiedeli.com • 212 757 2245 • tlj 6h30-2h
Plan p. 64-65 9 D2
En plus de ses sandwichs gargantuesques, on sert ici toute la gamme habituelle de la cuisine yiddish : *knish* (beignet de pomme de terre garni au choix d'épinards, de brocolis, etc.), *matzo ball soup* (bouillon avec boulettes de pain azyme), chou farci et burgers. C'est aussi l'un des endroits incontournables pour les amateurs de cheesecake new-yorkais.
Sandwich 17,99 $, cheesecake 10 $

Burger Joint *(burger)*
119 W 56th St (entre 6th Ave et 7th Ave) • M 59th St [A, B, C, D, 1, 2] • burgerjointny.com • 212 708 7414 • di-je 11h-23h30, ve-sa 11h-0h
Plan p. 64-65 10 D1

Une fois que vous aurez trouvé ce resto, caché derrière le hall d'entrée de l'hôtel Parker Meridien, le plus dur sera fait. Le menu est simple : burgers, frites, milk-shakes et sodas. Nombreux désignent ce burger comme le meilleur de New York. À vous de juger ! Il est conseillé de venir tôt ou tard (après l'heure du déjeuner des bureaux) car l'attente peut-être très longue.
Burger 8,50 $

Obicà *(italien)*
590 Madison Ave (angle E 56th Ave) • M 5th Ave-59th St [N, Q, R, 4, 5, 6] • obica.com • 212 355 2217 • tlj 7h-18h (sa 9h, di 10h)
Plan p. 64-65 11 E1
La mozzarella sous toutes ses formes est déclinée dans ce restaurant installé dans l'atrium très agréable d'un ensemble d'immeubles. On peut choisir de manger au comptoir ou de s'attabler sous les arbres qui ont été plantés pour procurer un peu de verdure aux citadins.
Salade bio 8 $

Five Guys *(burger)* YUMMY
fiveguys.com
◎ 43 W 55th Street (entre 5th et 6th St) • M 5th Ave-53rd St [E, M], 57th St [F] • 212 459 9600 • tlj 11h-22h
C Plan p. 64-65 12 E1
◎ 36 W 48th St (entre 19th et 20th St) • M 47-50th St-Rockefeller [B, D, F, M] • 212 997 1270 • tlj 11h-22h
C Plan p. 64-65 13 E2
Voir descriptif p. 166.

Grand Central Terminal Dining Concourse
M 42nd St-Grand Central [S, 4, 5, 6, 7] • lu-je 6h30-23h, ve-sa 7h-21h, di 11h-18h
Plan p. 64-65 14 F3
Cette immense gare se devait d'avoir un *food court*, un lieu de restauration digne de son gigantisme. Presque toutes les cuisines du monde sont représentées, ainsi chacun peut choisir son plat selon ses envies. Toute la famille se réunit ensuite pour le savourer dans les nombreux espaces prévus à cet effet, dont d'amusantes reconstitutions de wagons. Notre conseil : l'un de vous se charge de garder la table tandis que les autres passent les commandes ! Parmi les enseignes présentes dans la gare, citons l'une de nos chouchous : Junior's, qui propose d'excellents cheesecakes.

Bareburger *(burgers)*
514 3rd Ave (entre E 34th St et E 35th St) • M 33rd St [4, 6] • bareburger.com • 212 679 2273 • tlj 11h-22h (ve-sa 23h)
C K Plan p. 64-65 16 F4
Voir descriptif p. 165.

Chipotle *(mexicain)*
chipotle.com
◎ 350 5th Ave Ste 4-5 (entre E 33rd St et 34th St) • M 34th St-Herald Sq [B, D, F, M] • 212 695 0412 • tlj 11h-22h (ve-sa 23h)
C K Plan p. 64-65 17 E4

464 Park Ave S (entre 31st St et 32nd St) • M 33rd St [4, 6] • 212 689 0305 • tlj 11h-22h
C K **Plan p. 64-65 19 F5**
Voir descriptif p. 165.

Don's Bogam *(coréen)*
17 E 32nd St (entre 5th Ave et Madison Ave) • M 33rd St [6] • donsbogam.com • 212 683 2200 • tlj 11h30-0h
C **Plan p. 64-65 18 E5**
Dans un cadre typique à la fois élégant et exotique, vous pourrez déguster des viandes marinées et cuites sur un gril devant vous. Les accompagnements sont variés et frais. Cette formule à partager en famille (un plat de viande peut sans souci nourrir deux personnes) est un amusement garanti pour les enfants. Attention cependant avec certains mets épicés qui pourraient surprendre les papilles !
BBQ 30 $

Ichi Umi *(japonais)*
6 E 32nd St (entre 5th Ave et Madison Ave) • M 33rd St [4, 6] • ichiumi.com • 212 725 1333 • tlj 11h45-15h, 17h30-22h
C **Plan p. 64-65 20 E5**
Pour les amateurs de cuisine japonaise, voici l'un des meilleurs *All you can eat* (buffet à volonté) de New York quant à son rapport qualité-prix. Si vous n'aimez pas le poisson cru, vous pouvez vous rabattre sur les brochettes *(yakitori)*. Attention, l'établissement se réserve le droit de facturer la nourriture non consommée dans les assiettes pour lutter contre le gaspillage alimentaire.
Déjeuner 19 $, dîner 32 $, menu enfant (– 1,37 m) demi-tarif.

Mandoo Bar *(coréen)*
2 W 32nd St (angle 5th Ave) • M 34th St-Herald Square [B, D, F, M] • mandoobarnyc.com • 212 279 3075 • tlj 11h30-22h
Plan p. 64-65 21 E5
Situé en plein cœur du quartier coréen, ce tout petit restaurant familial au décor en bois clair sert de délicieux *mandoos*, des raviolis faits maison, préparés sous vos yeux derrière la vitrine, fourrés de viande, de fruits de mer ou de légumes et cuits à la vapeur ou frits. On y sert aussi des plats végétariens. Évitez d'y aller entre 13 et 14h, car l'endroit est très petit et vous devrez attendre un certain temps. Poussettes déconseillées.
Mandoo 5,50 $, soupe 9 $

GOÛTER

Magnolia's Bakery
1240 6th Ave (angle W 49th St) • M 47th-50th Sts-Rockefeller Ct [B, D, F, M] • magnoliabakery.com • 212 767 1123 • lu-je 7h-22h (ve 0h), sa 8h-0h, di 8h-22h
Plan p. 64-65 6 D2
Vente à emporter uniquement. Autres adresses en version salon de thé à retrouver dans Downtown p. 175 et Upper Manhattan p. 185.

PIQUE-NIQUES

Pier 86

Entre 12th Ave et W 46 St • M 50th St [A, C, E]
Plan p. 64-65 7 A2
Les quais de l'Hudson (*Piers*) sont bien équipés pour passer un moment tranquille en famille, avec quelques bancs, des points d'eau et des sanitaires. Ce *Pier*, situé à côté du porte-avions l'Intrepid (p. 79), permet d'aller se restaurer après la visite.

Bryant Park

42nd St (entre 5th Ave et 6th Ave) • M Grand Central-42nd St [4, 5, 6, 7], Bryant Park [B, D, F, M]
Plan p. 64-65 15 E3
Le plus classique de tous les lieux de pique-nique de Manhattan est très prisé par les employés des alentours. Et pour rappeler la France, avec qui ce parc entretient une relation toute particulière (p. 74), les tables et les chaises sont en fer forgé.

UPPER MANHATTAN

RESTAURANTS

Whole Foods *(supermarché)*

wholefoods.com
◎ 10 Columbus Circle (angle 8th Ave et Broadway) • M 59th St-Columbus Circle [A, B, C, D, 1, 2] • 212 823 9600 • tlj 7h-23h
C Plan p. 86-87 1 B8
Voir descriptif p. 167.
◎ 808 Columbus Avenue (entre 97th St et 100th St) • M 96th [A, B, C, D, 1, 2, 3] • 212 222 6160 • tlj 7h30-23h
C Plan p. 86-87 19 B3

The Loeb Boathouse - Central Park *(américain)*

Dans Central Park, entre E 72nd St et Park Drive North • M 5th Ave-59th St [N, Q, R] • thecentralparkboathouse.com • 212 517 2233 • tte l'année : lu-ve 12h-15h45 (déjeuner), sa-di 9h30-15h45 (brunch) ; avr-nov (dîner) ; lu-ve 17h30-21h30, sa-di 18h-21h
C K Plan p. 86-87 7 C6
Ce restaurant est composé, d'un côté, d'un Express Café (menu simplifié et plus abordable, burger, pancakes, etc.), de l'autre du Lakeside Restaurant (plus sophistiqué, salades composées, filet de bœuf, rack d'agneau ou de porc). Comme il est niché au cœur de Central Park au bord du lac, vous pourrez ramer après le repas pour digérer. Pensez à réserver car le lieu est très prisé à la belle saison pour les occasions spéciales.
Burger 21 $ (Lakeside Restaurant)

Shake Shack *(fast-food)* YUMMY
366 Columbus Ave (angle W 77th St) • M 81st St [A, B, C] • shakeshack.com • 646 747 8770 • tlj 11h-23h
C Plan p. 86-87 9 B6
Voir descriptif p. 166.

Sugar and Plumm YUMMY
(resto-boutique)
377 Amsterdam Ave (angle 78th St) • M 79th St [1] • sugarandplumm.com • 212 787 877 • lu-je 9h-22h (ve 23h), sa 8h30-23h, di 8h30-21h
C K Plan p. 86-87 11 B5
Ce lieu, au décor enchanteur tant pour les yeux que les papilles, sert toute la journée. D'un côté, un célèbre confiseur parisien propose macarons, cookies ou créations chocolatées en forme d'escarpin, de sac à main ou de statue de la Liberté; de l'autre, un chef réputé cuisine avec des produits locaux crêpes bretonnes ou salades de saison. Goûtez le *Plumm Burger* et le fameux *Serious Foot Long* (un hot dog géant 100 % pur bœuf).
Un dessert original à partager: le *Earthquake in a fishbowl*, un mélange de sept desserts disposés dans un aquarium dans lequel, à l'aide d'une longue cuillère, on part à la pêche de multiples saveurs.
Burger 17$, crêpe au sucre 10$

Luke's Lobster *(fruits de mer)*
lukeslobster.com
◎ 426 Amsterdam Ave (entre W 80th St et W 81st St) • M 79th St [1, 2] • 212 877 8800 • tlj 11h-22h (ve-sa 23h)
Plan p. 86-87 12 B5
◎ 242 E 81st St (entre 2nd Ave et 3rd Ave) • M 77th St [4, 6], 86th St [4, 5, 6] • 212 249 4241 • tlj 11h-22h (ve-sa 23h)
Plan p. 86-87 25 E5
Voir descriptif p. 166.

Gastronomie 491
(méditerranéen)
491 Columbus Ave (entre 83rd et 84th St) • M 81st St [B, C], 86th St [B, C] • gastronomie491.com • 212 974 7871 • di-je 7h-21h, ve-sa 7h-22h
Plan p. 86-87 14 B5
Cet endroit est à la fois un restaurant, un café, une épicerie fine... À toute heure de la journée, vous pourrez satisfaire vos envies parmi des choix multiples. On sent l'influence de l'Italie et de la France, surtout dans les pâtisseries. Vous pourrez soit prendre un *lunch* rapide à emporter pour un pique-nique, soit déguster votre commande au comptoir ou vous faire servir à table. Les glaces artisanales aux parfums originaux sont délicieuses et rafraîchissantes en été (yaourt au basilic, sirop d'érable salé...).
Panini 11$, brunch 12$

Barney Greengrass (poisson fumé)

YUMMY

541 Amsterdam Ave (entre 86th et 87th St) • M 86th St [B, C, 1] • barneygreengrass.com • 212 724 4707 • ma-di 8h-18h
Plan p. 86-87 16 B4

Cette enseigne, datant de 1908, est un restaurant et une épicerie fine du quartier de l'Upper West Side. Souvent vu dans des films et fréquemment visité par de nombreuses célébrités, le "roi de l'esturgeon" est réputé pour ses poissons fumés maison qui fondent dans la bouche. Un vrai régal ! Les formules de plateaux de poissons fumés sont assez chères mais, pour les amateurs, le jeu en vaut la chandelle ! Par ailleurs, le tarif inclut une formule complète avec des garnitures et un bagel au choix. L'endroit est idéal pour un brunch ; les *kids* vont craquer pour les *french toasts* (pains perdus made in USA). Attention, le restaurant est petit et il peut y avoir de l'attente.
Plateau de poissons fumé 30 $

Big Daddy's (diner)

2454 Broadway (entre W 90th St et W 91st St) • M 96th St [1, 2, 3] • bigdaddysnyc.com • 212 677 2004 • tlj 8h-23h (ve-sa 0h)
C K Plan p. 86-87 17 B4

Un *diner* pour plonger dans l'ambiance des *fifties*. Voir descriptif dans Downtown p. 173.
Brunch 12 $, burger 12 $

Pio Pio (péruvien)

702 Amsterdam Ave (angle 94th St) • M 96th St [1, 2, 3] • piopio.com • 212 665 3000 • tlj 11h-23h
C Plan p. 86-87 18 B3

Voir descriptif dans Midtown p. 177.

Papaya King (hot dogs)

179 E 86th St (angle 3rd Ave) • M 86th St [4, 5, 6] • papayaking.com • 212 369 0648 • tlj 8h-0h (ve-sa 2h)
Plan p. 86-87 23 E4

Pour goûter de vrais hot dogs new-yorkais sans s'en remettre au petit bonheur la chance, Papaya King est une adresse 100 % fiable. Créé en 1932 par un Grec, l'endroit est qualifié par des critiques gastronomiques comme faisant le meilleur hot dog de New York ! Comme il n'y a ni tables ni chaises, dévorez votre butin dans la rue. Grand choix de jus de fruits frais exotiques.
Hot dog combo 6 $

H&H Midtown Bagels East (bagels)

1551 2nd Ave (entre E 80th St et E 81st St) • M 77th St [4, 6], 86th St [4, 5, 6] • hhmidtownbagelseast.com • 212 734 7441 • tlj 24 h/24
Plan p. 86-87 26 E5

Pour un en-cas rapide, testez les fameux bagels, ces petits pains ronds d'origine d'Europe de l'Est, toujours très frais et servis avec 13 déclinaisons du traditionnel *cream cheese* (fromage frais). Cartes de crédit non acceptées.
Bagel avec garniture 3 $.

Bareburger *(burger)*
1370 1st Ave (angle 73rd St) • M 77th St [4, 6] • bareburger.com • 212 510 8559 • tlj 11h-22h (ve-sa 23h)
C K Plan p. 86-87 27 E6
Voir descriptif p. 165.

JG Melon *(américain)*
1291 3rd Ave (angle 74th St) • M 77th [4, 6] • 212 744 0585 • di-je 11h30-3h (ve-sa 4h)
Plan p. 86-87 28 E6
Au cœur de l'Upper East Side, un décor qui semble n'avoir pas changé depuis des décennies avec ses nappes de coton à damier vert. Très fréquenté par les élèves des écoles privées avoisinantes, JG Melon est un tout petit restaurant avec un menu limité aux classiques américains, dont des burgers simples, mais délicieux, et de belles salades.
Burger 11 $, salade 15 $

EJ's Luncheonette *(diner)*
1271 3rd Ave (angle E 73rd St) • M 77th St [4, 6] • ejsluncheonette.com • 212 472 0600 • tlj 7h30-22h
C K Plan p. 86-87 29 E6
Classique *diner*, dans toute sa splendeur, avec un décor semblant sortir tout droit d'un film des années 1950. Vous trouverez au menu des *wafles* (gaufres), des pancakes, des *french toasts* (pain perdu), des burgers et des milk-shakes. Cartes de crédit non acceptées.
Salade 16 $, burger 10 $

The Plaza Food Hall *(food hall)*
768 5th Ave (entre 58th Ave et 59th St) • M 5 Ave-59th St [N, Q, R] • theplazany.com • 212 759 3000 • lu-sa 8h-21h30, di 11h-18h
Plan p. 86-87 32 D8
Au niveau inférieur du Plaza Hotel se trouve un atrium somptueux pour déjeuner ou goûter. Idéal pour s'abriter par temps froid et pluvieux. Les mets gastronomiques variés que propose cet établissement permettent de satisfaire tous les appétits : sandwichs au homard, crêpes composées, sushis, pâtisseries... Faites votre choix et prenez place autour de l'une des nombreuses tables mises à votre disposition. Attention, vous aurez peut-être à attendre un peu avant qu'une table se libère.
Prix en fonction du comptoir choisi.

Sarabeth's *(américain)*
40 Central Park South (entre 5th et 6th Ave) • M 5th Ave-59th St [N, Q, R] • sarabeth.com • 212 826 5959 • tlj 8h-23h (di 22h), brunch sa-di 8h-16h
C K Plan p. 86-87 33 C8
C'est le lieu idéal pour bruncher le week-end en bénéficiant de la vue sur Central Park (service de 8h à 16h). En revanche, pas de réservation possible, attendez-vous donc à une longue file d'attente. Voir descriptif dans Lower Manhattan p. 168.
Pancakes 19,50 $, menu déjeuner 29 $

GOÛTERS

Le Pain quotidien

Central Park (à hauteur de W 69th St, au nord de Sheep Meadow) • M 72nd St [A, B, C] • lepainquotidien.us • 646 233 3768 • tlj 7h-20h (ve-di 21h)
Plan p. 86-87 3 C7

De toutes les adresses de l'enseigne, celle-ci est notre préférée, car elle est idéalement située au cœur de Central Park. Au menu : des viennoiseries qui rappellent la France.

Magnolia's Bakery

200 Columbus Ave (angle W 68th St) • M 72nd St [A, B, C, 1, 2, 3] • magnoliabakery.com • 212 724 8101 • tlj 7h30-22h (ve-sa 0h)
Plan p. 86-87 4 B7

YUMMY

Autre adresse de cette chaîne de cupcakes. Voir descriptif dans Downtown p. 175.

Pinkberry

2041 Broadway (entre W 70th St et W 71st St • M 72nd St [1, 2, 3] • pinkberry.com • 212 580 3410 • di-je 11h30-22h30, ve-sa 11h30-23h
Plan p. 86-87 5 B6-B7

Voir descriptif p. 166.

Alice's Tea Cup

YUMMY

alicesteacup.com
◎ 102 W 73rd St (entre Columbus Ave et Amsterdam Ave) • M 72nd St [B, C, 1, 2, 3] • 212 799 3006 • tlj 8h-20h
Plan p. 86-87 6 B6
◎ 220 E 81st St • M 77th St [4, 6], 86th St [4, 5, 6] • 212 734 4444 • tlj 8h-20h
Plan p. 86-87 24 E5
◎ 156 E 64th St • M Lexington Ave-63rd St [F] • 212 486 9200 • tlj 8h-20h
Plan p. 86-87 30 D8

Décor inspiré du conte pour cette petite chaîne de salons de thé qui part du principe que le thé et les scones devraient pouvoir être servis à n'importe quel moment de la journée. Une bien bonne idée !

Levain Bakery

167 W 74th St (entre Columbus Ave et Amsterdam Ave) • M 72nd St [1, 2, 3] • levainbakery.com • 212 874 6080 • lu-sa 8h-19h, di 9h-19h
Plan p. 86-87 8 B6

YUMMY

Pour les amateurs de cookies, cette adresse est tout simplement incontournable. Les biscuits sont cuits tout au long de la journée, servis tout chauds avec le cœur encore moelleux.

Beard Papa's

2167 Broadway (entre 76th St et 77th St) • M 72nd St ou 79th St [1] • beardpapa.com • 212 799 3770 • tlj 10h-21h
Plan p. 86-87 10 A6

Ici, le concept est simple : on choisit une mini-coquille en pâte à choux,

chocolatée ou style Paris-Brest, et on la remplit avec une crème pâtissière vanille ou goût du jour (thé vert, choco, pomme, etc.). On peut aussi essayer les *mochis*. Originaires du Japon, ces petites boules de crème glacée enrobées de pâte de riz sont à manger avec les doigts, les enfants vont adorer... et les parents aussi ! Une dizaine de parfums au choix.
5 mini-choux 4 $, mochi 1,25 $

Café Lalo

201 W 83rd St (entre Amsterdam Ave et Broadway) • Ⓜ 79th St [1], 81st St [B, C] • cafelalo.com • 212 496 6031 • lu-je 8h-2h (ve 4h), sa 9h-4h (di 2h)
Plan p. 86-87 ⑮ B5
Ce lieu a le charme et la décoration d'un bistrot parisien. Pourtant, on y sert des pâtisseries typiques américaines et le choix est impressionnant ! Laissez-vous tenter par une part de *carrot cake*, d'*apple pie* ou de cheesecake déclinés dans tous les parfums. Si vous passez devant le soir, vous verrez le trottoir illuminé par des petites guirlandes lumineuses lui donnant des allures féeriques.
Carrot cake 8 $, apple pie 7,50 $

YUMMY

Sprinkles

780-782 Lexington Ave (entre 60th St et 61st St) • Ⓜ Lexington Ave-59St [N, Q, R, 4, 5, 6] • sprinkles.com • 212 207 8375 • je-sa 12h-0h, di-me 12h-23h (bar) lu-sa 9h-21h, di 10h-20h (boutique)
Plan p. 86-87 ㉛ D8
Une boutique de cupcakes pas comme les autres ! Sprinkles propose non seulement des cupcakes divinement légers et pas trop sucrés aux saveurs très originales, mais aussi les seuls distributeurs automatiques de cupcakes au monde *(cupcake ATM)*. Comme pour prendre de l'argent à la banque, vous pouvez retirer vos cupcakes frais à la machine à l'aide de votre carte de crédit 24 h/24. À essayer absolument ! Juste à côté, se trouvent un bar à glaces et une boutique.
Cupcakes 3,75 $, mini-cupcake 2 $

PIQUE-NIQUES

Central Park

Étant donné la taille immense du parc (3,40 km², environ 4 km sur 800 m), voici quelques-uns de nos endroits préférés pour pique-niquer.

Sheep Meadow

entre W 66th St et W 69th St • Ⓜ 66th St [1]
Plan p. 86-87 ② C7

Sur une immense pelouse avec vue sur les tours de Midtown, quelques arbres trônent ici et là. Mais, attention, l'ombre se fait rare. Des toilettes se trouvent juste à côté du Pain quotidien, au nord de la pelouse. Vous pouvez faire le plein de provisions au Whole Foods, situé au 10 Columbus Circle (p. 181).

Great Lawn and Turtle Pond
Entre W 81st et W 86th • M 81st St [B, C]
Plan p. 86-87 13 C5
Cet espace vert, au pied du Belvedere Castle (p. 88), offre de belles pelouses avec de l'ombre ou du soleil. Turtle Pond doit son nom à la présence de nombreuses tortues. Le *food truck* des Waffles and Dinges, souvent dans les parages, permet de savourer de bonnes gaufres. Accès à des sanitaires sous l'amphithéâtre central.

The Pool
Entre W 102 St et W 103rd St • M 103rd St [B, C]
Plan p. 86-87 20 C2
Cet endroit est très agréable, surtout lors des fortes chaleurs qui sévissent l'été, car un peu d'air frais circule en permanence tout autour de ce petit lac. Un vrai bonheur !

Harlem Meer
Central Park North, à hauteur de la 110th St • M Central Park North-110th St [2, 3]
Plan p. 86-87 21 C1
Situé à l'extrémité nord de Central Park, ce plan d'eau (*Meer* voulant dire "petite mer" en néerlandais) offre ses rives ombragées et tranquilles aux badauds. Il n'est pas rare d'observer un grand héron guettant ses proies...

Conservatory Garden
À hauteur de E 104th St • M 103rd St [6]
Plan p. 86-87 22 C2
Le *spot* assurément le plus chic de Central Park, mais aussi le moins connu. De beaux jardins aménagés et fleuris toute l'année vont vous servir de cadre pour ce déjeuner bucolique. Hélas, ce ne sera pas un déjeuner sur l'herbe, car la plupart des pelouses sont interdites. Il vous faudra donc tenir vos petits sur les bancs ou dans les allées. L'entrée se fait par le magnifique portail Vanderbilt.

BROOKLYN

RESTAURANTS

Iris Café *(américain)*
20 Columbia Place (entre Atlantic Ave et State St) • M Court St [N, R], Borough Hall [2, 3, 4, 5] • iriscafe.nyc • 718 722 7395 • tlj 8h-23h
C Plan p. 110-111 2 A3
Ce restaurant est un des trésors du quartier de Brooklyn Heights. Authentique et chaleureux, c'est l'endroit idéal pour un brunch ou un snack. Les plats sont sans

prétention mais créatifs, et le café est bon (c'est si rare !). Goûtez aux biscuits maison, aux toasts à l'avocat, aux œufs pochés ou au saumon fumé… La salle étant petite, il peut y avoir de l'attente aux heures d'affluence. Fréquenté par les familles du quartier, cet endroit est habitué à recevoir des enfants.
Plat 15 $

Fornino *(pizza)*
Pier 6, Brooklyn Bridge Park • M Borough hall [2, 3, 4, 5] • fornino.com • 718 422 1107 • printemps-été : di-je 12h-23h, ve-sa 9h-0h
Plan p. 110-111 3 A3
Cette fameuse pizzeria possède trois adresses dans Brooklyn. Celle du Brooklyn Bridge Park a la particularité d'avoir un *rooftop* (attention, cependant, il n'est pas toujours ouvert). Déguster une délicieuse pizza en admirant la statue de la Liberté et Lower Manhattan… Ça mérite un selfie ! Les pizzas sont cuisinées avec des combinaisons originales d'ingrédients savoureux et la pâte est fine et croustillante.
Petite pizza 9 $, grande pizza 16 $

Grimaldi's *(pizza)*
sous le Brooklyn Bridge, 1 Front St (angle Front St et Old Fulton St) • M High St [A, C], Clark St [2, 3], York St [F] • grimaldis-pizza.com • 718 858 4300 • lu-je 11h30-22h45 (ve 23h45), sa 12h-23h45, di 12h-22h45
C K Plan p. 110-111 6 A1
L'une des plus célèbres pizzerias de New York. Certes, il y a toujours une longue file d'attente mais c'est plutôt rapide. Les pizzas sont simples, mais bien préparées et cuites au charbon de bois. Elles sont accommodées de différentes garnitures *(toppings)*, dont la préférée des Américains : le *pepperoni*, une sorte de chorizo peu épicé. Attention, les cartes de crédit ne sont pas acceptées.
Pizza 16 $

Shake Shack *(burger)* YUMMY
409 Fulton St (entre Willoughby St et Adams St) • M Court St [N, R], Borough Hall [2, 3, 4, 5] • shakeshack.com • 718 307 7590 • tlj 11h-23h
C Plan p. 110-111 7 C3
Voir descriptif p. 166.

Pies 'N' Thighs *(américain)*
166 S 4th St (angle de Driggs Ave) • M Marcy Ave [J, M, Z] • piesnthighs.com • 347 529 6090 • lu-ve 9h-16h, sa-di 10h-16h, tlj 17h-0h (diner) YUMMY
C Plan p. 110-111 8 F3
Restaurant servant de la très bonne *Southern food* (cuisine du sud des USA). L'endroit paraît petit mais il y a trois salles qui se succèdent – la dernière est un garage aménagé. Plutôt original ! Les biscuits maison sont délicieux et le *chicken and waffles* (poulet frit et gaufres) authentique. Pour éviter l'attente, prenez à emporter.
Chicken and waffles 13 $

Beehive Oven Biscuit Café *(américain)*
YUMMY
182 S 2nd St (entre Driggs Ave et Roebling St) • M Bedford Ave [L], Marcy Ave [J, M, Z] • beehiveoven.com • 347 987 4960 • ma-di 10h-22h (di 17h)
C Plan p. 110-111 9 F3
Une adresse à ne pas manquer si vous voulez déguster de la délicieuse cuisine du Sud. Voici quelques-unes de ses spécialités : les *deviled eggs* (œufs à la diable), le tendre poulet frit ou le *build your own biscuit* (biscuit à composer soi-même).
Plat 18 $

Baci & Abbraci *(italien)*
204 Grand St (entre Bedford et Driggs Ave) • M Bedford Ave [L] • baciny.com • 718 599 6599 • ma-di 10h-22h (di 17h)
C Plan p. 110-111 10 F2
Une cuisine italienne savoureuse, authentique et abordable qui satisfera vos papilles et votre porte-monnaie. Le service est très amical et attentif. Pour le dîner en semaine, un brunch ou le *lunch* le week-end, vous serez bien accueilli avec vos *bambini*. Bonne nouvelle, il est assez facile d'obtenir une table. En prime, un petit patio à l'arrière permet de déguster son repas en profitant des rayons de soleil.
Pâtes 14 $, pizza 13 $, brunch 10 $

Smorgasburg *(food hall)*
90 Kent Ave (angle de Driggs Ave) • M Bedford Ave [L] • brooklynflea.com/markets/smorgasburg • printemps-été : sa 11h-18h
Plan p. 110-111 11 F2
Une expérience culinaire originale sur les bords de la rivière avec vue sur Manhattan. Smorgasburg ressemble à un marché avec ses mini-stands de restaurants qui proposent un vaste choix de spécialités, dont certaines ne manquent pas d'originalité. Un vrai festival de goûts dans une atmosphère joyeuse.
Ramen burger 10 $, donut 3 $

Café Mogador *(marocain)*
133 Wythe Ave (entre N 7th et N 8th St) • M Bedford Ave [L] • cafemogador.com • 718 486 9222 • tlj 9h-1h (ve-sa 2h)
C Plan p. 110-111 13 F2
Si vous avez envie d'exotisme, voici une bonne adresse. Ce restaurant marocain vous changera en effet des burgers. Ambiance sympa et chaleureuse pour un repas en famille. La salle est spacieuse, le service accueillant et il y a un patio fermé à l'arrière.
Tagine 21 $

Urban Rustic *(sandwicherie)*
236 N 12th St (entre Union et Driggs Ave) • M Bedford Ave [L] • urbanrusticnyc.com • 718 388 9444 • lu-ve 7h-21h, sa-di 8h-21h
C K **Plan p. 110-111 15 G1**

Un lieu rustique et chaleureux servant des variétés de plats chauds ou froids, sur place ou à emporter (pour déjeuner dans le McCarren Park voisin). Vous pouvez composer vos salades ou sandwichs à partir de produits frais. Les jus de fruits et légumes maison sont délicieux.
Sandwich 9 $, salade 11 $

MOB *(végétarien)*
525 Atlantic Avenue (angle 3rd Ave) • M Atlantic Ave, Barclay Ctr [2, 3, 4, 5] • mob-usa.com • 718 797 2555 • lu-ve 12h-22h (ve 0h), sa-di 11h-0h (di 22h)
Plan p. 110-111 16 D3

Un restaurant comme on les aime : accueillant, atypique, où les familles peuvent trouver chaises hautes, jeux et, pour l'été, un jardin attenant avec tables et chaises. Le personnel est aux petits soins... et parle français ! La carte a été conçue en collaboration avec le chef Alain Senderens. La carte végétarienne est bio et délicieuse.
Burger 8 $, brunch 13 $

Bogota Latin Bistro *(colombien)*
141 5th Ave (entre Lincoln et St John's Pl) • M Union St [D, N, R], Bergen St [2, 3, 4] • bogotabistro.com • 718 230 3805 • lu-ve 11h-23h (ve 1h), sa 10h-1h, di 10h- 23h
C K **Plan p. 110-111 17 E4**

Si vous voulez découvrir la cuisine colombienne, vous êtes à la bonne adresse ! Les plats sont originaux, variés et savoureux. L'établissement est assez grand pour accueillir toute la famille. Le menu *kids* propose un large choix de plats.
Empañada 4 $, Colombian platter 22 $

GOÛTERS

Brooklyn Farmacy & Soda Fountain
513 Henry St (entre Union et Sackett St) • M Carool St ou Bergen St [F, G] • brooklynfarmacyandsodafountain.com • 718 522 6260 • lu-ve 7h30-22h (ve 23h), sa 10h-23h, di 10h-22h
Plan p. 110-111 1 B4

Voici un lieu qui semble sorti d'un autre temps. Avec ses étagères en bois sur lesquelles sont exposés des objets d'époque, cette ancienne pharmacie convertie en café-restaurant vous charmera. Une atmosphère amusante pour les enfants. Parmi ses spécialités : la boule glacée dans le soda *(ice-cream floats)*. Les sundaes et milk-shakes, gargantuesques et délicieux, portent des noms originaux comme "My Cherie Amour" ou "Bandana Split" !

Brooklyn Ice Cream Factory
1 Water St (angle Old Fulton St) • M High St [A, C] • brooklynicecreamfactory.com • 718 246 3963 • tlj 12h-22h
Plan p. 110-111 5 A1

Vous comprendrez vite pourquoi il y a une telle file d'attente au pied du Brooklyn Bridge, et plus particulièrement en été. Les glaces sont à se damner ! Seulement huit parfums, mais tous excellents. Cartes bancaires non acceptées.

Bakeri

150 Wythe Ave (entre N 8th et N 7th St) • M Bedford Ave [L] • bakeribrooklyn.com • 718 388 8037 • lu-ve 7h-19h, sa-di 8h-19h

Plan p. 110-111 ⓬ F2

Une petite boulangerie joliment décorée où vous pourrez acheter des scones, muffins, *pecan pie*, cookies... Il y a le choix ! Profitez du petit jardin à l'arrière s'il y a de la place.

Ample Hills Creamery

623 Vanderbilt Ave (entre Prospect Pl et St Marks Ave) • M 7th Ave [B, Q] • amplehills.com • 347 240 3926 • tlj 12h-22h (ve-sa 23h)

Plan p. 110-111 ⓲ F3

Encore une excellente adresse pour les amateurs de glaces. Les créations artisanales sont un concentré de gourmandise : les parfums *Salted Crack Caramel* et *Sweet as Honey* sont à tomber à la renverse !

PIQUE-NIQUES

Brooklyn Bridge Park

M High St [A, C], York St [F]

Plan p. 110-111 ❹ A2

Ce parc est l'un des tout derniers aménagements sur les rives de l'East River, sous le pont de Brooklyn. Un endroit idéal pour déjeuner dans un décor de carte postale avec un panorama magnifique sur le quartier financier et les ponts de New York, et au loin la statue de la Liberté. L'ambiance et la vue varient selon les endroits où vous êtes.

McCarren Park

M Bedford Ave [L]

Plan p. 110-111 ⓮ G1

Ce parc limite les quartiers de Williamsburg et de Greenpoint. Idéal pour une pause pique-nique près d'un *playground* pour les enfants. Vous pourrez acheter des victuailles dans les magasins avoisinants ou chez Urban Rustic (p. 190).

Prospect Park

M Grand Army Plaza [2, 3], Eastearn Parkway/Brooklyn Museum [2, 3], Prospect Park, [B, Q, S], Parkside Ave [Q], 15 St/Prospect Park [F, G]

Plan p. 110-111 ⓳ H5

Après votre visite du Brooklyn Museum ou du Brooklyn Botanic Garden, vous apprécierez de vous installer au vert pour déjeuner. C'est un parc sauvage et pas trop fréquenté et les lieux où se poser sont multiples.

On a cassé la tirelire !

L'Amérique est le pays de la démesure et New York en est sa plus parfaite illustration. Tout est fait ici pour attiser vos envies de shopping. Il y a régulièrement des soldes et de bonnes affaires à faire sur toutes les marques, notamment celles plébiscitées par les adolescents (UGG, Abercrombie & Fitch, Hollister, Superdry). Les amateurs de look cool se plairont à dévaliser les rayons des boutiques de sportswear. Et, histoire de changer des enseignes internationales qui ont envahi nos trottoirs, vous pourrez trouver dans nos pages des marques typiquement américaines. N'oubliez pas que tous les prix affichés s'entendent hors taxes et qu'il vous faudra donc ajouter 8,875 %. Bonne nouvelle, les chaussures et vêtements de moins de 110-111 $ sont exempts de taxe. Brooklyn ne manque pas de boutiques branchées et originales pour changer des marques connues. Nos adresses préférées sont signalées par un WOW qui veut dire "génial".

LOWER MANHATTAN

Ce quartier n'est pas a priori une destination shopping, pourtant la présence du dégriffeur Century 21 peut valoir le déplacement. De nombreuses enseignes se trouvent autour de South Street Seaport, mais cette partie de la ville qui a été très touchée par l'ouragan Sandy en 2012 est encore en pleine reconstruction.

Shoofly *(mode)*

42 Hudson St (entre Duane St et Thomas St) • M Chambers St [A, C, 1, 2, 3] • shoofly.com • 212 406 3270 • lu-sa 10h-19h, di 12h-18h

Plan p. 40-41 1 C2

Des chaussures pour tous les enfants et tous les goûts. Les marques sont variées et il y a régulièrement des soldes. Plus qu'un simple magasin de chaussures, vous y trouverez aussi accessoires et cadeaux : chaussettes imprimées, chapeaux animaux, parapluies, jouets et costumes de saison. Le tout présenté de manière ludique et amusante !

OMG The Jeans Store *(mode)*

408 Broadway (entre Walker et Canal St) • M Canal St [N, Q, R, A, C, E, J, Z, 1, 6] • omgjeans.com • 212 966 6620 • lu-sa 9h-21h, di 10h-20h

Plan p. 40-41 3 D1

Cette chaîne de magasins (huit à New York) est consacrée aux jeans pour toute la famille. Le choix de marques et de modèles est si large qu'il en donnerait le vertige ! Les prix sont quasiment imbattables. Vous trouverez aussi des hauts, des chaussures et des accessoires.

Century 21 *(mode)*
22 Cortland St (entre Church St et Broadway) • M Cortland St [N, R], Fulton St [4, 5] • c21stores.com • 212 227 9092 • lu-me 7h45-21h, je-ve 7h45-21h30, sa 10h-21h, di 11h-20h
Plan p. 40-41 5 C3
Situé en face du Word Travel Center, ce temple du discount offre des rabais sur les grandes marques américaines (Calvin Klein, Ralph Lauren, Nautica, Samsonite...). Hélas, c'est souvent bondé ! Voir aussi Upper Manhattan p. 209.

Abercrombie & Fitch *(mode)*
199 Water St (entre Fulton St et John St) • M Fulton St [A, C, 2, 3] • abercrombie.com • 212 809 9000 • lu-je 10h-20h, ve-sa 10h-21h, di 11h-20h
Plan p. 40-41 6 D3
Marque très prisée des ados où les vendeurs vous accueillent torse nu, et ce quelle que soit la saison. À l'intérieur, un mixte entre boutique branchée et boîte de nuit (attention aux oreilles !) où l'on trouve jeans, pulls, gilets à capuche... Voir aussi Midtown p. 205.

Superdry *(mode)*
22 Fulton St (dans South Street Seaport) • M Fulton St [2, 3, 4, 5, A, C] • superdry.com • 646 274 3616 • lu-je 10h-20h (ve-sa 21h), di 11h-20h
Plan p. 40-41 7 D3
Cette marque anglaise, fondée par deux amis après un voyage au Japon, mixte esprit vintage et graphisme japonais donnant une gamme vestimentaire de style unique, moderne et de bonne qualité. Pour ceux qui aiment les activités de snowboard et le sportswear !

Balloon Saloon *(loisirs)*
133 W Broadway (entre Thomas St et Duane St) • M Chambers St [1, 2, 3], Franklin St [1] • balloonsaloon.com • 212 227 3838 • di-me 9h-19h, je-sa 9h-20h
Plan p. 40-41 2 C1
WOW
Cet étonnant magasin est entièrement dédié aux ballons gonflables, de toutes formes et de toutes couleurs. Votre enfant rêve d'un animal de compagnie, mais vous êtes réticent ? Alors, pourquoi ne pas lui offrir la version... gonflable *(balloon pet)* !

NYC Citystore *(cadeaux)*
1 Centre St, North Plaza (angle Chambers St et Park Row) • Ⓜ Brooklyn Bridge-City Hall [4, 5, 6] • a856-citystore.nyc.gov • 212 669 8246 • lu-ve 10h-17h
Plan p. 40-41 ④ D2
Boutique officielle de la ville de New York pour rapporter des souvenirs et des cadeaux portant les sigles de la ville (casquettes, tee-shirts, tasses).

It'Sugar *(alimentation, cadeaux)*
10 Fulton St (dans South Street Seaport) • Ⓜ Fulton Street [A, C, 2, 3, 4, 5] • itsugar.com • 212 514 5373 • lu-je 10h-20h (ve 21h, sa 21h30), di 11h-20h
WOW
Plan p. 40-41 ⑧ D3
Le paradis du bonbon aux couleurs acidulées ! Tout plein de friandises y sont proposées dans des emballages sympathiques, et même en format géant… pour les grands gourmands !

DOWNTOWN

Les jolis blocs ombragés de l'East Village et de Greenwich Village foisonnent de petites boutiques indépendantes qui contrastent avec les enseignes haut de gamme, souvent internationales, de Broadway. Les rues pavées de SoHo abritent quant à elles des marques branchées, notamment autour de Spring St et Prince St, faisant le bonheur des fashionistas.

Levi's *(mode)*
us.levi.com
◎ 25 W 14th St (entre 5th Ave et 6th Ave) • Ⓜ 6th Ave [L], 14th St [1, 2, 3, F, M] • 212 242 2128 • lu-sa 10h-21h, di 11h-20h
Plan p. 52-53 ⑤ D2
◎ 495 Broadway (entre Spring St et Broome St) • Ⓜ Spring St [6], Prince St [N, R] • 646 613 1847 • lu-sa 10h-21h, di 11h-20h
Plan p. 52-53 ㉟ E5
Dans ses magasins de Manhattan, Levi's ne propose pas de vêtements destinés aux *kids*. Vous les trouverez plutôt dans les boutiques de dégriffés. Voir aussi Midtown p. 204.

Urban Outfitters *(mode)*
526 Ave of the Americas (angle W 14th St) • Ⓜ 14th St [F, M, 1, 2, 3], 6th Ave [L] • urbanoutfitters.com • 646 638 1646 • tlj 9h-22h (sa 23h)
Plan p. 52-53 ⑥ D2
Enseigne éclectique où l'on trouve des tee-shirts vintage, des tuniques fleuries, des jeans G-Star RAW, Lee, Levi's… mais aussi des chemisiers qui pourraient être sortis d'une garde-robe des années 1950. Sans oublier des accessoires rétro, des livres et des gadgets. Nombreuses enseignes dans Manhattan.

Brooklyn Industries *(mode)*
161 8th Ave (entre W 18th et W 19th St) • Ⓜ 18 St [1], 14 St [A, C E] • brooklynindustries.com • 212 979 1977 • tlj 11h-20h (ve-sa 21h)
Plan p. 52-53 ⑨ C2

Cette marque branchée créée par deux artistes de Brooklyn propose 13 boutiques dans New York. Allez-y pour leurs tee-shirts imprimés en séries limitées pour toute la famille. Voir aussi Upper Manhattan p. 210.

Burlington Coat Factory *(mode)*
707 6th Ave (entre W 22nd et W 23rd St) • M 23rd St [F, M] • burlingtoncoatfactory.com • 212 229 1300 • lu-sa 9h-22h (di 21h30)
Plan p. 52-53 12 D1
Le décor est réduit à sa plus simple expression, mais les prix défient toute concurrence. Les rayons enfants et hommes sont généralement les plus intéressants. N'hésitez pas à farfouiller, car on peut trouver de très bonnes affaires comme des jeans Levi's taille enfant pour moins de 10 $!

Gap Kids & Gap Baby *(mode)*
122 5th Ave (entre W 18th et W 19th St) • M 14th St-Union Sq [N, Q, R, L, 4, 5, 6], 23rd St [F, M, N, R, 6] • gap.com • 917 408 5580 • lu-sa 9h-21h, di 10h-20h
Plan p. 52-53 16 E2
La mode Gap version junior. Voir aussi Midtown p. 205 et Upper Manhattan p. 209.

Paragon Sports *(mode)*
867 Broadway (entre E 17th et E 18th St) • M 14th St-Union Sq [N, Q, R, L, 4, 5, 6] • 212 255 8889 • paragonsports.com • lu-sa 9h30-21h, di 10h-21h
Plan p. 52-53 17 E2
Cet immense magasin est une véritable institution. Il regroupe tout ce qui existe en matière d'articles de sport.

Ibiza Kids *(mode, loisirs)*
830 Broadway (entre E 12th et E 13th St) • M Union Sq-14 St [N, R, Q, 4, 5, 6] • ibizakids.com • 212 228 7990 • lu-sa 10h-19h, di 12h-18h
Plan p. 52-53 19 E2
Cette belle boutique propose toute une gamme d'habits de petites marques américaines, d'inspiration nordique (Appaman), californiennes ou Canadiennes (Hatley) ainsi que des jouets très originaux, dont les répliques miniatures du métro de New York !

Superdry *(mode)*
718 Broadway (entre Astor Pl et E 4th St) • M 8th St-NYU [N, R], Astor Pl [6] • superdry.com • 646 602 9195 • lu-di 10h-21h
Plan p. 52-53 23 E3
Voir descriptif dans Lower Manhattan p. 195.

New Era *(mode)*
9 E 4th St (entre Broadway et Lafayette St) • Ⓜ Bleecker St [6], 8th St-NYU [N, R], Astor Pl [6] • neweracap.com • 212 533 2277 • lu-je 11h-20h, ve-sa 10h-21h, di 12h-18h
Plan p. 52-53 24 E4
Depuis plus de 80 ans, New Era produit des casquettes de grande qualité qui se retrouvent sur les têtes des people, des joueurs de baseball, football et basket-ball ou des plus grands rappeurs. Vous n'aurez que l'embarras du choix !

OMG The Jeans Store *(mode)*
678 Broadway (entre Bond St et Great Jones St) • Ⓜ Bleecker St [6], Broadway-Lafayette [B, D, F, M] • omgjeans.com • 212 979 1977 • lu-sa 9h-21h, di 10h-20h
Plan p. 52-53 26 E4
Voir descriptif p. 195.

Adidas Sport Performance *(mode)*
610 Broadway (entre Broadway et Crosby St sur Houston St) • Ⓜ Broadway-Lafayette [B, D, F, M] • adidas.com/us • 212 529 0081 • lu-sa 10h-21h, di 11h-20h
Plan p. 52-53 28 E4
Une immense boutique consacrée au football, baseball, basket, tennis, course à pied, football américain avec le "total look" Adidas pour chacun. L'intégralité de la ligne Stella McCartney pour Adidas y est disponible. Vous pourrez aussi personnaliser des baskets de la marque.

Converse *(mode)*
560 Broadway (angle Prince St) • Ⓜ Spring St [C, E], Prince St [N, R, 6] • converse.com • 212 966 1099 • lu-ve 10h-20h, sa 10h-21h, di 11h-19h
Plan p. 52-53 32 E5
Un seul magasin pour chausser et habiller toute la famille aux couleurs de la marque étoilée, avec la plus grande sélection de Converse au monde. Les baskets peuvent être customisées : choix de la couleur, de la semelle ou des lacets.

Uniqlo (mode)
546 Broadway (entre Prince St et Spring St) • Ⓜ Prince St [N, R, 6], Spring St [6] • uniqlo.com • 877 486 4756 • lu-sa 9h-21h, di 11h-20h
Plan p. 52-53 33 E5
Célèbre marque japonaise de vêtements. Pour plus de détails, voir Midtown p. 206.

Crocs *(mode)*
143 Spring St (angle Spring St et Wooster St) • Ⓜ Spring St [C, E], Prince St [N, R, 6] • crocs.com • 212 219 4046 • lu-sa 11h-19h, di (18h)
Plan p. 52-53 34 E5
Vous trouverez bien sûr les traditionnels sabots en plastique, mais également des tongs, des bottes, des chaussures fermées et toute une ribambelle de *jibbitz*, ces petites décorations dont raffolent les fillettes pour personnaliser leurs chaussures. Voir aussi Upper Manhattan p. 209.

UGG Australia *(mode)*
79 Mercer St (entre Broome St et Spring St) • Ⓜ Prince St [N, R], Spring St [6] • uggaustralia.com • 212 226 0602 • lu-sa 10h-19h, di 11h-18h
Plan p. 52-53 40 E5
À l'origine, UGG est une marque australienne réputée pour fabriquer des chaussures chaudes et de très bonne qualité pour l'après-surf. Aujourd'hui modernisées, ces bottes tellement confortables ont conquis les modeuses. Les prix sont également moins chers aux États-Unis qu'en Europe. Voir aussi deux autres adresses dans Upper Manhattan p. 209.

Vans – DQM Store *(mode)*
93 Grand St (entre Greene St et Mercer St) • Ⓜ Canal St [N, Q, R, A, C, E, J, Z, 1, 6] • vansdqm.com • 212 226 7776 • lu-sa 11h-19h, di 11h-18h
Plan p. 52-53 41 E5
Ce magasin offre la plus grande collection, dans tout New York, de sportswear Vans, la célèbre marque californienne pour adultes et enfants.

Tierra *(mode, bijoux)*
65 Spring St (entre Lafayette et Crosby St) • Ⓜ Spring St [6], Prince St [N, R] • amigosdetierra.com • 646 476 5343 • lu-je 9h30-21h30, di 11h-18h
Plan p. 52-53 38 E5
Originaire des îles canaries, cette marque propose des bijoux et des accessoires artisanaux faits à partir de matières naturelles (cuir et pierres semi-précieuses). La boutique est petite mais son décor bucolique est charmant. Les bracelets se déclinent dans toutes les couleurs, les colliers se nouent autour du cou ou à la taille de différentes façons pour varier les styles.

Pottery Barn *(décoration)*
100-104 Seventh Ave (entre 16th et 17th St) • Ⓜ 14th St [1, 2, 3], 18th St [1] • potterybarn.com • 646 336 7160 • lu-ve 10h-20h (sa 19h), di 12h-18h
Plan p. 52-53 8 C2
Tout pour la déco de votre *home sweet home*. En fonction des saisons, les gammes varient et vous trouverez des objets spéciaux pour Noël, Pâques, Halloween... Voir aussi Upper Manhattan p. 211.

Bed, Bath & Beyond *(décoration)*
620 6th Ave (entre W 18th St et W 19th St) • Ⓜ 14th St [F, M], 18th St [1] • bedbathandbeyond.com • 212 255 3550 • tlj 8h-23h (di 21h)
Plan p. 52-53 10 D2
Que ce soit pour des ustensiles de cuisine, des serviettes de toilette,

des produits de soin pour le bain, vous y trouverez tout ce dont on peut avoir besoin dans une maison.

Fishs Eddy *(décoration)*
889 Broadway (entre E 19th St et E 20th St) • M 23rd St [6, F, M, N, R] • fishseddy.com • 212 420 9020 • lu-je 9h-21h, ve-sa 9h-22h, di 10h-20h
Plan p. 52-53 15 E2
C'est l'endroit idéal pour dénicher de la vaisselle très originale. Les articles sont en général vendus à l'unité.
Il y a plein d'autres objets plus ou moins liés à la cuisine et à l'art de recevoir. À noter, une ligne d'articles avec des références à New York et ses buildings.

Crate & Barrel *(décoration)* WOW
611 Broadway (angle W Houston St) • M Broadway-Lafayette St [B, D, F, M] • crateandbarrel.com • 212 780 0004 • lu-me 9h-21h, je-sa 10h-21h, di 11h-19h
Plan p. 52-53 29 E4
Cette enseigne qui propose vaisselle, objets de déco et meubles est installée depuis plus de cinquante ans aux États-Unis. On y trouve des objets design, à des prix abordables et de très bonne qualité, pour la table et la décoration de la maison. En saison, les rayons sont envahis d'objets à thème pour préparer la réception parfaite (Halloween, Noël, Pâques, Saint-Valentin, etc.). Tout aux USA est prétexte à célébration ! Une bonne adresse pour trouver de jolis cadeaux.

Teich *(loisirs)*
573 Hudson St (entre W 11th St et Bank St) • M Christopher St-Sheridan Sq [1] • teichdesign.com • 212 294 2232 • lu-sa 10h-19h, di 10h-18h
Plan p. 52-53 1 C3
Ce charmant petit magasin situé dans West Village est une affaire pour toute la famille. Les enfants y trouveront des jeux et objets de déco originaux parfois artisanaux, ainsi qu'une sélection de livres qui susciteront leur attention. Ils pourront s'installer dans un petit train de bois qui trône dans la boutique afin de feuilleter quelques pages et faire leur sélection.

Party City *(loisirs)*
38 W 14th St (entre 5th Ave et 6th Ave) • M 14 St-Union Sq [N, Q, R, 4, 5, 6, L, F, M] • partycity.com • 212 271 7310 • lu-ve 9h30-20h30 (je-ve 21h), sa 8h30-20h30, di 10h-18h
Plan p. 52-53 3 D2
Ici, il y a de tout pour préparer fêtes et anniversaires ! Vous trouverez tous les accessoires et tous les thèmes festifs à des prix imbattables. N'hésitez pas à flâner dans les

nombreux rayons pour dénicher l'objet ou le costume original qui fera fureur à votre prochaine fête.

Guitar Center *(loisirs)*
25 W 14th St (entre 5th et 6th Ave) • M 6th Ave [L], 14th St [1, 2, 3, F, M] • stores.guitarcenter.com • 212 463 7500 • lu-sa 9h-22h, di 10h-21h
Plan p. 52-53 4 D2
Pour les musiciens, en herbe ou confirmés, un magasin rempli d'instruments, d'accessoires divers et variés, de partitions et de méthodes avec des possibilités de tester en live.

Kidding Around *(loisirs)* WOW
60 W 15th St (entre 5th Ave et 6th Ave) • M 6 Ave [L], 14th St [F, M] • kiddingaroundtoys.com • 212 645 6337 • lu-sa 10h-19h, di 11h-18h
Plan p. 52-53 7 D2
C'est le meilleur magasin de jouets indépendant de la ville selon le New York Magazine. Un brin rétro, cette excellente alternative aux enseignes de la grande consommation propose des jouets éducatifs, des kits de création, des cahiers de travaux manuels et même des déguisements si jamais vous êtes à New York pour Halloween.

NY Cake & Baking *(loisirs)*
56 W 22nd St (entre 5th Ave et 6th Ave) • M 23rd St [F, M] • nycake.com • 212 675 2253 • lu-sa 10h-18h, di 11h-17h
Plan p. 52-53 11 D1
Vous avez cédé à la mode des cupcakes et vous voulez épater votre petite famille de retour à la maison ? Voici la meilleure adresse pour trouver le matériel nécessaire : ingrédients, moules en silicone ainsi qu'une multitude de *toppings* (décorations) pour toutes les occasions. Y'a plus qu'à !

Lego Store *(loisirs)* WOW
200 5th Ave (angle 23rd St) • M E 23rd Broadway [N, R] • lego.com • 212 255 3217 • lu-sa 10h-20h, di 11h-18h
Plan p. 52-53 14 E1
Pour plus de détails, voir Midtown p. 207.

Forbidden Planet *(loisirs)* WOW
832 Broadway (entre E 12th St et E 13th St) • M 14th St-Union Sq [N, Q, R, L, 4, 5, 6] • fpnyc.com • 212 473 1576 • di-ma 9h-22h, me 8h-0h, je-sa 9h-0h
Plan p. 52-53 19 E2
Forbidden Planet ("Planète interdite") est le plus emblématique des *comics stores* avec une sélection couvrant l'univers de la BD au sens très large (livres, jouets, posters, cartes).

New York Costumes *(loisirs)* WOW
104 4th Ave (entre E 11th et E 12th St) • M 14th St-Union Sq [N, Q, R, L, 4, 5, 6] • newyorkcostumes.com • 212 673 4546 • lu-sa 11h-20h, di 12h-19h
Plan p. 52-53 22 E3-F3
L'une des rares boutiques ouvertes à l'année consacrée aux déguisements,

avec un énorme choix pour les adultes, les enfants et même les chiens ! Perruques, tenues, maquillages, accessoires…

Exit 9 Gift Emporium *(loisirs)*
51 Avenue A (entre 3rd St et 4th St) • M 2nd Ave [F] • shopexit9.com • 212 228 0145 • lu-ve 11h-19h30, sa 11h-20h, di 12h-19h
Plan p. 52-53 25 G4
Petite boutique qui foisonne de gadgets amusants à des prix abordables. Vous y trouverez des idées de petits cadeaux pour faire plaisir à tout le monde.

Blades *(loisirs)*
659 Broadway (entre Bleecker et W 3rd St) • M Bleecker [6], Broadway-Lafayette [B, D, F, M] • blades.com • 212 477 7350 • lu-sa 10h-21h, di 11h-19h
Plan p. 52-53 27 E4
Rollerskaters, skateboarders ou snowboarders se ruent dans ce magasin dont la *board* (planche) est la spécialité. Chaque partie du skate peut être choisie séparément et assemblée gratuitement par les vendeurs. On y vient aussi pour les lignes vestimentaires des marques comme Stussy, Obey, les chaussures DC, Adio ou Vans. Les filles trouveront de quoi s'habiller avec Etnies pour les chaussures et Triple Five Soul pour les vêtements. Et pour compléter le look : des lignes de lunettes de soleil ! Voir aussi Upper Manhattan p. 211.

Shut *(loisirs)*
158 Orchard St (entre Stanton St et Rivington St) • M Delancey St [F], Essex St [J, M, Z], 2nd Ave [F] • shutnyc.com • 212 420 7488 • lu-ve 13h-19h, sa-di 12h-19h
Plan p. 52-53 30 G4
Cette enseigne pour skateurs présente plusieurs dizaines de planches de tous styles. Les vendeurs (qui sont sans exception tous tatoués !) prennent grand soin des clients aussi bien débutants que professionnels. Dans l'arrière-boutique, on trouve les tee-shirts aux couleurs de la marque.

Paper Source *(papeterie)*
83 Spring St (entre Broadway et Crosby St) • M Spring St [6] • papersource.com • 646 484 5764 • lu-sa 9h-21h (di 20h)
Plan p. 52-53 36 E5
Dans cette chaîne de boutiques, on peut acheter de la papeterie aux couleurs et imprimés variés et originaux. On y vend aussi des kits, tampons et matériaux permettant de faire des créations manuelles ainsi que des cadeaux typiques et inspirés par la culture locale (Halloween, Thanksgiving, Pâques). Un réel plaisir pour les esprits créatifs !

The Strand *(livres, cadeaux)*
828 Broadway (entre E 12th St et E 13th St) • M 14th St-Union Sq [N, Q, R, L, 4, 5, 6] • strandbooks.com • 212 473 1452 • lu-sa 9h30-22h30, di 11h-22h30
Plan p. 52-53 18 E2

La plus grande et la plus emblématique librairie de Manhattan. Très belle section de livres jeunesse (même en français). Au dernier étage se trouvent des livres rares et d'anciennes éditions originales. Nombreux accessoires, tee-shirts et gadgets déclinés sur les thèmes de New York, idéal pour de petits cadeaux. Ne manquez pas les petites boîtes à bonbons, devant les caisses.

MoMA Design Store *(cadeaux)*
81 Spring St (angle Crosby St) • M Spring St [N, R, 6] • momastore.org • 646 613 1367 • lu-sa 10h-20h, di 11h-19h
Plan p. 52-53 37 E5
Grand choix d'objets du quotidien, de jeux ou de gadgets revus par des designers, ainsi qu'un choix important de livres d'art dédiés à l'architecture et au design. Vous trouverez aussi toute une section spécialement destinée aux plus jeunes. Le sous-sol est couplé avec une boutique Muji.

Pearl River *(cadeaux)*
477 Broadway (entre Broome et Grand St) • M Spring St, Canal [N, R] • pearlriver.com • 212 431 4770 • tlj 10h-19h20
Plan p. 52-53 39 E5
WOW
À la lisière de Chinatown, comme tout bazar asiatique qui se respecte, on trouve pour pas cher plein d'objets dignes d'un inventaire à la Prévert : snacks et bonbons, kimonos et ombrelles, luminaires et services à thé, statuettes et fleurs en papier, jouets et savons... Impossible de ressortir les mains vides. On vous aura prévenu !

WOW
Eataly *(alimentation)*
200 5th Ave (entre W 23rd St et W 24th St) • M 23rd St [6, F, M, N, R] • eataly.com • 212 229 2560 • tlj 10h-23h
Plan p. 52-53 13 D1
L'une des plus grandes épiceries fines de New York consacrée aux produits italiens. À voir ne serait-ce que pour le décor et l'ambiance. On peut aussi manger sur place (nombreux stands à thème). Hélas, l'enseigne est toujours bondée. Le plus sage, quand vous aurez effectué vos achats, est d'aller vous faire une dînette au Madison Square Park, en face.

Dean & Deluca *(alimentation)*
560 Broadway (entre Prince St et Spring St) • M Prince St [N, R], Broadway-Lafayette [B, D, F, M] • deandeluca.com • 212 226 6800 • lu-ve 7h-20h (sa-di 8h)
Plan p. 52-53 31 E5

Une épicerie comme on en voit peu et qui mérite amplement le détour, rien que pour le plaisir des yeux. Sur fond de musique classique, dans un immense espace rutilant, est présenté à la manière d'une galerie d'art un festival de produits de grande qualité : fruits, légumes, pâtes, huiles, vins, pains, fromages, charcuterie, épices, livres et ustensiles de cuisine, la liste n'en finit pas.

MIDTOWN

Cette partie de Manhattan se caractérise par ses buildings immenses, ses trottoirs bondés et ses enseignes sans grande originalité. Mais c'est l'endroit idéal pour trouver rapidement les grands classiques vestimentaires à prix raisonnables. Macy's s'autoproclamant le plus grand magasin au monde en est la parfaite illustration.

P.S. From Aeropostale *(mode)*

901 6th Ave (dans le Manhattan Mall) • M 34th St-Herald Square [B, D, F, M] • aeropostale.com • 212 239 7454 • lu-sa 10h-21h30, di 11h-18h

Plan p. 64-65 1 D5

Vous trouverez à cette adresse la gamme enfant (4-12 ans) de l'enseigne américaine connue pour ses vêtements confortables et colorés, et pour ne rien gâcher à des prix très raisonnables.

Old Navy *(mode)*

150 W 34th St (entre 7th et 8th Ave) • M 34th St-Penn Station [1, 2, 3] • oldnavy.com • 212 594 0115 • lu-sa 9h-22h, di 10h-22h

Plan p. 64-65 3 D4

Sorte de supermarché du vêtement, appartenant au même groupe que Gap mais en moins cher et de moins bonne qualité. Pratique et économique pour refaire la garde-robe de toute la famille à bon compte. Des vêtements colorés, simples et faciles à assortir. Bref, une bonne adresse pour reconstituer sa collection de basiques. Plusieurs enseignes dans Manhattan.

Levi's *(mode)*

us.levi.com

◎ 45 W 34th St (entre 5th et 6th Ave) • M 34th St-Herald Sq [N, Q, R] • 212 643 4358 • lu-sa 9h-22h, di 10h-21h

Plan p. 64-65 4 D4

◎ 1501 Broadway (angle 44th St) • M Times Sq-42nd St [S, 1, 2, 3] • 212 944 8555 • lu-sa 9h-22h30, di 10h-21h30

Plan p. 64-65 8 D3

Le passage obligé pour voir la dernière collection de la marque. Voir aussi Downtown p. 196.

OMG The Jeans Store *(mode)*
270 W 38th St (entre 8th et 7th Ave) • Ⓜ Times Sq-42nd St [1, 2, 3] • omgjeans.com • 212 768 4220 • lu-sa 9h-21h, di 10h-20h
Plan p. 64-65 ❺ C4
Une chaîne de magasins consacrés essentiellement aux jeans !

Gap Kids & Gap Baby *(mode)*
gap.com
◎ 1466 Broadway (entre W 41st St et W 42nd St) • Ⓜ Times Sq-42nd St [S, N, Q, R, 1, 2, 3] • 212 382 4500 • lu-je 9h-22h (ve-sa 23h), di 10h-22h
Plan p. 64-65 ❻ D3
◎ 680 5th Ave (entre 53rd St et 54th St) • Ⓜ 5th Ave-53 St [E, M] • 212 977 7023 • lu-sa 9h-21h30, di 10h-21h
Plan p. 64-65 ⓬ E2
◎ 60 W 34th St (angle 6th Ave) • Ⓜ 34th St-Herald Sq [N, Q, R] • 212 760 1268 • lu-je 9h-21h (ve-sa 22h), di 10h-21h
Plan p. 64-65 ㉕ E4
Voir aussi Downtown p. 197 et Upper Manhattan p. 209.

Modell's *(mode)*
234 W 42nd St (entre 7th et 8th Ave) • Ⓜ Times Square-42nd St [N, Q, R, S, 1, 2, 3] • modells.com • 212 764 7030 • lu-sa 8h-0h (ve-sa 1h), di 9h-0h
Plan p. 64-65 ❼ D3
Surnommée Mo's, cette boutique propose les équipements complets nécessaires à la pratique de tous les sports, pour adultes et enfants, et ce quel que soit le niveau. Les fans trouveront ici tous les produits des ligues officielles de football américain, de baseball, de basket et de hockey sur glace. Nombreuses autres adresses dans Manhattan.

Abercrombie & Fitch *(mode)*
720 5th Ave (entre W 56th et W 57th St) • Ⓜ 57th St [F], 5 Ave-53rd St [E, M] • abercrombie.com • 212 306 0936 • lu-sa 10h-20h, di 11h-19h
Plan p. 64-65 ⓫ E1
La marque fétiche des ados sur l'une des avenues les plus chics du monde. Cela ne se rate pas ! Voir descriptif dans Lower Manhattan p. 195.

Hollister *(mode)*
668 5th Ave (entre E 52nd et E 53rd St) • Ⓜ 5th Ave-53rd St [E, M] • hollisterco.com • 646 924 2555 • lu-sa 10h-21h (di 20h)
Plan p. 64-65 ⓭ E2
Et voici encore une marque qui s'adresse aux jeunes. C'est la petite sœur d'Abercrombie & Fitch, destinée aux ados à des prix un peu plus abordables. La marque présente des collections de vêtements décontractés et branchés qui s'inspirent de la mode des plages du sud de la Californie.

Uniqlo (mode)
666 5th Ave (entre 52nd St et 53rd St) • Ⓜ 5th Ave-53rd St [E, M] • uniqlo.com • 877 486 4756 • lu-sa 10h-21h, di 11h-20h
Plan p. 64-65 14 E2
Les 8 000 m² de cette boutique en font le plus grand Uniqlo du monde ! Sont exposés tous les produits sans exception de la marque japonaise, notamment des basiques pour toute la famille. Voir aussi Downtown p. 198.

NBA Store *(mode)*
545 5th Ave (angle de E 45th St) • Ⓜ 42nd St-Bryant Park [B, D, F, M] • nba.com • 212 457 3120 • lu-sa 10h-20h (sa 21h), di 11h-19h
Plan p. 64-65 20 E3
Boutique incontournable pour les fans de basket. Vous pourrez retrouver les maillots de vos joueurs américains préférés de la NBA et ramener des cadeaux aux couleurs des grandes équipes..

Pink *(mode, lingerie)*
1328 Broadway (angle 34th St) • Ⓜ 34 St-Herald Sq [N, Q, R, B, D, F, M] • 212 356 8380 • victoriassecret.com/pink-vs • lu-je 9h-22h, ve-sa 8h-22h, di 10h-22h
Plan p. 64-65 24 E4
Cette sous-marque du célèbre magasin de sous-vêtements féminins Victoria's Secret propose une gamme plus sport et décontractée visant les jeunes filles ; des premières brassières aux pantalons de jogging confortables très *girly*, ainsi qu'une gamme d'accessoires (parfums, sacs de sport) ou sweat-shirts rehaussés de petits détails pailletés. Une virée shopping idéale entre mère et fille !

Disney Store *(loisirs)*
1540 Broadway (entre W 45th et W 46th St) • Ⓜ 49th St [N, Q, R] • disneystore.com • 212 626 2910 • tlj 9h-1h
Plan p. 64-65 9 D3
Retrouvez les personnages Disney, des plus anciens aux nouveaux venus, et toute une gamme de produits : jeux, livres, films et même des vêtements pour toute la famille.

M&M's World *(cadeaux)*
1600 Broadway (entre W 48th et W 49th St) • Ⓜ 49th St [N, Q, R], 50th St [1] • mymms.com • 212 295 3850 • tlj 9h-0h
WOW
Plan p. 64-65 10 D2
La famille des M&M's et toutes ses déclinaisons possibles et imaginables sont les vedettes de la boutique. Quelques exemples : bonbons au beurre de cacahuètes, vêtements, parapluies, accessoires, jouets, bougies.

American Girl Place *(loisirs)*
WOW
609 5th Ave (angle E 49th St) • Ⓜ 47th-50th Sts-Rockefeller Ct [B, D, F, M] • americangirl.com • 212 371 2220 • lu-ve 10h-19h (ve 21h), sa 9h-21h (di 19h)
Plan p. 64-65 15 E2

Dans ce palais de la poupée, les petites filles n'auront que l'embarras pour choisir la leur et la parer selon leurs goûts. Des poupées de toutes sortes, plus belles les unes que les autres et on ne sait par quel mystère, chaque année, elles élisent la plus jolie d'entre elles pour les représenter. Les petites filles peuvent à loisir jouer à la maman en accordant leur propre look avec celui de leur "bébé" : l'enseigne propose en effet des lignes de vêtements communes, des accessoires de sport pour le ski, la danse ou encore l'équitation.

Lego Store *(loisirs)*
620 5th Ave (entre W 49th St et W 50th St) • M 47th-50th Sts-Rockefeller Ct [B, D, F, M] • lego.com • 212 245 5973 • lu-sa 10h-20h (di 18h)
Plan p. 64-65 16 E2

WOW

Située sur l'esplanade du Rockefeller Center, cette adresse est le rendez-vous des amoureux des petites briques. La boutique renferme l'un des plus grands murs *pick a brick*. Il s'agit d'un mur dans lequel sont fichées des dizaines et des dizaines de petits distributeurs contenant les pièces Lego que l'on peut acheter à l'unité selon la couleur et la forme dont on a besoin. Sont aussi présentés des objets dérivés ayant pour thème New York. Ne manquez pas de jeter un coup d'œil aux différentes représentations, toutes en Lego, de monuments new-yorkais dont le Rockefeller Center. Autre adresse en face du Flatiron, voir Downtown p. 201.

NBC Store *(loisirs)*
30 Rockefeller Plaza (entre 5th et 6th) • M 47th-50th Sts-Rockefeller Ct [B, D, F, M] • nbcuniversalstore.com • 212 664 3700 • tlj 8h-21h (di 18h)
Plan p. 64-65 18 E2

Au cœur du Rockefeller Center, c'est le lieu rêvé pour les fans des séries de la chaîne NBC comme *Friends*, *Dr House* ou *Star Trek*. On trouve quantité de souvenirs, des tasses, des tee-shirts à l'effigie de leurs héros. À l'étage se trouve le fauteuil de "The Voice" où vous pouvez vous prendre pour l'un des membres du jury : asseyez-vous et faites mine de "buzzer" le temps d'une photo !

Nintendo World *(loisirs)*
10 Rockefeller Plaza (entre 5th et 6th Ave) • M 47th-50th Sts-Rockefeller Ct [B, D, F, M] • nintendoworldstore.com • 646 459 0800 • lu-je 9h-20h, ve-sa 9h-21h, di 11h-18h
Plan p. 64-65 19 E2

Située dans le Rockefeller Center, la boutique permet de jouer aux jeux les plus récents développés par Nintendo et de s'équiper. Attention de bien vérifier le "zonage" des jeux ou des appareils avant de les acheter afin d'éviter toute déconvenue en rentrant chez vous.

HBO Shop *(loisirs)*
110-111 Ave of the Americas (entre 42nd et 43rd St) • M 42nd St-St Bryant [B, D, F, M], 42nd St-Times Sq [N, Q, R] • hbo.com • 212 512 1000 • lu-je et sa 9h-17h
Plan p. 64-65 21 E3
Cette boutique est dédiée aux produits dérivés que les fans des séries de la chaîne HBO aiment à collectionner. *Sex & the City, True Blood, Girls, Game of Thrones, Les Soprano* en versions tee-shirt, poster, DVD collector, tasse.

Kidding Around *(loisirs)*
E 42nd St (dans Grand Central Terminal) • M Grand Central-42nd St [4, 5, 6, S, 7] • kiddingaroundtoys.com • 212 972 8697 • lu-ve 8h-20h, sa 10h-20h, di 10h-18h
Plan p. 64-65 22 F3
Voir descriptif dans Downtown p. 201.

Build-A-Bear *(loisirs)*
350 5th Ave (dans l'Empire State Building) • M 34 St-Herald Square [B, D, F, M, N, Q, R] • buildabear.com • 212 967 0598 • lu-sa 10h-21h, di 11h-19h
Plan p. 64-65 26 E4
Ici, votre enfant va créer lui-même sa peluche et laisser libre cours à sa fantaisie. Il choisira l'animal, sa couleur, ses vêtements, son prénom et la mélodie. Quelques instants de patience le temps de préparer ce nouveau compagnon de jeu, qui ne ressemblera à aucun autre.

Met Kids *(cadeaux)*
Dans le Metropolitan Museum of Art Store, 15 W 49th St (5th Ave) • M 47th-50th St-Rockefeller Ct [B, D, F, M] • store.metmuseum.org • 212 332 1360 • tlj 10h-19h (ve 20h)
Plan p. 64-65 17 E2
Cette boutique propose bien sûr les classiques reproductions d'œuvres d'art, livres bijoux etc. en rapport avec le musée, mais à cette adresse tout un étage est réservé aux *kids*. Vous pouvez aussi trouver ces objets directement à la boutique du musée, sans avoir besoin de vous acquitter de l'entrée.

Macy's *(grand magasin)*
151 W 34th St (entre 6th Ave et 7th Ave) • M 34th St-Herald

Square [B, D, F, M] • macys.com • 212 695 4400 • lu-je et sa 10h-21h30, ve 9h-22h, di 11h-20h30
Plan p. 64-65 ② D4
Le plus emblématique des *department stores* de Manhattan, devant lequel se tient chaque année la parade de Thanksgiving. Très large choix de vêtements pour toute la famille. À noter que sur présentation du passeport, il est possible d'obtenir directement en magasin, une remise de 10 % correspondant à la détaxe. Renseignez-vous avant de payer.

UPPER MANHATTAN

C'est le quartier de l'élégante Madison Avenue avec ses grandes et somptueuses boutiques de luxe internationales situées côté Upper East. Dans l'Upper West, on trouve aussi de beaux magasins aux enseignes diverses mais de taille plus modeste.

Century 21 *(mode)*
1972 Broadway (entre W 66th et W 67th) • M 66th St-Lincoln Ct [1] • c21stores.com • 212 518 2121 • lu-sa 9h-22h, di 10h-21h
Plan p. 86-87 ② B7
Voir autre adresse dans Lower Manhattan p. 195.

Gap Kids & Gap Baby *(mode)*
gap.com
◎ 1988 Broadway (entre W 67th St et W 68th St) • M 66th St-Lincoln Ct [1] • 212 721 5304 • lu-ve 9h-21h, sa 10h-21h, di 11h-21h
Plan p. 86-87 ③ B7
◎ 1511 3rd Ave (angle E 85th St) • M 86th St [4, 5, 6] • 212 794 5781 • lu-ve 9h30-21h, sa 10h-21h, di 11h-20h
Plan p. 86-87 ⑰ E4
Voir aussi Downtown p. 197 et Midtown p. 205.

UGG *(mode)*
uggaustralia.com
◎ 160 Columbus Ave (entre 67th St et 68th St) • M 66th St-Lincoln Ct [1,2] • 212 671 1190 • lu-sa 10h-19h, di 11h-18h
Plan p. 86-87 ④ B7
◎ 600 Madison Ave (entre 59th St et 5th Ave) • M 5th Ave-59th St [N, Q, R] • 212 845 9905 • lu-sa 10h-19h, di 11h-18h
Plan p. 86-87 ㉖ D8
Autre adresse de la célèbre marque de chaussures australienne. Voir aussi Downtown p. 199.

Crocs *(mode)*
270 Columbus Ave (entre W 72nd St et W 73rd St) • M 72nd St [1, 2, 3, B, C] • crocs.com • 212 362 1655 • tlj 10h-19h
Plan p. 86-87 ⑥ B6
L'une des adresses de la marque Crocs. Voir aussi Downtown p. 198.

Patagonia *(mode)*
426 Columbus Ave (entre 80th St et 81st St) • M 81st St [B, C] • patagonia.com • 917 441 0011 • lu-sa 11h-19h, di 11h-18h
Plan p. 86-87 ⑧ B5

Cette marque est spécialisée dans les sports de montagne avec une attention particulière à l'impact environnemental de leurs produits. Deux étages pour bien couvrir toute la famille lors des grands froids, et ce tout en restant à la pointe de la mode. Tout y est, de leurs célèbres doudounes jusqu'aux bonnets ou aux gants, dans des tons gais, colorés.

DOT (mode)
467 Amsterdam Ave (entre 82nd et 83rd St) • M 79th St [1], 81st St [B, C]
shop-dot.com • 212 877 2400 •
lu-sa 10h-19h, di 11h-18h
Plan p. 86-87 10 B5
Cette charmante boutique aux couleurs acidulées offre un environnement attrayant pour les jeunes filles (2-16 ans). Et pour vos "fashionistas" en herbe, vous trouverez un assortiment de vêtements relativement uniques à piocher parmi de nombreuses marques américaines. La boutique regorge aussi d'une multitude d'accessoires et cadeaux aux coloris et imprimés amusants.

Brooklyn Industries *(mode)*
230 W 99th St (angle Broadway) •
M 96th St [1, 2, 3] •
brooklynindustries.com •
212 222 3028 • lu-ve 12h-19h, sa 11h-20h (di 19h)
Plan p. 86-87 14 B3
Une des autres adresses de la marque. Voir aussi Downtown p. 196.

Yankees Clubhouse Shop *(mode)*
110-111 E 59th St (entre Park Ave et Lexington Ave) • M 59th St [4, 5, 6], Lexington Ave-59th St [N, Q, R] •
shop.mlb.com • 212 758 7844 •
lu-sa 9h-19h, di 10h-18h
Plan p. 86-87 25 D8
Pour les inconditionnels du baseball ou par curiosité, voici la boutique des Yankees où vous trouverez tous les produits dérivés. Tout, depuis la casquette jusqu'au maillot, sans oublier les battes et les gants.

Niketown New York *(mode)*
6 E 57th St (entre E 56th et E 57th St) •
M 5th Ave-53rd St [E, M], 57th St [F] •
store.nike.com/us • 212 891 6453 •
lu-sa 10h-20h, di 11h-19h
Plan p. 86-87 29 D8
Ce magasin sur cinq étages est consacré à la célèbre marque américaine. Certains articles portent la griffe de célèbres "égéries" de Nike, comme les sportifs LeBron James, Michael Jordan, Tiger Woods ou bien celle de joueurs de foot européens. Le dernier étage offre une ligne plus stylée. Dans le NikeID Studio, vous pourrez commander votre paire de chaussures sur mesure ou presque.

A Time For Children
(mode, loisirs)
506 Amsterdam Ave (entre 84th et 85th St) • M 79th St [1] •
atimeforchildren.org • 212 580 8202 •
lu-sa 10h-19h, di 11h-18h
Plan p. 86-87 13 B5

Il y en a pour tous les goûts ici : livres pour enfants, jouets originaux, vêtements (du bébé au préadolescent) et toute une panoplie de gadgets utiles et éducatifs (sac d'école, *lunch boxes*, etc.), de quoi ramener un souvenir original. Par ailleurs, 100 % des bénéfices sont reversés à une œuvre caritative aidant les enfants de New York, The Children's Aid Society.

Giggle *(mode, loisirs)*
1033 Lexington Ave (angle 74th St) • Ⓜ 77th St [4, 6] • giggle.com • 212 249 4249 • lu-sa 10h-19h, di 11h-18h
Plan p. 86-87 ⑳ D6
Drôle de nom pour cette enseigne. *Giggle* veut dire en effet "fou rire". C'est une enseigne de puériculture, et ici on ne rigole pas avec le confort de bébé. Vêtements, poussettes, jouets et accessoires des plus inventifs, on y trouve tout ce qui peut rendre la vie de bébé et des parents la plus douce possible.

Pottery Barn Teens *(décoration)*
1451 2nd Ave (entre E 75th St et E 76th St) • Ⓜ 77th St [6] • pbteen.com • 212 879 2513 • lu-ve 9h-19h (sa-di 21h)
Plan p. 86-87 ⑲ E6
Voici la version Pottery Barn pour ados, avec sa ligne de linge de lit mais aussi de la bagagerie, des accessoires, des gadgets.

Pottery Barn Kids *(décoration)*
1311 2nd Ave (entre E 68th St et E 69th St) • Ⓜ 68th St-Hunter College [6] • potterybarnkids.com • 212 879 4746 • lu-sa 10h-19h, di 12h-18h
Plan p. 86-87 ㉑ E7
Pour bébé qui vient d'arriver ou pour les enfants sages, vous trouverez ici une gamme raffinée de cadeaux : vêtements, peluches, draps, linge de toilette, jouets. Possibilité de faire broder le linge. La marque Beatrix Potter propose d'adorables sets de vaisselle et de dînette, de jolies assiettes mélaminées et des housses de couettes.

Blades *(loisirs)*
156 W 72nd St (entre W 71st et W 72nd St) • Ⓜ 72nd St [1, 2, 3] • blades.com • 212 787 3911 • lu-sa 10h-20h, di 10h-19h
Plan p. 86-87 ⑤ B6
Mini-chaîne destinée aussi bien aux rollerskaters qu'aux skateboarders. Autre adresse dans Downtown p. 202.

West Side Kids *(loisirs)*
498 Amsterdam Ave (angle 84th St) • M 86th St [B, C, 1] • westsidekidsnyc.com • 212 496 7282 • lu-sa 10h-19h, di 11h-18h
Plan p. 86-87 12 B5
Depuis 30 ans, cette boutique de jouets fait le bonheur des bambins de l'Upper West Side. Vous y trouverez tout pour les *kids* : des jouets pour bébés, des livres, des jeux pour enfants, des kits de création, des poupées... C'est aussi l'occasion d'y faire un petit saut avant d'aller pique-niquer à Central Park (situé à deux blocs) pour y acheter des ballons, jeux de bulles, kits de baseball...

Michael's *(loisirs)*
808 Columbus Ave (entre W 97th St et W 100th St) • M 96th St [B, C, 1, 2, 3] • michaels.com • 212 865 0813 • lu-sa 9h-22h, di 8h-23h
Plan p. 86-87 15 B3
Un magasin consacré aux arts décoratifs et aux activités manuelles. Exposition permanente avec perles, papier, colle, fil, cadres, du matériel de camping d'intérieur et expo temporaire ayant pour thème la saison (Pâques, Noël...).

The Children's General Store *(loisirs)* WOW
168 E 91st St (entre Lexington et 3rd Ave) • M 86th St [4, 5, 6], 96th St [6] • 212 426 4479 • lu-ve 10h-18h30 (sa 18h), di 11h-16h
Plan p. 86-87 16 D4
Ce petit magasin déborde de joujoux par milliers, du sol au plafond ! Des jouets à la mode, des Playmobil, des superhéros et des accessoires au graphisme original (coussins, porte-clés en forme de donuts...).

Eloise At The Plaza *(loisirs)*
Plaza Hotel, 1 W 58th St (angle 5th Ave) • M 57th St [F], 5th Ave-59th St [N, Q, R] • theplazany.com • 212 546 5460 • lu-sa 10h-20h, di 11h-18h WOW
Plan p. 86-87 28 C8-D8
La boutique très chic à l'effigie d'Eloise, cette petite héroïne de romans pour enfants, qui fait les 400 coups dans les couloirs du Plaza Hotel.

Papyrus *(papeterie)*
852 Lexington Ave (entre E 64th et E 65th St) • M Lexington Ave-63rd St [F] • papyrusonline.com • 212 717 0002 • lu-ve 9h-19h, sa 10h-18h, di 11h-18h
Plan p. 86-87 22 D7
C'est l'endroit idéal pour dénicher des cartes originales. On y trouve aussi des cadeaux typiques avec imprimés ou citations à ramener dans les bagages : aimants,

carnets, sacs, calendriers, tasses... Les articles varient en fonction des saisons.

Albertine *(librairie)*
972 5th Ave (entre 78th et 79th St) • M 77th St [6] • albertine.com • 212 650 0070 • lu-sa 11h-19h, di 11h-18h
Plan p. 86-87 18 D5
Projet culturel de l'ambassade française, Albertine est une librairie fréquentée par les locaux pour son abondance en ouvrages français. Ils ont une belle section de livres pour enfants, donc si vous avez oublié d'en glisser dans votre valise, ici vous trouverez de quoi compenser.

Book Culture *(livres, cadeaux)*
450 Columbus Ave (entre 81st et 82nd St) • M 81st St [B, C] • bookculture.com • 212 595 1962 • lu-sa 9h-22h, di 9h-20h
Plan p. 86-87 9 B5
Cette librairie de l'Upper West Side est pleine de livres de toutes catégories et pour tous les âges. Vous y serez bien conseillé. La boutique est spacieuse et découpée en plusieurs sections, dont l'une avec de nombreux cadeaux et accessoires originaux et de bon goût pour la maison.

Barnes and Noble *(livres, cadeaux)*
2289 Broadway (angle 82nd St) • M 79th St [1] • barnesandnoble.com • 212 362 8835 • tlj 9h-22h
Plan p. 86-87 11 A5
Grande chaîne de magasins de livres, cadeaux, jouets... Vous pourrez flâner dans les rayons et trouver des choses originales et typiquement new-yorkaises. Les *kids* aimeront retrouver les livres de leurs personnages favoris et des jouets à leur effigie. N'hésitez pas à vous installer avec un livre, au café du magasin, pour une petite pause gourmande dans un cadre calme et cosy.

Apple Store *(informatique)*
767 5th Ave (entre E 58th St et E 59th St) • M 5th Ave-59th St [N, Q, R] • apple.com • 212 336 1440 • tlj 24h/24
Plan p. 86-87 27 D8
Pour les aficionados de la marque à la pomme, c'est le plus spectaculaire des magasins de la marque. Il est ouvert 24h/24, 365j/365 ! À voir ne serait-ce que pour son incroyable architecture, car n'oubliez pas que pour les ordinateurs nous n'avons pas le même clavier. D'autres boutiques sont dispersées dans Manhattan.

It'Sugar *(alimentation, cadeaux)*
1870 Broadway, Unit B (entre 61st et 62nd St) • M Columbus Circle [A, B, C, D, 1] • itsugar.com • 212 956 3423 • lu-je 9h-23h (ve-sa 23h59), di 10h-23h
Plan p. 86-87 1 B8
Voir descriptif dans Lower Manhattan p. 196.

Dylan Candy B *(alimentation, cadeaux)* WOW
1011 3rd Ave (entre E 60th St et E 61st St) • M Lexington Ave-59th St [N, Q, R] • dylanscandybar.com • 646 735 0078 • lu-je 10h-21h, ve-sa 10h-23h, di 11h-21h
Plan p. 86-87 24 E8
Quand Dylan, la fille de Ralph Lauren, se met en tête de créer une boutique de bonbons, cela donne cette boutique colorée et surprenante avec une incroyable variété de bonbons, d'énormes sucettes colorées et plein d'idées de cadeaux originaux. Au 1er étage se trouvent un salon de thé et un glacier dont le décor très ludique va plaire aux enfants.

Zabar's *(alimentation)*
2245 Broadway (angle 80th St) • M 79th St [1] • zabars.com • 212 787 2000 • lu-ve 8h-19h30 (sa 20h), di 9h-18h
Plan p. 86-87 7 A5
Ce magasin d'alimentation datant de 1934 est une épicerie haut de gamme. C'est ici que les Français de Manhattan, en mal du pays, viennent chercher leurs spécialités importées préférées. C'est l'endroit idéal pour acheter des choses à picorer dans Central Park, qui se trouve à quelques blocs.

Bloomingdale's *(grand magasin)*
1000 3rd Ave (entre E 59th St et E 60th St) • M 59th St [4, 5, 6], Lexington Ave-59th St [N, Q, R] • bloomingdales.com • 212 705 2000 • tlj 9h-22h
Plan p. 86-87 23 E8
L'un des très chics *department stores* de New York, dans l'Upper East Side, au sein d'un magnifique édifice Art déco.

BROOKLYN

Brooklyn est le *borough* tendance. En plein essor, il attire les résidents et les touristes par la variété et l'originalité de ses boutiques. Si vous recherchez des cadeaux artisanaux, des vêtements branchés et décontractés, des articles vintage, cette destination shopping ne manquera pas de vous séduire.

Brooklyn Denim Co *(mode)*
85 N 3rd 101 (entre Wythe Ave et Berry St) • M Bedford Ave [L] • brooklyndenimco.com • 718 782 2600 • lu-sa 11h-19h, di 12h-18h
Plan p. 110-111 3 F2
Si vous êtes un accro du jean, ne passez à côté de cette boutique dont la sélection est absolument incroyable. Des modèles, du sol au plafond, de marques à la mode (Hudson, James Jeans), classiques (Levi's) et même des marques américaines moins connues (Simon Miller et Kill City). Vous serez très bien conseillé par des vendeurs hyper compétents qui vous aideront à

trouver la perle rare. Mais la qualité, ça se paie...

Sweet William *(mode, loisirs)*
324 Wythe Ave (entre S 1st et Grand St • M Bedford Ave [L] • sweetwilliamltd.com • 718 218 6946 • lu-ve 11h-19h, sa-di 12h-19h
Plan p. 110-111 ② F2-F3
Cette adorable boutique propose des articles pour enfants de la naissance à 6 ans. Les vêtements sont sélectionnés parmi des marques de différents designers, toutes ayant fait la preuve d'une production éthique et respectueuse de l'environnement. Vous trouverez des pièces originales pour vos bambins. Les étagères sont remplies d'animaux en peluche de toutes sortes, plus attachants les uns que les autres.

Space Ninety 8 *(mode, loisirs)*
98 N 6th St (entre Wythe Ave et Berry St) • M Bedford Ave [L] • uospaces.com/ninety8/williamsburg-ny • 718 599 0209 • di-je 11h-20h (lu-me 21h, je 22h), ve-sa 10h-22h
Plan p. 110-111 ④ F2
Les graffitis sur les murs en brique rouge, les plantes vertes pendant des plafonds et le look vintage des produits de cette boutique-concept d'Urban Outfitters procurent une atmosphère décalée. Vous trouverez les produits de la marque, mais aussi des créations artisanales locales ou encore une échoppe de vinyls (For the Record). Le *rooftop* a été aménagé en restaurant pour permettre une petite pause pendant le shopping.

Mini Jake *(mode, loisirs)*
178 N 9th St (entre Bedford et Driggs Ave) • M Bedford Ave [L] • minijake.com • 718 782 2005 • di-ve 11h-18h (ma-ve 19h), sa 10h30-18h30
Plan p. 110-111 ⑦ F2
Élue meilleure boutique de mobilier pour enfants par le *NY Magazine,* cette jolie boutique aux murs en brique rouge est remplie de meubles pour les petits, d'articles de puériculture, de jouets et d'objets déco. Vous trouverez certainement des tas de choses à ramener qui n'existent pas en France. Coup de cœur pour les petits bodys imprimés avec des inscriptions spéciales Brooklyn.

The Brooklyn Kitchen *(loisirs)*
100 Frost St (entre Leonard St et Manhattan Ave) • M Bedford Ave [L] • thebrooklynkitchen.com • 718 389 2982 • lu-sa 10h-20h, di 11h-19h
Plan p. 110-111 ⑧ H1

On trouve de tout pour devenir un top chef made in USA dans ce temple de la cuisine s'étageant sur deux niveaux. Pour les plus experts, la sélection d'articles professionnels est abondante. Si vous êtes fan de cuisine américaine, vous trouverez ici un grand choix de livres de recettes pour régaler votre tribu avec des spécialités locales de retour à la maison. N'hésitez pas à jeter un œil dans les salles superbement équipées qui servent aux cours de cuisine.

Pink Olive *(loisirs, cadeaux)* WOW
167 Fifth Ave (entre Lincoln et Berkeley Pl) • M Union St [R], Bergen St [2, 3], 7th Ave [B, Q] • pinkolive.com • 718 398 2016 • lu-sa 11h-19h (di 18h)
Plan p. 110-111 1 E4
Entrer chez Pink Olive c'est entrer dans la caverne d'Ali Baba ! Vous y trouverez plein d'idées pour faire de jolis cadeaux, tous plus sympa et originaux les uns que les autres. Vaste choix de cadres et d'affiches sur New York, bougies au parfum peu commun, mugs, cartes, bijoux artisanaux... Tout est de bon goût.

Desert Island *(librairie)* WOW
540 Metropolitan Ave (entre Union Ave et Lorimer St) • M Lorimer St [L] • desertislandbrooklyn.com • 718 388 5087 • lu-sa 12h-21h (di 19h)
Plan p. 110-111 9 H2
Si vous êtes fan de comics, c'est le magasin à ne pas manquer. Ne vous attendez pas à fouiller parmi des tirages anciens. Ici, la sélection comprend des sorties récentes, des éditions limitées de posters... Venez jeter un œil pour le plaisir de la découverte ou pour trouver de quoi élargir votre collection. Les vendeurs sont connaisseurs et seront ravis de vous conseiller.

LES MARCHÉS

Les marchés ne font pas partie de la culture américaine à proprement parler mais le phénomène de marchés de produits locaux et de spécialités culinaires ou d'artistes proposant des articles vintage et des créations artisanales est en plein essor à New York. Voici nos adresses préférées :

Chelsea Market WOW
75 9th Ave (entre W 15th St et W 16th St) • M 14th St [A, C, E], 8th St [L] • chelseamarket.com • 212 243 6005 • tlj 7h-21h (di 8h-20h)
Plan p. 52-53 2 B2
Cet ancien building industriel réhabilité en marché abrite des stands divers et variés : boucheries, poissonneries, boulangeries, pâtisseries... mais aussi des restaurants, des glaciers, des bars pour manger sur place.

Union Square Greenmarket

Union Square (angle Broadway et E 17th St) • M 14th St-Union Sq [N, Q, R, L, 4, 5, 6] • grownyc.org • 212 788 7900 • lu, me, ve, sa 8h-18h

Plan p. 52-53 (18) E2

Ce marché, mis en place dans les années 1970, connaît aujourd'hui un grand succès. Il rassemble en haute saison plus de 140 producteurs et commerçants. Grande variété de fruits et légumes de saison, fromages fermiers, poissons, charcuteries, pain artisanal, fleurs et plantes. La qualité, l'origine, tout, ici, est garanti. Quelques événements ou démonstrations de cuisine animent aussi le marché.

Grand Central Market

WOW

89 E 42nd St (dans la gare de Grand Central) • M Grand Central-42nd St [4,5,6] • 212 983 2845 • grandcentralterminal.com • lu-ve 7h-21h, sa 10h-19h, di 11h-18h

Plan p. 64-65 (24) E4

Probablement le plus inattendu des marchés de Manhattan, lové au cœur de la gare de Grand Central. Prenez le temps de déambuler entre les étals, vous y trouverez les meilleures sélections de fromages, pains et charcuteries de la ville.

Artists & Fleas

70 N 7th St (entre Kent et Wythe Ave) • M Bedford Ave [L] • artistsandfleas.com • 917 488 4203 • tlj 10h-19h

Plan p. 110-111 (5) F2

Depuis 2003, ce marché populaire regroupe une variété d'artistes et de créateurs indépendants. On y trouve des articles vintage, des vêtements, des bijoux, des posters, des photos et affiches uniques ainsi que des objets artisanaux... Autant de petits trésors originaux qu'il sera plus que tentant de ramener dans vos valises !

Brooklyn Flea

50 Kent Ave (entre N 11th et N 12th St) • M Bedford Ave [L] • brooklynflea.com • 718 928 6603 • di 10h-17h (avr-déc)

Plan p. 110-111 (6) F1

Les vendeurs de ce marché aux puces se regroupent tous les dimanches d'avril à décembre sur les bords de la rivière, face à Manhattan, dans une atmosphère très animée. L'ambiance et la vue valent le coup à elles seules. Par ailleurs, on y trouve vraiment de tout : objets et vêtements vintage, antiquités, créations artisanales, spécialités culinaires. Si vous êtes amateur, vous trouverez certainement une nouvelle pièce à ajouter à votre collection.

Où est-ce qu'on dort ?

New York ne manque pas d'hôtels et, bonne nouvelle pour les familles, bon nombre d'entre eux disposent de chambres avec deux grands lits, parfaites pour héberger votre tribu. Quand on parle de "grands lits", il faut savoir qu'il existe trois tailles : *double bed* (137 × 190 cm), *queen bed* (152 × 203 cm), *king bed* (198 × 203 cm). Nous avons sélectionné les hôtels qui offrent le meilleur rapport qualité-prix et des accès au métro avec le minimum de marche. Outre le prix, l'emplacement dans Manhattan a aussi son importance. La ville étant très étendue, on ne peut pas tout faire à pied. Il va donc vous falloir hiérarchiser vos besoins et vos envies pour déterminer quel quartier est le mieux adapté pour votre séjour. Les prix ne comprennent presque jamais le petit déjeuner. Autre possibilité pour héberger à bon compte votre tribu, la location d'appartement.

Nos adresses préférées sont signalées par ce sigle

HÔTELS ET APPARTS-HÔTELS

Les tarifs des hôtels varient toujours en fonction du taux d'occupation et de la saison, mais à New York ce principe est poussé à l'extrême et les prix varient comme les cours de la bourse. Il vous faudra donc consulter les sites Web des hôtels en direct, mais également comparer ces tarifs avec ceux proposés par des centrales de réservation comme booking.com, expedia.com, hotels.com, laterooms.com... et le faire à plusieurs reprises ! Pour vous aider à vous repérer, nous avons fait un classement par gamme de prix sur la base d'un hébergement pour 2 adultes et 2 enfants, réservé 2 mois à l'avance (taxe locale de 14,76 % incluse).

$ = moins de 250 $
$$ = entre 251 $ et 370 $
$$$ = entre 371 $ et 450 $
$$$$ = plus de 450 $

LOCATIONS D'APPARTEMENTS

Une alternative intéressante est la location d'appartement de courte durée. Des sites proposent leurs services pour mettre en relation des particuliers en toute sécurité. En voici quelques-uns : airbnb.fr, friendlyrentals.com, homelidays.com, interhome.com ou waytostay.com

Voici quatre symboles pour vous permettre de repérer facilement les petits plus de nos hôtels.

W Wi-fi gratuit dans les chambres
R Restaurant sur place
K Kitchenette et/ou four à micro-ondes
P Piscine

LOWER MANHATTAN

Dans cette partie sud de la ville se trouvent deux quartiers à la mode : TriBeCa, une ex-zone industrielle où les entrepôts sont devenus des lofts hors de prix attirant des résidents jeunes, riches et célèbres ; Lower East Side (LES), autrefois quartier traditionnel d'immigrants, qui est aujourd'hui en plein boom immobilier.

Smyth Tribeca

85 W Broadway (entre Chambers St et Warren St) • M Chambers St [1, 2, 3] (1 min) • thompsonhotels.com • 212 587 7000
$$$ • 100 ch.
R Plan p. 40-41 2 C2

Les designers du Smyth Tribeca ont fait preuve d'élégance et de sophistication pour décorer avec originalité ce tout nouvel hôtel, temple de la branchitude. Le hall impressionnant vous plonge dans un monde feutré et luxueux. Des éclairages, qui semblent parcimonieux, mettent en valeur des murs où alternent noir laqué et beige profond, des canapés de cuir bronze, un audacieux design contemporain souligné de quelques touches vintage. Les *Double Deluxe* profitent d'un bel espace de 33 m² et sont parfaites pour les familles avec leurs 2 lits *double*. Le restaurant Plein Sud propose une gastronomie aux influences françaises.

Cosmopolitan Tribeca Hotel

95 W Broadway (entre Chambers St et Reade St) • M Chambers St [1, 2, 3] (1 min) • cosmohotel.com • 212 566 1900
$$$ • 129 ch.
W Plan p. 40-41 1 C2

Situé dans une rue animée à la frontière de Soho et TriBeCa, cet hôtel est idéal pour ceux qui veulent séjourner impérativement dans ce quartier très à la mode. Côté chambres, on a le choix entre la *Deluxe Double Double* (20 m²) avec 2 lits doubles et la *Family suite* (23 m²) prévue pour 5 personnes (avec 2 lits *queen* et 1 canapé-lit). Préférez les chambres moins bruyantes qui donnent sur l'arrière ou les étages supérieurs. Les dormeurs au sommeil léger pourront être incommodés par la climatisation assez bruyante.

DOWNTOWN

Séjourner à Soho, c'est vous exposer à de nombreuses tentations, car vous serez en plein cœur de la Mecque du shopping. Un peu plus haut se trouve Chelsea, un quartier résidentiel composé de charmants petits immeubles en brique rouge.

Four Points by Sheraton Manhattan Chelsea

160 W 25th St (entre 6th et 7th Ave) • M 23rd St [1] (1 min) • sheratontribeca.com • 212 627 1888
$$ • 158 ch.
W R Plan p. 52-53 ② C1-D1

Le Four Points est situé à proximité du Madison Square Garden et du Flatiron, dont l'architecture originale en a fait l'un des immeubles emblématiques de la ville. Cet hôtel de style classique propose, à des prix raisonnables, des chambres pour 4 personnes, la *Traditional 2 Double* avec 2 lits *double*. Fonctionnelles et au confort moderne, elles sont cependant de taille modeste (20 m^2). Le restaurant possède une terrasse donnant sur la rue, très agréable pour les beaux jours.

Solita Soho Hotel

159 Grand St (entre Lafayette St et Centre St) • M Canal St [6] (3 min) • solitasohohotel.com • 212 925 3600
$$ • 42 ch.
W Plan p. 52-53 ⑤ F5

Nul besoin de bottes de sept lieues pour passer d'un continent à l'autre. Changer de trottoir suffit pour se rendre dans les univers aussi différents qu'exotiques que sont Little Italy et Chinatown, car le Solita Soho Hotel est implanté à la lisière de ces deux quartiers animés. Les *2 Double*, avec leurs 2 lits *double*, peuvent accueillir jusqu'à 4 personnes. Demandez les chambres situées dans les derniers étages, plus au calme. Un personnel avenant et une ambiance chaleureuse règnent dans ce petit hôtel moderne et confortable à prix raisonnable. Pour les nostalgiques de Paname, une brasserie française, le Parigot, est installée juste au pied de l'hôtel.

Dream Downtown

355 W 16th St (entre 8th et 9th Ave) • M 14th St [A, C, E] (3 min) • dreamdowntown.com • 212 229 2559
$$$ • 316 ch.
R P Plan p. 52-53 ① B2

Dans le quartier branché de Chelsea, le Dream Downtown est devenu, en peu de temps, l'adresse chic et *trendy* appréciée d'une clientèle jeune. Son imposante façade métallisée percée de hublots lui confère des allures de paquebot urbain où règne une ambiance luxueuse. L'hôtel se distingue par son architecture et son design particulièrement audacieux, avec son hall extravagant et le mobilier éclectique de ses chambres. Les *Silver Double Rooms* sont destinées aux familles avec leur espace de 30 m² qui comprend 2 lits *double*. Grande piscine extérieure avec terrasse et transats (accès réservé aux plus de 12 ans à partir de midi). Une boîte de nuit est installée sur le toit au 12e étage, évitez donc les étages avoisinants si vous préférez passer une nuit calme.

Gramercy Park Hotel

2 Lexington Ave (angle E 21st St, face au Gramercy Park) • M 23rd St [6] (3 min), 23 St [N,R] (7 min) • gramercyparkhotel.com • 212 920 3300
$$$ • 184 ch.
R Plan p. 52-53 ③ F1

Ambiance très chic pour ce palace trônant face au Gramercy Park où vos jeunes pousses pourront s'ébattre. Ian Schrager, que l'on surnomme l'inventeur des "hôtels-boutiques", est l'heureux propriétaire de cet établissement dont le hall ressemble à un manoir opulent avec tapisseries et moquettes rouge flamboyant. Aux murs sont accrochées des œuvres d'art qui semblent sortir tout droit du MoMA. Les *Doubles Deluxe* sont dotées de 2 grands lits permettant de loger luxueusement votre couvée. Attention, cette catégorie n'offre que des vues sur la cour intérieure aux fenêtres, des persiennes en bois occultent astucieusement le vis-à-vis). Pour la vue sur le parc, les prix s'envolent !

Thompson LES

190 Allen St (angle E Houston St) • M 2nd Ave [F] (2 min) • thompsonhotels.com • 212 460 5300
$$$ • 141 ch.
R P Plan p. 52-53 ④ G4

Bien qu'un peu excentré, cet hôtel vaut le détour pour sa piscine extérieure, notamment par beau temps. Avec sa terrasse et ses transats, vous pourriez presque vous croire en vacances à Miami Beach ! Réalisé par des designers en vogue, cet hôtel attire une clientèle branchée venue pour y séjourner ou simplement pour prendre un verre au bar, dîner au restaurant ou danser au night-club. La *Double de Luxe* avec ses 38 m² de décor très hype, ses grandes baies vitrées et ses 2 grands lits, séduira les amateurs de design. Bonne nouvelle pour les dormeurs au sommeil sensible, cette catégorie donne sur Orchard St (bien plus calme que ses voisines). Le night-club est au 7e étage, demandez donc des chambres dans les étages élevés (il y en a 18 en tout !).

MIDTOWN

Si vous voulez voir la ville qui ne dort jamais, c'est à Times Square qu'il faut être ! Enseignes lumineuses gigantesques, cohorte ininterrompue de passants, restaurants à touristes, et bien sûr les théâtres de Broadway. En revanche, en vous éloignant un peu vers les quartiers de Midtown West ou Garment, vous serez plus au calme. Midtown East regroupe les monuments incontournables de Manhattan (Empire State Building, Chrysler Building, Grand Central Station, ONU), offrant un décor de carte postale.

The Pod Hotel

230 E 51st St (entre 2nd et 3rd Ave) • M Lexington Ave-53rd St [E, M] (4 min) • thepodhotel.com • 212 355 0300
$ • 346 ch. et studios
W Plan p. 64-65 23 F2

The Pod, situé dans une rue calme, se démarque de ses concurrents grâce à sa déco fun et colorée. Pour les familles, notre préférence va aux *Townhouse Studios* avec 1 lit *king size*, 2 lits gigognes, des poufs rigolos et une salle de bains. Pour les budgets plus serrés, il existe des chambres *Double Double*, plus petites avec 2 lits doubles, mais sans salle de bains privative. Les salles de bains communes sont bien tenues et au nombre de 4 par étage.

Seton Hotel

144 E 40th St (entre Lexington Ave et 3rd Ave) • M Grand Central-42nd St [7] (4 min) • setonhotelny.com • 212 889 5301
$ • 60 ch.
W Plan p. 64-65 24 F4

Ce petit hôtel à l'ambiance familiale bénéficie d'une excellente situation à proximité du Chrysler Building. Dans la catégorie petit budget, le Seton est d'un bon rapport qualité-prix. La plupart des chambres ont récemment bénéficié d'un relooking très réussi. Lors de votre réservation, demandez une *renovated room*. Quant au choix de la chambre, il est simple : soit la *Premium 2 Doubles* (2 lits *queen*), soit la *Luxe Executive Suite* (chambre avec 1 lit *king* et 1 sofa convertible dans l'espace salon séparé).

NYMA Hotel

6 W 32nd St (entre 5th et 6th Ave) • M 34th St-Herald Sq [N, Q, R] (3 min) • applecorehotels.com • 212 643 7100
$ • 171 ch.
W Plan p. 64-65 28 E4

En plein cœur du quartier coréen, cet hôtel est un parfait pied-à-terre pour les budgets serrés (l'un des moins chers de notre sélection). Le NYMA s'enorgueillit d'avoir respecté l'environnement lors des travaux d'embellissement de son petit hall aux couleurs acidulées. Les couloirs sont certes un peu tristounets, mais une fois dans la *Double Bed* une bonne surprise vous attend : 2 grands lits très confortables. Le Mezzanine Lounge offre l'accès wi-fi gratuit ainsi que des boissons chaudes 24h/24. Et en plus, le petit déjeuner est gratuit.

Herald Square Hotel

19 W 31st St (entre 5th et 6th Ave) • M 34th St-Herald Sq [N, Q, R] (4 min) • heraldnyc.com • 212 279 4017

$ • 100 ch.

W Plan p. 64-65 30 E5

À deux pas de Korean Street, où sont installés de nombreux restaurants coréens, cet immeuble de 1883 a abrité les locaux du fameux journal *Life*. Aujourd'hui, c'est un hôtel au charme suranné. Des couvertures de *Life*, disséminées sur les murs, illustrent les événements marquants du début du siècle dernier. Plusieurs catégories de chambres sont offertes aux familles. Au choix : les Large *2 Double* (2 lits *double*) ou les *New Deluxe 2 Queen* (2 lits *queen*). Bonne nouvelle, le petit déjeuner est inclus dans le prix ainsi que des boissons chaudes mises à disposition dans le hall toute la journée. Excellent rapport qualité-prix pour cet hôtel au confort certes basique, mais à l'atmosphère originale.

TRYP Times Square South

345 W 35th St (entre 8th et 9th Ave) • M 34th St-Penn Station [A, C, E] (7 min) • tryphotels.com • 212 600 2440

$$ • 173 ch.

W R Plan p. 64-65 3 C4

Dès l'entrée, on est immédiatement séduit par le hall : bois cérusé, sofas parés de patchwork aux couleurs vives et le Gastrobar@35th pour se restaurer du matin au soir. Mention spéciale pour le design original des chambres : plancher en bois, tête de lit en ardoise recouverte de mots en anglais (bon exercice pour les enfants !). Cet établissement au cadre moderne et chaleureux est une adresse idéale pour les familles du fait de ses nombreuses configurations. Au choix, les *Deluxe Rooms* de 25 m² avec 2 lits *queen* ou, plus confortables encore, les *Premium City View Rooms* (40 m²) avec un lit *king* pour les parents, un salon séparé avec un sofa pour les enfants et 2 salles de bains. Et pour les grandes familles, les *Family Rooms* peuvent loger jusqu'à 6 personnes avec un grand lit pour les parents, un sofa convertible et 2 lits superposés.

Staybridge Suites

340 W 40th St (entre 8th et 9th Ave) • M Times Square-42nd St [1, 2, 3] (6 min) • ichotelsgroup.com • 212 757 9000

$$ • 310 suites

R K Plan p. 64-65 5 C4

Le Staybridge Suites offre les services d'un hôtel moderne et les avantages d'un appartement. Style contemporain très réussi pour la décoration des *Double Beds Studio Suites* qui sont dotés de 2 grands lits et d'une kitchenette attenante, parfaitement équipée avec four à micro-ondes, plaque de cuisson, grand frigo, vaisselle et lave-vaisselle. L'hôtel dispose même d'une blanchisserie en libre-service au sous-sol. Moyennant un supplément, vous pouvez bénéficier d'une belle vue sur Manhattan depuis les *Studios Suites 2 Double Beds View*. Petit déjeuner gratuit servi au Green House Atrium et, 3 fois par semaine, boissons et amuse-bouches sont offerts en début de soirée.

Distrikt Hotel

342 W 40th St (entre 8th et 9th Ave) M 42nd St-Port Authority Bus Terminal [A, C, E] (5 min) • districthotel.com • 212 706 6100
$$ • 155 ch.
W R Plan p. 64-65 6 C4

Situé dans une rue calme (tout est relatif bien sûr à New York), à proximité de Times Square sans en avoir les inconvénients, cet hôtel contemporain offre un cadre raffiné et très cosy. Les *Deluxe Doubles,* décorées de teintes chocolat et beige, sont très spacieuses avec leurs 2 lits pour accueillir parents et enfants en quête d'élégance à prix raisonnable. Notre préférence va aux *Grandview Doubles,* situées entre le 15e et le 32e étage, offrant une vue superbe sur l'ouest de Manhattan et la rivière Hudson. Certes, c'est un peu plus cher, mais c'est d'en haut que la vue sur New York est la plus belle ! Le petit déjeuner est gratuit et servi sous forme de buffet. Café et thé sont également à disposition toute la journée dans le hall.

Yotel Times Square

570 10th Ave (angle W 42nd St) • M 42nd St-Port Authority [A, C, E] (7 min), Times Sq-42 St [S] (11 min) • yotel.com • 646 449 7700
$$ • 669 ch.
W R Plan p. 64-65 8 B3

Cet hôtel au design futuriste va séduire les amateurs de high-tech. Ses concepteurs y ont appliqué leur devise avec bonheur et élégance : un maximum d'équipement et de confort dans un minimum de place à un prix sage. À dominante blanche et aux lignes épurées, les chambres, appelées *cabin*, sont superbement décorées et fonctionnelles : lit en partie repliable à la manière des sièges en classe affaire dans les avions (ce qui permet par ailleurs d'avoir plus de place pour circuler dans la chambre dans la journée), coin bureau, salle de bains séparée par une paroi de verre. Pas de minibar en chambre, mais à chaque étage, une cuisine équipée est à disposition. Les familles choisiront les *Premium Cabin Queen* avec 1 lit *queen* pour les parents et lit(s) superposé(s) pour les enfants. Au choix, 16 m² et 1 lit en hauteur pour 1 enfant ou 31 m² et 2 lits superposés. Enfants agités, en bas âge ou somnambules s'abstenir ! Ergonomie et technologie pointue sont déclinées partout : robot pour ranger les bagages dans le hall, check-in automatisé, tables ajustant leur hauteur au restaurant japonais. Au 4e étage, bar et superbe terrasse à l'ambiance branchée.

Travel Inn Hotel
515 W 42nd St (entre 10th et 11th Ave) • M 42nd St-Port Authority Bus Terminal [A, C, E] (8 min) • thetravelinnhotel.com • 212 695 7171
$$ • 160 ch.
K P Plan p. 64-65 9 B3

Le Travel Inn est conçu comme un motel, à l'image de ceux que l'on voit au cinéma, dans les *road movies*. Et pourtant on n'est qu'à 15 min de Times Square ! Les chambres, toutes équipées de 2 lits doubles, sont disposées autour d'une grande piscine avec transats. Certes, leur décoration est un peu datée, mais elles sont grandes (25 m²) et dotées d'un équipement appréciable pour les familles (micro-ondes, réfrigérateur, console Nintendo). Retenons le prix intéressant en plein New York de cet hôtel qui par ailleurs comporte une piscine ! Que demander de plus ?

Econolodge Times Square
302 W 47th St (angle 8th Ave) • M 50th St [C, E] (4 min) • econolodge.com • 212 246 1991
$$ • 50 ch.
Plan p. 64-65 11 C3

Pour les petits budgets et les voyageurs avec peu de bagages, ce petit hôtel présente de nombreux avantages : situation idéale dans une rue calme, mais à proximité de l'animation de Times Square ; petit déjeuner inclus et boissons chaudes à disposition toute la journée ; personnel disponible et sympathique. Certes, la chambre double avec ses 17 m² (mais 2 lits *double*) est de taille modeste, mais cet inconvénient tend à se faire oublier au regard de son prix plus que raisonnable pour le quartier.

Hilton Garden Inn Times Square
790 8th Ave (entre W 48th St et W 49th St) • M 50th St [C, E] (2 min) • hiltongardeninn3.hilton.com • 212 581 7000
$$ • 369 ch.
W K R Plan p. 64-65 13 C2

Voici un excellent rapport qualité-prix pour séjourner à deux pas de Times Square. Récemment rénové, cet hôtel propose des chambres agréablement décorées et très confortables (28 m²) dotées en prime d'un micro-ondes et d'un petit frigo pour jouer à la dînette. Seul défaut à noter, la petite taille des salles de bains. Les *2 Queen Beds* sont parfaites mais, moyennant quelques dollars de plus, vous aurez droit à une *2 Queen Beds Deluxe* située dans les étages élevés avec une très belle vue sur la ville. Petite référence à Paris, le restaurant Pigalle situé dans l'hôtel.

Crowne Plaza Times Square

1605 Broadway Ave (angle W 48th St) • M 49th St [N, Q, R] (1 min) • cpmanhattantimessquare.com • 212 977 4000
$$ • 770 ch.
W R Plan p. 64-65 14 D2

Si vous cherchez un hôtel intime, vous n'êtes pas au bon endroit, le Crowne Plaza possédant 770 chambres. Mais si vous cherchez un bon rapport qualité-prix, bien situé près de Times Square avec des chambres lumineuses et élégantes pour abriter votre tribu, vous ne serez pas déçu. L'hôtel possède un grand nombre de chambres à 2 lits et le choix des vues : Hudson River ou Times Square. C'est un peu plus cher bien sûr ! Attention, l'hôtel possède une piscine, mais elle est réservée aux membres du club de sport. L'hôtel offre un forfait "Club Lounge" intéressant qui inclut le petit déjeuner continental, l'accès illimité à des boissons chaudes, des en-cas servis l'après-midi et le soir au Concierge Lounge ainsi que le wi-fi gratuit dans les chambres. Et, pour les enfants sages, la boutique M&M's est juste en face… mais attention aux caries !

The Skyline Hotel

725 W 10th Ave (angle 49th St) • M 50th St [C, E] (4 min) • skylinehotelny.com • 212 355 7300
$$ • 232 ch
W P Plan p. 64-65 15 B2

Au calme, bien que proche de Times Square, cet hôtel a élu domicile dans un quartier typique new-yorkais composé de rues bordées de maisons de ville. La décoration sobre et de bon goût ainsi que l'amabilité du personnel rendent ce lieu très chaleureux. Les chambres, dotées de 2 lits *doubles* ou 2 lits *queen,* sont spacieuses, propres et équipées d'un mini-réfrigérateur. Il y a un accès direct au restaurant voisin, qui propose un petit déjeuner copieux sous forme de buffet. Coup de cœur pour la petite piscine située au dernier étage qui permet de barboter tout en profitant d'une superbe vue sur les gratte-ciel.

Novotel New York Times Square

226 W 52nd St (angle Broadway) • M 7th Ave [B, D, E] (3 min) • novotel.com • 212 315 0100
$$ • 480 ch.
R Plan p. 64-65 16 D2

Séjourner au Novotel permet de bénéficier de l'ambiance de Times Square sans en subir les inconvénients. En effet, depuis les immenses baies vitrées du hall et du restaurant, situés tous deux au 5e étage, vous aurez une superbe vue sur Times Square. Mais c'est depuis les chambres *Times Square View* que vous en prendrez plein les yeux. De jour, et surtout de nuit, le spectacle est garanti ! Look moderne et assez réussi pour les *2 Beds Rooms* composées de 2 lits pouvant accueillir douillettement votre petite tribu. L'hôtel prend soin des familles en proposant 152 chambres dans cette catégorie. Petit bonus signé Novotel, le petit déjeuner est gratuit pour les moins de 16 ans et une console de jeux est à disposition dans le hall. Et, bien sûr, si l'anglais n'est pas votre fort, vous trouverez de l'aide à la réception auprès du personnel francophone.

Omni Berkshire Place

21 E 52nd St (entre Madison et 5th Ave) • M 5th Ave-53rd St [E, M] (3 min) • omnihotels.com • 212 753 5800
$$ • 396 ch.
R Plan p. 64-65 19 E2

Une adresse chic, digne du quartier, offrant un environnement cossu pour un excellent rapport qualité-prix. Le hall en marbre avec ses brassées de fleurs donne tout de suite le ton. Les *Deluxe Double Double* possèdent 2 grands lits. Si vous vous sentez à l'étroit dans ces chambres de 25 m², optez pour la catégorie supérieure, la *Premier Double Double* qui affiche 34 m² et une belle vue sur Madison ou la 52nd St.

The Kimberly Hotel

145 E 50th St (entre 3rd et Lexington Ave) • M 51st St [4, 6] (2 min) • kimberlyhotel.com • 212 702 1600
$$ • 188 ch. et suites
K Plan p. 64-65 22 F2

Dès le hall, on pénètre dans un décor impérial et opulent parsemé de statues, de chandeliers, d'horloges, de dorures, de miroirs, de tapis, de fauteuils… Mobilier style Empire, murs et tissus aux tons beiges, crème et blanc habillent les vastes suites. Elles sont toutes équipées d'une kitchenette et certaines ouvrent même sur un balcon, ce qui est un plaisir rare à New York. Les *Luxury One Bedroom* occupent une surface de 37 m² et proposent 2 lits *double*. Pour un prix légèrement plus élevé, *l'Executive One Bedroom* offre une chambre de 60 m² avec un lit *king* et un living équipé d'un sofa convertible pour les enfants. Au 30e étage, le superbe bar-lounge offre un panorama sur les gratte-ciel et le Chrysler Building. On ne se lasse pas de cette vue fascinante le jour et plus encore la nuit.

Murray Hill East Suites

149 E 39th St (entre Lexington Ave et 3rd Ave) • M Grand Central-42nd St [7] (4 min) • murray-hill-east.hotel-rv.com • 212 661 2100
$$ • 117 suites
K Plan p. 64-65 25 F4

Pour ceux qui privilégient l'espace et l'indépendance, le Murray Hill représente une bonne adresse. Les suites sont très spacieuses et offrent 1 ou 2 chambres, un salon et une cuisine entièrement équipée. On se croirait dans un véritable appartement. Certes, la décoration date un peu et les télés ne sont pas toutes des écrans plats, mais son rapport qualité-prix est excellent. Les *Standard One Bedroom* (56 m^2), avec 1 *king* ou 2 *double* dans la chambre et un sofa convertible dans le salon séparé, sont parfaites pour les familles. Il existe aussi des *Two Bedrooms* mais les tarifs sont beaucoup plus élevés.

Comfort Inn Manhattan

42 W 35th St (entre 5th et 6th Ave) • M 34th St-St Herald Sq [N, Q, R] (3 min) • comfortinnmanhattan.com • 212 947 0200
$$ • 131 ch.
W R Plan p. 64-65 29 E5

Situation idéale, juste à deux pas de l'Empire State Building, pour cet hôtel bon marché. Il possède 2 restaurants où il est agréable de prendre un “vrai” petit déjeuner à l'américaine, avec céréales, fruits, œufs, charcuterie et de succulentes gaufres. Décor sobre et moderne pour les chambres dont les *New York City Double Rooms* qui disposent de 2 lits doubles pouvant accueillir jusqu'à 4 personnes. Des boissons chaudes sont à disposition toute la journée dans le hall.

Clarion Hotel Park Avenue

429 Park Ave South (entre E 28th St et E 29th St) • M 28th St [6] (2 min), 33rd St [6] (9 min) • clarionhotel.com • 212 532 4860
$$ • 60 ch.
W Plan p. 64-65 31 F5

Trouver un hôtel bon marché sur Park Avenue relève du défi. Nous sommes donc ravis d'avoir déniché ce petit hôtel dont le hall certes un peu vieillot cache néanmoins une bonne surprise : des chambres simples, mais confortables et surtout récemment rénovées. Les *2 Double Beds* ont toutes vue sur la très chic Park Avenue. Dotées de 2 grands lits, elles offrent un nid douillet pour une famille de 4 avec en prime le wi-fi gratuit. Petit clin d'œil, le *coffee shop* s'appelle “Café au lait”. Même si votre anglais n'est pas au top, vous saurez le trouver ! De plus, le petit déjeuner continental est gratuit.

Ramada Eastside

161 Lexington Ave (angle E 30th St) • M 33rd St [6] (5 min) • ramada.com • 212 545 1800
$$ • 101 ch.
W K Plan p. 64-65 32 F5

À deux pas de Grand Central Station, le Ramada Eastside a sa place dans la catégorie bon rapport qualité-prix. Confort moderne et standard pour les chambres *Deluxe Double* (2 lits *queen*) avec quelques avantages appréciables, tels un petit frigo, un micro-ondes et une console de jeux. Le petit déjeuner est servi dans une petite salle au sous-sol avec un nombre de places restreint, l'accès est donc difficile aux heures de pointe. Mais, juste à côté, vous trouverez de bonnes alternatives pour bien démarrer votre journée.

Affinia Manhattan

371 7th Ave (angle W 31st St) • M 34th St-Penn Station [1, 2, 3] (2 min) • affinia.com • 212 563 1800
$$$ • 618 ch., studios et appart.
R K Plan p. 64-65 ② D5

Situé près de Macy's, cet appart-hôtel a bénéficié récemment d'un superbe lifting et propose non seulement des chambres, mais aussi un grand choix de studios, suites et appartements tous très joliment décorés. Avec pas moins de 11 variantes d'hébergement, c'est un vrai casse-tête pour décrire chacun d'entre eux, mais heureusement le site Web est très bien fait et vous y trouverez des plans détaillés. Notre préférence va aux catégories avec kitchenette.

Fairfield Inn & Suites Times Square

330 W 40th St (entre 8th et 9th Ave) • M 42nd St-Port Authority Bus Terminal [A, C, E] (4 min) • marriott.com • 212 967 9494
$$$ • 244 ch.
W R Plan p. 64-65 ④ C4

Membre de la chaîne Marriott, cet hôtel se trouve dans une rue plutôt calme. Le petit hall, tout vêtu de blanc, possède une cheminée au design contemporain qui lui confère un look très futuriste. Les *Double Guest Rooms* offrent un bel espace au décor moderne et chaleureux avec 2 grands lits très douillets. Pour quelques dollars de plus, grimpez dans les étages et réservez des *City View* pour en prendre plein les mirettes. Une fois les petits couchés, vous pourrez vous encanailler au Lounge Sky Room, le bar *hype* du 33e étage avec vue à 360° sur la ville ! Les petits déjeuners sont gratuits, de quoi ravir toute la famille.

Hilton Times Square

234 W 42nd St (entre 7th et 8th Ave) • M 42nd St-Port Authority Bus Terminal [A, C, E] (1 min) • hilton.com • 212 840 8222
$$$ • 460 ch.
R Plan p. 64-65 ⑦ C3

L'arrivée se fait en beauté dans cet hôtel qui débute au 15e étage en offrant une vue superbe sur Manhattan. Des chambres, pimpantes et haut perchées, vous aurez également de très beaux points de vue. Les chambres *Standard 2 Queen Beds* sont situées entre les 23e et 33e étages et comptent 31 m². Pour avoir un peu plus grand (2,5 m² de plus) et tutoyer les gratte-ciel, il faudra payer un peu plus cher et prendre une chambre *2 Queen Beds Deluxe*. Cette catégorie commence au 33e étage. Le restaurant se situe, quant à lui, au 21e étage.

W at Times Square

1567 Broadway (angle W 47th St) • M 49th St [N, Q, R] (2 min) • starwoodhotels.com • 212 253 9119
$$$ • 509 ch.
R Plan p. 64-65 12 D3

Membre de la chaîne chic et design W, cet établissement est idéalement situé en plein cœur de Times Square. Avec son hall design aux lumières tamisées, son mobilier contemporain et sa musique branchée, il attire une clientèle en quête d'hôtels chic et tendance. Les chambres sont spacieuses et habillées d'harmonieux camaïeux de blanc, rose, doré et gris. Le choix des familles se portera plutôt sur la *Spectacular Room* (27 m²) avec ses 2 lits *queen*. Face aux lumières de Broadway, le restaurant s'étend sur 2 étages reliés par un incroyable escalier flottant en acier. Il propose un menu enfant mais, branchitude oblige, il est très bruyant.

The Benjamin

125 E 50th St (entre E 50th St et E 51st St) • M 51st St [6] (1 min) • thebenjamin.com • 212 715 2500
$$$ • 209 ch. et suites
R K Plan p. 64-65 21 F2

The Benjamin se caractérise par son luxe et sa décoration raffinée. Atmosphère cosy pour les studios et suites, tous équipés d'une kitchenette. Pour les séjours en famille, l'hôtel propose deux solutions : les *Deluxe Studios* avec 2 lits *queen* et une surface de 27 m² et les *One Bedroom Suites* avec, au choix, 1 lit *king* ou *queen* plus un sofa convertible dans le salon, le tout dans un espace de 40 à 50 m². L'hôtel a pensé à ses jeunes clients en leur réservant une série d'attentions figurant dans le programme *Winks' Kidzz Club* : un oreiller tout doux, un mini-peignoir, des livres de contes ou d'histoires à lire avant le dodo, des céréales à disposition dans la cuisine, un hibou en peluche à l'effigie de la mascotte de l'hôtel, une visite au zoo de Central Park.

70 Park Avenue

70 Park Ave (angle E 38th St) • M Grand Central-42nd St [4, 5, 6] (8 min) • 70parkave.com • 212 973 2400
$$$ • 205 ch.
R Plan p. 64-65 26 F4

Campé fièrement sur Park Avenue, au n° 70 exactement, cet hôtel de luxe, récemment rénové, est membre de la chaîne Kimpton qui prend grand soin des enfants avec de petites attentions amusantes comme des mini-peignoirs, ici aux motifs panthère. Les parents auront la même version en plus grand. De quoi transformer la tribu en famille-panthère… Grrr ! Les *Queen Deluxe Rooms*, avec 2 lits *queen*, sont spacieuses (28 m^2) et décorées avec goût et originalité dans des tons violets. Petit bémol pour les salles de bains qui sont petites.

Affinia Shelburne

303 Lexington Ave (angle E 37th St) • M Grand Central-42nd St [7] (6 min) • affinia.com • 212 689 5200
$$$ • 253 suites et appart.
R K Plan p. 64-65 27 F4

Dans les apparts-hôtels de la chaîne Affinia, le Sherlbune avec ses couleurs vives et sa décoration moderne est notre chouchou. On y trouve un grand choix de chambres et d'appartements parfaitement équipés. Aux chambres et studios avec kitchenette (30 m^2) pouvant accueillir 2 adultes et 2 enfants, nous privilégions les suites, plus vastes et plus agréables. La *One Bedroom Suite* offre une chambre avec 1 lit *king* ou 2 *queen* et un sofa convertible dans le salon séparé. Les tarifs dépendent de la surface (40 à 60 m^2). La *two Bedroom suite* peut accueillir jusqu'à 6 personnes. Vous trouverez sur le site Web tous les plans pour faciliter votre choix. Coup de cœur pour le Rooftop Café et sa terrasse au dernier étage qui offre une superbe vue sur l'Empire State et le Chrysler Building.

Eventi A. Kimpton Hotel

851 6th Ave (angle W 30th St) • M 34th St-Herald Sq [N, Q, R] (4 min) • eventihotel.com • 212 564 4567
$$$$ • 292 ch.
R Plan p. 64-65 1 D5

Situé à proximité du célèbre grand magasin Macy's et du quartier coréen, cet hôtel-boutique au design contemporain appartient à la chaîne Kimpton qui décline, dans chacun de ses établissements, un programme spécial pour les enfants. Mini-peignoir, en-cas avant d'aller au dodo, location de poussette, voici quelques-unes des attentions réservées à leurs jeunes hôtes. Les *Queen Rooms* avec leurs 30 m^2 et leurs 2 lits *queen* sont parfaites pour un séjour chic en famille. Ne soyez pas étonnés de croiser des clients à quatre pattes, l'hôtel est *pet friendly*, ce qui veut dire qu'il accueille les animaux.

The Chatwal Hotel

130 W 44th St (entre 6th et 7th Ave) • M Times Square-42nd St [S] (3 min) • thechatwalny.com • 212 764 6200
$$$$ • 76 ch.
W R Plan p. 64-65 10 D3

Véritable bijou Art déco, cet hôtel de luxe vous donnera l'illusion de plonger avec magnificence dans les années 1930. Chaque meuble, chaque objet sont un vibrant hommage à cette période. Le groom en livrée beige à l'entrée donne tout de suite le ton. C'est chic, très très chic, et bien sûr le prix est à la hauteur des superlatifs pour décrire ce lieu exceptionnel. Mais si vous êtes prêts à y mettre le prix, notre préférence va sans hésitation au Chatwal plutôt qu'aux grands palaces classiques. Les *Grand Deluxe Double Double* de 38 m² sont parfaitement adaptées à une famille de 4. Mais attention, certaines chambres donnent sur une cour intérieure et sont donc très sombres. Claustrophobes s'abstenir ! À vérifier impérativement lors de la réservation. L'hôtel possède également un spa (luxe oblige !) doté d'une petite piscine à contre-courant à l'usage exclusif des parents.

Le Parker Meridien

119 W 56th St (entre 6th et 7th Ave) • M 57th St [F] (3 min) • parkermeridien.com • 212 245 5000
$$$$ • 731 ch.
R P Plan p. 64-65 17 D1

Tout proche de Central Park et du MoMA, cet hôtel haut de gamme détient deux privilèges rares pour la Grosse Pomme : des *Junior Suites* de 44 m² à un prix assez correct pour un hôtel de luxe (si on réserve bien à l'avance et en profitant des nombreuses promotions) et une piscine perchée sur le toit avec un superbe atrium. Décoration raffinée pour les suites qui se composent d'une chambre avec un très grand lit pour les parents (lit *king*) et un salon avec un sofa convertible pour les jeunes globe-trotteurs, le tout séparé par un ingénieux meuble hébergeant un grand écran TV qui pivote entre les 2 espaces. Et pour les beaux jours, un solarium vous attend près de la piscine, offrant une vue incroyable sur les gratte-ciel.

Chambers Hotel

15 W 56th St (entre 5th et 6th Ave) • M 57th St [F] (4 min) • chambershotel.com • 212 974 5656
$$$$ • 77 ch.
W R Plan p. 64-65 18 E1

Ici on se veut chic, design et discret (attention, on peut rater l'entrée tant elle est discrète !). À deux pas de Central Park, le Chambers se veut *kids friendly* et propose des studios parfaitement adaptés pour les familles. Au choix 9 studios de 42 m² : 3 *Studios Double Double* avec 2 grands lits ou 6 *Studios King* avec 1 lit *king* pour papa et maman et 1 sofa convertible pour leurs *kids*. Décoration sophistiquée avec de jolis meubles de style contemporain, des planchers en bois sombre et d'étonnantes tables en verre avec papier déroulant et crayons de couleur pour que les artistes en herbe (et leurs heureux parents) puissent exprimer tout leur talent.

Doubletree Metropolitan

569 Lexington Ave (angle E 51st St) • M 51st St [6] (1 min) • metropolitanhotelnyc.com • 212 752 7000

$$$$ • 755 ch.

R Plan p. 64-65 20 F2

Ce grand hôtel, tout proche de la très chic et mythique 5th Avenue, vient de bénéficier d'une rénovation. Atmosphère chaleureuse, personnel accueillant, barbier à l'ancienne, boutique de souvenirs, spa, fitness et restaurant sont les principaux atouts de ce grand hôtel de 755 chambre. Eh oui on est aux USA et ici on voit grand… très grand ! Un seul type de chambre convient aux familles, les *Standard Double Double* de 20 m² avec 2 lits *queen*. Une attention signée Doubletree : des cookies délicieux et moelleux sont à disposition, et à volonté, pendant tout le séjour, un plaisir gourmand réservé aux petits… et aussi aux grands. Ouf !

UPPER MANHATTAN

Le haut de Manhattan est idéal pour aller se promener avec les bambins à Central Park sans prendre le métro. L'Upper West Side incarne le luxe new-yorkais avec ses immeubles mythiques des années 1930 et ses habitants célèbres. Les hôtels cossus côtoient boutiques et restaurants chics. De l'autre côté du parc, l'Upper East Side rivalise de luxe. Ici résident les plus grandes dynasties de la ville. Vous pourrez aller à pied visiter les musées Guggenheim et Metropolitan.

Courtyard New York Manhattan

410 E 92nd St (angle 1st Ave) • M 86th St [4,5,6] (13 min), 96th St [4,6] (12 min) • marriott.com • 212 410 6777

$ • 210 ch.

R P Plan p. 86-87 5 E4

Autant le dire tout de suite, le seul véritable intérêt de cet hôtel est d'avoir une grande piscine, et cela pour un petit budget. Préparez-vous à un environnement un peu tristounet (grande barre de bâtiments juste en face) et un peu de marche pour attraper le métro, mais une fois à l'intérieur vous en aurez pour votre argent. La *Two Queen Room* est assez grande (25 m²) et agréablement aménagée avec 2 lits *queen*. La catégorie supérieure, la *One Bedroom Suite* possède un lit *king* pour les parents et un sofa convertible parfait pour de jeunes enfants. Sur place, un restaurant vous permet de dîner sans avoir obligatoirement à vous déplacer.

NYLO Hotel

2178 Broadway (angle 77th St) • M 79th St [1] (3 min) • nylohotels.com • 212 362 1100
$$ • 53 ch.
W Plan p. 86-87 (2) A6-B6

Cet hôtel-boutique a été rénové dans un esprit design avec des chambres de type loft ou communicantes pour les familles. La décoration est soignée, le mobilier original avec des lits en bois clair dotés de roues qui amuseront les *kids*. Certaines chambres possèdent une terrasse. Celle située au 16e étage, réservée aux clients, offre une magnifique vue sur Central Park et l'Hudson River. Pour le petit déjeuner, le Nylo a passé un accord avec le restaurant Serafina, au pied de l'hôtel.

The Excelsior Hotel

45 W 81st St (entre Columbus Ave et Central Park West) • M 81st St-Museum of Naturel History [B, C] (3 min) • excelsiorhotelny.com • 212 362 9200
$$$ • 199 ch.
R Plan p. 86-87 (3) B5

Si pour vous New York c'est Central Park, alors l'Excelsior est fait pour vous ! Décoration classique et cossue pour ce bel établissement qui fait face au parc et qui décline de très nombreuses options d'hébergement parfaites pour les familles. Au choix la *Double Room* avec 2 lits ou, plus spacieuse et confortable, l'Excelsior Deluxe King avec 1 lit *king* pour les parents et un salon avec sofa convertible pour les enfants.

Hotel Beacon

2130 Broadway (angle W 75th St) • M 72nd St [1, 2, 3] (4 min) • beaconhotel.com • 212 787 1100
$$$ • 267 appart.
W K Plan p. 86-87 (1) B6

Ce condensé d'élégance, situé à proximité de Central Park, réunit tous les avantages d'un appartement et les services d'un hôtel de luxe, le tout pour un excellent rapport qualité-prix. La décoration très soignée, déclinée dans un joli vert amande, procure un cadre apaisant. Spacieuses, les suites offrent une belle chambre pour les parents (avec 1 lit *king* ou 2 lits *queen*), un salon séparé pour les enfants avec un sofa convertible, un coin repas et une kitchenette très bien équipée. L'hôtel prend particulièrement soin des familles et a prévu toute une série de services à leur attention, dont une grande buanderie en sous-sol. Juste en face, se trouve un supermarché Fairway pour vous approvisionner facilement si vous souhaitez prendre vos repas... *at home* !

Affinia Gardens

215 E 64th St (entre 2nd et 3rd Ave) • Ⓜ Lexington Ave-63rd St [F] (7 min) • affinia.com • 212 355 1230
$$$ • 129 appart.
Ⓚ Plan p. 86-87 ⑥ E7

Situé dans un quartier chic et résidentiel de l'Upper East Side, l'Affinia Gardens répond aux critères de confort et d'espace qui sont la référence de la chaîne Affinia. Les appartements ont une surface respectable de 37 à 56 m² et sont dotés de cuisines bien équipées. Les moins chers sont les *Junior Suites*. Les *One Bedroom Suites*, à un tarif supérieur, offrent une chambre avec un salon séparé. Les catégories d'appartements sont très nombreuses. Pour choisir en toute connaissance de cause, consultez les plans sur le site Web.

Hotel Wales

1295 Madison Ave (angle E 92nd St) • Ⓜ 96th St [6] (7 min) • waleshotel.com • 212 876 6000
$$$ • 88 ch.
Plan p. 86-87 ④ D3

Situé à un bloc de Central Park, le Wales séduit par sa décoration raffinée à tendance victorienne. Meubles en acajou, persiennes aux fenêtres, jolies gravures au mur. Plusieurs types de suites sont proposés pour héberger une famille de 4 personnes, et cela au même prix. *King suite* de 37 m² avec un grand lit pour les parents et, dans le salon attenant, un sofa convertible pour leur progéniture ; ou *suite 2 Double Beds*, à peine plus grande, mais dotée de 2 lits et d'un sofa convertible (parfait même pour une famille de 6 personnes). Thé et café sont à disposition toute la journée gratuitement dans le hall. Les enfants vont adorer le choix de smoothies au Juicy Bar. Deux restaurants se trouvent au pied de l'hôtel.

DES HÔTELS POUR FAIRE DES SPLASHS

Après une journée de visites, que diriez-vous d'emmener votre couvée s'ébattre dans l'eau? N'oubliez pas vos maillots de bain dans la valise !

- Dream Downtown p. 222
- Thompson LES p. 223
- Travel Inn Hotel p. 227
- The Skyline Hotel p. 228
- Le Parker Meridien p. 234
- Courtyard New York Manhattan p. 235

BROADWAY
ONE WAY
I NY

On fait comment ?

Pages réservées aux parents !

Elles ne sont pas interdites à nos plus jeunes lecteurs mais, soyons honnêtes, cela risque de leur sembler plutôt ennuyeux. L'organisation étant la base d'un séjour réussi, voici des informations pratiques pour faire de votre voyage à New York en famille un succès !

FORMALITÉS D'ENTRÉE

Il est fortement recommandé que votre passeport soit valable au moins six mois après votre date d'entrée aux États-Unis. Si vous avez un passeport biométrique ou électronique en cours de validité, vous n'avez pas besoin de visa mais d'une simple autorisation électronique de voyage (ESTA), valable deux ans, à remplir sur Internet au minimum 72 h avant votre départ sur **esta.cbp.dhs.gov** (14 $ payables par carte bancaire). Elle est obligatoire également pour les enfants qui doivent posséder leur propre passeport. Dans les autres cas, vous devez faire une demande de visa auprès de l'ambassade des États-Unis, à Berne. Pour les ressortissants suisses, le nouveau passeport biométrique (passeports 10 et 06) permet de voyager ou de transiter sans visa par les États-Unis, tout comme le passeport 03 s'il a été établi avant le 26 octobre 2006. En revanche, si ce dernier a été établi après le 26 octobre 2006, vous avez besoin d'un visa qui doit être demandé à l'ambassade des États-Unis. Attention, les autorités américaines sont très pointilleuses. Veillez donc à ce que vos passeports soient en parfait état sous peine de vous voir refuser l'entrée dans le pays. Vos appareils électroniques doivent être chargés lors du passage des contrôles d'accès à bord, faute de quoi les compagnies aériennes peuvent refuser que vous les preniez à bord de l'avion.

ARRIVÉE

EN AVION

Il existe trois aéroports à New York : John F. Kennedy Airport (JFK) à 16 km du centre de Manhattan, La Guardia Airport (LGA) à 13 km et Newark Liberty

International Airport (EWR) à 26 km, dans le New Jersey. Pour rejoindre le centre de Manhattan, au choix : train, bus, navette collective *(shuttle)* ou taxi.

John F Kennedy (JFK)

• **EN AIRTRAIN** • C'est un métro automatique qui relie les terminaux de l'aéroport aux stations de métro ou de train pour Manhattan. Les lignes seront différentes en fonction du lieu que vous voudrez rejoindre : nord, sud, centre de Manhattan ou Brooklyn. 24h/24, 7j/7. Libre d'accès, le paiement s'effectue à la sortie. 5 $ par personne.

• **EN TRAIN** • Pour aller au centre de Manhattan, prenez l'AirTrain desservant Jamaica Station (ligne rouge). À Jamaica, suivez les indications Long Island Rail Road (LIRR) pour prendre un train rapide à destination de Penn Station. Entre 5 et 10 $ par personne. 35 min de trajet.

• **EN MÉTRO** • Ce moyen de transport est plus économique, mais plus long que le train. Vérifiez la direction de votre métro qui peut aller vers le Nord (Uptown) ou vers le Sud (Downtown). Pour le centre et le nord de Manhattan, prenez l'AirTrain jusqu'à Jamaica, puis le métro ligne E (1h-1h30). Vers Brooklyn ou le sud de Manhattan, prenez l'AirTrain jusqu'à Howard Beach, puis le métro ligne A vers le sud : 2,75 $ par personne.

• **EN BUS** • La compagnie New York City Airporter dessert les trois gares routières de Manhattan : Grand Central Station, Penn Station et Port Authority Bus Terminal. 17 $ par personne (réservation en ligne). 45 min de trajet.

• **EN SHUTTLE** • Des navettes collectives assurent un service plus personnalisé et vous conduisent à l'endroit de votre choix. 18 à 30 $ par personne. Plein tarif pour les enfants à partir de 3 ans. À réserver sur **supershuttle.com** ou **goairlinkshuttle.com**.

• **EN TAXI** • Solution pratique et rentable à partir de 3 passagers. Évitez les chauffeurs de taxi clandestins, ne prenez que des taxis officiels, les *yellow cabs* (facile, ils sont jaunes !). 52 $ pour Manhattan et jusqu'à 85 $ (au compteur) pour une autre destination, auxquels il faut ajouter 15 % de pourboire et le péage des ponts le cas échéant. Carte de crédit acceptée. Moins de 1h de trajet.

Newark Liberty (EWR)

• **EN TRAIN** • Depuis votre terminal d'arrivée, prenez la navette AirTrain Newark jusqu'à la station

Newark Liberty International Airport (10 min de trajet). De là, achetez un billet pour Manhattan (arrêt Penn Station). 13 $ par personne avec la compagnie New Jersey Transit (NJT), enfant (5-11), demi-tarif (- 5) gratuit. Avec la compagnie Amtrak, le tarif est deux à trois fois plus cher. 35 min de trajet.

• **EN BUS** • Suivez les panneaux Newark Liberty Airport Express. Le service de bus dessert les trois gares routières de Manhattan : Grand Central Terminal, Penn Station et Port Authority Bus Terminal. De 4h45 à 1h45 du matin, départ toutes les 15 ou 30 min en journée. 16 $ par personne. Enfant (-5) gratuit, (5-11) 5 $ et (12-16) 10 $. Achat des tickets dans le bus.

• **EN SHUTTLE** • Ces navettes collectives vous conduisent à votre destination. Comptez 20 à 30 $ par personne. Plein tarif pour les enfants à partir de 3 ans. À réserver sur **supershuttle.com** et **goairlinkshuttle.com**.

• **EN TAXI** • Utilisez uniquement les taxis accrédités. 50 à 75 $ (au compteur), plus 15 % de pourboire, le prix du péage des ponts *(bridge tolls)*, un supplément pour les gros bagages et un autre de 5 $ aux heures de pointe. Le mieux est de convenir d'un prix au départ. 45 min de trajet.

◎ La Guardia (LGA)

Aéroport réservé principalement aux vols domestiques.

• **EN BUS** • Le bus M60 dessert la 125th St par le pont du Triboro et vous permet d'effectuer la connexion vers les lignes 1, 2, 3, 4, 5, 6, A, B, C et D pour rejoindre Manhattan. 2,75 $ par personne. 20 à 60 min de trajet selon la circulation.
Pour plus d'infos : **web.mta.info/nyct/service/airport.htm**

• **EN SHUTTLE** • Rendez-vous au comptoir Ground Transportation Desk (ou réservation sur **supershuttle.com** et **goairlinkshuttle.com**). 13 à 30 $ par personne. Plein tarif à partir de 3 ans.

• **EN TAXI** • Utilisez uniquement les taxis accrédités. 20 à 35 $ (au compteur), plus 15 % de pourboire et péages. 20 à 45 min de trajet.

TRANSPORTS

LA METROCARD

Cette carte de transports est valable dans les bus et le métro. Il existe plusieurs tarifs selon le nombre de trajets souhaités et la durée. Deux formules sont proposées (1 $ la carte) : la Pay-Per-Ride (Regular) MetroCard et la Unlimited Ride MetroCard. Le principe : vous créditez ou rechargez

la Pay-Per-Ride MetroCard au fur et à mesure de vos besoins (5,50 à 80 $) dans les distributeurs automatiques du métro. On peut aussi l'utiliser sur l'AirTrain de l'aéroport JFK. Chaque trajet débite la carte de 2,48 $.
Vous avez droit à une correspondance (bus ou métro) dans les 2 h qui suivent le premier trajet.
L'Unlimited Ride MetroCard permet un nombre de trajets illimités en bus ou en métro : formule de 7 jours à 31 $, 30 jours à 116,50 $ (enfant -1,12 m, gratuit). Attention, pour pouvoir prendre les bus Express sans supplément, il faut prendre la carte 7-Day Express Bus Plus (57,25 $).
Informations sur **mta.info**

LE MÉTRO

Le *subway* fonctionne de jour comme de nuit. Attention, il vaut mieux savoir, avant même de s'engager dans la station, si l'on se dirige vers Uptown (vers le nord) ou Downtown (vers le sud), car les entrées peuvent être indépendantes selon la direction et sans couloir de correspondance.
Il existe peu de lignes dans l'axe est-ouest *(crosstown)*. Certaines lignes sont *express* et sautent des stations, alors que d'autres sont *local* et marquent tous les arrêts. Sur le même quai passent des métros allant dans différentes directions, vérifiez donc bien avant de monter dans quelle direction va le train.
Trajet à l'unité : 2,75 $ quelle que soit la distance (enfant -1,12 m, gratuit).

LES BUS

Les bus fonctionnent 24h/24. Ils suivent les avenues du nord au sud et les rues d'est en ouest. Quand l'arrêt du bus mentionne *limited*, il s'agit d'un bus express qui s'arrête seulement tous les dix blocs. Vérifiez avant de monter. Les bus en direction de Manhattan portent un numéro précédé de la lettre M, ceux du Bronx de la lettre B, et ceux du Queens de la lettre Q. On peut prendre le bus avec une Metrocard (2,75 $) ou acheter un ticket à l'unité (3 $) auprès du chauffeur (enfant -1,12 m, gratuit). Prévoyez de la monnaie, car seuls les *quarters*, 25 cts, sont acceptés. Attention, il est impératif de plier sa poussette avant de monter dans le bus.

LES TAXIS

Les taxis sont nombreux. Il est facile de les repérer, car ils sont jaunes, d'où leur nom de *yellow cabs*.
Un taxi est libre si, sur son toit, l'ampoule du milieu est allumée ; si elle est éteinte, il est pris. Les lumières sur le bord signifient qu'il est *off duty*, c'est-à-dire qu'il a fini son service. On peut arrêter un taxi n'importe où en levant la main. Ils sont plutôt bon marché comparés

aux tarifs pratiqués en France. Il existe aussi des taxis verts. Ces taxis font la liaison entre Manhattan et les autres *boroughs*. Vous pouvez aussi vous servir de Uber. Ce n'est intéressant que si vous voyagez en dehors de la ville, les tarifs des taxis jaunes étant plus avantageux sur Manhattan.

INFOS TOURISTIQUES

LES BUS TOURISTIQUES

Les *Double Decker Bus Tours* sont une façon pratique de visiter les différents quartiers de la ville. Ces bus à deux niveaux (dont le niveau supérieur est à l'air libre) s'arrêtent devant chaque site touristique. Vous pourrez monter et descendre autant de fois que vous le désirez (*hop-on, hop-off*, en anglais). Il existe de nombreuses compagnies pour ce type de visite, mais nous vous recommandons Big Bus Tours. Plusieurs formules sont proposées sur un ou plusieurs jours en combinant ou non avec des visites ou des croisières. Tarifs pour un jour : adulte 52 $, enfant (5-15) 42 $, (– 5) gratuit (promotions en ligne). Casque audio avec commentaires en français gratuit. Possibilité de charger les tickets sur votre mobile et de télécharger une application qui vous permet d'avoir les horaires des prochains bus. Informations sur **bigbustours.com**.

LES MUSÉES

La plupart des musées admettent les enfants de moins de 12 ans gratuitement, s'ils sont accompagnés d'un adulte payant. N'oubliez pas de vous renseigner à l'entrée sur l'existence de matériel plus spécifiquement destiné aux enfants, comme une *family map* (plan listant les activités les plus intéressantes pour les enfants). Beaucoup de musées donnent un autocollant à mettre sur les vêtements en guise de billet d'entrée, valable toute la journée et permettant donc d'entrer et de sortir à volonté.

LES BATEAUX

Le Staten Island Ferry est un moyen de transport idéal pour voir Manhattan sous un autre angle. Ce ferry gratuit opère 24h/24. Départ de Whitehall St (Lower Manhattan). À faire plutôt en fin d'après-midi pour profiter du coucher de soleil. Les Water Taxis (p. 83) ont aussi une manière pratique et originale pour vous rendre d'un lieu à l'autre.

LE NEW YORK CITY PASS

Il comprend une entrée pour six musées ou attractions de New York au tarif adulte de 114 $, enfant (6-18) 89 $. Valable 9 jours à partir de la première utilisation. Pour les enfants, il n'est avantageux qu'à partir de 12 ans, car la majorité des musées sont gratuits pour les moins de 12 ans. Le Pass permet d'éviter la plupart des files d'attente aux guichets une fois que vous avez votre carnet de billets. En période d'affluence, il existe un coupe-file si vous prenez les *Fast Track Files*. Enfin, sachez que les grands musées (MoMA, Met, etc.) sont souvent gratuits une journée par semaine pour un certain créneau horaire. Informations sur le site : **citypass.com/new-york**.

LE NEW YORK PASS

Vous pouvez choisir parmi plus de 80 attractions possibles avec ce Pass qui propose quatre durées différentes : de 1 jour, adulte 109 $, enfant (4-12) 89 $ jusqu'à 7 jours, adulte 299 $, enfant (4-12) 179 $. Sachez qu'il faut faire au moins deux à trois visites dans la journée pour le rentabiliser. Ce type de pass est toujours un casse-tête. Compte tenu des distances à parcourir, de l'âge des enfants et du temps que vous voulez consacrer aux visites, il vous faut faire des calculs comparatifs. Plus d'infos sur **newyorkpass.com**.

LES SITES INTERNET

Quelques sites en français :
cnewyork.net whatnewyork.org/guide-new-york
monumentsdenewyork.com
newyorkcity.fr
we-love-new-york.com
Pour d'autres informations, vous pouvez vous rendre dans les Official NYC Information Centers, présents dans les principaux quartiers. **nycgo.com**.

VIE PRATIQUE

APPAREILS ÉLECTRIQUES

Le voltage utilisé aux États-Unis est de 110 V. Les prises de courant comportent deux fiches plates. Il vous faudra donc un adaptateur. La plupart des hôtels en prêtent, mais sinon vous pourrez toujours en acheter dans n'importe quel magasin Duane Reade ou dans une boutique de quartier (environ 10 $).

APPLICATIONS

Aujourd'hui, voyager sans son smartphone semble impossible. En revanche, utilisez-le uniquement en wi-fi ou avec des applis qui fonctionnent hors ligne pour ne pas voir votre facture exploser. Voici notre sélection d'applis sympas, utiles et qui fonctionnent hors connexion.
New York Subway MTA Map and Route Planner : pour avoir la carte du métro et calculer facilement vos itinéraires (Android et iOS).
New York Map and Walks : des propositions de parcours pour se

déplacer dans Central Park sans se perdre (Android et iOS).
XE Currency: pour maîtriser vos dépenses (Androïd et iOS).

BABY-SITTING

Pour trouver la perle rare pour s'occuper de vos enfants, voici quelques sites:
babysittersguild.com
care.com/child-care
Le concierge de votre hôtel pourra également vous donner des contacts. Comptez au minimum 15 $ de l'heure (20 $ pour deux enfants), plus les frais de retour en taxi en soirée.

BANQUES

Si vous voulez changer de l'argent, sachez que très peu de banques font du change. Dans les bureaux de change, les commissions sont très élevées et encore plus dans les aéroports qu'en centre-ville. Nous vous conseillons donc de retirer aux distributeurs automatiques (ATM). On en trouve un peu partout, même dans certaines épiceries. Chaque retrait fait l'objet d'une commission prélevée à la fois par la banque du distributeur et par votre banque.

MONNAIE

L'unité monétaire est le dollar. Il existe des billets de 1, 5, 10, 20, 50, 100, 500 et 1000 $. Regardez bien les chiffres, car tous les billets se ressemblent. Les coupures de plus de 50 $ sont parfois refusées. Les pièces sont de 1 cent *(penny)*, 5 cents *(nickel)*, 10 cents *(dime)*, 25 cents *(quarter)*.

POURBOIRE

Le pourboire *(tip)* constitue la quasi-totalité du salaire du personnel qui sert dans la restauration. Quelle que soit la qualité de service, il est d'usage de laisser un pourboire de 16 à 20 % de la note aux cafés et restaurants (plus simplement, donnez deux fois la taxe en *tip*). Par contre, vérifiez bien votre note car souvent les restaurants incluent déjà ce pourboire sous la forme d'une ligne "*gratuity*" de 20 % craignant que les touristes oublient cette contribution. Prévoyez 10 à 15 % du trajet au taxi, 1 $ par verre servi dans un bar. À l'hôtel prévoyez 5$ pour le bagagiste.

TAXES

Attention, tous les prix sont affichés sans taxe. Il faut donc ajouter, à tous les prix, 14,76 %, et 3,50 $ par nuit sur les prix des chambres d'hôtel ou des locations d'appartements, 8,875 % pour les biens de consommation et pour la restauration. Bonne nouvelle, les chaussures et vêtements de moins de 110 $ sont exempts de taxe !

INTERDICTIONS

Quelques règles importantes :
- il est formellement interdit de transporter de l'alcool dans les endroits publics sans couvrir la bouteille ;
- on ne peut pas boire de l'alcool dans les espaces publics.
- il est interdit de fumer (cigarette électronique incluse) dans les lieux publics fermés et de plein air comme les parcs ou les quartiers piétonniers, type Times Square.

SANTÉ

Nous vous conseillons de souscrire avant votre départ une assurance couvrant les frais médicaux et le rapatriement sanitaire car les soins coûtent très cher aux États-Unis. Un certain nombre de cartes bancaires couvrent le titulaire, le conjoint et les enfants ; mais renseignez-vous auprès de votre banque pour valider. Une ordonnance française est inutilisable sur le sol américain (les médicaments ne portant parfois pas les mêmes noms). Munissez-vous donc de votre stock de médicaments et de la copie de l'ordonnance correspondante pour la douane.
En cas de problème, rendez-vous aux urgences d'un hôpital plutôt que chez un médecin.
Urgences : Lenox Hill Hospital, 100 E 77th St • M 77th St [6] • 212 434 2000
Pharmacie : Cherry's Pharmacy. 207 E 66th St • M 68th St-Hunter College [6] • 212 717 7797.
Dans cette pharmacie, on parle français, ce qui se révèle très pratique pour demander conseil. Vous pouvez consulter la liste des médecins francophones sur le site du consulat de France à New York : **consulfrance-newyork.org**.

URGENCES

Pour contacter la police, les pompiers ou une ambulance, composez le 911 depuis n'importe quel téléphone.

Où est passé mon enfant ?
Donnez à votre adolescent ou accrochez autour du cou de votre enfant une carte où sont inscrits votre adresse locale et votre numéro de téléphone portable sans le 0.
Ex. : pour le 06 xx xx xx xx en France, écrivez +33 6 xx xx xx xx.

Réponses aux jeux de piste

Regardons si vous avez trouvé toutes les bonnes réponses.

JEU DE PISTE 1

Balade dans West Village (p. 136)

1. Pablo Picasso
2. Un écureuil
3. Les échecs
4. 8
5. Jumeaux - Jumelles
6. Piano à queue
7. Fonte
8. Une pharmacie
9. Un serrurier
10. La plus étroite (3 m)
11. En bois
12. Georges Segal
13. Un arc-en-ciel
14. Général Philip Sheridan
15. Jefferson Market Public Library

JEU DE PISTE 2

Sur les bords de l'Hudson (p. 145)

1. Rouge-orangé
2. Elizabeth Ann Seton
3. Keith Haring
4. Fort Clinton
5. The Immigrants
6. Statue of Liberty
7. Marisol
8. Un tuba et un luth
9. Louise Bourgeois
10. Colgate
11. Rector Park est interdit aux chiens.
12. Du mur de Berlin
13. Walt Whitman
14. One World Observatory
15. L'Irlande
16. Nelson Rockefeller Park
17. Le dodo
18. Il lit un livre

JEU DE PISTE 3

À la découverte de Midtown (p. 154)

1. Maine
2. Brooklyn Diner
3 D'un dragon
4. Burger Joint
5. Paris
6. Eloise
7. Sherman
8. Turquoise
9. L, O, V, E *(love)*
10. Danse, théâtre, musique
11. 9
12. Jaune, vert et bleu
13. Deux lions

LES PREMIERS MOTS

Je ne comprends pas :
Oui : Yes
Non : No
Merci : Thank you
S'il vous plaît : Please
Pardon, excusez-moi : Sorry, excuse me
Désolé(e) : Sorry
Salut : Hello, hi
Au revoir : Goodbye
À bientôt : See you soon
Bonjour : Good morning
Bon après-midi : Good afternoon
Bonsoir : Good evening
Bonne nuit : Good night
Je ne comprends pas : I don't understand
Je m'appelle : My name is...
Comment dit-on en anglais... ? : How do you say in English...?
Je : I
Tu : You
Il : He
Elle : She
Nous : We
Vous : You
Ils, elles : They
Comment allez-vous ? : How are you?
Enchanté ! : Nice to meet you!
Bien, bon : Good
Mal, mauvais : Bad
Femme, épouse : Wife
Mari : Husband
Fille : Daughter
Fils : Son
Mère, maman : Mother, mum, mommy
Père, papa : Father, dad, daddy
Frère : Brother
Sœur : Sister
Ami : Friend

SHOPPING

Combien ça coûte ? : How much is it?
Qu'est-ce que c'est ? : What is this?
Je le prends, je l'achète : I'll buy it
Je voudrais acheter... : I would like to buy...
Avez-vous... ? : Do you have...?
Acceptez-vous les cartes de crédit ? : Do you accept credit cards?
Ouvert : Open
Fermé : Closed
Plus grand : Bigger size
Plus petit : Smaller size
Je voudrais un paquet cadeau : I would like a gift wrap

AU RESTAURANT

Petit déjeuner : Breakfast
Déjeuner : Lunch
Dîner : Dinner
Végétarien : Vegetarian
J'ai faim : I'm hungry
J'ai soif : I'm thirsty
Menu enfant : Kid's menu
L'addition, s'il vous plaît : The check, please
Chaud : Hot
Froid : Cold
Un peu : A little
Beaucoup : A lot
Bien cuit : Well done
Saignant : Rare
À point : Medium rare
Bio : Organic
Agneau : Lamb
Bière : Beer
Bœuf : Beef
Café : Coffee
Chocolat : Chocolate
Chocolat chaud : Hot chocolate
Crème chantilly : Whipped cream
Confiture : Jam
Eau plate : Still water
Eau gazeuse : Sparkling water
Eau du robinet : Tap water
Fruit : Fruit
Frites : Chips
Glace : Ice cream
Glaçons : Ice, ice cubes
Jus : Juice
Lait : Milk
Œuf : Egg
Pain : Bread
Poisson : Fish
Poivre : Pepper
Pomme de terre : Potato
Porc : Pork
Poulet : Chicken
Salade : Salad
Saucisse : Sausage
Sel : Salt
Sucre : Sugar
Thé : Tea
Viande : Meat
Vin : Wine

SE DÉPLACER

Où est... ? : Where is...?
Billet : Ticket
Quel est le prix du billet ? : How much is the fare?
Aller simple : Single ticket
Aller retour : Return ticket, round trip
Métro : Subway
Aéroport : Airport
Gare : Train station
Station de métro : Subway station

À L'HÔTEL

Départ : Departure
Arrivée : Arrival
Chambre : Room
Réservation : Booking
Réserver : To book
Complet : Full
Calme : Quiet

Étage élevé : High floor
Rez-de-chaussée : First floor
Chambre communicante : Inter connecting room
Petit déjeuner inclus : Breakfast included
Lit supplémentaire : Extra bed
Lit pour bébé : Crib bed
Gratuit : Free of charge
C'est trop cher : It's too expensive
Ascenseur : Elevator

SE REPÉRER

À gauche : Left
À droite : Right
Tout droit : Straight on
En haut : Up
En bas : Down
Loin : Far
Près, proche : Near
Long : Long
Court : Short
Carte : Map
Information touristique : Tourist information
Musée : Museum
Banque : Bank
Poste de police : Police station
Hôpital : Hospital
Docteur : Doctor
Pharmacie : Pharmacy, drugstore
Magasin : Store, shop
Restaurant : Restaurant
Toilettes : Restrooms
Rue : Street
Place : Square
Piscine : Swimming pool
Tour : Tower
Pont : Bridge
Distributeur : ATM
Sortie : Way out

HEURE ET DATE

Quelle heure est-il ? : What time is it?
Jour : Day
Semaine : Week
Mois : Month
An, année : Year
Lundi : Monday
Mardi : Tuesday
Mercredi : Wednesday
Jeudi : Thursday
Vendredi : Friday
Samedi : Saturday
Dimanche : Sunday
Aujourd'hui : Today
Hier : Yesterday
Demain : Tomorrow
Joyeux anniversaire ! : Happy birthday!

INDEX

Crédits iconographiques

Photos

A. Caulfield p. 133 (b) ; A. Ignatenco p. 137 (b) ; A. Jürgensmeier p. 4 (b) ; A. P. Hirama p. 45 (c), p. 81 (b), p. 83 (c) ; A. Provost p. 85 (b) ; A. Quintano p. 14 (a) ; A. Rosario p. 117 (a) ; A. Wacquier p. 227 (a) ; A. Warol p. 68 (a) ; Albachiaraa p. 28 (b) ; Albo p. 79 (a) ; Alexmillos p. 25 (a) ; Aps_Studio p. 25 (d) ; ArtFan70 p. 36 (c) ; Arun p. 173 (a) ; B. Johnson p. 61 (b) ; B. Monroe p. 119 (a) ; B. Palmer p. 120 (a) ; B. Reints p. 181 (a) ; B. Solow p. 127 (a) ; B. Sutherland p. 95 (a) ; B. Walker p. 95 (b) ; Babimu p. 12 (b) ; Barneyboogles p. 220 (a) ; Bober p. 69 (b) ; Brad Pict p. 249 (a) ; Brooklyn Museum p. 29 (d), p. 115 (a) ; Build-A-Bear p. 208 (a) ; C. A Smith p. 116 (d) ; C. Arriero p. 102 (a) ; C. Bertaux p. 35 (b), p. 36 (a,b), p. 37 (a,b,c), p. 45 (a), p. 48 (b,c), p. 49 (a) p. 54 (a,b,c), p. 56 (c), p. 58 (c), p. 59 (a), p. 63 (c), p. 94 (a), p. 106 (c), p. 136 (d) ; C. Chesek, D. Finnin p. 101 (c) ; C. Kasser p. 13 (a), p. 50 (a), p. 76 (a), 131 (a), p. 133 (c), p. 142 (b,c), p. 149 (b) ; C. Pacheco p. 112 (b) ; C. Valette p. 90 (b) ; Casiopea p. 223 (a) ; Ch. Eliot p. 29 (c) ; Ch. Hoffman p. 90 (a) ; Ch. John p. 107 (c) ; Children's Museum of the Arts p. 31 (b) ; CindyH p. 103 (b) ; Cityman p. 119 (b) ; CMAinNYC p. 58 (a) ; D. Bledsoe p. 114 (b) ; D. Finnin p. 102 (b) ; D. Fomenko p. 114 (a) ; D. Haygarth p. 134 (b) ; D. Johnson p. 130 (a) ; D. Kerr p. 44 (b) ; D. Ohmer p. 159 (c) ; D. Staedtler p. 75 (c) ; D. Torres Bonatto p. 70 (b) ; D. Torres Silvestre p. 10 (a) ; Dandeluca p. 141 (c) ; Datagraph p. 30 (a,b) ; DM7 p. 102 (c) ; Drubig Photo p. 215 (a) ; Dumbonyc p. 108 (a) ; E. Br Merge p. 61 (a) ; E. Chu p. 44 (a) ; E. Duke p. 116 (c) ; E. Guilane-Nachez p. 8 (b), p. 136 (c) ; E. Horiot p. 194 (a) ; E. Isselée p. 84 (a), p. 114 (c), p. 125 (b) ; E. McGray, Jr p. 104 (a,c) ; E. Schweitzer p. 232 (a) ; E. Westerveld p. 50 (b) ; East River Ferry p. 28 (e) ; Eden p. 59 (c), p. 113 (b), p. 113 (c), p. 158 (a) ; Eden Pictures p. 8 (a), p. 137 (a), p. 138 (b) ; Ellis Island Immigration Museum p. 42 (a, b), p. 43 (a, b) ; F. Le Devedec p. 93 (b) ; F. Loudenot p. 126 (b,c) ; F. Wolak Photography p. 98 (c) ; Folhapress p. 79 (b) ; Fotovika p. 51 (b) ; Fotowerk p. 166 (a) ; G. Ashworth p. 101 (b) ; G. Dickinson p. 44 (c) ; G. Gartrell p. 123 (c) ; G. Gulley p. 100 (b) ; G. Kumaraswamy p. 130 (c) ; Gelpi p. 151 (c) ; Guggenheim-Hattula Moholy-Nagy p. 97 (c) ;Hjjanisch p. 85 (a) ; I. Jansch p. 71 (a) ; I. Velazco p. 48 (a) ; I. Wierink p. 28 (a) ; Imagict p. 34 (b) ; Intrepid Air and Space Museum p. 81 (a) ; Irinapiter p. 134 (a) ; J-M Losey p. 132 (b) ; J. A Resnick p. 165 (a) ; J. Antonio p. 55 (a) ; J. Dietl p. 228 (a) ; J. Gillespie p. 74 (c), p. 161 (a) ; J. Glover p. 27 (b), p. 69 (a) ; J. Haviv p. 82 (a) ; J. Larsen Maher p. 24 (c), p. 90 (c), p. 126 (a) ; J. Lee p. 32 (b) ; J. Mackler p. 111 (c) ; J. McCauley p. 33 (b) ; J. Riis p. 99 (b) ; J. S. and J. L. Knight p. 132 (a) ; J. Schaer p. 30 (c), p. 111 (a) ; J. Staiger p. 66 (c); Douanier Rousseau p. 66 (b) ; J. Wallen p. 105 (a,b) ; Jessye Anne p. 96 (c) ; JJAVA p. 25 (e) ; John p. 26 (c) ; Jokatoons p. 61 (c) ; K. Allison p. 135 (c) ; K. Newa p. 60 (a) ; K. Tachman p. 71 (c) ; KarSol p. 9 (b) ; Kropic p. 22 (c) ; L. Bertron p. 35 (d) ; L. Clayman p. 189 (a) ; L. Close p. 23 (a) ; L. Kwok p. 121 (b) ; L. Manning p. 67 (b) ; Laverrue p. 145 (b) ; Liberty Science Center p. 128 (a,b,c,d) ; Loudenot p. 93 (a) ; Lsantilli p. 178 (a) ; Luiyo p. 94 (b) ;; M. Aellano Ongpin p. 77 (b) ; M. Aubry p. 24 (a) ; M. Bellucci p. 97 (b) ; M. Brenner p. 174 (a) ; M. Mainka p. 164 (b) ; M. McDonald p. 22 (b) ; M. Palumbo p. 122 (a,b) ; M. Pick p. 111 (b) ; M.Rifkin p. 12 (d); M. Schmorgan p. 59 (b) ; M. Wichary p. 121 (a) ; Mararie p. 26 (b) ; MasterLu p. 3 (c), p. 9 (c), p. 38 (a) ; Max5128 p. 88 (c) ; MCNY p. 99 (a) ; Merchant House Museum p. 61 (a) ; Merlin Studios 2011 p. 31 (c), p. 73 (a) ; Met p. 95 (c) ; Mirma p. 72 (d) ; MisterFly p. 23 (d) ; MK Feeney p. 72 (c) ; Mondrian p . 67 (d) ; MoMath p. 32 (c), p. 55 (b) ; Mr. Littlehand p. 145 (c) ; Museum of the Moving Image p. 121 (c) ; Mythja p. 32 (a) ; N. Portier Marret p. 34 (c), p. 51 (a), p. 89 (a,c), p. 106 (a), p. 124 (c) ; Nationa Museum of the American Indians p. 47 (a,b) ; Nazlisart p. 4 (a) ; Nettestock p. 13 (b) ; Nettestock p. 5 (c) ; New York Botanical Garden p. 127 (b) ; New York Hall of Science p. 123 (a) ; New York Public Library p. 63 (b) ; NewYorkKnicks p. 135 (b) ; NY City Fire Museum p. 57 (a,c) ; NY Historical Society p. 34 (a) ; P-A Dutheil p. 88 (d) ; P. Arps p. 24 (d) ; P. Losevsky p. 164 (a) ; P. Roan p. 96 (a) ; P. Srisupakitcharoen p. 84 (b) ; P. V White p. 91 (a,b) ; P. W p. 56 (b) ; Palenque p. 125 (a) ; Patrimonio Designs p. 11 (a) ; Pavdw p. 144 (a) ; Peter Zoon p. 88 (b) ; Ph. Roeder p. 91 (c) ; Playbill p. 130 (b) ; Pogonici p. 236 (a) ; Prayitno p. 138 (d) ; Premiumdesign p. 78 (a) ; Pressmaster p. 152 (a) ; PRODonkeyHotey p. 70 (a) ; R. Black p. 185 (a) ; R. Vink p. 26 (d) ; Rabbit75 p. 27 (d) ; Rain0975 p. 88 (a) ; Regenmond p. 116 (a) ; Rousseau Gipsy p. 67 (c); Rtiraloin p. 96 (b) ; Rubenstein p. 117 (c), p. 118 (a) ; S. Ackerman p. 106 (b) ; S. Andrianov p. 197 (a) ; S. Barrow p. 81 (c), p. 82 (c) ; S. Borisov p. 4 (c) ; S. Garcia p. 247 (a) ; S. Halcin p. 78 (b) ; S. Howzit p. 12 (c) ; S. Lewis p. 107 (a) ; S. Mirabella p. 80 (c) ; S. Monk p. 5 (d) ; S. Neto p. 26 (a) ; S. Neto p. 92 (a,b) ; S. Nygaard p. 24 (b) ; S. Pavone p. 146 (b) ; S. Rahunoks p. 4 (d) ; S. ResponseNPS p. 22 (d) ; S. Thomas p. 29 (a) ; See-Ming Lee p. 33 (c) ; Seralex p. 23 (b) ; Sergiswand p. 31 (d) ; SFvincent p. 77 (a) ; Sh. Mollerus p. 57 (b), p. 107 (b) ; Sh. Suzuki p. 108 (b) ; Society of Illustrators p. 93 (c) ; Solomon R. p. 98 (a) ; Son of Groucho p. 103 (a) ; Spiler 2009 p. 119 (c) ; Staten Island Ferry p. 39 (b) ; Supremecourtjester p. 77 (d) ; T. Babich p. 112 (a) ; T. Bartel p. 69 (c) ; T. Bastin p. 82 (b) ; T. Fano p. 46 (a) ; T. Fano p. 83 (a) ; T. Nycz p. 129 (a,b,c) ; T2sk5 p. 9 (a) ; Toanet p. 58 (b) ; V. Desjardins p. 63 (a), p. 156 (d) ; V0v p. 3 (b) ; Vivs71 p. 43 (c) ; W. Gobetz p. 29 (b) ; W. W. Watson p. 11 (b) ; WalkingGeek p. 118 (c) ; Willy p. 116 (b) ; Wolfelarry p. 134 (c), .135 (a) ; Zoo Bronx p. 124 (a,b) ; Zyada p. 62 (a).

Illustrations

Sauf mention contraire, toutes les illustrations de ce guide ont été réalisées par notre talentueuse dessinatrice lili Bé.

À VOTRE TOUR D'ÉCRIRE MAINTENANT !

Maeve Brennan

Mr. und Mrs. Derdon

Geschichten einer Ehe

Maeve Brennan

Mr. und Mrs. Derdon
Geschichten einer Ehe

Aus dem Englischen
von Hans-Christian Oeser

Steidl

Die Erzählungen sind eine Auswahl aus dem Band
»The Springs of Affection. Stories of Dublin«,
zuerst erschienen bei Houghton Mifflin Company, Boston/New York 1997

Erste Auflage 2006

Lektorat: Claudia Glenewinkel
Umschlaggestaltung: Steidl Design/Claas Möller
unter Verwendung eines Fotos der Autorin von Karl Bissinger
Satz, Druck, Bindung:
Steidl, Düstere Straße 4, D-37073 Göttingen
www.steidl.de
Printed in Germany
ISBN 3-86521-247-6

Inhalt

Eine freie Wahl

Rose stand herum und wartete darauf, daß der Tanz, ein Walzer, zu Ende ging. Es war ihr unangenehm, so ganz ohne Partner dazustehen. Sie wunderte sich, daß Hubert Derdon nicht nach ihr gesucht hatte, um sie aufzufordern oder um sie zu fragen, ob sie Lust hätte, ins Speisezimmer zu gehen und eine Kleinigkeit zu essen. Einige der anderen Gäste hielten sich dort im Speisezimmer auf, das wußte sie, aber allein traute sie sich nicht hinein. Am liebsten hätte sie sich hingesetzt, um nicht so aufzufallen, doch an den Seitenwänden des Zimmers waren keine Stühle aufgereiht, nur an den Stirnseiten. Mrs. Ramsays Salon, dessen Möbel für den Tanz beiseite geräumt worden waren, kam ihr riesig vor, und dort, wo Rose stand, erschienen ihr die Stirnseiten des Zimmers nicht nur weit entfernt, sondern unerreichbar. Sofas und Sessel waren zusammengeschoben worden, dort saßen Leute beisammen, die sich untereinander sehr gut kannten, denen sie aber mehr oder weniger fremd war. Sie war jünger als die anderen und wollte nicht den Anschein erwecken, als dränge sie sich ihnen auf. Ihre Mutter hatte sie ermahnt, nicht aufdringlich zu sein. Überhaupt war sie nur durch Zufall auf diese Party geraten. Father Kane hatte ihre Einladung arrangiert. Die Party wurde für die Angestellten von Ramsay's ausgerichtet, jenem Geschäft, in dem Roses Vater bis zu seinem Tod gearbeitet hatte. Father Kane war sehr gütig. Er hatte sogar dafür gesorgt, daß Rose in dem Wagen mitfahren konnte, mit dem eine Gruppe Mädchen von Ramsay's zur Party gebracht wurde.

Rose fand das Zimmer sehr hübsch. Sie stand vor bodenlangen blauen Samtvorhängen. Das Blau der Vorhänge stellte das Blau ihres Kleides in den Schatten, dabei war auch ihr Kleid aus Samt. Rose fand, daß das selbstgeschneiderte Kleid, das zu Hause so imposant gewirkt hatte, mit der Pracht der Vorhänge nicht konkurrieren konnte, und da sie mit den Vorhängen nicht konkurrierte, hatte sie das Gefühl, daß sie ihr Schutz gewährten: so wie sie von den hohen Fenstern hinter ihr zu Boden fielen, hätten sie auch vor ihr zu Boden fallen können. Sie hatte sich darauf gefreut, dieses Zimmer zu sehen, das in der ganzen Stadt bekannt war, auch wenn nicht viele Menschen das Privileg genossen, dem Haus einen Besuch abzustatten und es mit eigenen Augen zu sehen. Die Samtvorhänge hatte sie gleich beim Betreten des Salons erkannt und sich sofort zu Hubert Derdon umgewandt, um sich mit ihm darüber zu unterhalten, doch als sie sich eben umgewandt hatte, war Mr. Lord, ein uralter Freund ihres Vaters, auf sie zugekommen und hatte sie um den nächsten Tanz gebeten, und schon war sie schüchtern und nervös mit ihm davongetanzt, und als der Tanz zu Ende ging, war Hubert verschwunden. Seitdem hatte sie keine Gelegenheit gehabt, sich mit ihm auszutauschen und ihm zu berichten, was sie über die Vorhänge wußte.

Gleich zu Anfang, als sie durch die Haustür in die große Eingangshalle getreten war, hatte sie einen Blick auf die Vorhänge erhascht und nicht schlecht gestaunt, so als habe sie eine verehrte Freundin aus alten Zeiten wiedergesehen, die wiederzusehen sie nie zu hoffen gewagt hätte. Da also hingen die Vorhänge, von denen ihr Vater ihr vorgeschwärmt hatte, und sie waren genauso, wie er sie beschrieben hatte. Dabei hatte er sie gar nicht in fertigem Zustand gesehen. In den Monaten vor seinem Tod war Roses Leben von Gesprächen über Samt erfüllt gewesen, er hatte Stoffproben mit nach Hause gebracht, um sie ihr zu zeigen – rosa Samt und roten Samt, grünen Samt in verschiedenen Schattierungen, gelben Samt, der bernsteinfarben hieß, den er jedoch Altgold nannte, mausgrauen Samt, orangenen Samt und eben Blau, seine Lieblingsfarbe, jedes denkbare Blau. Viele der Angestellten, die seit Jahren bei Ramsay's arbeiteten, waren abgeordnet worden, in dieser oder jener Eigenschaft bei der Innenausstattung von Mrs. Ramsays Haus mitzuwirken, und Roses Vater war die Aufgabe zugefallen, den Samt für die Vorhänge auszuwählen. Er mußte das richtige Gewicht und die richtige, zur Tapete passende Farbe finden; die Tapete sei bei einer englischen Firma ausgesucht worden, die die vornehmsten Häuser Londons beliefere, hatte Mrs. Ramsay ihm erklärt. Ein Stück dieser Tapete und die Stoffproben, die er zusammengetragen hatte, nahm er mit nach Hause, um sie Rose zu zeigen; gemeinsam beugten sie sich jeden Abend darüber, und am Morgen brachte er sie wieder ins Geschäft. Er konnte nicht alle Proben mitnehmen, um sie Rose zu zeigen – bei etlichen, die aus Italien stammten, wollte er nicht Gefahr laufen, sie zu verlieren –, aber diejenigen, die er nicht mitbringen konnte, beschrieb er ihr. Er behauptete, Rose habe einen ungewöhnlich ausgeprägten Sinn für Farben, und war stolz, wenn sie, nachdem er sämtliche Proben auf dem Küchentisch ausgebreitet hatte, den Finger auf die Farben legte, die sie bevorzugte, und es immer die gleichen Farben waren, die auch ihm am besten gefielen.

Damals war sie erst neun, inzwischen schon fast zwanzig, und da hingen die Vorhänge nun und sahen zweifellos genauso neu aus wie an dem Tag, als sie aufgehängt worden waren. Mrs. Ramsay hatte dazu geneigt, ein Blaurot auszuwählen, Roses Vater dagegen hatte sein Herz an ein richtiges Königsblau gehängt und sie zu seiner Auffassung bekehrt. Auf seinen Sieg war er sehr stolz gewesen. Er und Rose hatten sich darüber gefreut. Er versprach Rose, sie, sobald die Vorhänge angebracht wären, irgendwie ins Haus zu schmuggeln, damit sie sie besichtigen könne. Auch wollte er, daß Rose den geräumigen Speisesaal und die große, breite Eingangshalle sähe, in der es sogar einen Kamin gab. Im Obergeschoß war er noch nicht gewesen, aber er erzählte Rose, die Zimmer oben könne er sich sehr gut vorstellen – wie schön sie sein mußten, alle stilvoll möbliert.

Einmal hatte er gesehen, wie ein gläserner Frisiertisch die Treppe hinaufgetragen wurde – Mrs. Ramsays neue Frisierkommode. Er sagte zu Rose: »So was habe ich noch nie gesehen. Um den zu finden, muß sie bis ins Feenreich gereist sein! Er hat in einer großen Holzkiste auf dem Rasen vor dem Haus gestanden, und die beiden Männer, die ihn gebracht hatten, wollten ihn auspacken. Sie liefen um die Kiste herum, betrachteten sie und klopften sie ab, um die richtige Stelle zum Öffnen zu finden. Um den Tisch herauszuheben, haben sie nicht etwa den Deckel von der Kiste entfernt, sondern die Kiste Stück für Stück auseinandergenommen, um den Tisch freizulegen. Erst haben sie den Deckel vorsichtig gelüftet und aufs Gras gelegt, dann haben sie die Seitenwände aufgestemmt, und wenn man sie so arbeiten sah, konnte man meinen, sie hätten Angst vor dem Tisch. Dann stand er endlich im Freien, und sie haben den Karton aufgeschnitten, in den er verpackt war. Du hättest ihn sehen sollen, wie er dastand, ganz aus Glas, und die Sonne schien darauf. Auf dem Gartenweg gibt es einen mit Rosen berankten Laubengang, und der Tisch hat die Rosen widergespiegelt und sie in ihrer ganzen Pracht gezeigt. Ein wahrer Spiegeltisch. Mrs. Ramsay wird alles um sich her darin erblicken können, aber du hättest sehen sollen, wie die Rosen darin zur Geltung kamen. Der Tisch glitzerte in der Sonne, und all die Rosen glitzerten mit ihm. Er verwandelte den Garten in ein Feenreich. Ich hatte das Gefühl zu träumen. Ich sah auf. Der Himmel war blau. Ein herrlicher Tag. Rose, du hättest dabeisein sollen. Ich stand im Salon, noch keine Vorhänge vor den Fenstern und kein Teppich auf dem Fußboden, alles ganz kahl, aber ich mag ja Holz unter den Füßen, das nackte Holz – die Holzböden in dem Haus sind wunderschön –, und ich blickte aus dem Fenster auf den Tisch, der da in der Sonne stand, und mußte an dich denken und wünschte dir so viel Gutes. Ich wünschte ... Ich weiß nicht, was ich dir nicht alles wünschte. Dann haben sie den Tisch angehoben und ihn ins Haus getragen. In der Eingangshalle setzten sie ihn einen Augenblick ab, und er sah aus, als schiene noch immer die Sonne darauf. Dann trugen sie ihn die Treppe hinauf. Beide achteten auf die Füße des andern, und während sie die Treppe hinaufstiegen, sprachen sie kein Wort und bewegten sich nur ganz langsam, Schritt für Schritt. Der Tisch neigte sich ein wenig, und ich konnte mich selbst darin sehen, von den verschiedensten Seiten. In der Protestantischen Bücherei gibt es ein Prisma – ich werde irgendwann einmal mit dir hingehen, damit du es siehst. Ich will dir nicht verraten, was es ist – es nennt sich Prisma, Prisma –, dann weißt du nicht, was dich erwartet, und wirst überrascht sein. Und Mrs. Ramsay hat einen großen Diamanten, den sie am Ringfinger trägt. Es gibt eine Menge Dinge, die Licht einfangen. Auf der Treppe habe ich mich die ganze Zeit im Spiegel betrachten können. Es ist eine ungeheuer große, quadratische Halle, die sie da hat, mit ganz vielen Fenstern, als wär's ein Zimmer, aber ich stand ganz still, als sei der Tisch auf mich ebenso angewiesen wie auf die beiden Träger, und ich hatte das Gefühl, als befände ich mich auf dem Grund eines Brunnens und sähe mir zu, wie ich mich von mir selbst entferne.

Ich stand da und schaute hinauf. Etwas ganz Eigenartiges, sich selbst eine Treppe hinaufschauen zu sehen. Ich nehme an, so erscheinen wir Gott – immer schauen wir hinauf, wenn wir etwas wollen. Dann gelangten sie zum Treppenpodest, und der Tisch geriet mir aus den Augen. Ich glaube nicht, daß ich ihn noch einmal zu Gesicht bekommen werde.«

Die Vorhänge trösteten Rose, denn obgleich sie all die Jahre über nicht mehr an sie gedacht hatte, erkannte sie sie doch sofort. All die Jahre über hatten sie dagehangen und genauso ausgesehen, wie er sie sich vorgestellt und wie er sie beschrieben hatte. Auch an dem Tag, an dem sie nicht mit ihrem Vater mitgegangen war, hatten die Vorhänge so dagehangen und so ausgesehen – an all den Tagen, da sie mit ihm weder hierher noch sonstwohin gegangen war, Tage, Wochen und Monate, die ihm in die Ewigkeit gefolgt waren. Schon meinte sie, man habe sich bereits vor langer Zeit an sie erinnert, zu einem Zeitpunkt, als sie sich elend, vergessen und verlacht geglaubt hatte. Daß sie vergessen gewesen sei, hatte sie sich nur eingebildet. Sie war überhaupt nicht vergessen worden. Sie fand, in dem Zimmer hatte sie dasselbe Recht wie alle anderen, die umhertanzten und sich in kleinen, intimen Grüppchen miteinander unterhielten. Obwohl sie nicht bei Ramsay's arbeitete – die stellten inzwischen vielversprechende junge Mädchen an, ein oder zwei davon sogar aus Dublin –, war sie doch in die Pläne für dieses Zimmer eingeweiht gewesen, hatte sich darin ausgekannt wie alle anderen auch; noch ehe die Tapete an den Wänden klebte, hatte sie über dieses Zimmer Bescheid gewußt, über die Möbel, die darauf warteten, aufgestellt zu werden, und über die Teppiche, die eigens dafür angeschafft worden waren. Die beiden Marmortischchen dort neben dem Kamin – sie erinnerte sich an sie, obwohl sie sie noch nie zuvor gesehen hatte.

Und vor der gegenüberliegenden Wand, unter der französischen Landschaft, stand das große Sofa, genau, wie er es ihr vorhergesagt hatte. Alles war genau, wie er es ihr vorhergesagt hatte. Sie hatten sich über das wunderschöne Zimmer gefreut, das vor ihrem geistigen Auge erstanden war. Zu beiden Seiten der Tür, die ins Speisezimmer führte, hingen zwei kleine weiße Gipsporträts an der Wand, aber die Namen der abgebildeten Personen waren ihm entfallen. Er nannte sie Masken. Als Rose sie jetzt betrachtete, fand sie sie sehr langweilig, sehr religiös, eigentlich ungeeignet für dieses prächtige, reichgeschmückte Zimmer. Sie dachte an ihren Vater, wie er sie betrachtet und sich gefragt hatte, wen sie wohl darstellten. Er hätte fragen können, aber jeder schien Bescheid zu wissen, und er wollte nicht weniger sachkundig erscheinen als die anderen.

Es hatte ihn sehr gefreut, daß Mrs. Ramsay ihn zur Gestaltung des Hauses herangezogen und damit betraut hatte, den richtigen Vorhangstoff zu finden. Auch in anderen Angelegenheiten hatte sie seinen Rat gesucht: bei den Tapezier- und Malerarbeiten, ja sogar beim Aufhängen der Bilder. Wie er Rose erklärt hatte, gaben diese Sonderaufträge ihm Gelegenheit, sich zu bewähren, die erste echte Chance, die ihm je zuteil geworden sei – das hatte Großes zu bedeuten. Rose und er wußten beide, daß er zu Höherem berufen war, als den ganzen Tag Leinen-, Baumwoll- und Sergeballen auf dem Ladentisch auf- und wieder zusammenzurollen. Er sagte Rose, es geschähen noch Zeichen und Wunder, denn genau in dem Moment, als er das Gefühl hatte, niemand auf der Welt nähme ihn wichtig, habe Mrs. Ramsay ihn zu sich gerufen und mit ihm besprochen, wie sie ihr neues Haus einrichten wolle.

Ihrer Mutter ging es auf die Nerven, daß sie den Küchentisch jeden Abend über und über mit Samtproben bedeckten und sich gemeinsam über die Stoffetzen beugten, als zählten sie Gold und Diamanten. Ihre Mutter meinte, allmählich sei es des Guten zuviel, es bekomme Rose nicht, so dazuhocken und von Gegenständen zu träumen, die sie niemals besitzen werde. Wenn Roses Mutter dabeistand und sie zur Rede stellte, wirkten Rose und ihr Vater wie zwei Geizkragen, die über ihren Schätzen kauerten. Um diese Tageszeit, nach dem Abendessen, hatten Rose und ihr Vater die Küche meist für sich. Das ehemalige vordere Wohnzimmer war jetzt ein kleiner Laden, und nach dem Abendessen ging Roses Mutter immer hinein, setzte sich und plauderte mit jedem, der vorbeischaute; gelegentlich verkaufte sie auch etwas – Brot oder Zigaretten. Als die Wochen ins Land gingen, Mrs. Ramsay sich immer noch nicht für eine Farbe entschieden hatte und Roses Vater immer noch von den Vorhängen redete und davon, was Mrs. Ramsay zu ihm gesagt hatte, ärgerte sie sich mehr und mehr über die Stoffproben.

»Mrs. Ramsay macht dich noch ganz närrisch, dir für nichts und wieder nichts die Würmer aus der Nase zu ziehen«, meinte Roses Mutter. »Und du machst mir das Kind noch ganz närrisch – ihr Flöhe ins Ohr zu setzen, als kenne sie sich aus. Was weiß das Kind schon, und was würde es ihr nützen, irgend etwas zu wissen? Was für eine Chance hat sie denn, und warum kannst du sie nicht in Frieden lassen, damit sie ihre Lektionen lernt? Sie hat den Ranzen voller Hausaufgaben, oder etwa nicht? Danken wird sie's dir nicht, wenn sie älter ist. Du setzt ihr bloß Flausen in den Kopf, mehr nicht.«

Wenn sie so redete, nahm Roses Vater immer die Hände vom Tisch, legte sie in den Schoß, starrte auf sie hinab und sagte nichts. Wenn sie sie sitzen ließ und wieder ins Geschäft zurückging, seufzte er immer, sah Rose dabei aber nicht an. Dann sagte er, ohne den Kopf zu heben: »Es ist sinnlos, sie zu provozieren. Laß sie nur reden. Sie meint es nicht böse.«

Rose betrachtete die Masken, und obwohl sie weit entfernt waren, gab sie vor, so an ihnen interessiert zu sein, daß sie keinen Blick für die Gesichter der Tänzer hatte, die an ihr vorüberwirbelten. Sie war vor aller Augen versetzt worden. Die Schuld daran schob sie Jim Nolan zu, ihrem Partner beim letzten Tanz. Er hatte ihr zu verstehen gegeben, er werde zurückkommen; also hatte sie auf ihn gewartet, aber er war nicht zurückgekommen. Zuerst hatte sie sich eingeredet, er sei aufgehalten worden, mittlerweile aber wußte sie, daß er nicht die leiseste Absicht gehabt hatte zurückzukommen. Hätte sie das gleich gewußt, hätte sie sich einen Weg aus dem Zimmer bahnen können und müßte jetzt nicht hier stehen und eine traurige Figur abgeben. Es war ungerecht. Vielleicht hatte er sich ja über eine Bemerkung von ihr geärgert, aber eigentlich hatte er gar nicht verärgert gewirkt, und er mußte doch wissen, daß sie es nicht böse meinte.

Sie hatte sich sehr gefreut, als Jim sie um den Tanz bat. Vor Jahren hatte er an demselben Ladentisch gearbeitet wie ihr Vater, war aber höchstens zehn Jahre älter als sie, hochgewachsen und stattlich. Die anderen Männer, die sie aufgefordert hatten, waren alle verheiratet und ziemlich alt, alt genug, um ihr Vater zu sein. Daß Jim überhaupt Notiz von ihr genommen hatte, überraschte sie, denn er war beliebt, und sie wußte, daß jedes der Mädchen im Raum ein Auge auf ihn geworfen hatte. Er hatte ein wunderschönes, freundliches Lächeln. Ihr ganzes Leben lang war sie ihm begegnet, bei Ramsay's oder in der Stadt, wenn er mit irgend jemandem, meistens einem Mann, durch die Straßen ging; er wußte die Frauen zu nehmen, aber die Mädchen lachten, wenn sein Name fiel, und meinten, er sei nicht leicht zu haben. Er war anders als die anderen Männer, sehr geheimnisvoll und ein bißchen fremdartig, wie ein Schauspieler.

Vor dem Tanz mit Jim hatte Rose geglaubt, sich auf der Party gut amüsiert zu haben. Einer nach dem anderen waren die alten Freunde ihres Vaters auf sie zugekommen, um sie aufzufordern. Einmal wetteiferten gleich zwei Männer um ihre Hand: Mr. Cleary, dick und fast kahlköpfig, und Mr. Fagan, der mager war und ewig lächelte. Sie forderten sie auf, zwischen ihnen zu wählen, aber sie brachte es nicht über sich, und alle drei standen lachend da, und sie fühlte sich ganz heimisch. Mrs. Cleary gesellte sich zu ihnen, nahm Roses Hand und fragte sie, wo sie so gut tanzen gelernt habe. Sie erzählte ihnen, ihr Vater habe sie immer herumgewirbelt und darauf geachtet, daß sie im Takt blieb, und Mr. Cleary sagte: »Ihr Vater war ein großartiger Tänzer. Ich sehe ihn noch vor mir.« Und Mr. Fagan sagte: »Beim Tanzen hat er sich rundum wohl gefühlt. Das hat man ihm angemerkt.« Dann drückte Mrs. Cleary Roses Hand und sagte, sie sei ein braves Mädchen, wie schade, daß ihre Mutter heute abend nicht gekommen sei und miterlebt habe, wie beliebt sie sei.

Doch dann stand zu ihrem Erstaunen Jim vor ihr, und als er sie um einen Tanz bat, wuchs ihr Erstaunen noch. Die Helligkeit jenes Moments, da sie ihm zum ersten Mal in die Augen sah und die Aufforderung annahm, umschwebte die beiden und sonderte sie von den übrigen Menschen im Zimmer ab, so daß sie mit einem Mal begriff: Nicht die Samtvorhänge oder die Masken ließen ihr das Zimmer vertraut erscheinen, sondern das Gepräge, das die Hand ihres Vaters ihm gegeben hatte. Wie immer ihr Vater es bewerkstelligt hatte, irgendwie war es ihm gelungen, das Zimmer auf diesen Moment, da sie und Jim miteinander tanzten, vorzubereiten. Ihr Vater hatte sie geliebt. Das Zimmer hätte niemals ihm gehören können. Und so, wie es jetzt aussah, hatte er es nur geträumt. Er hatte es nie zu Gesicht bekommen, aber gewußt, wie es aussehen würde.

Sie blickte zu Jim auf und sagte ihm, es sei ihre erste große Party. Er erwiderte nichts, lächelte aber auf sie herab, als wüßte er, was sie eigentlich hatte sagen wollen. Woher wußte Jim, was sie eigentlich hatte sagen wollen, wenn sie es doch selbst nicht wußte? Sie war erfüllt von Dankbarkeit und von der Gewißheit, daß es nicht darauf ankam, was sie als nächstes sagte, weil er es war, dem sie es sagte, und daß er sich nicht daran störte, was sie sagte, weil es Rose war, die es sagte. »Ich fürchte, ich bin keine gute Tänzerin«, sagte sie. In Wahrheit hatte sie das Gefühl, recht gut – eigentlich sogar hervorragend – zu tanzen, auch wenn sie befürchtete, den Tanz nicht anmutig beenden zu können. Aber Jim lächelte sie immer noch an, schien sie fester an sich zu drücken und sagte, sie sei leichter als eine Feder, leichter als eine Schwanenfeder, ja leichter als die Feder einer Drossel. Dann fing er an zu lachen und fragte sie, ob sie schon einmal mit einem Federbett getanzt habe, und ohne ihr Zeit für ein Nein zu lassen, lud er sie ein, über ihre Schulter zu blicken, und als sie sich umwandte, fiel ihr Blick geradewegs auf Mrs. Fleming, die die Hutabteilung leitete und deren übertrieben hoch aufgetürmte Frisur von ihrer geradezu beängstigenden Leibesfülle ablenken sollte, die keine festen Umrisse zu haben, sondern in alle Richtungen zu fließen schien; es war, als würde Mrs. Fleming allein vom bloßen Hinsehen korpulenter. Sie war jedoch schon den ganzen Abend übers Parkett gewirbelt. Nicht einen Tanz hatte sie ausgelassen, sondern war wie ein junges Mädchen mit all den jüngeren Männern umhergeflogen und hatte dazu huldvoll wie eine Kaiserin auf jedermann herabgelächelt.

Als Rose merkte, daß Jim sie einlud, mit ihm über Mrs. Fleming zu lachen, fühlte sie sich so belebt, als habe sie eine große Trophäe gewonnen, von deren Existenz sie gar nichts geahnt hatte. Sie fand, daß ihr neues Kleid den anderen Kleidern im Zimmer in nichts nachstand und sie eine geborene Tänzerin war, die es mit jeder aufnehmen konnte. Kein Zweifel, die Leute würden sagen, sie und Jim seien wie füreinander geschaffen. Bei all den anderen Mädchen hatte er nur so getan. Hatte nur Zeit geschunden. Er war nicht er selbst gewesen, und es war durchaus denkbar, daß er sein ganzes Leben lang bis zu diesem Augenblick nicht er selbst gewesen war. Sie würde einen guten Einfluß auf ihn haben. Er würde erkennen, daß sie eine treue Seele war, nicht so wie die anderen Mädchen, die nur darauf aus waren, sich einen Mann zu angeln.

Als sie ihn anlachte, war ihr klar, daß all die Geschichten, die sie über ihn gehört hatte, reine Lügenmärchen waren, zumindest aber auf Mißverständnissen seiner Neider beruhten. Er war kein Draufgänger, er war kein Weiberheld, kein Säufer oder überlauter Schwätzer, wie die Leute behaupteten – er war nichts dergleichen, er war etwas ganz anderes, und sie wollte ihm ihr Verständnis signalisieren und ihm beweisen, daß er ihr vertrauen könne, aber er ließ ja bereits erkennen, daß er ihr vertraute, außerdem tanzten sie viel zu schnell, um sich unterhalten zu können, und so gab sie sich damit zufrieden, ihm beherzt zu sagen, sie finde ihn komisch. Er sah sie scharf an und wirkte erfreut, so daß sie einen Moment lang glaubte, er würde mitten auf der Tanzfläche stehenbleiben. Dann drückte er fest ihre Hand – deswegen glaubte sie ja, sie hätten aufgehört zu tanzen – und sagte: »Das müssen Sie mir aber erklären, junge Dame. Diese Bemerkung müssen Sie mir schon erklären.«

Und dann schienen sie schneller zu tanzen denn je, und als der Tanz zu Ende war, wirbelte er sie im Halbkreis herum, so daß sie für einen Augenblick das Gleichgewicht verlor, und als sie sich aufrichtete, prustete sie vor Lachen, nahm aber alles so gelassen hin, als sei sie mit derartigen Situationen, ja mit der Welt vertraut, und einige der älteren Frauen in der Nähe drehten sich zu ihnen um und blickten erst sie, dann Jim an und sahen wieder weg. Die dachten bestimmt, sie spiele sich auf, aber das störte sie nicht. In der Erwartung, Jim würde ihren Arm nehmen und sie von der Tanzfläche geleiten, um sich hinzusetzen und sich mit ihr zu unterhalten, wandte sie sich lächelnd zu ihm um, doch statt dessen lächelte er sie nur zartfühlend an, dankte ihr und entfernte sich rasch. Er würde zurückkommen, das wußte sie und begann, auf ihn zu warten. Mr. Lord, mit dem sie den ersten Tanz getanzt hatte, kam herbei und bat sie abermals, seine Partnerin zu sein, aber sie sagte ihm, sie sei bereits vergeben, und er lächelte und sagte: »Ach, so verhält sich das«, und ging davon.

Dies wäre der Moment gewesen, sich einen Weg aus dem Zimmer zu bahnen, zu einem Plätzchen, wo sie nicht so auffiel. Aber wie konnte sie weggehen, wenn es immerhin die Chance gab, daß Jim zurückkommen würde? Und jetzt hatte sie schon ziemlich lange hier gestanden, fast ohne wahrzunehmen, wie die Zeit verstrich, und würde auch weiter hier stehenbleiben müssen, bis der Tanz zu Ende wäre. Wenn sie in die eine Richtung ginge, zum Speisezimmer, und sich einen Weg durch die dichtgedrängten Menschen bahnte, die, alle untereinander bekannt, plaudernd am anderen Ende des Zimmers umherstanden oder -saßen, stieße sie womöglich auf Hubert Derdon, der sich einbilden würde, sie habe nach ihm gesucht. In der entgegengesetzten Richtung wiederum, zur

Eingangshalle und zur Treppe hin, die zur Damengarderobe führte, würde sie ihn womöglich in der Menge am anderen Ende des Zimmers oder in der Halle selbst finden, und sie wollte ihn nicht finden.

Auf keinen Fall wollte sie, daß Hubert Derdon sich einbildete, sie, Rose, könnte versuchen, ihn zu finden, ihn um etwas bitten oder etwas von ihm erwarten. Gestern abend erst hatte er sie gefragt, ob er sie von der Party nach Hause begleiten dürfe. Darüber hatte sie sich sehr gefreut. Das war erst gestern abend gewesen. Den ganzen Tag über hatte sie an ihn gedacht, an die Art, wie er sie angesehen hatte, als er sich an ihrer Haustür noch einmal umwandte und von der Party sprach. Und nun war sie hier, und bis auf die eine Minute, als sie ihn, gleich nach ihrer Ankunft mit den anderen Mädchen, in der Eingangshalle gesehen hatte, hatte er nicht mit ihr geredet. Es war eine Schande. Sie hatte sich ausgemalt, daß sie mit ihm umherschlendern und alle Welt sie zusammen sehen würde. Sie hätte ihm von den Samtvorhängen und all den anderen Dingen erzählen können. Es gab eine Menge Dinge, von denen sie ihm erzählen konnte und die er sich bestimmt gern angehört hätte. Sie und Hubert waren noch nie allein gewesen. Immer, wenn er zu Besuch kam, war ihre Mutter in die Küche gekommen und hatte sich zu ihnen gesetzt. Sie hatte die Unterhaltung fast allein bestritten, Hubert nur gelegentlich eine spitze Bemerkung von sich gegeben. Das war das einzige, was Rose an ihm auszusetzen hatte – er hatte eine zu spitze Zunge. Er war zu selbstsicher. Aber er war sehr nett, zumindest hatte er bis heute abend einen netten Eindruck auf sie gemacht.

Vielleicht hatte sich Hubert eins von diesen schicken Mädchen von Ramsey's gegriffen; bestimmt hatte Father Kane ihn schon allseits vorgestellt. Es war Huberts erster Besuch in Wexford. Mit einem Neffen von Father Kane war er aus Dublin gekommen, um Ferien zu machen, und Father Kane hatte die beiden, Hubert und den Neffen, in seinem Wagen umherkutschiert und ihnen sämtliche Sehenswürdigkeiten gezeigt. Aber Hubert war ein stiller Mann, der gern allein spazierenging und sich gern allein umschaute, und als er eines Nachmittags wieder einmal so spazierenging, war er in den Laden gekommen. Rose hatte hinter der Ladentheke gestanden, und so hatten sie einander kennengelernt, und in der letzten Woche hatte er jeden Abend auf ein, zwei Stunden hereingeschaut. Er war noch immer ein Fremder, und jetzt zeichnete sich ab, daß er stets ein Fremder bleiben würde. Es hatte keinen Sinn, bei irgend jemanden auf irgend etwas zu hoffen. Ob Father Kane wohl schlecht von ihr gesprochen hatte? Vielleicht hatte er gesagt, sie sei für Hubert nicht gut genug, oder dergleichen. Father Kane mochte sie gut leiden und hatte dafür gesorgt, daß sie zu dieser Party eingeladen wurde, aber vielleicht waren ihm Zweifel gekommen. Schwer zu sagen. Womöglich hatte Hubert es sich anders überlegt und wollte sie nicht mehr nach Hause bringen. Vielleicht widerstrebte es ihm, mit ihr in der Öffentlichkeit gesehen zu werden. Und es bestand immer noch die Chance, daß sich Jim Nolan erbot, sie nach Hause zu bringen. Falls ja, wollte sie frei sein, mit ihm zu gehen. Hubert war ein Fremder und würde bald wieder abreisen, und nie würde sie sich bei ihm so heimisch fühlen wie bei jemandem wie Jim Nolan. Sie wünschte, sie würde wieder mit ihm über die Tanzfläche wirbeln und gesagt bekommen, sie sei leicht wie eine Feder und werde sich ihm erklären müssen, da sie so interessant sei. Sie hätte ihm anbieten sollen, ihn zu begleiten, als er davonging. Jedes der anderen Mädchen hätte sich so verhalten.

Sie überlegte, wo die Musik herkam. Sie wußte von einem Klavier, erinnerte sich aber deutlich daran, eine Violine gehört zu haben, als sie mit Jim Nolan getanzt hatte. Sie hätte einige der anderen Männer, mit denen sie getanzt hatte, gern gefragt, wo die Musik herkam, hatte sich aber nicht anmerken lassen wollen, wie wenig sie sich in einem solchen Haus auskannte. In einem solchen Haus gab es bestimmt ein eigenes Zimmer für Musik, auch wenn sie nicht wußte, wie man ein solches Zimmer nannte oder wo im Haus es sich befand. Auch einen Keller mit Wein sollte es geben, aber vielleicht war das nur ein Gerücht.

Die Leute redeten dauernd über die Familie Ramsay, und alle waren überrascht gewesen, als Mrs. Ramsay die gewöhnlichen Angestellten zu einer Party einlud. Es war sehr nett von Mrs. Ramsay, aber eigentlich sah es ihr nicht ähnlich, mit ihren Angestellten auf vertrautem Fuß zu stehen. Mrs. Ramsay war sehr würdevoll. Als Rose eintraf, hatte sie im Salon gestanden und Hof gehalten, und Rose hatte schon überlegt, ob sie auf sie zugehen und sie begrüßen sollte, dann aber beschlossen, nicht die Aufmerksamkeit auf sich zu lenken. Danach hatte die Musik eingesetzt, und es wurde getanzt. Father Kane hatte an Mrs. Ramsays Seite gestanden und Rose zugewinkt, ihr aber kein Zeichen gegeben, näherzukommen und sich vorstellen zu lassen. Selbst dann noch hatte Rose gehofft, Mrs. Ramsay würde sie bemerken, aber Mrs. Ramsay hatte sie nicht bemerkt. Mrs. Ramsays jüngste Tochter war gerade von einem Jahresaufenthalt an einer Schule in Paris zurückgekehrt. Es hieß, die Ramsay-Töchter seien verwöhnt, aber die jüngste sei die schlimmste und setze in allem ihren Kopf durch. Ihr Name war Iris. Iris Ramsay. Heute abend war sie nirgends zu sehen, aber es war ja auch unwahrscheinlich, daß sie sich mit einer solchen Party abgeben würde, wo sie doch schon so viel von der Welt gesehen hatte und Bescheid wußte.

Inzwischen war Rose überzeugt, daß die Musik aus dem Speisesaal kam, und als sie in die Richtung blickte, sah sie, wie sich Jim Nolan in Begleitung zweier Frauen, die Rose nur vom Sehen kannte – beide arbeiteten bei Ramsay's –, zu den Tänzern gesellte. Sie waren um einiges älter als Rose, und ihre Kleider hatte sie schon vorher bewundert – beide wirkten sehr elegant. Obwohl Jim doch wissen mußte, daß Rose noch immer dastand und auf ihn wartete, hatte er nicht einmal zu ihr herübergeblickt. Während sie dastand, hatte er sich also die ganze Zeit über im Speisesaal aufgehalten und sich mit seinen wahren Freundinnen unterhalten. Rose begann zu zittern.

Plötzlich kamen ihr die Menschen auf der Tanzfläche laut, ganz mit sich selbst beschäftigt und eigennützig vor, ihr Geplauder und Gelächter klang übellaunig und zugleich intim, als freuten sie sich über einen vertraulichen Scherz auf Kosten eines Dritten, der ihnen auf Gedeih und Verderb ausgeliefert war. Offenbar hatte jemand die Lichter eingeschaltet; das Zimmer war zu hell, in der blendenden Helligkeit spürte Rose, wie ihr Gesicht brannte, und in dem selbstgeschneiderten Kleid fühlte sich ihr Körper beengt und erschöpft an. Sie hatte geglaubt, das Kleid sei ihr gut, ja sehr gut gelungen. Sie hatte davon geträumt, Mrs. Ramsay würde ihre Erscheinung bemerken und ihr ein Kompliment machen, dann hätte sie Mrs. Ramsay erzählen können, daß sie das Kleid eigenhändig, und zwar nach einem bei Ramsay's erstandenen Schnitt, geschneidert, den Samt jedoch selbst ausgewählt hatte – die Herstellerin des Schnittmusters hatte Taft empfohlen. Sie war sogar soweit gegangen, sich einzubilden, das Kleid sei besser geraten, als ihr selbst bewußt sei, und Mrs. Ramsay mit ihrem ausgeprägten Stilempfinden würde bemerken, wie schön es geschnitten war, und in Rose das wiedererkennen, was sie Jahre zuvor in Roses Vater erkannt hatte – den überschäumenden Ideenreichtum, den sie ihm zugesprochen hatte, und einen ungewöhnlichen Sinn für Farben.

Es war zu heiß in dem Raum. Sie tastete in dem kurzen Ärmel ihres Kleides nach ihrem Spitzentaschentuch, um sich die Stirn abzutupfen, aber das Taschentuch war nicht mehr da. Sie erinnerte sich, es draußen in der Eingangshalle aus der Tasche ihres Regenmantels herausgenommen und, zu einem Dreieck gefaltet, sorgsam in den Ärmel gesteckt zu haben, aber jetzt war es verschwunden. Dabei konnte es gar nicht verschwunden sein. Es war echtes irisches Leinen, mit echter Spitze besetzt, ein Weihnachtsgeschenk ihrer Mutter von vor vier Jahren, und von dem Tag an, da sie es geschenkt bekommen hatte, bis zum heutigen Abend hatte es, in Seidenpapier eingeschlagen, in seiner ursprünglichen, raffiniert über Eck gefalteten Form dagelegen. Nicht einmal ausgeschüttelt hatte sie es. Sie hatte es kaum berührt. Bis zum heutigen Abend hatte es, wie ein Schatz, in seiner Schachtel in der untersten Schublade der Kommode gelegen, wo sie ihre Kleider aufbewahrte. Eigentlich konnte es gar nicht verschwunden sein, aber es war verschwunden. Als sie so fröhlich getanzt und sich aufgespielt hatte, mußte es ihr aus dem Ärmel gerutscht sein. Wenn sie nicht so mit sich selbst beschäftigt gewesen wäre, hätte sie vielleicht bemerkt, wie es herausgeglitten war. Jetzt lag es irgendwo unter den Füßen der Tänzer auf der Tanzfläche. Inzwischen war es bestimmt nur noch ein Lumpen. Aber selbst wenn es nur ein Lumpen war, wäre sie doch froh gewesen, es zurückzubekommen. Ihre Mutter hatte lange gezögert, bevor sie es kaufte, und dann darum gebeten, es in weißes Seidenpapier einzuschlagen, es handele sich um ein Geschenk. Sie hatte es nach Hause getragen, war lächelnd zur Tür hereingekommen und hatte zu Rose gesagt: »Ich hab dir was Hübsches mitgebracht.« Es war das schönste Taschentuch, das man für Geld kaufen konnte. Ihre Mutter war aus dem Haus gegangen, um sich ein wollenes Unterhemd zu kaufen, dann hatte sie das Taschentuch gesehen, und statt des Unterhemds hatte sie Rose das Taschentuch gekauft. Die Spitze, und davon gab es reichlich, war echt. Nachdem Rose die Schachtel geöffnet und das Taschentuch herausgenommen hatte, betrachteten sie und ihre Mutter es eingehend und fuhren mit den Fingern über die aufgestickten Muscheln, Rosen, Gänseblümchen, Klee- und Efeublätter, die wie die Verzierungen auf einer Hochzeitstorte aussahen; an ein Leichentuch jedenfalls erinnerte es sie nicht, so zierlich und weiß waren die Blumen – kein kaltes oder eisiges Weiß, sondern ein strahlendes Weiß wie die Blütenblätter einer Rose.

Was weg ist, ist weg, das wußte Rose. Sie versuchte, das Taschentuch zu vergessen, mußte aber dauernd daran denken, daß die Tänzer es wie einen Lumpen quer durch das Zimmer getreten hatten, es jetzt noch taten. Es hatte keinen Sinn, daran zu denken, und es hatte keinen Sinn, darüber nachzugrübeln, wen die Gipsabdrücke darstellten, die ihr Vater Masken genannt hatte. Wenn er noch am Leben wäre, würde sie sich nach den Namen erkundigen und sie ihm, wenn sie heute nacht nach Hause käme, nennen. Es würde ihr nichts ausmachen, danach zu fragen. Er hatte sie immer sehr mutig gefunden. Aber wenn er noch am Leben wäre, dann wäre er jetzt heute abend mit all den anderen hier, auch ihre Mutter wäre hier, und sie alle stünden im Mittelpunkt, denn nach dem Anbringen der Vorhänge wäre ihr Vater bei Ramsay's schnell und steil aufgestiegen.

Rose hatte sich Mühe gegeben, die Tänzerinnen, die an ihr vorüberwirbelten, nicht anzustarren, aber jetzt blickte sie doch hin und sah ganz in ihrer Nähe eine hochgewachsene, dunkelhaarige Frau mit perlweißer Stirn. Das war Dr. Malloys Gattin, seine junge Braut, die mit ihrem Mann tanzte. Sie hatten den größten Teil des Abends miteinander getanzt, und einmal hatte Rose gesehen, wie sie sich lachend mit Mrs. Ramsay unterhielten. Sie waren noch nicht lange verheiratet. Sie hatten sich in Dublin kennengelernt und waren dort auch getraut worden, und eigentlich war Mrs. Malloy immer noch eine Fremde. Rose hatte ihre Mutter sagen hören, die beiden seien doch noch Kinder. Und die Frau von nebenan hatte gemeint, sie seien Kinder, die nicht wüßten, wie gut sie es hätten, und manche Menschen würden eben ihr Leben lang verhätschelt. Die Frau von nebenan hatte hinzugefügt, es sei reiner Zufall, daß sie verheiratet seien, eigentlich sei Dr. Malloy an einem ganz anderen Mädchen interessiert gewesen und habe dieses nur geheiratet, um über seine Enttäuschung hinwegzukommen. Roses Mutter hatte gesagt: »Ach, das weiß doch jeder, daß sie nicht seine erste Wahl war, und sie selbst weiß es auch, das arme Ding.« Die Malloys tanzten schwungvoll im Takt der Musik, deren Tempo sich beschleunigt hatte, aber sie lächelten nicht und sprachen auch nicht miteinander. Sie sahen einander an, und ihre Gesichter spiegelten eine gemeinsame Erinnerung, die noch zu frisch war, um vertraut, und zu strahlend, um faßbar zu sein. Rose dachte: Die können die Augen nicht voneinander lassen.

Ach, warum konnte nicht alles ganz anders sein? Sie wandte den Blick von den Malloys und versuchte, den Abstand, den weiten Abstand zwischen ihr und der Tür zu ermessen, die ihr die Flucht ermöglichen würde. Warum konnte nicht alles ganz anders sein? Doch selbst wenn alles ganz anders wäre, es würde ihr doch nicht weniger seltsam vorkommen. Ihre Mutter hatte gesagt: »Rose kennt einfach nicht den Unterschied.« Ein andermal hatte ihre Mutter gesagt: »Rose, du kennst einfach nicht den Unterschied und wirst ihn auch nie begreifen.« Aber warum konnte nicht alles ganz anders sein? Warum konnte Hubert Derdon sie nicht wenigstens einmal auffordern? Im Lauf des Abends hatte sie gesehen, wie er von Zeit zu Zeit zu ihr herüberschielte, und als sie umhertanzte, glaubte sie, gesehen zu haben, wie er ihr hin und wieder zunickte, aber kein einziges Mal hatte er Anstalten gemacht, in ihre Nähe zu gelangen, und jetzt ließ er sich nirgends blicken. Warum hatte Jim Nolan sie um einen Tanz gebeten, wenn er sie nur zum Narren halten wollte? Warum hatte Mrs. Ramsay sie nicht gegrüßt, und warum hatte sich Father Kane nicht einmal die Mühe gemacht, mit ihr zu reden? Warum waren die Zimmerdecken in diesem Haus so hoch, und warum waren die Mädchen alle so selbstsicher, und warum hatte niemand dafür gesorgt, daß sie, Rose, etwas zu essen oder zu trinken bekam, wenigstens ein Glas Limonade? Sie konnte doch nicht allein ins Speisezimmer gehen und an den Tisch oder an die Tische treten oder was immer dort stand und um ein Getränk bitten, als sei sie eine Bettlerin.

Ihr blieb nichts anderes übrig, als so schnell wie möglich das Zimmer zu verlassen, ganz gleich, wer sie sah oder was sie über sie redeten. Falls Hubert in der Eingangshalle stand und sie sah, ließ sich das auch nicht ändern. Sie scherte sich nicht darum, was er oder sonst jemand von ihr dachte. Sie sehnte sich nach Hause, wo niemand sie sähe. Sie würde sich einen Weg aus dem Zimmer bahnen, nach oben gehen und ihren Regenmantel von dem großen Kleiderständer nehmen, der dort im Flur stand. Dann würde sie sich aus dem Haus stehlen und allein nach Hause gehen. Es war ein weiter Weg, und sie fürchtete sich vor der Dunkelheit, aber sie mußte nach Hause. Ihre Mutter würde wissen wollen, was für ein Fest Mrs. Ramsay gegeben hatte, und sie würde ihr nicht antworten können. Und wo kam bloß diese Musik her? Sie wußte aber auch gar nichts. Nie wußte sie etwas.

Sie eilte zum anderen Ende des Zimmers und war so darauf bedacht, den Tänzern nicht in die Quere zu kommen, daß sie zweimal mit der Schulter die Wand streifte. Die Wand würde Flecken auf ihrem Kleid hinterlassen, aber das machte jetzt auch nichts mehr. Am Ende war es ganz leicht, sich einen Weg durch die Menge zu bahnen, die sich am anderen Ende des Zimmers zusammendrängte. Niemand beachtete sie, und offenbar fand niemand ihre Erscheinung auf irgendeine Weise bemerkenswert, so allein war sie und so in Eile. Sie hätte keine Angst zu haben brauchen; niemand schien zu glauben, daß sie sich aufzudrängen versuchte.

Die große, quadratische Eingangshalle lag verlassen da, allerdings hatte jemand die Haustür geöffnet, um frische Luft einzulassen, und als Rose die Treppe hinaufrannte, begann sie zu zittern. Geschähe ihnen ganz recht, wenn sie sich eine schlimme Erkältung holte. Ein Segen – der Flur oben war ebenfalls verlassen, die Badezimmertür neben dem Kleiderständer stand offen und gab den Blick auf ein quadratisches Fenster aus rotem und grünem Glas an der gegenüberliegenden Wand frei. Draußen mußte es bereits dunkel sein. Sie wandte sich zu dem großen, mit Damenmänteln und Schultertüchern behängten Kleiderständer um und begann, nach ihrem Regenmantel zu wühlen. Ein Laut aus dem langen düsteren Flur hinter ihr ließ sie aufhorchen, und als sie sich umdrehte, sah sie ein Mädchen in hellblauer Tracht aus einem der Zimmer treten. Es war Mary Lacey, die mit ihr zusammen zur Schule gegangen war.

»Ah, Mary«, sagte Rose. »Ich hab dich noch nie in deiner Tracht gesehen.«

»Und du ganz in Seide und Satin«, erwiderte Mary mißmutig. Sie sah unglücklich aus.

»Ach, Mary, das hab ich selbst genäht, Stich für Stich«, sagte Rose, »und es ist aus dem billigsten Samt – nicht so aufwendig wie die Vorhänge an den Fenstern unten. Ich wette, deine Tracht hat viel mehr gekostet, Mary, und besser geschnitten ist sie auch.«

»Ach, immer noch die alte Rose«, sagte Mary. »Du hast dich aber auch kein bißchen verändert. Ich erinnere mich noch an den Tag nach der Beerdigung deines armen Vaters. Du kamst zur Schule, wir saßen an unseren Pulten und warteten auf die Nonne, da hast du zu mir gesagt: ›Ach, Mary‹, hast du gesagt, ›die Beerdigung war wunderschön, wenn nur der Sarg nicht gewesen wäre.‹«

Sie öffnete die Faust, und beide blickten auf den Schlüssel, der in ihrer Hand lag.

»Bevor die Gäste gekommen sind, mußte ich sämtliche Zimmer abschließen«, erklärte sie. »Sie hat ja so 'ne Angst, jemand könnte versuchen, ihr was zu stehlen. Und dann hat sie mir aufgetragen, von Zeit zu Zeit nach dem Rechten zu sehen. Mich soll's nicht stören. Bin froh, mal von der Küche wegzukommen. Die Tür zwischen Küche und Speisekammer haben sie offengelassen, und jedesmal, wenn die Tür zum Speisezimmer aufging, hab ich reingelinst. Ich konnt mich nicht beherrschen.«

»Den Sarg hatte ich ganz vergessen«, meinte Rose. »Meine Mutter hat gesagt: ›Es ist an der Zeit, den Sarg zu schließen.‹«

»Bei allem, was die im Haus haben«, sagte Mary, »all die Besitztümer, das ganze Geld und so, da sollte man meinen, sie hätten für jedes Zimmer einen eigenen Schlüssel, aber nein, es ist derselbe Schlüssel für alle Zimmer. Früher war die Küche im Souterrain, aber sie haben sie nach oben verlegt. Die können alles machen, was sie wollen.«

»Ist die Arbeit schwer, Mary?« fragte Rose.

»Ach, eigentlich eher langweilig«, antwortete Mary. »Nicht schwer. Aber horch, das ist jemand auf der Treppe. Schnell, hier rein.«

Sie stieß die Tür zu dem Zimmer auf, aus dem sie soeben gekommen war, trat, gefolgt von Rose, ein und schloß leise die Tür hinter sich. Das Zimmer war dunkel bis auf das schwache rote Licht, das eine unter einem großen Herz-Jesu-Bild brennende Altarleuchte verströmte. Das Bild hing zwischen zwei Fenstern, und die Leuchte stand auf einer Vitrine an der Wand. Rose sah den Glanz der Glasscheiben und durch das Glas weiße Umrisse, kleine Ornamente vielleicht, kostbare Porzellanfiguren, die zu wertvoll waren, als daß man sie irgendwo hinstellen konnte, wo sie womöglich angefaßt wurden. Die Vorhänge vor den Fenstern waren zugezogen; dort, wo sonst das Tageslicht eindrang, konnte sie nur hohe düstere Schatten erkennen. Und wo das Dunkel undurchdringlich wurde, vermutete sie das Bett, ahnte seine Umrisse und seine tiefe Schwärze. Aber Mary zog sie am Arm.

»Schau, Rose, schau nur. Hast du so was schon mal gesehen? Es ist ihr Frisiertisch. Ich werd nie vergessen, wie ich ihn zum ersten Mal gesehen hab. Ganz aus Glas. Selbst die kleinen Knäufe an den Schubladen sind aus Glas. Nur die Beine sind aus Holz. Ist er nicht wunderschön?«

»Wunderschön«, bestätigte Rose, und als sie, nur wenige Schritte, an ihn herantrat, sah sie in dem großen ovalen Spiegel, der die Mitte einnahm, erst ihren eigenen Schatten, dann ihr Gesicht und schließlich Mary, die hinter ihr stand. Die beiden Mädchen standen da und betrachteten sich.

»Wir sehen richtig geheimnisvoll aus«, sagte Mary. »Findest du nicht, daß wir geheimnisvoll aussehen – als wären wir überhaupt nicht hier. Ich wünschte, ich könnte immer so aussehen. Ich bin dicker als du.«

»Das macht die Tracht«, sagte Rose. »Sie ist dir zu groß.«

Mary kicherte. »Ich wußte, daß du das sagen würdest«, erwiderte sie. »Kaum daß du's gesagt hast, ja noch bevor du's gesagt hast, wußt ich, das du das sagen würdest. Ich wünschte, ich könnte immer so geheimnisvoll aussehen. Ich seh mir überhaupt nicht ähnlich. Ich könnt die Hauptstraße auf und nieder schweben und würd mich nicht drum scheren, was die Leute über mich sagen. Ich würd nach Dublin gehen, und dann nach London, und niemand davon erzählen. Und falls mich jemand anspricht, würd ich antworten: ›Ich bin Miss Iris Ramsay, und mir gefällt sonst gaaar nichts.‹ … Die kotzt mich vielleicht an, wie sie im Haus rumläuft und so tut, als könnt sie Französisch sprechen. Der kann's niemand recht machen. Ihre Mutter will das ganze Haus für sie renovieren. Deswegen gibt sie ja auch die Party, um das Haus noch mal richtig auszukosten, bevor sie's renovieren läßt. Ausräumen müßten sie sowieso alles – die Teppiche, die Möbel und alles. Sie kriegen überall neue Vorhänge und Tapeten, einen neuen Anstrich und einen neuen Teppichboden für Miss Iris' Zimmer.«

»Sie wollen sämtliche Vorhänge herunternehmen?« fragte Rose.

»Sämtliche Vorhänge, unten und hier oben. Sie behauptet, das Haus wär zu überladen und zu altmodisch. Sie will ganz helle Farben. Und sie will den Frisiertisch für sich. Sie meint, der paßt nicht zu 'ner älteren Dame. Sie meint, der paßt zu ihrem Zimmer. Soll sie ihn doch haben. Sie will ihn haben, und sie wird ihn haben. Wann könnt ich je die Hand ausstrecken, wenn ich was seh, das ich haben will, und sagen, das gehört mir? Aber was juckt's mich? Da muß ich ja lachen. Was juckt's mich, wo das Ding steht? Nicht die Bohne. Was kümmert's mich, in welchem Zimmer es steht? Egal, in welchem Zimmer es steht, mir gehört's ja doch nicht. In diesem Zimmer, in jenem Zimmer, in ihrem oder irgendeinem andern Zimmer, sehen werd ich's ja doch und haben wollen auch. Mal was anderes, Rose. Was ich wissen möcht – ist Jim Nolan da unten?«

»Ja. Ich habe ihn gesehen. Der ist unten«, antwortete Rose.

»Dacht ich mir's doch, daß ich ihn gehört hab«, sagte Mary. »Zuerst hab ich gedacht, ich hör ihn reden, dann hab ich gedacht, ich hör ihn lachen, und dann – dann war ich in der Küche; er muß ins Speisezimmer gegangen sein – und kurz bevor ich raufkam, hab ich ihn wieder gehört.«

»Ich habe ihn gesehen«, sagte Rose. »Hier und da. Er hat sich mit zwei Frauen aus Ramsay's unterhalten – die eine heißt Miss Martin, glaube ich.«

»Ich wußte, er ist hier«, sagte Mary. »Ach, was soll's. Ich wußte, er ist hier. Der treibt sich immer mit derselben Clique herum, und als ich einen von den Kerlen gesehen hab, Tommy Rice, wußt ich, daß er hier ist.«

»Er nimmt sich ungeheuer wichtig«, sagte Rose gereizt.

»Da hast du recht«, sagte Mary. »Er nimmt sich ungeheuer wichtig. O ja, und ob er sich wichtig nimmt. Gar kein Zweifel. Er nimmt sich ungeheuer wichtig. Er nimmt sich immer wichtiger. Aber das wußte ich.«

(Dies waren die Worte, die sie sprach, aber ihre Stimme ging hilflos ihrer eigenen Wege. Er ist perfekt, sagte ihre Stimme. Er ist perfekt. Er ist perfekt. Ja, das ist er. Perfekt.)

»Ich bin mal mit ihm gegangen«, erzählte sie. »Na ja, ich denke, ich kann sagen, daß ich mal mit ihm gegangen bin. Nur für zwei

Wochen, ein bißchen länger als zwei Wochen, letzten Sommer. Er fand mich einsame Klasse. Ich hab ihm geglaubt. Es muß eine sehr, sehr einsame Klasse gewesen sein, aber damals wußt ich's nicht besser. Ach, soll mir doch egal sein. Es ist aus und vorbei. Wenn einer dich nicht will, will er dich halt nicht. Ach, ich wünschte, ich könnt weg von hier. Und wenn's nur 'n paar Kilometer sind, aber ich wünschte, ich könnt nach Dublin gehen.«

»Ach, Mary, ich wünschte, ich könnte dir was Nettes sagen«, sagte Rose. »Ich könnte ihn umbringen. Er ist nicht gut genug für dich. Es ist furchtbar. Alles ist völlig verfahren. Du bist zehn von seiner Sorte wert.«

Mary sah sie an, als wollte sie etwas sagen, aber dann sah sie sie an, als hätte sie beschlossen, nicht das zu sagen, was sie eigentlich sagen wollte, sondern etwas anderes. »Ach, es ist unwichtig«, sagte sie. Sie setzte sich in den Sessel in der Nähe des Frisiertischs, legte den Kopf zurück und seufzte.

Rose ging einen Schritt auf sie zu und hätte sie gern berührt, aber sie hatte Angst, ihren Schmerz nur zu vergrößern. Sie suchte ein Wort, mit dem sie Mary trösten könnte, aber entweder fielen ihr überhaupt keine Worte ein, oder die Worte, die ihr einfielen, waren die falschen Worte. Es war zwecklos. »Wenn einer dich nicht will, will er dich halt nicht«, hatte Mary gesagt, und Rose wußte, es war die Wahrheit, aber woher sie das wußte, wußte sie nicht.

Sie mußte an Hubert Derdon denken, daran, wie er sie gestern abend angesehen hatte, als er sie darum bat, sie nach Hause bringen zu dürfen, und daran, wie er sie heute abend angesehen hatte, als er sie nicht um den nächsten Tanz bat. Sie hatte das Gefühl, in einer Zwickmühle zu sitzen. Die letzten paar Tage, als Hubert allabendlich in ihr Haus gekommen war, hatte sie sich gefreut, ihn zu sehen, war glücklich und aufgeregt gewesen, solange er da war, doch jedesmal, wenn er sich zum Gehen anschickte, hatte sie ihm sagen wollen, er brauche nicht mehr wiederzukommen, sie sei auf seine Besuche nicht angewiesen. Jedesmal, wenn er in die Nacht hinaustrat, ohne jede Andeutung, ob er wiederkommen werde, hatte sie Lust, ihm zu sagen, es sei ihr gleichgültig, ob er wiederkäme oder nicht, aber immer ging er ohne ein Wort. Er lächelte sie an, gab ihr jedoch nie eine Gelegenheit, ihm zu sagen, daß es ihr völlig einerlei sei, sollte er sich in ihrem Haus nie wieder blikken lassen, ihr sei es lieber, wenn er gar nicht mehr käme, als immer wieder zu kommen und zu gehen und sie mit etwas zurückzulassen, das schlimmer war als Leere.

Lieber hatte sie gar keine Hoffnung, weil es ja ohnehin keine Chance für sie gab, als mit dieser geringen Hoffnung zu kämpfen, die sie hatte und derer sie sich schämte, weil sie so gering und zaghaft war. Ihrem Eindruck nach wußte Hubert von dieser Hoffnung – daß sie gering und zaghaft war –, er amüsierte sich darüber, spielte mit ihr und hoffte, Rose würde sich verraten, und dann würde er sie aus keinem ersichtlichen Grund auslachen. Und auch ihre Mutter würde lachen. Der Grund für das Gelächter ihrer Mutter war ihr jedoch nicht unbekannt, sondern vollkommen vertraut. Ihre Mutter würde aus Verzweiflung lachen, da Rose wieder einmal dem Ansehen der Familie geschadet hatte. Ihre Mutter würde lachen, da sie wußte, daß früher oder später wieder jemand dem Ansehen der Familie schaden würde, denn so war das nun einmal bei ihnen. Nicht gut genug zu sein war schlimm genug, aber Gelächter heraufzubeschwören war ein Verbrechen gegen die Familie. Und alle da draußen waren bereit zu lachen. Ihre Mutter hatte ihr wieder und wieder gesagt, daß alle nur darauf warteten, jemanden bei einem Fehltritt zu ertappen.

Rose wollte sich nicht von Hubert abwenden, denn sich von ihm abzuwenden hieße sich einzugestehen, daß sie sich ihm zugewendet hatte und enttäuscht worden war. Es kam darauf an, jede Hoffnung geheimzuhalten, denn dann konnte man auch die Enttäuschung, die auf sie folgte, geheimhalten. Ein Mädchen, das es darauf anlegte, ausgelacht zu werden, verdiente es nicht besser. Rose wollte sich nicht von Hubert abwenden und ihm sagen, er solle sich bloß nie wieder bei ihr blicken lassen, sondern sie wollte sich von ihm abwenden, bevor er die Chance hatte, sich von ihr abzuwenden. Eigentlich aber wollte sie sich gar nicht von ihm abwenden, denn wenn sie nicht ihn vor Augen hatte, würde sie wieder auf etwas starren müssen, das es nicht gab – außer im Dunkeln, wo es nicht zu sehen war, obwohl sie wußte: es sah zu ihr, und im Schlaf, wo es nicht zu hören war, obwohl sie wußte: es rief zu ihr. Sie wollte nicht, daß ihr Vater sie traurig sähe.

Die rote Flamme unter dem Herz-Jesu-Bild flackerte heftig, sank in sich zusammen und erlosch. Rose schlug die Hände vors Gesicht, um jeden Laut zu ersticken, dann streckte sie beide Hände aus und faßte Mary bei den Schultern, so daß sie aus dem Schlaf schrak. »Oh, Mary«, sagte sie. »Schnell, wach auf! Die Herz-Jesu-Lampe ist ausgegangen! Bitte wach auf!«

Mary seufzte, dann sprang sie auf. »Oh, Rose«, sagte sie. »Wie lange hab ich geschlafen? War es lang?«

»Nur zwei, drei Minuten, Mary. Ich hätte dich ja auch nicht geweckt, aber die Lichter – das Licht in der Lampe ist ausgegangen. Ich gehe jetzt besser nach unten. Ich darf doch gar nicht in diesem Zimmer sein.«

»Du gehst besser nach unten, und ich geh besser wieder in die Küche. Ich hole 'ne andre Kerze für die Lampe. Ich werd jetzt die

Tür aufmachen, Rose, aber warte, bis ich nachgeschaut habe, ob jemand auf dem Flur ist.«

Auf dem Flur war niemand, und als Mary sich hinunterbeugte, um die Tür hinter Rose abzuschließen, lächelte sie sie an. »Ich weiß nicht, was in mich gefahren ist, einfach so einzuschlafen«, sagte sie. »Dauernd schlaf ich ein. Jedesmal, wenn ich mich hinsetze, schlaf ich ein.«

Rasch entfernte sie sich von Rose und ging zur Hintertreppe. Sie mußte gehört haben, wie Rose ihren Namen rief, wandte sich jedoch nicht um und blickte nicht zurück. Als sie schon verschwunden war, sah Rose ihr noch immer nach. Hundert Dinge waren ihr eingefallen, die sie Mary hätte sagen wollen, aber auf das Richtige war sie nicht gekommen. Sie wußte, wenn sie all die falschen Wörter hätte aus dem Weg räumen können, dann hätte sie bestimmt zuunterst das eine Wort gefunden, das allen Schmerz so abtötete, daß er niemals wiederkehrte. Es gab ein solches Wort. Einst hatte sie es gewußt und wußte es noch immer, aber sie konnte es für Mary nicht übersetzen. *Vater.*

Rose suchte ein Wort für Vater. Sie suchte ein Wort, das sie *aussprechen* konnte. Inzwischen gab es ein einfacheres Wort für Vater, aber sie wußte nicht, welches. In seiner neuen Gestalt war er gestaltlos und hörte nicht mehr auf den Namen Vater. Inzwischen gab es ein Wort für ihn, so wie er jetzt war, aber sie wußte nicht, welches, nur daß es ein ganz gewöhnliches Wort war und sie es unbedingt in Erfahrung bringen mußte, damit sie es sich flüsternd vorsagen konnte. Einmal hatte er sie zu dem stillgelegten Steinbruch vor der Stadt mitgenommen, sie hatten am äußersten Rand gestanden und tief unten das glitzernde Wasser erblickt, er hatte einen Penny hinuntergeworfen, sie hatten ihn fallen sehen, und er hatte ihr gesagt, der Penny werde immer weiter fallen und niemals aufhören zu fallen, denn der Steinbruch sei bodenlos und das Wasser, das sie sähen, nur der Beginn eines unvorstellbar tiefen Abgrunds. Er sagte, soweit er wisse und soweit irgend jemand wisse, werde der Penny in alle Ewigkeit so weiter fallen. Und dann lachte er sie an und sagte, wenn sie Geld sparen wolle, solle sie es in den Steinbruch werfen, denn dort fände es niemand, und nur sie würde wissen, wo es lag. Nur sie – und er.

Hubert stand allein unten in der Eingangshalle und wartete darauf, daß Rose die Treppe herunterkäme. In der Hand hielt er ihr Spitzentaschentuch. Er hatte gesehen, wie es ihr, als sie den Salon betreten hatte, aus dem Ärmel gerutscht war, und er hatte es aufgehoben und in seine Tasche gesteckt, um es für sie zu verwahren. Er hätte ihr ja gesagt, daß das Tuch in seinem Besitz sei, aber sie hatte ihm keine Gelegenheit gegeben, mit ihr zu reden. Sie war davongetanzt, immer weiter im Zimmer umhergetanzt, und hatte schließlich auch noch angefangen, mit diesem Nolan zu tanzen, und er, Hubert, war wutentbrannt ins Speisezimmer geflüchtet und hatte ein Schinkensandwich nach dem anderen verzehrt, um nicht mitansehen zu müssen, wie sie in den Armen dieses besseren Eckenstehers, dieses Liebe heuchelnden Weiberhelden lächelte.

Hubert war wütend und beunruhigt. Sie hatte sich davongestohlen. Er hatte sie für immer verloren. Davon war er überzeugt. Überall hatte er nach ihr gesucht. Er wollte keines der Mädchen bitten, hinaufzugehen und nachzuschauen, ob ihr etwas fehle. Er kannte Rose nicht sehr gut und wollte sie nicht verärgern. Er hätte ohnehin niemanden gebeten hinaufzugehen, schon allein aus Furcht, sie könnte überhaupt nicht oben sein. In der vergangenen Woche war es immer das gleiche gewesen. Jeden Abend war er zu ihr gegangen, um sich zu vergewissern, daß sie noch da war und sich nicht in Luft aufgelöst hatte, und jeden Abend, wenn sie ihn zur Tür brachte, hatte sie eine Miene aufgesetzt, die besagte, daß sie ihn zum letzten Mal gesehen habe und es ihr einerlei sei – eine gleichgültige und ausgesprochen grausame Miene. Sie wußte sehr wohl, weshalb er Abend für Abend wiederkam, ohne eingeladen zu sein, und offenbar auch ohne jede Aussicht darauf, jemals eingeladen zu werden. Sie mußte doch wissen, weshalb er immer wieder vor ihrer Tür stand, sich lächerlich machte und sich nicht darum scherte, sich lächerlich zu machen. Und er scherte sich nicht darum, daß er sich auch jetzt lächerlich machte, wie er, ihr kleines Taschentuch in der Hand, hier draußen mitten in der Eingangshalle stand. Zu Beginn seiner Wache hatte er lässig dort drüben an der offenen Haustür gelehnt, die Hand und ihr Taschentuch in seiner Hosentasche, den Blick achtlos auf die Treppe geheftet, aber dann hatte seine Unruhe die Oberhand gewonnen, und er war näher und näher an den Fuß der Treppe gerückt, bis er sich fast beherrschen mußte, um nicht, zwei Stufen auf einmal nehmend, die Treppe hinaufzustürzen und ihr zuzurufen, zu ihm zu kommen und mit dem Unsinn aufzuhören. Aber was, wenn sie gar nicht oben war? Vielleicht war sie entschwunden, entflohen, allein nach Hause entschlüpft? Überraschen würde ihn das nicht. Sie tat, was immer ihr gerade in den Sinn kam. Sie hatte keinen Verstand. Sie war wie ein Kind. Oft kam sie ihm vor wie ein Kind, das durch ein Irrenhaus wandelt und keine Angst hat, weil es den Unterschied zwischen Drinnen und Draußen nicht kennt. Aber sie hatte allen Grund, Angst zu haben. Alles mögliche konnte ihr zustoßen. Was, wenn sie sich in den Kopf gesetzt hatte, allein nach Hause zu gehen? Er würde sie nie mehr wiedersehen, denn bei so einer Mutter, die immer dabei war, die jeden Abend mit ihnen in der Küche saß und in einem fort quasselte, war sie so gut wie unsichtbar.

Da erschien Rose auf dem Treppenabsatz. Sie kam vom oberen Flur und bog eben um das geschwungene Geländer. Herrgott, dachte Hubert, was ist das doch für ein schönes Haus. Schau dir den wunderbaren Treppenaufgang an, den sie haben. Und er beobachtete Rose. Er dachte: Sie ist unsterblich, mit diesem hellen Haar … Sie erinnerte ihn an den Wald von Arden. Sie trug ihren Mantel über dem Arm und kam langsam, Schritt für Schritt, die Treppe herunter, wie ein Kind. Er fand, daß sie unzufrieden aussah, aber dann schaute sie auf, sah, wie er sie beobachtete, und schenkte ihm ein verschwörerisches Lächeln, als habe er sie in einer unvorteilhaften Situation ertappt und als mache es ihr nichts aus. Er dachte: Sie ist nicht sehr groß, und voller Bewunderung fragte er sich, welche Schuhgröße sie wohl hatte. Als sie die drittletzte Stufe erreichte, blieb sie stehen und sah ihn an.

»Ich habe Angst vor der Treppe«, sagte sie, und dann setzte sie hinzu: »Sie sehen sehr höflich aus, wie Sie so dastehen.«

»Ich habe gedacht, ich würde gern in Sie hineinbeißen«, sagte er und grinste dümmlich, während sie drei weitere Schritte tat und endlich vor ihm stand.

Er reichte ihr das Taschentuch, überließ es ihr, als gäbe er seinen Reisepaß heraus, seinen Passagierschein oder, gewissermaßen, seine einzige Hoffnung, jemals Zuflucht in ihrem Land zu finden. Ohne Verwunderung nahm sie das Taschentuch entgegen, aber er sah, daß sie es, sobald sie es in der Hand hielt, mit den Fingern umschloß. Sie blickte ihn an, und er dachte: Sie ist die einzige in der Welt, die mich wahrnimmt … Ihre Augen waren grün, von der Farbe des Seegrases, und in ihren Tiefen fand er das Licht, das ihn bestimmen und auf Dauer umhüllen würde. Er dachte: Sie ist mein wahres Ich, und wollte ihr von all seinen Nöten erzählen.

»Ich kann nicht tanzen«, sagte er. »Ich hätte es Ihnen ja vorher schon gesagt, aber ich habe mich geschämt.«

»Hubert«, sagte sie, »es gab eine Menge Dinge, die ich Ihnen sagen wollte. Ich wollte Ihnen von meinem verlorenen Taschentuch erzählen, dabei war es ja gar nicht verloren, aber das wußte ich nicht. Es gab eine Menge anderer Dinge, von denen ich Ihnen erzählen wollte, von den Vorhängen und so weiter – eine ganze Menge Dinge. Aber zuerst möchte ich wissen – es gibt sonst niemanden, den ich fragen könnte, aber bitte lachen Sie mich nicht aus – ich möchte wissen, woher die Musik kommt.«

»Warten Sie, ich zeig's Ihnen«, antwortete er. »So gut wie ein richtiges Orchester. Sie würden es niemals finden, es sei denn, Sie suchten danach. Das Haus ist größer, als man meint. Wir müssen durch den Salon. Warten Sie nur. Ich wäre nie darauf gekommen, wenn ich Sie nicht gesucht hätte.«

Er nahm ihr den Mantel ab und legte ihn über eine Stuhllehne. »Da ist er sicher«, sagte er.

Dann ergriff er ihre Hand und führte sie zum Salon, als wollten sie wie alle anderen tanzen. An der Tür merkte er, wie sie angesichts des im Zimmer herrschenden Gewühls zögerte, und lächelte sie ermutigend an.

»Kommen Sie, Rose«, sagte er. »Kopf hoch und ab marsch. Wenn wir nicht aufpassen, wird uns einer von diesen Irren noch zertrampeln.«

Ein Hungeranfall

Mrs. Derdon hatte das Gesicht einer Frau, die viel zu erdulden hat. In diesem Augenblick stand sie in der Küche und hatte zu erdulden, daß sie für sich und ihren Mann das Abendbrot richten mußte. Ihr Mann hieß Hubert. Sie hatte zu erdulden, daß sie zwei Tassen, zwei Teller, zwei Untertassen und so weiter decken mußte, von jedem nur zwei. Für mehr als zwei Personen zu decken war nicht nötig. Der dritte Platz war leer, das dritte Gesicht fehlte. John, ihr Sohn, hatte sein Elternhaus verlassen und würde nicht mehr zurückkehren, denn er war für immer in der größten Gletscherspalte des irischen Familienlebens verschwunden – dem Priesteramt. John war fortgegangen, um Priester zu werden.

Ein Gedanke, den Mrs. Derdon nicht erdulden mußte (da sie sich ihm nie gestellt hatte), lautete: Ach, wäre Hubert doch bloß gestorben, dann hätte John mich niemals verlassen, niemals, niemals, niemals. Er hätte mich niemals allein gelassen ... Allerdings hatte sie die heimliche Anwesenheit dieses Gedankens in ihrem Geist zu erdulden, wo er im Verborgenen schlummerte und sich von ihrer Energie, ihrem Willen und ihrer schwindenden Hoffnungsfähigkeit nährte.

Sie hatte noch nie einen Entschluß gefaßt. Entschlußkraft war ihr unbekannt. Ihre Entscheidungen – Entscheidungen über das Essen, das sie auf den Tisch stellte, oder über diverse Haushaltsangelegenheiten – wurden ihr von der Gewohnheit diktiert und von dem Haushaltsgeld, das Hubert ihr bewilligte. Hubert war ein genügsamer Mann. Nicht, daß er ihr unfreundlich begegnete, aber er war sparsam. Er hatte ausgerechnet, daß der Haushalt mit der und der Summe geführt werden konnte, und dies war die Summe, die er jeden Freitagmorgen herausrückte. Wenn er auf dem Weg zur Arbeit nach unten kam, hielt er sie immer schon, bis auf den letzten Penny abgezählt, in der Hand. Jeden Freitagmorgen wartete sie am Fuß der Treppe, und er händigte ihr kommentarlos das Geld aus.

Früher, als John noch im Haus war, stand er manchmal dabei, wenn Hubert ihr das Geld überreichte, und dann tauschten die beiden, sie und John, einen schnellen Blick. Ihr Blick besagte: »Du siehst ja, wie er mich behandelt.« Und Johns Blick besagte: »Ja, ich seh's.« Sie kamen überein, daß Hubert sich nur deshalb so verhielt, weil er es nicht besser wußte. Dieses Wissen, daß Hubert es nicht besser wußte, bildete die Grundlage und den Rahmen für die Verschwörung der beiden, die ihre Tage so interessant machte und den meisten ihrer Gespräche zu einem lebhaften Auftakt verhalf. Sie sprachen unablässig von Hubert. Hubert brauchte gar nichts Ungewöhnliches zu tun, damit sie von ihm sprachen – nicht, daß er je etwas Un- oder Außergewöhnliches getan hätte. Er brauchte lediglich seinen Gewohnheiten nachzugehen: nach Feierabend hereinkommen, in der Zeitung blättern, sich anschließend an den Abendbrottisch setzen, zu Bett gehen und in der Frühe aufstehen; er brauchte nur all die Dinge zu tun, die er immer tat – eine Routine, von der er niemals abwich und die ihm doch nie eintönig wurde. Huberts Tagesablauf hatte etwas Beharrliches, das die Aufmerksamkeit auf sich zog, so als benehme er sich absichtlich so und könne die Farce jeden Augenblick beenden, sich umdrehen und ihnen jenes Gesicht zeigen, das beide ihm zutrauten: sein wahres Gesicht, das Gesicht eines *Unholds,* das Gesicht eines Gewalttäters, der imstande war, die leidenschaftlichsten und entsetzlichsten Dinge zu sagen und zu tun, schockierende Dinge. Stets ließ er sie im Ungewissen, und solange er sich im Haus aufhielt, wechselten sie immer Blicke, selbst wenn sie ihn nur oben umherlaufen hörten. Hubert jedoch bewahrte seine gewohnte Haltung: milde, liebenswürdig, selbstgefällig, gestählt von einem natürlichen Mißtrauen gegen jedermann und gegen jedes Wort, das jemand äußerte, und vollkommen gefestigt in seinem Vertrauen in die eigene Urteilskraft.

Nun, da John aus dem Haus war, hatte Mrs. Derdon niemanden mehr, mit dem sie Blicke wechseln konnte. Bis auf Hubert hatte sie niemanden mehr, den sie anschauen konnte. Hubert könnte sich in einen rasenden Irren verwandeln, der vor Wut schäumte und fluchte, und außer ihr wäre niemand da, der ihn sähe. Niemand mehr schaute sie an, und sie hatte das Gefühl, vollkommen unsichtbar geworden zu sein. Zugleich war ihr, als sei sie sich in ihrer Einsamkeit im Haus den ganzen Tag über selbst auf den Fersen, treppauf, treppab. Sie traute sich kaum, in den Spiegel zu sehen, da das Gesicht, das ihr entgegenblickte, keines war, das ihr wohlwollte, sondern ihr eigenes, ihr eigenes energisches, aber wehrloses Gesicht, das Gesicht einer Frau, deren Lebensmut durch die Qualen wahrhaftig hilflosen Selbstmitleids längst zu bloßer Standhaftigkeit versteinert war. Es gab keine Hoffnung für sie. Zumindest redete sie sich das ein.

Es gab im Haus keine Hoffnung für sie. Ihr ganzes Leben spielte sich im Haus ab. Sie verließ es nur, um einkaufen zu gehen oder die Messe zu besuchen. Sonntags ging sie zur Frühmesse (sie und John waren immer gemeinsam hingegangen), und Hubert ging allein zur Spätmesse. Es war schon viele Jahre her, lange vor Johns Auszug, daß die drei einen gemeinsamen Spaziergang unternommen hatten, und sie und Hubert gingen nie aus und besuchten niemanden. Nie lud er einen Arbeitskollegen ein, einen Abend bei ihnen zu verbringen, sich zur Sommerszeit den Garten anzusehen oder dergleichen. Seit ihrer Hochzeit hatte Hubert demonstriert, daß er ihr in Geldangelegenheiten mißtraute – er warf ihr vor, keinen Sinn für Geld zu haben –, und im Lauf der Jahre war er dazu übergegangen, auch allem, was sie außerhalb der eigenen vier Wände sagte oder tat, zu mißtrauen. Bei den Priestern in Johns Schule oder auf Versammlungen, an denen sie in den Anfängen ihrer Ehe gelegentlich teilgenommen hatten, war Hubert aufgefallen, daß seine Frau in Augenblicken der Nervosität zu einem anderen Menschen wurde. Im Beisein von Fremden fing sie bisweilen zu lächeln an. Erst trug sie ein Lächeln zitternder Ängstlichkeit zur Schau, als habe man ihr Prügel angedroht, wenn sie nicht freundlich dreinblicke, gleich darauf verzog sie das Gesicht zu einer Grimasse lächerlicher Herablassung. Und ehe man sich's versah, stand oder saß sie wortlos da, in eisigem Schweigen, bis alle Welt sie anstarrte und sich über sie wunderte. Und wenn sie doch sprach, versuchte sie dünnstimmig, ihren ländlichen Akzent mit einer vornehmen, überdeutlichen Aussprache zu verdecken, die Hubert, dank seiner Weltläufigkeit, als vulgär entlarvte. Er fand es besser, sie dort zu lassen, wo sie sich wohl fühlte: zu Hause. Irgendwie war sie den Anforderungen nicht gewachsen. Sie lernte es einfach nicht, das Richtige zu tun oder zu sagen. Sie besaß kein Selbstvertrauen, und ihre Gefühle waren leicht verletzt. Wenn man versuchte, ihr etwas zu sagen, faßte sie es gleich als Kränkung auf. Hubert war der Ansicht, daß es für einen Mann in seiner Position unangenehm war, sich seiner Frau schämen zu müssen, doch es ließ sich nicht leugnen – er schämte sich ihrer. Und er bedauerte sie, da ihr Versagen nicht ihre Schuld war. Sie war nun einmal so zur Welt gekommen, wie sie war. Es ließ sich nicht ändern.

Wenn Mrs. Derdon sich von dem Spiegel abwandte, der ihre Hoffnungslosigkeit reflektierte, sah sie die Wände ihres Hauses, sah die Möbel, Bilder und Stühle, die kleinen Teppiche und den Zierat, und der Anblick all dieser Dinge tat ihr weh, denn sie hatte sich große Mühe gegeben, das Haus in demselben Zustand zu belassen wie damals, als John ausgezogen war, aber das Haus rückte ab von ihr und von der Art, wie es gewesen war, als John noch darin wohnte, als sie und John noch gemeinsam darin wohnten. Gegen die Veränderungen, die im Haus vor sich gingen, schien kein Kraut gewachsen. Als sie das gute Tafelgeschirr herausgenommen hatte, um es abzuwaschen, waren ihr ohne jeden Grund zwei Tassen aus der Hand geglitten, und jetzt wirkte die Anordnung von Gläsern und Porzellan in der Glasvitrine im hinteren Wohnzimmer unvollständig. Auf einem der Sofakissen im vorderen Wohnzimmer nahm sie einen großen Fleck wahr, von dem sie nicht wußte, wie er dorthin gekommen war. Eines der Kinder aus der Nachbarschaft hatte einen Ball in den Vorgarten geworfen und einen Rosenstrauch verkrüppelt, der seit Jahren dort friedlich vor sich hingewachsen war. Sie selbst hatte in einem Anfall von Verzweiflung einen kleinen Stapel Zeitungen, Zeitschriften und Broschüren weggeräumt, die John auf dem Schreibtisch in seinem Schlafzimmer liegengelassen hatte. Sie hatte sie nicht weggeworfen, sie lagen auf dem untersten Bord des Küchenschranks, doch selbst wenn sie sie wieder in sein Zimmer trüge, würden sie nicht so daliegen, wie er sie hinterlassen hatte, und nie wieder so aussehen wie damals, als er sie zuletzt gesehen hatte. Und sie bereute bitter, das kleine vergilbte Zeitungsknäuel herausgezogen zu haben, das er immer unter die Tür seines Kleiderschranks gestopft hatte, damit sie besser schloß. Sie hatte es ins

Feuer geworfen und ein neues Stück Zeitungspapier unter die Tür geklemmt. Nichts würde je wieder so sein wie früher.

Der Treppenläufer hatte ausgetretene Stellen, die ihr nach all den Jahren plötzlich ins Auge fielen, an der Zwischentür begann sich die Tapete abzulösen. Sie würde sich darum kümmern müssen. Selbst der Staub schien neue Flächen entdeckt zu haben, auf die er sich legen konnte, oder sich auf jeweils andere Flächen zu legen. Es kam ihr vor, als würde sie, wenn sie tagaus, tagein den Staub aufkehrte, eigentlich nur die Zeit aufkehren, die seit Johns Weggang verstrichen war – jeden Tag mehr Staub, jeden Tag mehr Zeit –, und ihr kam der Gedanke, daß sie für den Rest ihres Lebens nichts anderes tun würde als die Zeit aufzukehren, die seit Johns Weggang verstrichen wäre. Der Staub ging ihr auf die Nerven. Ihr wurde schlecht, wenn sie sah, wie er sich jeden Tag aufs neue ablagerte, neuer Staub, der genauso alt und schmutzig aussah wie der alte Staub, den ihre Mutter vor langer Zeit in dem kleinen Städtchen, wo Rose geboren und aufgewachsen war, unablässig aufgekehrt und entsorgt hatte. So wie eine tickende Uhr immer wieder aufgezogen werden mußte, so breitete sich der Staub im Haus aus und legte sich auf ihre Hände. Er legte sich auf ihre Hände und auf ihre Handgelenke, und wie gründlich sie sich auch die Fingernägel schrubbte, etwas schien sich immer darunter festzusetzen. Sie fand, daß sie die Hände eines Dienstmädchens hatte. Huberts Hände waren weich und sauber, ihre hingegen groß und rauh, als sei sie jemand, der mit den Händen arbeite. Oft hatte sie Hubert dabei ertappt, wie er ihre Hände betrachtete, wenn sie das Essen auf ihrem Teller zerkleinerte, und wie er sie anstarrte, wenn sie sich das Essen in den Mund schob. Sie aß immer viel Brot, und bestimmt fragte er sich manchmal, wie sie so viel Brot essen konnte und weshalb sie es so schnell hinunterschlang. Sie konnte nichts dafür – zwar empfand sie es als anstößig, so viel Brot oder überhaupt so viel zu essen, aber sie hatte Lust darauf und schlang es schnell hinunter, und es gab Augenblicke, da sie spürte, wie sie vor lauter Trotz und Begierde errötete, wenn sie nach dem Brotlaib griff, um sich eine weitere Scheibe abzuschneiden. Immerhin, seit John aus dem Haus war, hatte sie aufgehört, Marmelade auf den Tisch zu stellen. Sie und John liebten Marmelade, nur Hubert machte sich nichts daraus. Als John noch im Haus war, hatte sie immer Marmelade gekocht – Himbeer-, Zwetschgen- und Stachelbeermarmelade –, doch am besten schmeckte ihnen die dickliche Konfitüre, die in teuren Gläsern aus England kam. Am besten stellte man die Konfitüre gar nicht erst auf den Tisch. Zwar beanstandete Hubert die Geldausgabe nicht, zuweilen aber nahm er das Glas in die Hand, drehte es um und studierte eingehend das Etikett, bevor er das Glas wieder absetzte. Selbst wenn das Glas nahezu voll war, stellte er es auf den Kopf und spähte hinein. Einmal hatte er gesagt: »Eine gute Idee, Lesestoff bei Tisch.« John hatte laut gelacht, und sie hatte es herzlos von ihm gefunden, so loszulachen, wo er doch genau wußte, daß sein Vater nur nach einer weiteren Möglichkeit suchte, um sie herabzusetzen.

In den sechs Monaten, die vergangen waren, seit John das Haus verlassen hatte, um Priester zu werden, war sich Mrs. Derdon jeden Tag darüber im klaren gewesen, daß er fort war und nicht mehr zurückkehren würde, und doch vermeinte sie jeden Tag, es zum ersten Mal zu begreifen. Diese Erkenntnis ließ sich nicht abweisen, nahm sie vollkommen in Besitz und bestimmte alle ihre Handlungen. Einmal befahl sie ihr, sich hinzusetzen, ein andermal, gleich wieder aufzustehen, unverzüglich und ohne jeden Grund – außer daß die Macht der Erkenntnis Grund genug war, da sie Rose nunmehr in jeder Minute lenkte, beherrschte, in Gang hielt und allem, womit sie sich beschäftigte, eine eigene geheimnisvolle Ordnung verlieh. Ohne diese Erkenntnis, die ihr den ganzen Tag lang keine Ruhe ließ, hätte sie nicht gewußt, was sie als nächstes tun sollte, und hätte getan, was sie eigentlich tun wollte, nämlich sich unters Bett verkriechen, das Gesicht auf den Fußboden legen und schlafen. Andauernd wollte sie sich auf den Fußboden legen. Die Erkenntnis, daß John fort war und nicht wiederkommen würde, nahm unterschiedliche Formen in ihr an, setzte sich jedoch immer an derselben Stelle fest, genau unterhalb ihres Brustkorbs, mitten zwischen den Rippen. Bisweilen wich sie ganz von ihr, und Rose fühlte sich leer, und in diesen Momenten ging sie in die Küche, um sich etwas zu essen zu machen, aber fast immer, wenn das Essen vor ihr stand, stellte sich die Erkenntnis wieder ein, und bei dem bloßen Gedanken an Essen wurde Rose übel. Manchmal, wenn die Erkenntnis ganz von ihr wich oder es zumindest so schien, wurde Rose furchtbar aufgeregt und rannte zu einem der Vorderfenster in der festen Überzeugung, daß John nach Hause kam, daß er, den Koffer in der Hand, genau in diesem Augenblick die Straße entlanglief und sie nur noch eine Minute oder so zu warten brauchte, bis sie seiner ansichtig würde, wenn er von der Hauptstraße um die Ecke bog. Aber natürlich kam er nicht und würde auch nicht kommen, und ihre innere Erregung flachte ab und betäubte sie mit ihrem Gewicht, und ihre Enttäuschung, die Demütigung, zum Narren gehalten worden zu sein, war so grausam, als habe sie tatsächlich Hoffnung empfunden und nicht, wie es sich in Wirklichkeit verhielt, nur das Delirium des Verlusts.

Aus diesem periodisch wiederkehrenden Delirium waren ihr zwei Träume erwachsen, zwei lang andauernde, friedliche, angenehme Träume, die sich stetig ausdehnten, an Länge und Einzelheiten zunahmen und einander nur in zweierlei Hinsicht ähnelten – in ihrer besänftigenden Gleichförmigkeit und in ihrem Ausgang. Beide Träume endeten in dem Augenblick, da John wieder ihr gehörte, ihr allein.

Im ersten Traum kehrte John zurück. In diesem Traum hielt sie am Vorderfenster nach ihm Ausschau, und immer wenn er um die Ecke bog, ging sie hinunter, um ihm aufzumachen, aber dann wollte sie, daß sein erster Blick auf sie fiele, wie sie im Fenster stünde wie in einem Rahmen, und sie ging wieder nach oben und stellte sich (indem sie den Store beiseite schob) ans Fenster, bis er sie sah und lächelte. Wenn er zu dem niedrigen Tor gelangte, das sich zu ihrem winzigen Vorgarten hin öffnete, eilte sie in die Diele, um ihm die Haustür so weit aufzuhalten, daß er gleich eintreten und seinen Koffer in der Diele abstellen konnte, um sich von seiner Last zu befreien – er war nie sehr kräftig gewesen. Dann schauten sie einander an, und sie sagte: »Ich wußte, du kommst zurück, John.« Oder sie drückte es so aus: »Ich wußte, du kommst zu mir zurück, John.« Und er sagte: »Du hast immer gewußt, was am besten für mich ist, Mutter.« Und sie gingen in die Küche, wo sie bereits den Tisch mit allem, was ihm schmeckte, gedeckt hatte. Er aß ein wenig, und dann konnte er nicht länger für sich behalten, was ihn bedrückte, und er sagte: »Aber Mutter, hat es dir denn gar nichts ausgemacht, daß ich weggegangen bin? Hast du mich denn gar nicht vermißt? Nie hast du ein Wort gesagt, nie auch nur ein einziges Wort.« Diese Sätze teilten ihr mit, was sie hören wollte: daß ihm ihr heldenmütiges Schweigen nicht entgangen war – kein Wort hatte sie gesagt, als ihr klar wurde, daß er fortgehen und sie verlassen würde, sämtliche Ermahnungen und Vorhaltungen, die sie ihm am liebsten an den Kopf geworfen hätte, hatte sie unterdrückt – und daß er verstand, wie tapfer und selbstlos es von ihr gewesen war, ihn so umstandslos gehen zu lassen. An diesem Punkt ihres Wiedersehens hatten sie sich immer so viel zu sagen. Sie tranken Unmengen Tee, und sie erzählte ihm, wie schrecklich sie ihn vermißt habe. Furchtbar einsam sei sie gewesen und habe sogar geweint vor lauter Sehnsucht (sie erinnerte ihn daran, daß sein Vater keine Gesellschaft für sie war), jedoch habe sie nur an sein Wohl gedacht und wolle immer nur, was sie stets gewollt habe – sein Bestes. Und immer habe sie sich vorgenommen, ihn, solange sein Herz daran hing, in Frieden ziehen zu lassen.

Aber das alles war nur ein Traum. Er kam ja nicht zurück, und sie bereute bitter, daß sie ihn so umstandslos hatte gehen lassen. So überzeugt war sie, er werde zurückkommen, daß sie kein Wort gesagt und stumm ihr Opfer dargebracht hatte, damit er es bewundere. Es gab so vieles, was sie ihm hätte sagen können an jenem Abend, als er endlich mit ihr sprach und ihr mitteilte, alles sei entschieden, sein Entschluß stehe fest, und er gehe fort. Zu diesem Zeitpunkt hatte sein Entschluß durchaus noch nicht festgestanden. Mit einem einzigen Wort hätte sie ihn zurückhalten können. Sie hätte ihn daran erinnern können, daß er ihr einziges Kind und seinem Vater und seiner Mutter verpflichtet sei. Außerdem glaube er doch gar nicht an sich; die Schulabschlußprüfungen habe er nur dank ihrer Gebete und Ermutigungen bestanden. Sein ganzes Leben lang habe sie ihn auf Händen getragen, und jetzt bilde er sich ein, auch ohne sie zurechtkommen zu können. Wie er denn in einem Haus voller Männer – Priester und Seminaristen – zurechtkommen wolle, alle welterfahrener und besser für das Priesteramt gerüstet als er? Herabsehen würden sie auf ihn. Er werde noch froh sein, diesem Ort zu entkommen und zu ihr zurückzukehren.

Aber er kehrte nicht zurück, und wieder regte sich in ihr diese Erkenntnis, übernahm das Kommando und begann ihr Befehle zu erteilen, und sie gehorchte, erhob und setzte sich, eilte hierhin und dorthin und fand nirgendwo Ruhe, denn Ruhe wäre ihr erst dann beschieden, wenn sie sich einfach auf den Fußboden legen, das Gesicht in eine Ecke drücken und ihre Gedanken in den Schlaf gleiten lassen könnte, aber in einen anderen, geräumigen Schlaf, ganz tief und weit, wo es keine Sorgen gab und wo ihre Gedanken nicht auf Träume beschränkt wären, sondern frei schweben, sich verflüchtigen, vielleicht sogar sich losreißen und davonfliegen könnten wie der Luftballon eines Kindes und die Last ihrer Erinnerungen mit sich nähmen.

Nicht nur gab es nichts Angenehmes, es gab überhaupt nichts Bestimmtes zu erinnern, nur die vielen, vielen Jahre, die seitdem verflogen und jetzt ganz dahin waren und nur noch Reste hinterlassen hatten – sie, Hubert, die Möbel; selbst die Pflanzen im Garten schienen nur deswegen festgewurzelt, um die Niedertracht der Zeit zu bezeichnen. All die Dinge, die sie gesammelt und übers ganze Haus verteilt hatte, könnten verwehen oder zu einem jämmerlichen Haufen zusammenstürzen, wenn die Mauern des Hauses nicht auf beiden Seiten an die Mauern der Nachbarhäuser anstießen. Sie hatte nichts im Blick, das ihre Augen schonte, und nichts im Sinn außer der Erkenntnis, daß John fort war, und der Notwendigkeit, sich dem Diktat dieser Erkenntnis zu beugen, um ihre Flucht davor fortsetzen zu können, und sei es nur für eine kleine Weile. Diese Erkenntnis setzte ihr zu, sie mußte ihr gehorchen und zugleich so tun, als bemerke sie sie gar nicht. Es gab nur eine Tageszeit, zu der sie sie ignorierte, da die Erkenntnis am schwächsten war und sie selbst am stärksten: wenn sie morgens aufwachten, die Erkenntnis und sie. Dann regte sich die Erkenntnis noch kaum und flüsterte ihr nur zu, sofort wieder einzuschlafen, um nie mehr aufzuwachen. Aber das überhörte sie, denn für sie war es eine Frage des Stolzes, aufzustehen, sich anzukleiden und, bevor Hubert die Augen aufschlug, hinunterzugehen, ihm das Frühstück hinzustellen und einen Teil der Hausarbeit verrichtet zu haben, bevor er nach unten in die Küche kam.

Es war schrecklich, niemanden zu haben, bei dem sie sich beklagen konnte; nicht, daß sie sich wirklich über etwas zu beklagen hatte, aber es war schrecklich, niemanden zu haben, mit dem sie reden konnte. John war Mrs. Derdon stets ein großer Vertrauter, die Heilige Jungfrau ihr ein ganzes Leben lang ein großer Trost gewesen, die Eine, an die sie sich stets um Hilfe, Rat und Verständnis wandte, doch konnte sie schwerlich Zuflucht zur Heiligen Jungfrau nehmen, da es doch die Heilige Jungfrau war, die ihr ihren John weggenommen hatte. Zwar war es nicht die Heilige Jungfrau selbst, die ihr ihren John weggenommen hatte, vielmehr seine Liebe zur Heiligen Jungfrau, aber am Ende lief alles auf dasselbe hinaus, und sie fühlte sich von beiden hintergangen und im Stich gelassen.

John war stets ein sehr frommer kleiner Junge gewesen. Immer wieder hatte er seine Andachtsbildersammlung geordnet, seine religiösen Anstecknadeln betrachtet und seine kleinen Heiligenreliquien im ganzen Haus verteilt. Als er klein war, hatte er die Gewohnheit, mit einem Andachtsbild in der Hand in die Küche zu kommen, und dann stand er da und betrachtete es, bis sie ihn aufforderte, ihr zu sagen, was ihm im Kopf herumgehe, und immer war es, überraschend für ein so kleines Kind, ein frommer Gedanke. Am Abendbrottisch legte er manchmal ein Andachtsbild auf den Sitzplatz seines Vaters, lehnte es gegen die Zuckerschale oder den Milchkrug, damit sein Vater es sah, wenn er sich zu Tisch setzte. Eines Abends jedoch bereitete Hubert dem ein Ende, indem er das Andachtsbild – es zeigte den gemarterten heiligen Sebastian – auf seine Brotscheibe legte, es mit dem Messer glattstrich, als wäre es Butter, und hineinbiß. Zusammen mit dem Stück Brot biß er eine Ecke des Bildes ab und saß nun kauend da und setzte sein sogenanntes Glücklicher-Familienvater-Lächeln auf. John weinte, aber Hubert tat so, als wisse er nicht, was er verbrochen habe, und sie sagte: »Hubert, ich bin schockiert über dich.« Dann weinte auch sie, denn Hubert sagte: »Ihr zwei steht mir bis hier.«

Der zweite Traum, der von John handelte, war sehr einfach, eher eine Vision als ein Tagtraum, und eigentlich geschah darin nur eins: Sie sah sein Grab. In dem zweiten Traum war er nicht etwa fortgegangen, sondern gestorben. Es war also gar nicht seine Schuld gewesen. Er hatte sie gar nicht verlassen wollen. In dem zweiten Traum suchte sie jeden Tag sein Grab auf, saß stundenlang davor und trug Schwarz wie eine Witwe. Wenn sie weinte, litt jeder mit ihr mit, denn wer hatte ein größeres Recht zu weinen als eine Frau, die ihren einzigen Sohn verloren hatte? Jeder, der sah, wie sie Tag für Tag – ob Regen, Hagel, Graupel oder Schnee –, ganz gleich wie ihr zumute war, zum Grab ging und je nach Jahreszeit Blumen, Blätter und Farne mitnahm, bewunderte ihre Hingabe. Sie betrauerte John ohne Unterlaß, und selbst Hubert brachte es kaum übers Herz, sie wegen ihres langen Gesichts zu tadeln.

Als sie an diesem Abend für sich und Hubert das Abendbrot anrichtete, im Geiste aber Stechpalmen- und Efeuzweige auf Johns Grab steckte, hörte sie Huberts Schlüssel im Türschloß, dann fiel die Haustür zu. Jetzt würde Hubert ins hintere Wohnzimmer gehen, das Feuer im Kamin anzünden und sich davorsetzen, bis sie ihn zum Essen rief. Mitunter zündete auch sie das Feuer im hinteren Wohnzimmer an und setzte sich selbst davor. An diesem Nachmittag war sie kaum aus der Küche gekommen. Sie verfeuerten Kohle. Die Kohlen und das Brennholz bewahrten sie zusammen mit Roses Gartengeräten hinter dem Haus in einem kleinen Holzschuppen auf. Jeden Tag schleppte sie zwei Eimer Kohlen herein, einen eisernen für den Küchenherd und einen aus Messing fürs Wohnzimmer. Manchmal, wenn sie die Eimer mit Kohlen anhob, fragte sie sich, ob Hubert eigentlich einen Begriff davon hatte, wie schwer sie waren. Als sie jetzt durch die Küche ging, um die Gasflamme unter dem Wasserkessel niedriger zu stellen, sah sie vor dem Herd den bis an den Rand gefüllten Messingeimer stehen. Sie hatte ihn hereingetragen und vergessen, ihn ins Wohnzimmer hinaufzubringen. Sic ärgerte sich über sich selbst, weil sie vergessen hatte, ihn hinaufzutragen, damit er bereitstand, wenn Hubert hereinkam. Ein schlechtes Zeichen – allmählich vergeßlich zu werden, Dinge zu vergessen, die erledigt werden mußten. Die Chance, zu ihr herunterzukommen und sie um den Eimer zu bitten oder ihr gar dabei zuzusehen, wie sie die drei Stufen erklomm, die in die Diele und zum Wohnzimmer führten, würde sie ihm jedenfalls nicht geben. Er behauptete, ein schwaches Herz zu haben, weswegen er jegliche Anstrengungen meiden müsse. Aber als er vierzig war, dreißig oder noch jünger, war es auch nicht anders gewesen. Er ließ sich eben gern bedienen.

Sie nahm den Griff des Messingeimers in beide Hände und trug ihn mit Mühe durch die Küche, die Stufen hinauf und ins hintere Wohnzimmer. Hubert hatte bereits ein Streichholz ans Feuer gehalten, das sie mit Papier, Holzscheiten und ein paar darüber gestreuten Kohlestückchen vorbereitet hatte. Mit der aufgeschlagenen Zeitung, seinem Abendblatt, fächelte er die kleine Flamme. Als sie eintrat, drehte er sich um, die Zeitung blähte sich zum Kamin hin und fing Feuer. Vor Schreck ließ er sie fallen. Mrs. Derdon rannte hin, ergriff den Schürhaken und stieß die Zeitung in den Rost. Die brennenden Zeitungsfetzen schwebten in die Höhe und im Zimmer umher. Während sie sie austrat, stürzte Hubert zur Küche und rief: »Schon gut, schon gut! Ich hole Wasser!« Dann kam er mit dem heißen Kessel, den er vom Herd gerissen hatte, hereingestürmt und goß einen Strahl Wasser über das Kaminfeuer. Das Feuer, das bereits gezähmt war, gab seinen Geist auf und verwandelte sich in einen schwarzen Sud, der zwischen den Stäben des Rosts auf die Kacheln der Kaminplatte quoll, wo er Lachen verschiedener Größe und Form bildete.

Mrs. Derdon setzte sich in einen Sessel und begann hilflos zu weinen. Erst barg sie das Gesicht in den Händen, dann raufte sie sich die Haare, schließlich schlug sie die Arme um sich und wiegte sich vor Kummer. Nun hatte die Unordnung sie doch besiegt, und sie konnte nichts mehr dagegen ausrichten. Sie mochte sich noch so sehr anstrengen, das Zimmer würde nie mehr so aussehen wie früher. Das war das Schlimmste, was Hubert ihr je angetan hatte, sie konnte John nicht als Zeugen anrufen und würde niemals Worte finden, um es ihm zu schildern. Sie funkelte Hubert an. Der beobachtete sie voller Abneigung und Angst.

»Ach, was soll ich nur tun?« rief sie.

»Um Himmels willen, reiß dich zusammen«, brüllte Hubert. »Was hast du nur? Es ist doch nichts passiert.«

»Was ich habe?« rief sie. »Was fällt dir ein, hier hereinzukommen und das Feuer anzuzünden, wenn nichts als Papier im Kamin ist? Natürlich konntest du nicht in die Küche kommen und mich um Kohlen bitten. O nein, du doch nicht. Du wartest lieber, bis man sie dir hochbringt, und steckst in der Zwischenzeit das Haus in Brand.«

»Halt doch den Mund!« brüllte Hubert. »Hast du gehört? Halt den Mund, bevor ich etwas sage, das du nicht hören willst.«

»Erst vertreibst du meinen Sohn, und dann versuchst du, mir das Dach überm Kopf anzuzünden!« keifte Mrs. Derdon.

»Ich hätte das Haus niederbrennen sollen, solange er noch hier war!« brüllte Hubert. »Du hast mir vielleicht einen Schreck eingejagt – mit deinem Muttergottesgesicht hier hereingetrampelt zu kommen und die Kohlen so auf den Boden zu knallen. Da habe ich die Zeitung halt fallen lassen. Daran bist nur du schuld, mit deinem Trotz und deiner miesen Laune.«

Sie setzte sich in ihrem Sessel vor, um etwas zu sagen, aber in dem Sturm des Hasses, der sie blendete, betäubte und erstickte, konnte Hubert ihre Worte nicht verstehen. Sie zitterte so sehr, daß sie, als sie sich vorbeugte, um ihm ihre Anschuldigungen besser entgegenschleudern zu können, aus ihrem Sessel fiel und auf allen vieren auf dem Fußboden landete. Sie zog sich an dem Sessel hoch, als zöge sie sich an einem Felsen aus dem Meer, dann warf sie Hubert einen erschrockenen, hilfesuchenden Blick zu, der sogleich hinter einem einfältigen, flehentlichen, bangen Lächeln verschwand.

Hubert sah das Lächeln und wußte, daß er sie mundtot gemacht hatte. »Na, da hast du dich aber hübsch blamiert«, rief er, »so hinzufallen, im Zimmer herumzutaumeln und wegen ein paar Flecken auf dem Linoleum zu weinen! Jetzt komm, laß den Kopf nicht hängen und hör auf, wegen nichts und wieder nichts so ein Theater zu machen.«

»Ach, wegen nichts und wieder nichts?« rief sie. »Wenn John hier wäre, würde er dir aber die Meinung sagen. John würde mich in Schutz nehmen. John weiß, wie schwer ich geschuftet habe. Was habe ich mich abgerackert, um das Haus sauberzuhalten, und du nennst es nichts und wieder nichts. Aber was interessiert dich das schon? Du hast dir doch noch nie etwas aus mir gemacht, und aus ihm schon gar nicht, und am Ende hast du ihn sogar vertrieben.« Sie verstummte, weil Hubert sich in seinem Sessel zurückgelehnt hatte und sie anlächelte.

»Ich will dir mal was sagen, Rose«, sagte er. »Du wirst es nicht gern hören wollen, aber ich finde, es wird Zeit, daß du's erfährst. Weißt du, wer John wirklich vertrieben hat?«

Mrs. Derdon antwortete nicht.

»Antworte mir«, sagte Hubert.

»Ich dachte, du«, antwortete Mrs. Derdon.

»Du hast doch nur gedacht, was dir gelegen kam«, sagte Hubert. »Nein, ich habe John nicht vertrieben. Wir haben uns nie verstanden, aber das lag daran, daß du dir genau das zur Aufgabe gemacht hast. Du selbst hast ihn vertrieben. Er wollte weg von dir. Mehr wollte er nicht. Du wolltest ihn ja nicht einmal allein zur Schule gehen lassen. Er durfte nicht allein mit der Straßenbahn fahren wie die anderen Jungen, bis die Priester dir gesagt haben, daß du ihn in Ruhe lassen sollst. Und als er arbeiten ging, warst du doch in der Mittagspause meistens bei ihm, oder? Am Ende hat er sich geschämt, mit dir gesehen zu werden. Einen Monat vor seinem Auszug hat er mir gesagt, er würde ausziehen, aber dir hat er's erst in letzter Minute erzählt, weil er wußte, daß du ihn mit allen Mitteln daran hindern würdest, dabei war er fest entschlossen. Na, wie gefällt dir das? Sag schon, wie gefällt dir diese Neuigkeit? Mir hat er's zuerst gesagt.«

»Wenn er sich meiner geschämt hat, dann hatte er das von dir«, sagte Rose.

»Ach, das mußt du jetzt natürlich sagen«, erwiderte Hubert. »Natürlich kannst du den Tatsachen nicht ins Auge sehen. Aber ich mußte den Tatsachen ins Auge sehen. Er war dich leid, so wie ich dich leid bin, dich, dein langes Gesicht und dein Gejammer und Geseufze – ich wünschte, du würdest das Zimmer verlassen, ich wünschte, du würdest gehen, weitergehen, weggehen. Ich will kein Abendbrot. Ich will nur noch eins: heute abend nicht mehr dein Gesicht sehen müssen. Wirst du jetzt gehen?«

»O ja«, antwortete Mrs. Derdon. »Ich werde gehen. Und ob ich gehen werde. Aber nur, um von dir wegzukommen, mehr will ich nicht.«

Sie eilte hinaus in die Diele. Sie fühlte sich sehr frei. Sie fühlte sich sehr unabhängig. In jenem Augenblick der Ungehemmtheit musterte sie sich im Garderobenspiegel, rückte ihren Hut zurecht und steckte sich ihre beiden Hutnadeln aus Perlmutt in das dichte, hellbraune Haar. Zum ersten Mal seit vielen Jahren sah sie die Farbe ihrer Augen. Sie waren von einem trüben Grün, und als sie hinstarrte, sah sie, wie sie sich mit Tränen füllten.

Als sie die Hutnadeln ein letztes Mal feststeckte, ihren Mantel zuknöpfte, ihren Haustürschlüssel aus der Handtasche nahm und auf den Garderobentisch warf, merkte sie, daß sie in größter Gefahr schwebte. Sie mußte der Lockung widerstehen, ins Zimmer zurückzustürzen, sich neben Hubert in den Sessel fallen zu lassen und ihn um Verzeihung und Trost anzuflehen. Ängstlich lauschte sie auf das Geräusch ihrer eigenen eiligen Schritte und den Klang seiner Stimme, aber im Haus herrschte Stille, kein Laut war zu hören. Sie hatte in Gefahr geschwebt, der Lockung jedoch nicht nachgegeben, sich nicht vom Fleck gerührt. Um zu zeigen, daß sie mit keiner Begrüßung rechne, da sie nicht zurückkommen werde, löschte sie das Licht in der Diele und auch das Licht, das über der Eingangstür brannte, und verließ das Haus. Sie war erstaunt, ja sie empfand tatsächlich nachsichtiges Erstaunen über ihre früheren Qualen, ihre Hilflosigkeit und die Bedeutung, die sie dem Haus und all seinen kleinen Einrichtungsgegenständen beigemessen hatte, wo sie doch die ganze Zeit über eigentlich immer nur hatte wegrennen wollen, so weit ihre Beine sie trügen. Erst die furchtbaren Dinge, die Hubert ihr an den Kopf geschleudert hatte, hatten ihr die Augen für den wahren Sachverhalt geöffnet. Er hatte sie aus ihrem eigenen Haus gejagt. Um derartige Dinge zu äußern, mußte er einen Augenblick lang verrückt gewesen sein. Sein Gesicht war purpurrot angelaufen. So zornig hatte sie ihn noch nie erlebt. Aber er hatte sie des Hauses verwiesen. Für das Haus hatte immer sie sich verantwortlich gefühlt. Sie hatte geglaubt, er sei auf sie und ihre Fürsorge angewiesen. Es gab eine Unmenge kleiner Dinge, die sie für ihn tat – sie bediente ihn und achtete darauf, daß alles so war, wie er es haben wollte. Er würde sie schon noch vermissen. Aber niemand konnte ihr einen Vorwurf daraus machen, daß sie gegangen war – nicht nach dem heutigen Abend. Niemand konnte sie bezichtigen, vor ihren Pflichten davongelaufen zu sein. Und nach all den schrecklichen Dingen, die er gesagt hatte, konnte sie sich keine Schuld geben. Daß er sich derartige Dinge ausdachte, zeigte, was für eine Sorte Mann er war. Sie würde ihn nie verraten, würde kein Sterbenswort von dem ausplaudern, was er gesagt hatte, nicht einmal John gegenüber. Niemandem würde sie davon erzählen. Sie würde versuchen, es zu vergessen, aber es würde ihr schwerfallen, einen derartigen Schock zu vergessen.

Sie gelangte zur Straßenecke und hastete die Sandford Road entlang. Dann begann sie darüber nachzudenken, was sie tun sollte. Sie würde Father Carey sagen müssen, daß Hubert sie grundlos aus dem Haus gejagt hatte. Sie würde ihm sagen, daß sie Angst davor habe, zurückzukehren. Sie hatte vor, sich von Father Carey genug Geld zu leihen, um die Fahrt zu John bezahlen zu können. Wenn der Priester ihre Geschichte hörte, würde er ihr das Geld schon geben, davon war sie überzeugt. Sie kannte ihn nicht gut, hatte sich nur einmal mit ihm unterhalten, als John fortgegangen war, dafür war sie häufig in seiner Messe gewesen. Er würde sie bestimmt nicht abweisen. Sobald sie John wiedersähe und mit ihm reden könnte, hätte sie festen Boden unter den Füßen. Sie würde irgendeine Arbeit finden, vielleicht sogar im Priesterseminar. Nähen, Kochen, Kinder hüten, ja selbst gewöhnliche Hausarbeiten, sie würde alles auf sich nehmen. Bei Licht betrachtet, konnte sie eine ganze Menge. Als sie jung war, hatte sie immer Krankenschwester werden wollen. Vielleicht fand sie ja Arbeit in einem Krankenhaus. Sie war auf geringe Entlohnung gefaßt, gerade ausreichend, um Leib und Seele zusammenzuhalten. Sie würde ihre Arbeit verrichten, zur Messe gehen, beten, mehr würde sie im Austausch für die Chance, hin und wieder John sehen zu können, gar nicht verlangen. Sie würde sich mit Johns Freunden anfreunden. Diese würden mit ihren Problemen zu ihr kommen, und sie wäre diejenige, die am besten wüßte, wie man mit ihnen zu reden hatte. Die verantwortlichen Priester würden sich fragen, wie sie je ohne sie ausgekommen waren. Sie war überrascht, daß sie nicht schon früher auf diesen Gedanken gekommen war, und dann fiel ihr wieder ein, daß sie das Haus niemals hätte verlassen können, wenn Hubert sie nicht hinausgeworfen hätte. Jetzt konnte ihr niemand einen Vorwurf machen. Sie hatte gehandelt, weil ihr nichts anderes übrigblieb. Eines Tages, hoffte sie, würde Hubert sich schämen, aber dann wäre es zu spät. Schon jetzt war es zu spät. Solange sie lebte, würde sie weder vergessen können, was er gesagt hatte, noch sich daran erinnern können, was er denn genau gesagt hatte, jedenfalls war es etwas gewesen, das halbwegs normalen Menschen nie in den Sinn gekommen wäre.

Sie hastete die Sandford Road entlang in Richtung Eglinton Road, die nach Donnybrook führte und zu der Kirche, in der John getauft worden war und wo sie alle immer die Messe besucht hatten. Die Sandford Road, eine Hauptausfallstraße, war stark befahren. Auf der Seite, auf der sie ging, fuhren die lärmenden Straßenbahnen an ihr vorbei zur Stadt hinaus. Die Wagen waren fast leer, das Depot nicht weit. Eine der letzten Haltestellen befand sich an der Ecke der Straße, in der sie wohnte. Auf der anderen Seite der Sandford Road ratterten die Straßenbahnen auf dem Weg in die Stadt an ihr vorbei, auch sie fast leer. Es war dunkel bis auf den Schein der Straßenlaternen und den verwischten Lichterglanz der gelegentlich vorübereilenden Bahnen. Zu dieser Abendstunde war fast alle Welt zu Hause. Ein paar Männer, auf dem Heimweg von ihren Büros, und ein paar junge Mädchen kamen ihr entgegen. Andere Jungen und Mädchen sausten auf ihren Fahrrädern vorüber, nicht wie noch eine oder eine halbe Stunde zuvor in Pulks, sondern allein oder zu zweit. Am Nachmittag hatte es geregnet, die Luft war feucht und kalt, und es wehte ein kräftiger Wind, für den sie dankbar war, weil er ihr starres Gesicht zu waschen schien. Der Wind fühlte sich sauber an.

Sie überquerte die Sandford Road und blieb an der Ecke stehen, wo die Eglinton Road in die Sandford Road mündet. Die Eglinton Road war sehr breit, die großen, hohen Steinhäuser mit ihren Freitreppen standen ein Stück weit zurückgesetzt. Es war eine ziemlich wohlhabende Wohngegend. Auf der Eglinton Road war, so weit sie blicken konnte, keine Menschenseele zu sehen, und der Weg, den sie zurückzulegen hatte, schien lang und dunkel. Sie hielt es für besser, sich einen Augenblick zu setzen und ihre Gedanken zu sammeln, bevor sie dem Priester gegenübertrat. Sie wollte ihm genug mitteilen, um ihn zu überzeugen, aber auch nicht zuviel. Wollte deutlich und vernünftig mit ihm reden, damit er sie respektierte und ihr das Geld gab. Zwar wollte sie, daß er ihr das Geld gab, aber sie wollte auch, daß er sie weiterhin als rechtschaffene, verläßliche Frau ansah, die zu dem, was sie da tat, getrieben worden war. Ein paar Schritte von der Ecke entfernt, neben einem der mächtigen, ausladenden Bäume, die die gesamte Eglinton Road beherrschten, stand eine Holzbank. Der Baum war so alt und festverwurzelt, daß einige der Wurzeln knorrig und verschlungen aus dem Erdboden traten und eine Art Pediment abgaben, auf dem John als kleiner Junge oft herumgeklettert war. Während sie ihm von der Bank aus zusah, hatte er den Baum umkreist und sich mit seinen kleinen Händen am Stamm abgestützt. Obwohl es sich schwerlich um dieselbe Bank handeln konnte. Es war schon zu lange her.

Sie setzte sich und versuchte, sich die Worte zurechtzulegen, mit denen sie am besten ihre Notlage schildern und Father Careys Mitgefühl gewinnen könnte. Da war einmal das, wovon sie ihm erzählen mußte, Hubert, dann das, worum sie ihn bitten mußte, das Geld, und schließlich der Grund, weshalb sie ihn um Geld bitten mußte, John. Erst formulierte sie ihr Anliegen an den Priester so, dann so. Um ihre Geschichte plausibler zu machen, fügte sie mehr und mehr Einzelheiten hinzu, dann nahm sie einige Details wieder heraus. Sie konnte sich nicht entscheiden, ob sie ihn erst zum Schluß um das Geld bitten oder die Bitte schon im Verlauf ihrer Schilderung einflechten sollte. Je mehr sie nach Worten suchte, desto mehr war sie davon überzeugt, daß ihre Geschichte lahm und verdächtig klang. Sie war außerstande, die Szene zu beschreiben, die sich soeben zwischen ihr und Hubert abgespielt hatte. Jemand hätte ihr beiwohnen, sie mit anhören müssen, um ihr zu glauben, doch hätte ihr jemand beigewohnt, wäre es zu der Szene gar nicht erst gekommen. Wenn sie zu Father Carey ginge, würde sie sich blamieren, so viel stand fest. Er würde ihr nicht glauben. Würde der Meinung sein, daß sie sich das alles nur ausdachte oder irgendeinen unerheblichen Zwischenfall zum Vorwand nahm, um ihrem Mann eins auszuwischen und zu ihrem Sohn zu kommen. Billigen würde er es in keinem Fall. Er würde sie auffordern, zu ihrem Mann zurückzukehren. Er würde sagen: »Mrs. Derdon, Sie müssen sofort nach Hause zurückkehren. Und unter keinen Umständen dürfen Sie auch nur in die Nähe ihres Sohnes kommen. Wenn Sie Ihren Sohn bei seinen Studien stören, gefährden Sie womöglich seine innere Berufung.« Wieder und wieder hörte sie den Priester dieselben Worte sagen, nie waren es andere. Es hatte keinen Zweck. Er würde das Geld niemals herausrücken. Sie würde das Geld andernorts auftreiben müssen, nur gab es keinen anderen Ort. Aber zu Father Carey zu gehen wäre zwecklos. Schlimmer als zwecklos. Womöglich würde er seinen Wagen aus der Garage holen, sie zu Hubert zurückfahren und sie zwingen, ins Haus zu gehen. Womöglich würde er sich auf Huberts Seite schlagen. Das war mehr als wahrscheinlich.

Wäre John in diesem Moment zufällig die Eglinton Road entlanggekommen, er hätte im Gesicht seiner Mutter den grimmigen, grausamen Ausdruck gesehen, den sie beide immer mit dem Gesicht seines Vaters assoziiert hatten. Sie schien zu allem fähig. Sie schien fähig zu morden, dabei durchlitt sie nur das, was Mörder durchleiden, bevor sie zuschlagen. Sie selbst würde niemals zuschlagen. Sie fürchtete sich. Sie glaubte, es sei der Stolz, der ihre

Hand lähmte, dabei war es lediglich Furcht. Furcht und Verlangen kämpften in ihrer Seele um die Vorherrschaft, aber nicht deren Kampf gegeneinander und gegen sie beunruhigte sie, sondern ihr lebenslanger Selbstzweifel, der von der Furcht bestärkt und genährt wurde. Sie sehnte sich danach, in jemandes Nähe zu sein, aber es gab niemanden, der sie wollte. Davon war sie überzeugt. Niemand wollte sie; das war ihre einzige Gewißheit. Es war schlimm genug, daß die Leute ihr den Rücken kehrten; schlimmer aber, am schlimmsten von allem war, daß sie keinen Grund sah, weshalb die Leute ihr nicht den Rücken kehren sollten. Es überraschte sie nicht, wie ihr Leben verlaufen war. Sie saß da, verwirrt von dem Urteil, das sie, ohne es recht zu merken, über sich selbst gefällt hatte.

Sie fröstelte. Es war töricht, sich zu dieser Jahreszeit, zu dieser Nachtzeit im Freien aufzuhalten. Sie steckte die Hände in die Mantelärmel. Aber sie wollte noch nicht weitergehen. Immer wieder dachte sie, es könnte ein Wunder geschehen, und wenn sie dort, wo sie war, geduldig ausharrte, würde sie auf irgendeine Weise dorthin gelangen, wo John war. Falls sie vor Kälte oder Unterkühlung in Ohnmacht sank, würde ein Rettungswagen kommen müssen, um sie ins Hospital zu bringen, und wenn sie erst einmal dort wäre, krank im Hospital, würde man ja wohl begreifen, daß es für John höchste Zeit war, wieder nach Hause zu kommen.

Tausende Mal mußte sie schon diese Strecke gegangen, um diese Ecke gebogen sein, und neugierig sah sie sich um, denn nachts war sie fast noch nie hiergewesen. Sie blickte die Sandford Road hinunter, wo Straßenbahnen und Autos, Fahrräder und Fußgänger unablässig aneinander vorbeiströmten, und sie blickte die Eglinton Road hinunter auf all die erleuchteten Häuser –

Häuser, so weit das Auge reichte. Sie schien das Gesehene wiederzuerkennen, dachte aber nicht darüber nach, wo sie war. Sie dachte an den Ort, an dem John war, an die Stadt, in der sie aufgewachsen war, und an das Hospital, das sie nicht aufnehmen würde, und sie sah die Zukunft, die einst lichtdurchflutet vor ihr gelegen und den Himmel gespiegelt hatte und jetzt glanzlos und leer war wie die Furcht und gar nichts spiegelte.

Sie stand auf und schickte sich zum Gehen an. Als sie zu ihrer Straßenecke kam, sah sie, daß die Lampe über der Haustür brannte, auch die Diele war erhellt, und im vorderen Wohnzimmer waren sämtliche Leuchten angeschaltet. Als sie das Tor entriegelte, ging die Haustür auf, und Hubert spähte heraus. Er hielt ihr die Tür weit auf, sie trat ein, ging an ihm vorbei und legte Hut und Mantel ab. Er schloß die Tür und folgte ihr in die Küche.

»Rose, hör mir einen Moment zu«, sagte er. »Es tut mir furchtbar leid, was ich da zu dir gesagt habe. Ich weiß nicht, was in mich gefahren ist. Ich hatte kein Recht, so etwas zu sagen.«

»Es macht nichts«, antwortete sie.

»O doch, es macht was«, sagte er. »Vergeben und vergessen.«

»Ich vergebe dir, weil John es nicht anders von mir erwarten würde. John würde nicht dulden, daß ich einen Groll auf dich habe, und deshalb vergebe ich dir. Aber zurückgekommen bin ich nicht ihm zuliebe. Zurückgekommen bin ich, weil es meine Pflicht ist, hierzubleiben und dir den Haushalt zu führen.«

Sie versuchte, die Würde zu wahren, doch ihre Stimme bebte, und sie setzte wieder ihr banges Lächeln auf, aber das konnte Hubert nicht sehen, weil sie mit dem Rücken zu ihm am Herd stand und darauf wartete, daß das Wasser im Kessel kochte.

»Mach, was du willst«, höhnte er. »Vielleicht hat ja dein feiner John eines Tages eine eigene Gemeinde, dann kannst du gehen und ihm den Haushalt führen. Dann hast du ihn ganz für dich. Ganz für dich. Vielleicht bist du dann zufrieden.«

»Der Tee ist fertig«, sagte sie.

Schweigend tranken sie ihren Tee, und als Hubert ausgetrunken hatte, verließ er die Küche, und sie hörte, wie er durch die Diele ins vordere Wohnzimmer ging. Das bedeutete, daß er sich auch dort ein Feuer angezündet haben mußte. Am Morgen würde sie zwei Kamine und, wenn sie es schaffte, das hintere Wohnzimmer säubern müssen. Sie würde es sich nicht vor morgen früh anschauen. Dann wäre der Schaden deutlich zu sehen. Sie schenkte sich eine weitere Tasse Tee ein. In der Küche war es warm, und mit dem Abwasch brauchte sie sich nicht zu beeilen. Der Gedanke an ein Morgen störte sie nicht so stark, wie sie befürchtet hatte. Sie dachte über Huberts Bemerkung nach, daß sie John den Haushalt führen würde. Hinter dieser Bemerkung steckte etwas anderes. Manchmal sagten die Leute mehr, als sie sagen wollten. Sie überlegte, ob Hubert wußte, was er da gesagt hatte. Wahrscheinlich war es ein Seitenhieb gegen John, gegen die Vorstellung, daß John je eine eigene Gemeinde anvertraut werden könnte. Aber weshalb sollte John keine Gemeinde anvertraut werden? Sehr wahrscheinlich würde er früher oder später eine erhalten. Natürlich konnte es lange dauern, aber sie konnte warten. Ihre Familie mütterlicherseits war langlebig. Falls Hubert etwas zustieß, konnte sie das Haus verkaufen und von den Möbeln und den anderen Gegenständen gerade so viel behalten, daß sie Johns neues Heim gemütlich einrichten konnte. Sie würde einen neuen Bezug für seinen geliebten Sessel anfertigen und einen weiteren für das Kissen, das den rätselhaften Fleck aufwies. Sie würde ihm den Haushalt besorgen. Die ersten paar Tage würden sie sich noch fremd vorkommen, aber dann würden sie sich eingewöhnen, und es würde so sein, als wären sie nie getrennt gewesen. In seiner Gemeinde wäre sie als gottgefällige Frau bekannt, und jeder würde zu ihr aufblicken. Seine Berufung wäre ihre Berufung. Jeder würde sagen, was für eine hingebungsvolle Mutter sie sei, ein Vorbild für alle. Die Damen würden es als Privileg ansehen, mit ihr Tee zu trinken, und einige von ihnen würde sie einladen. Sie trüge nur Schwarz. John und sie würden eine Menge zu bereden haben, ihre Gespräche kein Ende finden. Jetzt erkannte sie deutlich, daß all dies sich bewahrheiten würde. Es mochte dreißig Jahre dauern, ehe John eine Gemeinde erhielt, vielleicht aber auch nicht ganz so lang. Wann immer es soweit war, sie wäre darauf vorbereitet. Stets wäre sie darauf vorbereitet, ihm zur Seite zu stehen, wann immer er ihrer bedurfte. Sie brauchte nur zu warten. Kein Zweifel, was sie voraussah, würde eintreffen, und wenn der Tag käme, würde sie die Koffer packen, das Haus verkaufen und schnurstracks zu John ziehen, und dann würden sie nur noch Rosen pflücken, die Rosen des Lebens.

Glaswände

Seit fünf Tagen hatte es nicht geregnet, und für Dublin war das ungewöhnlich, selbst im Juni. Hubert Derdon, der bei einem Herrenausstatter in der Grafton Street im Stadtzentrum arbeitete, hatte, als er morgens aus dem Haus ging, seinen Regenmantel mitgenommen, doch als der Ladenschluß nahte und er den goldenen Abend sah, spielte er mit dem Gedanken, zu Fuß nach Hause zu gehen, statt die lange Fahrt mit der Straßenbahn auf sich zu nehmen. Er war ein Gewohnheitstier. Seine Alltagsgewohnheiten hatten etwas Beruhigendes, aber es konnte ihm nicht schaden, einmal auf die Bahn zu verzichten, selbst wenn dies zur Folge hätte, daß er zu spät zum Abendessen käme. Hubert hatte sich schon lange vorgenommen, mehr zu Fuß zu gehen. Er wußte, für einen Mann in den Vierzigern verschaffte er sich nicht annähernd genug Bewegung. Aber da war dieser Regenmantel, und er mußte sich entscheiden, ob er ihn nun tragen oder ob er ihn überziehen sollte. Wenn er schon Ernst machen wollte mit dem Zufußgehen, so durfte er doch nicht in seinem Regenmantel damit anfangen. Und insgeheim hatte er etwas dagegen, die ganze körperliche Ertüchtigung auf harten Bürgersteigen zu vergeuden, ohne etwas anderes vor sich zu wissen. Ihm schwebten Bergpfade vor, dichtes Unterholz und schmale Sträßchen, die grüne Wiesen durchschnitten. Er sah sich, in einen dicken Pullover gekleidet, zügig ausschreiten, aber nicht etwa heimwärts. Während er noch so ans Gehen dachte, eilte er zur Straßenbahn und nahm seinen gewohnten Sitzplatz ein, und am Ende bog er um seine Straßenecke, ging an den Nachbarhäusern vorbei zu seiner Eingangstür und drehte um dieselbe Zeit wie immer den Schlüssel im Schloß herum.

Das Nachdenken über ausgedehnte Spaziergänge hatte ihm ein Gefühl von Tatkraft und Wohlbefinden verliehen. Er wußte sich bei bester Gesundheit, war guter Laune und zufrieden, nach getaner Arbeit nach Hause zu kommen; und als er in die Diele trat, lächelte er. In die Seitenteile der Haustür waren rote Glasscheiben eingelassen, derentwegen er die Tür stets sehr behutsam schloß. Im gleichen Moment, da er seinen Regenmantel an den Kleiderständer hängte, ließ er den Blick durch die Diele schweifen und sah, wie rasch und leise die Küchentür zufiel, aber doch nicht so rasch, daß er nicht gesehen hätte, wie Rose in der Küche verschwand. Sie hielt das Gesicht von ihm abgewandt, als sie die Tür zumachte.

Die Diele, in der Hubert stand, war schmal, nicht breiter als ein Gang, und der Fußboden war mit Linoleum ausgelegt. Am anderen Ende der Diele gab es eine Treppe zu den Schlafzimmern im ersten Stock, ein Stückchen weiter führten drei Stufen zur Küche hinunter. Obwohl es draußen noch hell war, herrschte in der Diele Dunkelheit. Die Küche war erleuchtet, das hatte er flüchtig sehen können, ehe die Tür sich schloß. Es war nur eine Sekunde gewesen und kaum mehr als ein Lichtstreif, der sich zu einem Bindfaden verengte und dann verflüchtigte. Ebensogut hätte er Rose auch gar nicht zu sehen brauchen, doch hatte er sie nun einmal gesehen, und er fragte sich, ob sie es wohl mit Absicht getan hatte – ihm die Tür so vor der Nase zuzuschlagen. Er überlegte, ob er in die Küche gehen und sie etwas fragen, ihr etwas sagen sollte, irgend etwas, aber statt dessen ging er durch die Diele ins hintere Wohnzimmer und stellte sich ans Fenster, drehte sich jedoch sogleich wieder um und starrte die Tür an. Natürlich war es zu spät.

Rose hätte die Küchentür längst öffnen und zu ihm heraufrufen müssen: »Bist du's, Hubert?« Sie mußte ihn gehört haben, als er durch die Diele ging. Das Haus war sehr hellhörig. Er lauschte, vernahm aber keinen Laut. Seltsam. Da sie Tee machte, hätte er doch wenigstens irgendein leises Geräusch hören müssen, Tassen, Untertassen oder dergleichen. Ebensogut hätte er auch allein im Haus sein können, so wenig Lebenszeichen gab es um ihn herum. Er hatte das Gefühl, allein zu sein, und wünschte, jemand säße bei ihm im Zimmer, der ihm raten könnte; denn er wollte die Aufforderung hören, geradewegs in die Küche zu gehen oder eben nicht geradewegs in die Küche zu gehen, sondern sich auf der Stelle hinzusetzen und die ganze Angelegenheit nicht weiter zu beachten.

Er wünschte, er hätte jemanden, mit dem er sich unterhalten könnte. Er wollte, daß sein plötzliches Bedürfnis, in die Küche zu gehen, durch einen Befehl zunichte gemacht würde, dem er zu gehorchen hätte. Aber niemand sprach ein solches Verbot aus, und obwohl er wußte, daß er unter keinen Umständen hinuntergehen und mit Rose reden durfte, wußte er doch auch, daß es ihm nicht verboten wär, und nun war er sich nicht schlüssig, was er tun sollte. Eines jedenfalls konnte er nicht tun: sich hinsetzen. Er war zu aufgebracht, um sich hinzusetzen. Aber er zitterte, und so setzte er sich denn doch in seinen Sessel, der mit der Lehne zum Fenster am offenen Kamin stand, wo er, dicht vor der Kaminplatte, sommers wie winters stehenblieb; ihm gegenüber auf der anderen Seite des Kaminvorlegers stand Roses niedriger Sessel. Der Kaminvorleger war von einem matten, warmen Rot und an den Enden ausgefranst.

Hubert wünschte, er hätte nicht gesehen, wie die Tür sich schloß. Wäre er zu Fuß nach Hause gegangen, dann wäre er erst sehr viel später angekommen und hätte nicht gesehen, wie die Tür sich schloß. Aber wann war er je zu Fuß von der Arbeit nach Hause gegangen? Nie. Rose hatte die Tür genau in dem Augenblick geschlossen, als sie ihn mit Fug und Recht zurückerwarten durfte, und etwas in ihrer Haltung, als sie die Tür schloß, hatte ihm zu verstehen gegeben, daß sie gesehen hatte, wie er das Haus betrat. Je mehr er darüber nachdachte, desto sicherer war er, daß er sich nicht irrte. Als er vorhin einen Blick auf sie erhascht hatte, war etwas Hastiges, ja er würde sogar sagen, etwas Verstohlenes an ihr gewesen. Es sei denn, er bildete es sich ein. Aber er wußte, daß er sich nichts einbildete. Jetzt war sie unten in der Küche, überlegte, ob er wohl gesehen hatte, wie die Tür sich schloß, und fürchtete sich, und er fragte sich, was sie von ihm dachte. Sie hatte kein Recht, sich so zu benehmen. Es war unerträglich. Die ganze Angelegenheit war unerträglich.

Dann hörte er, wie die Küchentür aufging, gefolgt von Schritten auf der Treppe. Als Rose in der Türöffnung erschien, empfand Hubert eine solche Abneigung, daß er lächelte. Er merkte ihr die Verwirrung an, die sein Lächeln auslöste, und sah, daß ihre Hand sich am Türknauf festhielt, so wie Rose sich immer an irgend etwas festhielt – an einer Stuhllehne oder an ihrer anderen Hand –, bevor sie das Wort ergriff.

»Das Abendbrot steht bereit«, sagte sie.

»Ich will kein Abendbrot«, erwiderte Hubert.

»Was ist los?« fragte sie. »Wieso willst du kein Abendbrot?«

Steif stand sie da, das Gesicht gerötet. Offenkundig wußte sie, daß sie im Unrecht war.

»Ich will kein Abendbrot«, antwortete Hubert. »Ist das deutlich genug? Und eins garantiere ich dir – wenn du mir das nächste Mal eine Tür so vor der Nase zuschlägst, verlasse ich dieses Haus und komme nie mehr zurück. Das ist mein voller Ernst.«

»Hubert, ich weiß nicht, wovon du redest«, sagte sie.

Hubert erwiderte nichts.

»Soll ich dir ein Tablett heraufbringen?« fragte sie.

»Laß mich mit deinem Tablett zufrieden«, sagte Hubert. »Ich will dein Tablett nicht. Verschwinde und laß mich allein.«

Hubert sah ihr nach, bis die Tür ins Schloß fiel, dann beugte er sich vor, stützte die Ellbogen auf die Knie und musterte den roten Kaminvorleger. Leise begann er vor sich hinzusummen:

Sie ist fern dem Land, wo ihr junger Heros schläft,
Und Liebespaare seufzen um sie her,
Doch …

Er seufzte, lehnte sich in seinem Sessel zurück und verstummte. Er wünschte, er wäre seinem ursprünglichen Vorhaben gefolgt und zu Fuß nach Hause gegangen. Dann hätte er nicht gesehen, wie die Tür sich schloß. Hätte er doch bloß nicht gesehen, wie sie sich schloß – aber er hatte es nun einmal gesehen, und da er es gesehen hatte, mußte er Stellung beziehen. Teils hatte das Haus daran schuld, das viel zu klein war. Jedes Haus wäre zu klein gewesen, aber dieses hier war viel zu klein. Es gab darin keinen Winkel, in dem man sich verstecken konnte, ohne Fragen zu provozieren – jene stummen Fragen, die keine Fragen waren, sondern Vorwürfe.

Hubert konnte unmöglich ignorieren, was im Haus vor sich ging. Er wäre gern imstande gewesen, die Augen davor zu verschließen. Dann könnte er seinen Zorn im Zaum halten. Rose schämte sich nicht einmal, daß sie die Tür vor ihm geschlossen hatte; sie war lediglich erschrocken, weil er sie dabei ertappt hatte.

Er wünschte, er wäre klug genug gewesen, gleich in die Küche hinunterzugehen und sich mit ihr auszusprechen, als er die Tür zufallen sah. Er hatte das Gefühl, einen Weg zu beschreiten, der durch eine unermeßlich hohe Glaswand von einem anderen, identischen Weg getrennt war. Der Weg, dem er folgte, wimmelte von Fehlern, die er durchaus erkannte, da es stets seine eigenen waren, aber obwohl ihm jeder einzelne Fehler vertraut war, traf er ihn doch jedesmal wie ein Schlag – wegen der unterschiedlichen Zeitspannen zwischen einem Fehler und dem nächsten. Jedesmal, wenn er sich wohl fühlte und sich einbildete, alles sei in bester Ordnung, unterlief ihm auch schon der nächste Schnitzer. Der Unliebenswürdigkeit und Streitsucht in diesem Haus war offenbar nicht zu entrinnen. Und während er Fehler beging und über die eigenen Füße stolperte, konnte er die ganze Zeit über durch die Glasscheibe auf den anderen Weg schauen, der ebenfalls der seine war. Auf diesem Weg gab es keine Fehler, er tat immer nur das Richtige und tat es zur rechten Zeit, er wußte, wie man mit allem fertig wurde, und ging einher wie ein Mann, der sich und sein Leben im Griff hatte. Manchmal kam es Hubert vor, als trenne ihn lediglich eine Luftspiegelung und sonst gar nichts von jenem Ort, an dem er wüßte, wie er sein Leben zu führen hätte: in Übereinstimmung mit dessen wohlverstandenem Sinn.

In seinem Leben ergab nichts irgendeinen Sinn. Aber hatte man das erst einmal gesagt, hatte man alles gesagt. Hubert konnte schwerlich aus dem Haus gehen, zur Hauptstraße vormarschieren, irgendeinen Fremden anhalten und sagen: »Ich begreife nichts.« So handelten nur Verrückte.

Wäre er allein gewesen, wäre das Ganze ja nicht weiter schlimm; eine Ehefrau jedoch macht einen Mann erst wirklich wahrnehmbar, zumal wenn er es zu wenig gebracht hat, und in diesem Moment hatte Hubert das Gefühl, es zu überhaupt nichts gebracht zu haben. Die arme Rose, er machte ihr ja keine Vorwürfe, aber mit ihrer Anwesenheit in seinem Leben führte sie ihm vor, woran er sich versucht und was er sich erhofft hatte, und mit ihrem Verhalten führte sie ihm vor, was aus seinen Hoffnungen geworden war. Er schämte sich ihrer. Ohne sie – wer weiß, was er alles unternommen hätte. Dann wiederum wäre er womöglich unsichtbar durchs Leben gegangen, aber alles war besser, als im eigenen Haus der Lächerlichkeit preisgegeben zu sein. Alles in der Welt war besser, als sich selbst der Lächerlichkeit preiszugeben. Ihm wurde in seinem Sessel unbequem, und er war wütend. Nicht, daß sie anspruchsvoll oder verschwenderisch war. Sie verlangte nichts. Wenn der Zeitpunkt kam, ihr das wöchentliche Haushaltsgeld auszuhändigen, reagierte er nur deshalb gereizt, weil sie es immer so kleinlaut entgegennahm, und die wenigen Male, da er es versäumt hatte, erinnerte sie ihn nur zaghaft daran. Selbstverständlich ärgerte er sich hin und wieder über ihre Anmaßungen, und niemand ahnte, wie oft er an sich halten mußte, wenn sie ihn bis zur Weißglut reizte. Die Art, wie sie aß, konnte er ebensowenig ausstehen wie die Unmengen, die sie vertilgte – um einiges mehr, als er je zu sich zu nehmen geneigt war. Das Wort »Appetit« brachte ihn in Verlegenheit, und das Wissen um ihren Appetit, der so viel größer war als sein eigener, ließ sie ihm rätselhaft erscheinen, aber nicht etwa so, daß seine Anteilnahme oder seine Zuneigung geweckt worden wären. Er fand ihren Appetit beschämend und mochte gar nicht daran denken. Zwar mißgönnte er ihr das Essen nicht, aber er fand, daß sie ihm zuviel Bedeutung beimaß. Er fürchtete sich davor, sie essen zu sehen, weil er den Blick nicht von ihr abwenden konnte, und es hatte Zeiten gegeben, da sie errötet war und die Speise rasch hinuntergeschluckt hatte, wenn sie ihn dabei ertappte, wie er sie beobachtete. Sein Frühstück aß er stets allein, und sein Mittagessen nahm er in der Stadt ein, so daß er nur das Abendbrot und den Sonntagsbraten über sich ergehen lassen mußte.

Manchmal, wenn sie beim Abendbrot saßen, erzählte Hubert seiner Frau von Vorfällen, die sich tagsüber im Geschäft zugetragen hatten. Diese Anekdoten handelten zumeist von den Kunden, und die Pointe, auf die sie hinausliefen, galt der Verwirrung der Kunden, die Hubert komisch fand, oder der Ahnungslosigkeit der Kunden, die Hubert ebenfalls komisch fand. Einige der Männer, die den Laden betraten, waren so beschränkt, daß sie nicht einmal merkten, wie lächerlich sie sich machten oder wie sehr sie ausgelacht wurden, sobald sie das Geschäft verlassen hatten. Dies waren die Männer, die zu groß oder zu klein, zu dick oder zu dünn waren für die Muster, die sie bevorzugten, oder für den Schnitt und die Paßform, für die sie sich entschieden. Hubert verhöhnte die beschränkten Kunden nicht deshalb, weil sie lächerlich wirkten, sondern weil sie nicht zu ahnen schienen, wie lächerlich sie waren. Einem Mann, der wie ein Kasper aussah, konnte Hubert verzeihen, solange er herumkasperte und bewies, daß er Spaß verstand und über sich selbst lachen konnte, doch bei Leuten, die glaubten oder zu glauben vorgaben, daß sie aussahen wie alle anderen auch, kannte er kein Erbarmen. Außerhalb der Geschäftszeiten konnte Hubert auf die Unzulänglichkeiten von Leuten aufmerksam machen und so ihren Sinn für Humor auf die Probe stellen, bei der Arbeit jedoch mußte er sich beherrschen, und es machte ihn fast wahnsinnig, zu sehen, wie all diese Kerle, die sich da in Positur warfen, ungeschoren davonkamen, ohne zu ahnen, daß sie von einem Mann beobachtet worden waren, der einen scharfen und humorvollen Blick hatte und über die große

Begabung verfügte, Leute, die sich überschätzten, auf Normalmaß zu stutzen.

Hubert hatte gehört, wie Rose in die Küche zurückkehrte, aber nicht, wie die Tür ins Schloß fiel, obwohl er überzeugt war, daß sie sie geschlossen hatte. Nun drang kein Lebenszeichen aus der Küche. »Soll mir recht sein«, sagte Hubert, »soll sie doch machen, was sie will.« Aber er konnte nicht für immer in seinem Sessel sitzen bleiben und nichts tun. Er konnte sich nicht konzentrieren. Er konnte nicht lesen. Er wollte nicht lesen. Er wollte überhaupt nichts tun. Er hatte beschlossen, ihr nicht nachzugeben. Früher oder später mußte einer von ihnen sich von der Stelle rühren; indes fand Hubert, daß ihm die Entscheidung aus den Händen genommen war, daß es jetzt an Rose war, den entscheidenden Schritt zu tun. Als er nach Hause gekommen war und gesehen hatte, wie sie die Tür vor ihm zumachte, hatte er die Wahl gehabt, entweder in die Küche hinunterzugehen oder nicht in die Küche hinunterzugehen. Jetzt war ihm diese Wahl genommen. Statt eine Wahl zu treffen, hatte er seine Autorität geltend gemacht, und jedes Signal, das er jetzt aussandte, würde bedeuten, daß er klein beigab. Irgendwann würde sie aus der Küche kommen müssen. Sie würde hinausgehen wollen, um sich ein letztes Mal in ihrem Garten umzuschauen. Dann wäre es Schlafenszeit. Es kam nur darauf an, so lange zu warten, bis die normale Haushaltsroutine ihn aus der Ecke hervorspülte, in die er genötigt worden war. In hundert Jahren wäre es einerlei, aber Hubert wußte, solange er lebte, würde er nie begreifen, weshalb Rose die Tür vor ihm geschlossen hatte. Er überlegte nicht mehr, weswegen sie die Tür geschlossen hatte, er wünschte nur, er hätte sie nicht zufallen sehen.

Das Fenster hinter ihm war ein großes rechteckiges, fast quadratisches Schiebefenster, das auf die Mauer am Ende des Gartens blickte. Auf der anderen Seite der Mauer lagen die Plätze des Tennisklubs. Für Hubert und Rose zählten die Mitglieder des Tennisklubs zur lebenslustigen Schickeria, und Hubert nannte sie eine nichtswürdige Bagage. An Samstagabenden klang aus dem großen Anbau des Klubhauses Tanzmusik herüber. Die Mitglieder nannten den neuen Anbau »Pavillon«. Die Tanzmusik störte Hubert, und obwohl Rose früher gern getanzt hatte, erhob sie nie Einspruch, wenn er aufstand und das Fenster schloß, damit sie wenigstens im Haus ihre liebe Ruhe hätten. Der Eingang zum Klub befand sich an der Hauptstraße, die an dem Ende der Zeile kleiner Häuser vorbeiführte, in dem die Derdons wohnten. Auf einer Seite stieß das Klubgrundstück an die lange rückwärtige Mauer, die die sechsundzwanzig Gärten im Besitz der Derdons und ihrer Nachbarn verband. Das andere Ende der Klubanlagen wurde von einem Wäldchen begrenzt. Wäre Hubert ans Fenster getreten, so hätte er die Baumwipfel hinter den Tennisplätzen erblickt, und hinter den Bäumen, auf ihn einstürmend, den Himmel. Aber er rührte sich nicht. Er saß da und lauschte. Das Fenster stand oben einen Spaltbreit offen, und er konnte die zänkische Alte von nebenan hören, die ihre Tochter beschimpfte; diese war in mittleren Jahren, unverheiratet und lebte mit ihrer Mutter zusammen, kochte und führte ihr den Haushalt und linderte ihre gelegentlichen rebellischen Wutanfälle mit geräuschvollen Weinkrämpfen, die man bis in die Küche und ins hintere Wohnzimmer der Derdons hören konnte. Der Nachbargarten war eine Wildnis aus Efeu, Brennesseln und vernachlässigten Kohlköpfen. Es war ein erbarmungswürdiger Haushalt. Hubert hoffte, daß die unglückliche Tochter an diesem Abend keinen

Weinkrampf bekäme, und er wünschte, die beiden Frauen würden in eine Irrenanstalt eingewiesen, und nebenan würde ein lediger Mann einziehen, der nie zu Hause wäre. Er lauschte auf die dünne, grausame Stimme der Alten und meinte, das hysterische Schweigen ihrer Tochter zu hören. Von den Tennisplätzen vernahm er undeutlich Stimmen, und er hörte den großen Collie der Donovans, der mitleiderregend winselte und an seiner Kette zerrte. Sie fesselte ihn an die beengte Hütte, in der er von klein auf hauste. Die Donovans hielten den Hund zum Schutz vor Einbrechern. Hubert wünschte, ein Einbrecher würde über die rückwärtige Mauer klettern und den Hund befreien, der sogleich ins Haus springen und Tim Donovan, seine Frau und ihre drei unverschämten Gören zerfleischen und vielleicht zum ersten Mal in seinem Leben genügend zu fressen haben würde.

Er hörte mehr, als er verkraften konnte. Das hintere Wohnzimmer begann sich mit einem Leben zu füllen, das er verachtete, und mit Menschen, die er verabscheute, doch wußte er sich nicht zur Wehr zu setzen. Er hätte das Fenster schließen können, aber er war überzeugt, daß Rose, sobald er mit hocherhobenen Armen dastünde, um das Fenster zuzuschieben, die Küchentür öffnen und in den Garten hinaustreten würde, und er wollte sie nicht sehen. Er wollte sie nicht sehen, weil sie ihm gleichgültig war. Das war der erste wahre Satz, den er seit langem laut gedacht hatte, und er war froh, daß er endlich heraus war. Sie war ihm schlichtweg gleichgültig. Sie war ihm vollkommen einerlei, und er konnte nicht verstehen, wieso er das nicht schon vor langer Zeit gemerkt hatte. Die Vorstellung, sie zu sehen, sich mit ihr unterhalten und weiter mit ihr in demselben Haus leben zu müssen, war ihm unerträglich. Er konnte nicht an sie denken, ohne die zitternde Unaufrichtigkeit ihrer Miene vor sich zu sehen, und er fragte sich, ob der Versuch, sie direkt anzusprechen, die Mühe jemals wieder lohnen würde. Was für einen Zweck hatte es, mit ihr zu reden? Nie sagte sie »ja« oder »nein«. Immer nur hieß es »ganz, wie du willst«, »meinethalben« oder »vielleicht, wenn du möchtest«. Und dann die stumme Resignation, die auf seine Entscheidung folgte – die natürlich nie die erwünschte war, auch wenn keine zehn Pferde sie dazu gebracht hätten, sich ihr zu widersetzen.

Nein, er würde gar nicht erst versuchen, mit ihr zu reden. Es war der Mühe nicht wert und würde sie nur unnütz quälen. Dennoch, obwohl Hubert fand, daß Rose keinerlei Bedeutung hatte, wußte er doch, daß sie besser war als viele andere Menschen – besser als die beiden Frauen nebenan, besser als die Donovans und besser als die laute, nichtsnutzige Bagage im Tennisklub. Er wußte, daß sie wehrlos war, und spürte, daß seine Gleichgültigkeit sie bloßstellte, auch wenn sie nichts davon ahnte, und er bedauerte sie, weil sie auf ihre Weise ihr Bestes tat und niemand sich auch nur das geringste aus ihr machte. Wirklich, sie war ein aussichtsloser Fall, und es war gut, daß nur er es wußte. Es wäre entsetzlich für Rose, wenn auch der Rest der Welt wüßte, was er von ihr wußte. Es war kein Zufall, daß sie stets hinter ihm zurückgeblieben war. Sie hatte keinen Verstand. Sie konnte nicht auf sich aufpassen. So war sie schon immer gewesen.

Rose war nicht immer so gewesen; inzwischen gab es jedoch niemanden mehr, der hätte sagen können, was sie gewesen war, oder der sie so sah, wie sie früher gesehen worden war. Dann und wann dachte sie an ihren Vater, der starb, als sie zehn Jahre alt war. Wenn sie sich an ihn erinnerte, wenn sie versuchte, sich seine Stimme ins Gedächtnis zu rufen, glich sie mehr denn je einem Vogel, der merkt, daß er auf dem Boden dahintrippelt, statt sich in die Lüfte aufzuschwingen. Sie schaute sich um und wunderte sich. Sie war zahm, der Ort jedoch befremdlich. Wie immer sie gewesen sein mochte, voller Lachen, ernst, hoffnungsfroh, schwermütig, gelassen, unruhig, ehrgeizig, oder was immer aus ihr hätte werden können – jetzt war sie nur noch zahm. Sie war zahm geworden, als ihr Vater starb, so wie sie zur Verräterin an einer Sache geworden sein mochte, für die sie einstmals bereitwillig ihr Leben gegeben hätte. Zwar war sie sich bewußt, daß ihr Vater tot war, nicht jedoch, daß er für immer fort war, und selbst als ihr allmählich dämmerte, daß er für immer fort war, weigerte sie sich zu glauben, daß sie ihn ganz aus den Augen verloren hatte, und investierte all ihre Lebenskraft in die Anstrengung, ihn so lange im Blick zu behalten, bis sie überzeugt war, daß er sich in Sicherheit befand. Alles, womit sie vertraut war, hatte sie in dem Bemühen vergessen, zu dem einen Menschen zu stehen, der sie damit vertraut gemacht hatte. Sie wußte, er erwartete es von ihr. Schließlich hatte er gesagt, sie sei treu. Nie werde sie jemanden im Stich lassen. Immer wieder hatte er gesagt, sie sei ein braves Kind und kenne keine Schlechtigkeit. Ihrer Mutter gegenüber hatte er sie stets in Schutz genommen.

Roses Vater hatte große Stücke auf sie gehalten und ihr und jedem, der es hören wollte, erklärt, sie sei ein ungewöhnliches Kind, das alles tun könne, was es sich vornehme. Als sie einmal in der Küche umhergetanzt war, hatte er gesagt: »Nächstens wird Rose uns noch vorführen, wie die Vögel fliegen.« Ihre Gespräche fanden kein Ende, und in allem waren sie der gleichen Ansicht. Als sie nach seinem Tod versuchte, sich seiner zu erinnern, stellte sie fest, daß sie ihn in ihr Gedächtnis aufgenommen hatte, und wenn sie ihre Mutter und die Nachbarinnen von ihm reden hörte, stand er ihr so klar vor Augen, daß sie nur über ihre Köpfe hinwegzublicken brauchte, und schon konnte sie ihn sehen – nicht wie er gewesen war, sondern wie er jetzt war, wie er hoch über ihren Köpfen auf sie herablächelte und sich die Nettigkeiten anhörte, die sie über ihn sagten, auch wenn keine von ihnen eine sonderlich hohe Meinung von ihm gehabt hatte, als er noch lebte. Sie alle waren ihr verhaßt, doch je verhaßter sie ihr waren, desto mehr fürchtete sie sich vor ihnen, da sie wußte: Wenn sie ihre Träume erst einmal durchschauten, würden sie sie auslachen und »Miss Wichtigtuerin« nennen. Ihre Mutter hatte immer behauptet, sie sei wirklichkeitsfremd und zu sehr von sich eingenommen.

Rose war überzeugt, ein braves Kind zu sein, lernte jedoch nie, daß dazu mehr gehörte, als nur zu tun, was einem aufgetragen wurde. Sie wußte nicht, woran sie war. Sie wollte gesagt bekommen, was sie zu tun hatte, und wenn es ihr nicht gesagt wurde, befürchtete sie, etwas Unrechtes getan zu haben. Nie hatte sie vermocht, sich mit der Welt zu deren Bedingungen auseinanderzusetzen – sie war ihr einfach nicht gewachsen. Sie selbst stellte keine Bedingungen und hatte auch nie versucht, welche zu stellen. Sie hatte nicht gewußt, daß sie die Macht besaß, Bedingungen zu stellen. Sie fand die Welt schwierig, denn obgleich sie ahnte, daß das Leben kostbar ist und Tag und Nacht gehütet werden muß, wenn es uns nicht ohne jede Vorwarnung entgleiten soll, so wußte sie doch auch, daß das Leben auf lange Sicht überhaupt keinen Wert besitzt – da es uns ohne jede Vorwarnung entgleiten wird. Zwischen diesen beiden scharfen Kanten schlug sie sich durch, so gut sie konnte. Als Hubert sie kennenlernte, dachte er, wie leicht und doch bestimmt ihr Gang war und daß ihre Miene entschlossen wirkte. Aber eines verstand er nie: daß der Mut, den sie bewies, nicht etwa natürlicher Hoffnung, natürlicher Zuversicht oder irgendeiner anderen, von Unwissen zeugenden natürlichen

Quelle entsprang, sondern ihrer Entschlossenheit, sich nicht den beiden Arten von Wahnsinn zu überlassen, die sie leiteten, die sich allzu dicht an sie herandrängten und ihren Lebensweg zu einem dünnen Strich verengten. Stets bewegte sie sich in einer geraden Linie. Von dem Ort, wo sie sich befand, bewegte sie sich zu dem Ort, wo sie hinwollte, und dann wieder zurück zu dem Ort, wo sie sich befunden hatte. Sie hielt sich eng ans Haus. Sie empfand gerade so viel Freiheit, als sei sie in einem Netz gefangen.

In der ersten Zeit ihrer Ehe bewohnten Hubert und Rose zwei Zimmer im obersten Geschoß eines Hauses in der Somerville Street am Stephen's Green. Gemeinsam betraten sie es zum ersten Mal am Abend ihres Hochzeitstages. Dieser bot zugleich den Anlaß zu Roses erster Fahrt mit der Eisenbahn – von Wexford, wo sie geboren und aufgewachsen war, nach Dublin. Ein Freund von Hubert namens Frank Guiney holte die beiden am Bahnhof ab, um sie zu begrüßen und ihnen beim Pakete- und Koffertragen zu helfen. Rose hatte einen Korb mit Lebensmitteln dabei, den ihre Mutter in letzter Minute für sie gepackt hatte. Das war alles, was sie trug; Hubert und Frank dagegen schleppten sich ab. Als sie im obersten Stock des hohen Gebäudes ankamen, waren sie vom langen Treppensteigen ganz außer Atem. Hubert ließ seine Last auf das Treppenpodest sinken und stützte sich mit der Hand gegen die Mauer, bis er wieder Luft geschöpft hatte.

»Wieso bist du stehengeblieben?« fragte ihn Frank. »In fünf Minuten wären wir im Himmel gewesen.«

Rose fand Frank sehr lustig. Frank hatte ihnen die Zimmer besorgt und Hubert am Bahnhof den Schlüssel überreicht. Rose hatte Hubert dabei zugesehen, wie er den Schlüssel achtsam in die

Westentasche steckte, und jetzt sah sie ihm dabei zu, wie er ihn wieder herausfischte. Er war sehr befangen; in seinem Eifer, die Tür aufzusperren, stolperte er über einen der Koffer, die er abgestellt hatte, und wäre beinahe noch vor Rose durch die Tür gefallen, aber Frank packte ihn und hielt ihn zurück, und so trat Rose als erste ein.

»Ladies first!« rief Frank so laut, daß er beinahe die gesamte Nachbarschaft aufgeweckt hätte. Sie mußten alle lachen. Rose stellte ihren Korb auf den wackligen runden Tisch, der mitten im Zimmer stand, dann blieb sie stehen und sah sich um, während Hubert und Frank das Gepäck hereinbrachten. Der dünne Teppichboden unter ihren Füßen war ausgebleicht und so verschlissen, daß er dieselbe Strohfarbe hatte wie ihr Korb. Nur noch vereinzelte Spuren von Rot und Rosa verrieten, wie leuchtend bunt er einst gewesen war. Als alles hereingetragen worden war, produzierte sich Frank, indem er versuchte, Hubert hochzuheben und umherzutragen.

»Das ist ja ein ganz bemerkenswertes Paket, Madam«, sagte er zu Rose, während Hubert herumzappelte. »Es leidet unter Größenwahn. Es glaubt, lebendig zu sein.«

Rose hatte in ihrem ganzen Leben noch nicht so gelacht. Sie sah, daß Hubert bewundernd zu ihr herüberblickte, und sie wußte, daß die beiden ihr zuliebe herumalberten. Dann wurde Frank plötzlich ernst, holte seine Uhr aus der Tasche, betrachtete sie und sagte, er habe einen wichtigen Termin, es gehe um Leben und Tod, und er komme jetzt schon zwei Tage und zehn Minuten zu spät. Während er noch redete, trat er vor die Tür und zog sie hinter sich zu. Huberts Einladung, doch noch einen Augenblick zu bleiben, schlug er aus. Dann verschwand er, und sie hörten ihn die Treppe hinunterpoltern. Rose sah Hubert an.

»Frank ist ein Pfundskerl«, sagte Hubert, »aber ich bin froh, daß er weg ist. Du etwa nicht? Bist du nicht froh, Rose?«

»Doch«, antwortete Rose, dann wandte sie sich um und trat rasch ans Fenster, ein kleines, quadratisches Fenster, das über die Somerville Street auf die Hausdächer dahinter blickte.

»Ein schöner Himmel«, sagte sie.

»Setz doch den ollen Hut ab«, sagte Hubert. »Du bist jetzt zu Hause.«

Während sie hinaussah, hatte sie die dünnen grünen Stores gelüftet, die die Fenster bedeckten, und als sie die Arme hob, um die Nadeln aus ihrem Hut zu ziehen, fielen die Vorhänge wieder herab, und sie sah, daß sie von unterschiedlicher Länge waren.

»Sieh mal, einer der beiden ist zu lang«, sagte sie. »Ich werde sie angleichen müssen.«

Sie nahm die Hände von ihrem Hut, hob die Vorhänge und trat zurück, um sie an den Säumen gegeneinanderzuhalten.

»Ungefähr drei Zentimeter«, sagte sie. »Das wird gehen.«

Sie ließ die Vorhänge los, und als sie herabfielen, stieß sie einen befriedigten Seufzer aus, so als hätten sie eine Prüfung bestanden und dem ganzen Haus zum Sieg verholfen, und als wüßte sie jetzt, daß Vorhänge, Wände und die lange Treppe für immer fest blieben, reale Gewichte, die sie verankerten, so daß sie sich niemals verirren würde, da sie dort, wo sie hingehörte, sicheren Halt fand. Sie drehte sich zu Hubert um und lächelte ihn an. Dann fiel ihr wieder ihr Hut ein, sie hob die Hände und suchte erneut nach den Nadeln.

»Die Vorhänge nehme ich mir morgen vor«, sagte sie.

»Grüne Vorhänge für deine grünen Augen«, erwiderte Hubert, aber er wußte, daß der Vergleich hinkte, denn die Vorhänge waren von einem schreienden Grün, Roses Augen dagegen meerfarben.

Wenn Rose schlief, schien ihr Gesicht ganz selbstversunken, und wenn sie wach war, sah sie einsam aus. Ihre Selbstversunkenheit hatte etwas Unnachgiebiges, Stolzes, ihre Einsamkeit hingegen wirkte hilflos. Ihre Selbstversunkenheit konnte Hubert nicht durchdringen und ihre Einsamkeit nicht überwinden. Er mußte ans Meer denken und wußte nicht, warum. Wenn sie plötzlich erwachte und sich im Bett herumdrehte, leuchtete in ihren Augen einen Moment lang jene unnachgiebige Selbstversunkenheit auf, ehe die Einsamkeit sie wieder verschattete. Hubert wunderte sich über sie. Er konnte nicht begreifen, weshalb sie ihn geheiratet hatte, aber ebensowenig konnte er begreifen, wie sie hatte leben können, bevor sie ihn geheiratet hatte.

»Wie bist du je zurechtgekommen, bevor du mich kennengelernt hast?« fragte er sie.

»Ich weiß nicht«, antwortete sie. »Ich kann mich nicht erinnern.«

Stets lächelte sie ihn an. Sie hörte nur auf zu lächeln, um neuerdings lächeln zu können.

Eines Abends nach dem Essen fragte er sie, ob sie seine Socken gestopft habe. Sie saßen noch am Tisch – an dem wackligen runden Tisch in dem Zimmer mit den grünen Stores. Sie waren auf den Tag genau zwei Monate verheiratet, und um diesen Anlaß zu feiern, hatte Rose ein Stück dunklen englischen Kuchen gekauft. Sie hatte den Kuchen in schmale Streifen geschnitten, und sie hatten ihn bis auf ein kleines Stück, das zwischen ihnen auf dem Teller lag, aufgegessen. Hubert wußte, daß sie das Stück gern gehabt hätte, daß sie es aber auch ihm gönnte. Er hatte vor, es ihr abzutreten, wollte sie jedoch necken. Als er sich nach den Socken erkundigte, grinste er. Er fand es immer noch absurd, daß Rose seine Stopfarbeiten übernahm. Rose hatte die Ellbogen auf den

Tisch gestützt, betrachtete ihre Hände und bewunderte die Hand, an der sie ihren Ehering trug. Als sie seine Frage hörte, schaute sie ihn erstaunt an, so als habe er mit Vorbedacht etwas von sich gegeben, von dem er wissen mußte, daß es ihr weh tat.

»Ich habe es vergessen«, antwortete sie. »Ich habe vergessen, deine Socken zu stopfen. Das sieht mir ähnlich, die eine Sache zu vergessen, um die du mich gebeten hast.«

»Es ist nicht so wichtig«, meinte Hubert.

Zwar lächelte er noch, aber er war gekränkt. Sie blickte ihn an, als sei er zum Ebenbild ihrer Mutter geworden, die sie bei einem Fehler ertappte und dann schikanierte.

»Es macht nichts«, wiederholte er ungeduldig. »Hier, nimm doch das schöne Stück Kuchen.«

»Jetzt mag ich es nicht«, sagte sie, und dieses »Jetzt« gab ihm zu verstehen, daß er alles verdorben hatte.

»Dann eben nicht«, sagte er, nahm das Stück Kuchen und stopfte es sich selbst in den Mund, dann stand er auf und trat ans Fenster.

Er schob die grünen Stores auseinander und blickte hinaus. Er sah die Schornsteine der Häuser auf der anderen Straßenseite und den graugestreiften Himmel darüber. Den ganzen Tag über hatte es immer wieder geregnet. Als Hubert hinaussah, setzte ein neuerlicher Schauer ein, und die Regentropfen trommelten heftig gegen das Fenster. Obwohl die Fenster geschlossen waren, spürte er, wie ihn ein Frösteln ankam. Rose saß immer noch am Tisch, so wie er sie verlassen hatte. Er schämte sich. Hätte er sie in Frieden gelassen, hätte sie den Kuchen gegessen und wäre glücklicher gewesen. Er sehnte sich danach, sie zu trösten, aber der Kuchen war nun einmal aufgegessen, und ein anderes Versöhnungsgeschenk fiel ihm nicht ein. Er wünschte, er hätte gewußt, was er ihr sagen sollte. Er hoffte, sie würde bald aufstehen und den Tisch abräumen, denn ehe sie nicht irgendein Zeichen gab, durfte er sich nicht vom Fenster lösen, und er war es leid, dort zu stehen, auf den Regen hinauszublicken und sich Vorwürfe zu machen. Dann drehte er sich, ohne es gewollt zu haben, um, und sie saß mit hängendem Kopf da, die Hände im Schoß.

Sie sah ihn kläglich an und sagte: »Es tut mir leid, Hubert.«

Sanft antwortete er: »Es gibt nichts auf der Welt, das dir leid tun müßte.«

Sie ließ sich nicht anmerken, ob sie ihn gehört hatte, schaute ihn aber weiterhin an. Er spürte, sie wartete darauf, daß er ihr sagte, was sie tun solle, und daß sie tun würde, was immer er sagte. Ihre Hilflosigkeit verwirrte ihn. Er spürte, mit ihr konnte er fertig werden – schließlich war sie Rose, er kannte sie, sie war seine Frau –, aber nicht mit ihrer Hilflosigkeit. Hätte er es in Worte fassen sollen, vielleicht hätte er gesagt: »Ich habe Rose geheiratet, nicht ihre Hilflosigkeit«, so wie andere Männer sagen mochten: »Ich habe sie geheiratet, nicht ihre Familie.« Wenn ihre Mutter dabei war, hatte Hubert die Niederlage in Roses Gesicht gesehen, aber dafür gab es jetzt keine Veranlassung mehr, und er wußte, daß es nicht ratsam war, sie in ihren Launen zu bestärken. Es wäre schlimm für sie. Ihre Mutter hatte ihn gewarnt, daß Rose dazu neigte, über Nichtigkeiten nachzugrübeln. Es komme darauf an, sie nicht ernst zu nehmen und gar nicht erst zuzugeben, daß etwas nicht in Ordnung sei. Alles *war* in bester Ordnung. Hubert wußte, daß man Rose, wenn sie in dieser Stimmung war, nicht trösten oder verzärteln durfte, sondern daß man sie zerstreuen mußte, und statt sie zu umarmen, wonach ihm eigentlich zumute war, sagte er: »Der Schauer wird in einer Minute abgezogen sein. Warum vergessen wir das Ganze nicht, machen einen kleinen

Spaziergang und unterhalten uns über das schöne Haus, das wir demnächst ganz für uns haben werden?«

Das Haus, das sie fanden, war das Haus, in dem sie jetzt lebten. Das Linoleum auf dem Fußboden im hinteren Wohnzimmer, in dem Hubert saß, war schon bei ihrem Einzug dagewesen und ihnen gesondert berechnet worden. Vor dem Einzug waren sie eines Tages von der Somerville Street aus mit der Straßenbahn zu dem Haus hinausgefahren und in den leeren Zimmern umhergelaufen, in denen sie bald wohnen würden. Hubert reichte der eine Rundgang durchs Haus, Rose jedoch sträubte sich dagegen, schon wieder zu gehen, und so hatte er sich, mit dem Rücken zur Wand, im hinteren Wohnzimmer unter das Fenster auf den Fußboden gesetzt und sie aufgefordert, sich nach Herzenslust umzutun.

Er machte sich Sorgen, aber jetzt standen sie vor vollendeten Tatsachen – das Haus gehörte ihnen. Er lauschte, wie Rose oben umherging. Im hinteren Schlafzimmer gab es Linoleum, im vorderen nicht. Sie lief über die nackten Dielenbretter des vorderen Schlafzimmers, dann hielt sie inne. Sie stand oben am Fenster, blickte hinaus und wunderte sich über die Nachbarn. Jetzt kam sie zurück und die Treppe herunter. Der schmale rote Treppenläufer dämpfte ihre Schritte, langsam stieg sie herab und achtete darauf, sich in der Mitte der Stufen zu halten. Sie ging weiter zur Küche. Der Küchenfußboden war mit roten Fliesen belegt. Nach einer Minute kam sie aus der Küche und in das hintere Wohnzimmer, das sie damals Eßzimmer nannten.

»Ich schau mich liebend gerne so um«, sagte sie. »Ich werde dieses Haus nie satt haben. Ich frage mich, was sie veranlaßt hat, diese Farben zu wählen.«

Sie blickte auf das beige, hellbraune und kastanienfarbene Linoleum, das mit großen und kleinen Federn gemustert war.

»Es ist in einem sehr guten Zustand«, sagte Hubert düster. »Ich fürchte, wir werden uns daran gewöhnen müssen.«

»Ach, es ist ja nicht so, daß es mir nicht *gefällt*«, sagte Rose.

Neugierig betrachtete sie das Linoleum, das andere Menschen bewundert und gepflegt hatten. Wenn es nicht bereits im Haus gewesen wäre, hätte es ihr nie gehört. Es war wie ein aus dem Ausland mitgebrachtes Geschenk. Sie selbst hätte dieses Muster oder diese Farben nie gewählt. Sie stammten aus der Fremde, aus dem Leben anderer Menschen – Souvenirs aus einem Land, das ihr unbekannt war oder in dem sie sich nicht aufhalten wollte, weil ihr dort bange und unbehaglich zumute wäre und nichts dort ihr jemals so wirklich vorkommen würde wie das Linoleum unter ihren Füßen, das ihnen hinterlassen worden war. Besitzergreifend lief sie darauf herum.

»Ich will dieses Haus niemals verlassen«, sagte sie.

Hubert stand auf und ging zur Tür. Sein Entschluß stand fest. Er würde nach oben gehen, sich wie immer die Hände waschen, die Anzugjacke wie gewöhnlich gegen seine wollene Strickjacke tauschen und danach herunterkommen und die Dinge ihren Lauf nehmen lassen. Sein Entschluß stand fest, doch selbst jetzt noch zauderte er, bevor er die Tür öffnete. Aber sobald die Tür offenstand, schoß er wie der Blitz die Treppe hinauf und ins Badezimmer, wo er sich energisch die Hände schrubbte und sein Gesicht mit kaltem Wasser bespritzte. Schon fühlte er sich besser, weil er wußte, daß er das Richtige tat. Das Ganze war aberwitzig; viel besser war es, offen miteinander zu reden. Jetzt würde er geradewegs in die Küche gehen und sich mit Rose aussprechen. Ihre gedrückte Stimmung würde er durch Lachen verscheuchen. Es kam lediglich darauf an, die richtigen Worte zu finden. Er würde sie dazu bringen, über sich selbst zu lachen und zu erkennen, wie unsinnig diese ganze Streiterei war. Er hastete die Treppe hinunter und die drei Stufen hinab, die von der Diele in die Küche führten, als überbringe er ihr eine Nachricht, die nicht länger warten konnte, eine gute Nachricht, die beste Nachricht, doch an der Küchentür zögerte er, und als sich drinnen nichts regte, obwohl sie doch gehört haben mußte, wie er die Treppe heruntergestürzt war, trommelte er wie ein Briefträger laut gegen die Tür und platzte hinein. Der Raum war leer. Die Tür zum Garten stand offen. Sie war hinausgegangen, und er konnte ihr nicht folgen. Sämtliche Nachbarn würden aus den hinteren Fenstern schauen, und jeder, der sich zufällig in den angrenzenden Gärten aufhielt, könnte jedes Wort verstehen, das er äußerte.

Er blickte zum Herd, um zu sehen, ob sie zufällig die Teekanne hatte stehenlassen, aber die Herdplatte war ebenso abgeräumt wie der Tisch und das Abtropfbrett neben der Spüle. Die Küche war blitzblank. Sie hatte ihre Hausarbeit beendet. Dann gab es also nichts zu essen.

Er ging wieder zum Wohnzimmer und trat ein. Dort, auf dem Eßtisch, der sonst zusammengeklappt an der Wand gegenüber dem Kamin stand, hatte sie ihm ein Tablett hingestellt. Er ging darauf zu und sah es sich an. Dunkles Brot und eine Scheibe Schinken. Sie hatte sich die Mühe gemacht, die Butter zu geriffelten Kugeln zu formen. Eine Tomate. Drei Schokoladenkekse. Hinter dem Kamingitter stand die Teekanne mit dem übergestülpten Wärmer. Er eilte zu ihr hin, zog den Wärmer ab, trug sie zum Tisch, schenkte sich zitternd Tee in seine Tasse und stellte die Kanne wieder auf die Kaminplatte. Sie war zu heiß, um sie auf dem Tisch abzusetzen. Hubert goß Milch in seinen Tee und trank ihn hastig aus. Sofort wollte er noch eine Tasse, doch diesmal trug er sie zum Kamin hinüber und füllte sie dort nach. Dann setzte er sich an den Tisch und aß sich durch alles, was auf dem Tablett stand. Als alles aufgezehrt war, fühlte er sich wohler, auch wenn er fand, daß er auf den dritten Schokoladenkeks getrost hätte verzichten können. Er hatte Hunger gehabt, das war alles. Heißhunger. Er hätte nichts dagegen einzuwenden gehabt, sein Abendbrot jeden Tag auf diese Weise serviert zu bekommen. Er saß da, starrte auf das geplünderte Tablett und dachte, daß sie es ins Zimmer geschmuggelt haben mußte, während er oben war. Wie geschickt von ihr. Sie wollte, daß er sein Abendbrot aß, aber sie wollte ihm nicht gegenübertreten. Mit dem Tablett hatte sie sich große Mühe gegeben.

Er stand auf und ging ans Fenster. Da war sie und kniete, mit der Seite zu ihm, vor der Blumenrabatte, die an der Mauer entlang verlief, dort wo der Goldregen stand. Der Goldregen hatte schon dagestanden, als sie eingezogen waren, zusammen mit einer gelben Rose am anderen Ende des Gartens. Abgesehen von dem Goldregen und der Rose war sonst nichts gepflanzt worden. Bei der ersten Besichtigung war der Garten eine Wildnis gewesen, aber Rose hatte sogleich erkannt, daß sich etwas Schönes daraus machen ließ. Ihre Gartenarbeit war wundervoll. Hubert wußte nicht, woher ihre Kenntnisse über Blumen stammten. Jetzt kniete sie dort draußen und setzte eine kleine Pflanze in das für sie bestimmte Beet. Sie wollte die Pflanze genau an der richtigen Stelle einsetzen und war in ihrer Arbeit so achtsam, als halte sie die Zukunft der Welt in ihren Händen und müsse sie ein für allemal ins rechte Lot bringen, weil es – zumindest für Rose – keine zweite Chance gab, um zu beweisen, daß alles, alles gut ausgehen würde, sofern man es nur ihr überließ. Diesen einen Augenblick lang war das Gewicht der Welt von ihren Schultern genommen und in ihre Hände gelegt worden.

Sie war fertig, hockte sich auf die Fersen und rieb die geöffneten Handflächen gegeneinander, um die Erdkrumen abzuschütteln. Dann legte sie die Hand um den Griff der Gießkanne und stand unbeholfen auf. Hubert wandte den Blick ab und betrachtete seine eigenen Hände. Er brauchte ihr nicht zuzusehen, brauchte nicht zu wissen, wie sie sich aufrichtete. Schließlich hatte er oft genug mitangesehen, wie sie sich aufrichtete, wenn sie den Kamin gesäubert hatte: indem sie sich mit der Hand auf den Rand des Kohlenkastens stützte. Als er wieder hinausblickte, stand sie mit dem Rücken zu ihm und schaute sich um, als wolle sie die Wirkung irgendeiner Verschönerung abschätzen, die sie im Sinn hatte. Sie hob eine Hand ans Haar, um eine lose Strähne im Nacken in den dichten Knoten zu stecken, den sie trug. Sie hatte eine weiße Bluse mit weiten Ärmeln an, und als der Ärmel herabrutschte, schimmerte ihr erhobener Arm. Hubert sah ihr Handgelenk und ihren Ellbogen, und in diesem Stück von ihr erblickte er die ganze Rose, so wie die Mondsichel jedem, der ihn je auf der Höhe seiner Kraft gesehen hat, den Vollmond in Erinnerung ruft. Dann bückte sich Rose, hob mit beiden Händen die schwere Gießkanne an und bewegte sich langsam von ihm fort auf die rückwärtige Mauer zu, wobei sie im Gehen die Pflanzen wässerte.

Der Tag war nahezu ermattet. Das Licht war fahl – ein abnehmendes Licht, in dem alles deutlich sichtbar blieb. Das Licht an diesem Abend war hilflos, der Tag an seiner äußersten Grenze angelangt. Er hatte nicht genügend Kraft, sich gemeinsam mit der Sonne und den Schatten aufzulösen, er hatte lediglich genügend Kraft, die Welt zu berühren, während er sich für immer von ihr zurückzog. Das Abendlicht sprach, und was es sagte, war: »Es gibt nichts mehr zu sagen.« Es gibt nichts mehr zu sagen, denn was noch zu sagen bleibt, läßt sich nicht sagen. Für Rose ist es zu spät.

Hubert blieb stumm. Er hatte nichts zu sagen, und ohnehin war da niemand, der ihn gehört hätte.

Die armen Männer und Frauen

Die Mutter des Priesters war wie von Sinnen, ruhelos, verstockt und in jedem Winkel ihres Gemüts von einer ermattenden Unzufriedenheit erhitzt, die sich schon in sehr jungen Jahren dort eingenistet hatte. Sie verausgabte sich, indem sie ihr Haus putzte, sich mit rastlosen, trockenen Händen ihre Zimmer vornahm, Wände, Fußböden und Möbel scheuerte und schrubbte, bohnerte und wachste und nur innehielt, um ihre Finger zusammenzukrampfen, so fest es ging, aber doch nicht fest genug, niemals fest genug für sie, denn es gab keine Festigkeit, die sie befriedigt hätte. So litt sie weiter Not.

Sie war siebenundvierzig, hatte einen hageren Körper und ein glattes, längliches Gesicht. Die braunen Haare hatte sie hinten zu einer Art Knoten oder Dutt hochgebunden. Ihre Hände waren groß und hart wie die eines Jungen. Im Vergleich dazu wirkten die Hände ihres Ehemanns schmal, da sie, obwohl etwa gleich groß, ungleich schlanker und wohlgestalter waren, mit weichen, geschrubbten Fingerkuppen. Er, Hubert, arbeitete in einem Herrenkonfektionsgeschäft und trug, wenn er zur Arbeit ging, einen steifen schwarzen Hut. Sein Mund, der in seiner Jugend gelassen gelächelt hatte, lächelte noch immer, war jedoch verdorrt und gedunkelt, und er trug darüber keinen Schnurrbart.

Jeden Freitagmorgen händigte er ihr das Haushaltsgeld aus. Wenn er die Treppe herunterkam und sich die Weste zuknöpfte, um ins Geschäft zu gehen, lauerte sie ihm auf und forderte ihm das Geld ab. Dann kam sie immer die drei Stufen von der Küche heraufgehastet, wo das schmutzige Frühstücksgeschirr stand, um ihn auf dem Weg aus dem Haus abzufangen. Eines Morgens schloß sie die Küchentür und wartete dahinter, um zu sehen, wie er reagieren würde. Er setzte seinen Hut auf, nahm seinen Regenschirm und ging, ohne zu zögern, aus dem Haus. Sie glaubte, er habe das Geld auf dem Garderobentisch hinterlegt, er aber hatte nichts dergleichen getan, und am Abend mußte sie ihn rundheraus darum bitten. Er lächelte freundlich und holte das Geld aus einer Innentasche hervor, in der er es gebündelt bereitgehalten hatte.

»Ich dachte, diese Woche brauchst du vielleicht kein Geld«, sagte er. »Heute morgen warst du nicht in der Diele.«

»Ich war im Garten, um die Wäsche aufzuhängen, und habe mich in der Zeit geirrt.«

Sie wollte ihm nicht die Genugtuung geben, zu wissen, daß er ihr eins ausgewischt hatte. Ihre Gehässigkeit brach dennoch aus ihr heraus.

»Und was, wenn mir das Geld ausgegangen wäre?« rief sie. »So wie du dich anstellst, hätte ich keinen Penny im Haus gehabt.«

Er saß über die Abendzeitung gebeugt und ließ sie sinken, um Rose anzusehen.

»Immer die Märtyrerin, Rose«, sagte er, und sie wußte, daß er ihre List durchschaut hatte.

»Das ist das einzige Wort, das du kennst!« rief sie. »Märtyrerin, Märtyrerin.«

»Ehefrau und Märtyrerin«, sagte er ohne Anteilnahme. Es war ein alter Scherz von ihm.

Dies waren Mr. und Mrs. Derdon, seit siebenundzwanzig Jahren miteinander verheiratet. Er war fünf Jahre älter als sie. Sie schliefen oben im hinteren Schlafzimmer. Das Fenster ging auf ihren kleinen ummauerten Garten hinaus, der sich nur wenig von den anderen Gärten der Häuserzeile unterschied, und auf eine Reihe Garagendächer aus grauem Wellblech. Hinter und neben dem Garagenhof lagen die samtigen, smaragdgrünen Plätze des privaten Tennisklubs, die auf der anderen Seite von einer dichten Wand aus starken alten Bäumen beschattet wurden.

Mr. und Mrs. Derdon teilten sich ein Doppelbett aus Messing, das mit einer langen Nackenrolle und einer schweren Patchworkdecke versehen war. Letztere hatte sie noch in ihrer Schulzeit angefertigt. Das Bett stand mit dem Fußende zum Fenster, das mit einem cremefarbenen Rollo und weißen Stores verhängt war.

Hubert ging jeden Abend gegen zehn zu Bett, sie ein wenig später. Sie stand um sieben auf, er um halb acht. Sonntags erhob sie sich, um zur Acht-Uhr-Messe zu gehen, und wenn sie zurückkam, bereitete sie ihm beizeiten das Frühstück, damit er sich um zehn Uhr vor dem Kirchenportal einfinden konnte.

Er trug im Bett einen Flanellschlafanzug, sie ein Flanellnachthemd. Wenn sie sich hinlegten, hatten ihre Körper etwa dieselbe Länge. Keiner von beiden schnarchte, aber beide atmeten schwer. Er zog den Kopf zwischen die Schultern und schlief auf der rechten Seite, mit dem Gesicht zur Wand. Sie schlief auf dem Rücken. Er schlief ruhig. Sie schlief furchtbar schlecht und sah im Schlaf so erschöpft aus, als wäre sie sehr krank gewesen. Zuweilen schleuderte er nachts die Decke von sich. Dann wurden ihr Hals und ihre Schultern entblößt, am Morgen wachte sie auf, war ganz steif und legte als erstes schmerzlich die Stirn in Falten. Zur Schlafenszeit ließ sie ihr Haar zu einem lockeren Zopf herab. Morgens steckte sie es, ohne je in den Spiegel zu schauen, zu besagtem Knoten auf.

Sie liebte es, den wechselnden Tageshimmel zu betrachten. Der Nachthimmel interessierte sie weniger; sie wollte kein Geheimnis, keine Schwärze, keine Sterne, kein sanftes Dunkel, keine Vorhänge, keinen Komfort, keine Aussicht auf Ruhe. Der Tageshimmel, ein gleichmütiges Grau, ein gleichmütiges Blau, hatte sie für sich gewonnen. Sein endloser, unerwarteter Blick beschäftigte sie, und wenn sie die Augen hob und ihm begegnete, geschah es im Wettstreit, und sie erwiderte ihn Blick für Blick. Dann empfand sie Stolz.

Wenn die Wolken sich zusammenballten, war sie bezaubert, ob sie sich nun zu kleinen Kugeln oder Wülsten zusammenzogen, zu einer großen, weichen Masse zerfielen oder in Streifen auseinandergezerrt wurden. Sie war begeistert von der Ansammlung der schwarzen Regenwolken, die mit geblähten Bäuchen hilflos herabsanken, ehe sie platzten. Das Wasser ergoß sich auf ihr Dach, auf ihr weiches Gras und die dürre Krone ihres Goldregens. Ihr selbst konnte es nichts anhaben. Sie blieb im Haus, hinter geschlossenen Fenstern, und sah zu, wie die Tropfen an der Scheibe herabrannen. Der Regen habe einen eigenen Geruch, behauptete sie. Um es zu beweisen, öffnete sie nach einem Schauer ihre Küchentür und roch freudlos den kühlen Dunst, der von ihrer gelockerten Gartenerde aufstieg. Gleichzeitig hob sie den Blick, um zu sehen, wie sich der Himmel, von seiner Last befreit, gereinigt zurückzog.

Solange das Tageslicht vorhielt, blickte sie, sooft sie Gelegenheit hatte, zu ihm auf. Sie schämte sich, gesehen zu werden, wenn sie in ihrem Garten oder auf der Straße stand und hinaufschaute. Womöglich hielten die anderen sie für kauzig.

Manchmal – als junge Frau häufiger denn später – nahm sie einen Bus aufs Land, wo sie sich auf eine Mauer setzen oder ins Gras legen konnte, und gab sich ganz dem Schauen hin. Öfter noch fuhr sie auf dem offenen Oberdeck einer Straßenbahn, beobachtete unter ihrer Hutkrempe hervor verstohlen den Himmel und stellte sich vor, mit dem Scheitel eine sanfte Furche in ihn zu pflügen, während die Bahn mit ihr dahinsauste.

Von den Fenstern ihres Hauses konnte sie mühelos die Wolken sehen, aber dann nahm sie Rücksicht auf die Nachbarn. Die Vorstellung, sie könnten sie dabei ertappen, wie sie dastand und hinausblickte, und sich womöglich einbilden, sie interessiere sich für ihr Treiben, stieß sie ab, und so hielt sie sich von den Fenstern fern, außer wenn sie sie putzen mußte.

Einmal genas sie gerade von einer Grippe. An einem Sonntagnachmittag stand sie erstmals wieder auf, und Hubert brachte ihr von unten einen bequemen Sessel hoch, den er ans Schlafzimmerfenster stellte, davor einen niedrigen Hocker für ihre Füße. In ihrem Schultertuch und mit aufgeflochtenem Haar lehnte sie sich in die Kissen zurück und betrachtete teilnahmslos den Himmel. Am nächsten Tag fühlte sie sich kräftig genug, um nach unten zu gehen, und saß nie wieder so da; doch noch Jahre später konnte sie sich auf jede Einzelheit des Himmels an jenem Abend besinnen, als sie krank und geschwächt dagesessen hatte.

An jenem Abend trafen sich die Wolken und trennten sich wieder, stiegen und sanken auf eine ihr unvergeßliche Weise. Ihre Zwiesprache war entzückend, wie sie sich so Brust an Brust und Rücken an Rücken berührten, aneinander vorbeiglitten, langsam miteinander verschmolzen und sich langsam wieder voneinander entfernten, sich mit blindem, weißem Dehnen übereinanderschoben und sich ungehindert zu einem langen, unruhigen Gähnen öffneten. Zuletzt wurde das Licht hinter ihnen sehr intensiv und schien sie durchbrechen zu wollen, doch zu Roses Genugtuung – denn grellem, reinem Licht traute sie nicht – trat es endgültig den Rückzug an, ein langes, mähliches Verblassen, bis sie voller Überraschung merkte, daß sie der Abenddämmerung beigewohnt und sich vor ihren Augen die Nacht herabgesenkt hatte.

In dem stillen Zimmer raffte sie sich widerstrebend auf; einen Augenblick später kam Hubert mit einem Tablett Tee und Toast herein und schrie überrascht auf, als er sie im Finstern bei hochgezogenem Rollo hellwach antraf.

»Ich hätte früher kommen sollen«, sagte er vorwurfsvoll.

Als er das Licht anknipste, wobei er das Tablett unbeholfen auf dem Arm balancierte und sich darüber beugte, als würde seine Ängstlichkeit es davor bewahren, zu Boden zu fallen, blickte sie ihn unter schweren Lidern an, so daß er erschrak und schon befürchtete, sie habe einen Rückfall erlitten; was jedoch auf ihren Lidern lag und ihr die Augen netzte, war ein Glanz. Mit den Handflächen strich sie ihr unordentliches Haar, das Haar einer Kranken, zurück und wollte etwas sagen; dann aber verwandelte sich ihre Freude, zu unbestimmt, zu überwältigend, mit niemandem geteilt und schon entschwunden, in schwache Tränen; verzweifelt schüttelte er den Kopf und stellte das Tablett auf ihre Knie.

»Wein doch nicht, jedenfalls nicht, bevor du gekostet hast«, sagte er, während er ihr Gesicht nach einem Lächeln absuchte. »Vielleicht ist der Tee ja nicht so schlecht, wie du glaubst.«

»Ach, es ist nicht der Tee«, antwortete sie. »Vielen Dank, Hubert. Das Tablett sieht wunderbar aus.«

Er zog ihr das Tuch um die Schultern, setzte sich, die Hände zwischen den Knien, auf die Bettkante und sah ihr aufmunternd zu. Sie berührte die Teekanne mit der Fingerspitze, um zu fühlen, wie heiß sie war, und fand die Worte nicht, die sie an ihn hätte richten können.

Zögernd fragte er: »Worüber machst du dir denn jetzt schon wieder Sorgen, Liebling? Du solltest dir wegen unwichtiger Dinge nicht den Kopf zerbrechen.«

Sofort schluchzte sie: »Vielleicht sind die Dinge, die mir wichtig sind, nicht die Dinge, die dir wichtig sind. Ist dir das schon einmal in den Sinn gekommen?«

Langsam rollten ihr die Tränen über die Wangen. Er wußte, sie konnte eine Stunde lang so weinen.

Er seufzte und stand auf.

»Ist wenigstens der Tee in Ordnung?« fragte er.

»Ja doch. Der Tee ist in Ordnung, danke. Du hättest dir nicht so viel Umstände machen sollen. Ich bereite dir nicht gerne Umstände.«

Sie wandte den Blick zum Fenster und schaute verärgert in die Dunkelheit hinaus. Dabei legte sie wie erschrocken die Hand auf den Mund.

»Himmel noch mal, Rose, warum versuchst du nicht wenigstens, dich zusammenzureißen? Komm, ich wickele dich ein, dann kannst du dich ganz bequem nach unten setzen, bis es Zeit ist, wieder ins Bett zu gehen. Es wird dir guttun, zur Abwechslung einmal aus diesem ollen Zimmer herauszukommen.«

»Du bist ja plötzlich so nett, Hubert. Geradezu fürsorglich.«

Als sie ihn anblickte, waren ihre Augen wild und furchtsam vor Gehässigkeit.

»Was hast du nur? Was fehlt dir?« rief er.

»Nichts fehlt mir, ich bin nur krank und habe es satt, als Vorwand herzuhalten. Ich hasse Heuchler. Wenn du nach unten gehen willst, dann geh doch.«

»Bist du verrückt geworden, oder was?«

»Ja, ja. Sobald ich dir zuwiderhandele, bin ich gleich verrückt. Ich will lediglich meine Ruhe haben.«

»Hör zu, klopf auf den Fußboden, falls du etwas brauchst. Ich bin unten, falls du etwas brauchst. Bei Gott, ich weiß wirklich nicht, wer mit dir Geduld haben würde.«

»Ich brauche nichts«, sagte sie niedergeschlagen.

So passiv und leidend lehnte sie sich zurück, als hätte sie seit Stunden nicht gesprochen. Als er das Zimmer verließ, sah sie nicht auf, lauschte aber auf seine Schritte, während er die Treppe hinunterging. An der verstohlenen Ruhe, die einen Moment später im Haus einkehrte, merkte sie, daß er sich mit seiner Pfeife und dem sonntäglichen Kreuzworträtsel wieder in seinem Sessel am Kamin vergraben hatte. Mühsam holte sie Luft, ein Atemzug der Erleichterung und der Erschöpfung, und schenkte sich begierig eine Tasse Tee ein.

Sie war nicht oft krank. Sie hatte eine kräftige Konstitution. Schließlich kam sie vom Land. Sie werkelte gern in ihrem kleinen Garten, wo sie das Gras hoch und hell wachsen ließ und Lupinen, Porzellanblümchen, Goldlack, Freesien, Schnee- und Maiglökkchen, Vergißmeinnicht, Stiefmütterchen, Kapuzinerkresse, Ringelblumen und Rosen pflanzte. Es gab auch andere Blumen. In einer Ecke hatte sie Ehrgeiz entwickelt und einen Steingarten angelegt. Vor dem Haus, in dem winzigen Vorgarten, der kaum größer war als ein Tischtuch, hatte sie Pfingstrosen, Mohnblumen, Krokusse und ein spärliches Viereck frischen Grases ausgesät. Im Fenster ihres vorderen Wohnzimmers standen eine Reihe Farne und im Frühjahr Hyazinthen und Tulpen in roten Töpfen.

Sie fühlte sich zu den Armen hingezogen. Zu ihrer Tür ergoß sich ein ständiger Strom armer Männer und Frauen, die um Essen oder Geld bettelten. Nie hätte sie einen von ihnen zurückgewiesen. Hubert ärgerte sich darüber. Er behauptete, es kämen zu viele Bettler, die sie kannten und ausnutzten. Er selbst gebe ja auch oft Geld, aber, wandte er ein, sie treibe es zu bunt. Sie gab weiterhin jedem, der an die Tür kam. Zwei oder drei kamen regelmäßig, einige dann und wann, wieder andere nur einmal. Es gab welche, die Strick- und Haarnadeln, Schnürsenkel oder Bleistifte feilboten. Ein Mann brachte seine Frau und eine große Anzahl kleiner Kinder mit und baute sich lauthals singend auf der Straße auf, bevor er zur Tür kam. Seine Frau trug einen Säugling auf dem Arm. Sie stellte sich neben ihn, warf ihrem Mann einen Blick zu und begleitete seinen Gesang mit schüchternem Gemurmel, während die Kinder mit hoffnungsfrohen Augen die leeren Fenster entlang der Häuserzeile absuchten.

Einen Mann gab es, der länger als alle anderen zur Tür kam. Das war der Mann mit der verkrüppelten Hand. Er erschien stets Donnerstag nachmittags um dieselbe Zeit. Mrs. Derdon interessierte sich für diesen armen Mann, weil sie annahm, daß er wie sie vom Land kam. Er trug die Stoffmütze eines Mannes vom Land und einen Anzug aus marineblauem Serge. Den Mantelkragen hatte er hochgeklappt, im Winter um einen Schal, im Sommer um ein unsauberes Hemd ohne Schlips und Kragen. Seine linke Hand hing ihm an der Seite herab. Sie war unversehrt. Die Rechte hielt er, die Schulter schützend vorgebeugt, wie einen Schatz vor die Brust. Diese Hand war deformiert, das heißt, sie war verstümmelt, zu einem harten, geäderten Klumpen zerquetscht, die Haut zu einem zarten Rot gebeizt. Sie sah verbrüht und sehr entzündet aus. Von seinen Fingern waren nur noch die Stummel übrig, und der Daumen hatte sich in seinen Handteller gegraben. Seine müden blauen Augen schienen kurz vor dem

Erlöschen, doch sein armer unverbildeter Mund, gehorsam bis zum Ende, ein Mund, der so einsam war, daß er keine Zunge zu haben schien, öffnete sich vor ihr zu einem dünnen, verschämten Lächeln des Erkennens und der Demut. Schon gut, schon gut, schon gut, weder Sie noch mich noch sonstwen trifft irgendeine Schuld, sagte der Mund, solange Sie mich nur vollstopfen.

Die Menschlichkeit dieses Mannes, die Sünde, die mit ihr einherging, und ihre tägliche Bestrafung waren seinen Wangen so sichtbar eingeschrieben, daß er kalt und starr wirkte wie ein Leichnam. Von Anfang an sah er aus, als ginge es mit ihm zu Ende. Als Hubert ihn einmal hinter den Wohnzimmervorhängen erblickte, rief er: »Gott steh uns bei, wenn der nicht aussieht wie der ärmste, unglücklichste Mann, der einem je unter die Augen gekommen ist.«

Früher einmal mußte es eine Zeit gegeben haben, da er an alle Türen der Häuserreihe angeklopft hatte, um herauszufinden, wer ihm auftun würde, doch seit Jahren schon kam er immer gleich zu ihr. Wenn er ging, schlurften seine Füße friedfertig über den Bürgersteig. Er bettelte stumm. Sie erwartete stets, von ihm angesprochen zu werden, aber dazu kam es nie. Einmal schickte sie ihm eine freundliche Bemerkung hinterher, da wandte er sich so verwirrt um, daß sie sich schämte. Es dauerte lange, bis sie ihn wieder anzusprechen versuchte. Ganz gleich, wie das Wetter war, er erschien pünktlich vor ihrer Tür. Selbst an den schlimmsten Wintertagen verschonte er sie nicht, sondern stand, Mütze und Schultern schwarz vor Regen, bibbernd, tropfend, schrumpfend und lächelnd vor ihr, und die Nässe und die Kälte verwandelten seine erhobene Hand in flammendes Glas.

Oft spielte sie mit dem Gedanken, ihn auf eine Tasse Tee hereinzubitten, brachte aber nie den Mut dazu auf. Außerdem, wenn er die Einladung nun doch annahm und in die Küche hinunterkäme, worüber sollten sie reden? Natürlich könnte sie ihm den Tee vorsetzen und ihn ungestört trinken lassen, immer gab es zahllose kleine Verrichtungen, die sie auf Trab hielten, aber das wäre unhöflich gewesen, zudem wußte sie sehr wohl, daß sie sich nur allzugern mit ihm unterhalten hätte. Nur wußte sie nicht und konnte es sich auch nicht vorstellen, *worüber* sie sich in Gottes Namen unterhalten sollten. Auf mehr als ein Ja oder Nein aus seinem Mund konnte sie nicht rechnen, und ihn auf einen Tee hereinzubitten und dann eine Salve Fragen auf ihn abzufeuern, wäre noch unhöflicher gewesen, als sich schweigend mit etwas zu beschäftigen, während er trank. Aber sie wollte doch hören, was er zu sagen hätte. Sie war neugierig, was ihm in seinem Leben widerfahren war, aber über die übliche Auflistung von Vorkommnissen und Veränderungen hinaus gab es Dinge, die sie nicht genau benennen konnte, über die sie ihn sprechen hören wollte. Wenn sie, den ganzen Tag allein, in Haus und Garten herumhantierte, ging ihr eine Menge durch den Kopf.

Mr. und Mrs. Derdon hatten einen Sohn. Father John Derdon, den Priester. Dieser kündigte nie an, wann er Rose besuchen wolle, da sie, wie er sagte, zuviel Aufhebens machte, wenn sie sich auf seinen Besuch einstellen konnte. In der Regel kam er, wenn sowohl sein Vater als auch seine Mutter zu Hause sein mußten, einmal aber schaute er an einem Nachmittag mitten in der Woche vorbei und traf sie allein an. Bei seinem Anblick stieß sie einen Freudenschrei aus und begann, mit gewohnt rauher Fürsorglichkeit seinen Regenmantel aufzuknöpfen. Lachend ließ er sich den Mantel abnehmen und gab ihr einen leichten Klaps. An die schwarze Priestertracht hatte sie sich noch immer nicht gewöhnt.

Das schwarze Tuch verlieh ihm ein böses Aussehen, als habe er es aus einem anderen Jahrhundert oder aus einem bösen Traum entwendet. Er war ein anderer geworden.

Er hatte helles Haar und helle Haut. Sein Kopf war länglich, und sein helles, weiches Haar bürstete er so glatt zurück, daß seine hohe, eckige Stirn hervortrat. Seine Augen waren hellblau, ein sorgenvolles, ja bestürztes Hellblau. Seine Kleidung war die aller Priester, und doch hatte er etwas Schmächtiges und Beschwingtes an sich, etwa wenn er den Kopf zur Seite neigte oder eine seiner absichtsvollen, überflüssigen Gesten machte, die eher einem Schauspieler anstanden als einem Priester.

»Du hast dich lange nicht mehr bei uns blicken lassen«, sagte sie. »Ich bring dir was zu essen. Gott sei Dank habe ich unten noch ein schönes Stückchen Huhn.«

Er ging nach oben, um sich die Hände zu waschen und sich in seinem alten Zimmer umzusehen. Er hatte das vordere Schlafzimmer gehabt, das schönste von allen. Alles war noch so wie früher. Es gab Fotos von ihm, allein, mit anderen Jungen, mit anderen Seminaristen und am Tag seiner Priesterweihe. Seine Mutter hatte sie eingerahmt und auf die Kommode, den Schreibtisch, den Kaminsims und die Wände verteilt. Er hörte, wie sie ins Zimmer trat, drehte sich, die Hemdsärmel aufrollend, zu ihr um und lächelte ihr zu. Dann wanderte sein Blick von ihren Augen zu den Gärten draußen.

»Sieh nur all die Blumen«, sagte er dümmlich.

Sie war an ihn herangetreten und nahm seine Hand. Sie hatte kräftige, trockene Hände; ihren Griff vergaß man nicht. Sie umklammerte seine schlaffe Hand und ging in die Knie, um sie zu küssen und mit ihrem Mund zu bezwingen. Sie führte sie über ihre Wangen, über die harte Rundung ihres Kinns und über ihren

Hals, so daß er ihre warmen, sich steil und kräftig aufrichtenden Haare darüber und die weiche Mulde ihres Fleisches darunter spürte. Er riß sich aus diesem Traum heraus und schleuderte ihr halb lachend den Satz ins Gesicht: »Mutter, Mutter, wie oft soll ich dich noch ermahnen? Meine Hände, Mutter, meine Hände.«

»Ach, du lieber Himmel, die geweihten Hände«, rief sie mit gespielter Bestürzung und bedeckte mit den Fingern ihren Mund. Sie kreischte vor Lachen, wie sie da mit gespreizten Knien auf dem Fußboden hockte und ihn mit heißen Tränen des Schmerzes und der Wut anstarrte.

»Ich habe deine Hände glatt vergessen, mein Junge. War das nicht ungezogen von mir? War das nicht richtig *ungezogen*? Was für eine Ungehörigkeit, die allmächtigen Hände eines Priesters zu berühren! Ich weiß, du magst es nicht, wenn ich deine kostbaren Hände berühre. Oh, ich weiß es nur zu gut.«

»Nicht nur du, Mutter. Jeder, das weißt du ganz genau. Die Hände eines Priesters, wie du ganz genau weißt …«

»Oh, ich weiß, ich weiß. Ich wußte es schon, bevor du überhaupt auf der Welt warst. Komm mir bloß nicht damit. Ich wollte doch nur deinen Segen, John. Das ist alles, mehr wollte ich nicht.«

Gereizt herrschte sie ihn an, rappelte sich mühsam auf und bürstete sich das Kleid ab.

»Ich werde dir meinen Segen erteilen, Mutter, meinen hundertfachen Segen. Es gibt nichts, was ich dir nicht geben würde, wenn ich es zu vergeben hätte. Möchtest du, daß ich dir meinen Segen erteile?«

Sie straffte sich auf wie eine Haushälterin, die Arme vor der Brust verschränkt.

»Laß gut sein«, sagte sie schneidend. »Aber beeil dich und komm zu Tisch.«

Sie trat einen Schritt auf ihn zu und sagte: »Ach, Liebling, was ist los mit mir? Die Nerven gehen mir durch. Kümmere dich nicht darum, was ich rede.«

»An allem bin nur ich schuld, Mutter«, erwiderte er hastig. »Noch bevor du das Tuch auf dem Tisch hast, werde ich unten sein.«

Vom Eßzimmerfenster aus sah sie wie schon einmal an diesem Tag, daß der Goldregen im Garten in voller Blüte stand. Sein Anblick entlockte ihr kaum ein Lächeln: der verschwenderische kleine Baum mit seinem intensiven Gelb, seiner Million Blüten. Er hob sich der Herrlichkeit so weit entgegen, wie Farbe es überhaupt ermöglichte. Jener spindeldürre Stamm, dünn wie ein Bein, war jeden Sommer herrlich für sie, wenn er, ganz Duft und Farbe, in der Sonne gleißte. Nun mußte sie doch lächeln, sie kannte den Anblick der wohlgeformten kleinen Blüten, jede so leuchtendgelb wie die nächste, die Blütenblätter ungewöhnlich glatt und wie mit Händen zu greifen. Ihre Fingerkuppen kribbelten, und sie liebkoste die kunstvolle Spitze ihres besten Tischtuchs, das sie für John auf den Tisch gebreitet hatte.

Sie erinnerte sich, wie sie vor Jahren mit John in diesem oder oben in seinem eigenen Zimmer zusammengesessen und stundenlang mit ihm geredet hatte; sie hatte sich über seinen Vater mokiert oder wieder und wieder Geschichten von den Ladenbesitzern, mit denen sie sich herumschlug, oder von den Nachbarn erzählt. Abend für Abend war sie ihm nach oben gefolgt, wenn er sich zurückzog, um seine Hausaufgaben zu erledigen. Ständig sah sie sich von Ladenbesitzern und Hausierern beleidigt und von Leuten, denen sie auf der Straße begegnete oder im Park, wenn sie einen Spaziergang machte. Sie sei ihnen nicht gewachsen, sagte sie oft, werde ihnen aber nicht die Genugtuung bereiten, ungestraft davonzukommen. Hubert war es leid geworden, ihr zuzuhören, und meinte, sie tue besser daran, derlei zu vergessen. Es habe keinen Sinn, diese Dinge immer wieder auszugraben; es brauche sie ja nur jemand scheel anzusehen, und schon habe sie den Eindruck, ihr sei eine tödliche Beleidigung zugefügt worden. Sie strafe sich nur selbst; wenn ihr danach zumute sei, schön, aber ihn solle sie damit zufriedenlassen.

Aber John war immer schon ein sehr verständnisvoller kleiner Junge gewesen. Von früh an hatte zwischen ihm und seiner Mutter Einverständnis geherrscht. Gemeinsam gingen sie in den Park, setzten sich auf eine Bank und starrten die Leute so lange an, bis sie die Augen niederschlugen. Wenn ihnen eine Frau, die sie nicht mochten, einen Blick zuwarf, legte er gleich los und fragte sie, was sie sich eigentlich denke. Damals war er noch ein Kind. Später, als er zwölf oder dreizehn war, wurde er sich seines hohen Ranges bewußt, zog los und verbrachte lange Stunden in der Bücherei. An dem Tag, als er das Haus verließ, um für das Priesteramt zu studieren, ging sie zur Gemeindekirche und warf einen Zettel in den Kasten für Bittgesuche, auf den sie mit dem Tintenstift, den sie für ihre Einkaufslisten benutzte, gekritzelt hatte: *Ich will meinen Sohn zurück, ich will meinen Sohn zurück.*

Die Jahreszeiten waren den armen Männern und Frauen ziemlich gleichgültig. Sie kamen im Sommer wie im Winter, aber bei kaltem Wetter sahen sie noch schlimmer aus. An einem klirrend kalten Tag kam eine junge Frau zur Tür und klopfte. Sie hatte ein Kind dabei, ein kleines Mädchen. Die Frau war durchnäßt, unterwürfig und nahezu einfältig. Das kleine Mädchen war acht, aber sehr klein für sein Alter, mit einem verschlagenen, erschöpften Gesicht, das dennoch großen Lebensmut verriet. An ihren kleinen Füßen hatte sie schwere Jungenstiefel, und sie trug keine wollene Strumpfhose. Als die Tür aufging, lächelte sie gewinnend, das Kinn wie ein Äffchen vorgereckt. Um sich warm zu halten, sprang sie auf und nieder und rieb die Knie aneinander. Mit neidvollen Blicken aus glänzenden Augen prüfte sie Mrs. Derdons Kleid und versuchte, an ihr vorbei in die Diele zu spähen.

»Was ist da oben?« fragte sie frech und zeigte auf das Erkerfenster von Father Derdons Zimmer. »Ist das da oben ein Zimmer?«

Ihre Mutter wandte sich zu ihr und gab ihr eine schallende Ohrfeige.

»Sie ist wirklich sehr vorlaut, Ma'am«, sagte sie mit einem ängstlichen Lächeln und schüttelte das Kind. »Sag der Dame, daß es dir leid tut«, verlangte sie.

Das Mädchen, dessen Gesicht von der Ohrfeige der Mutter gerötet war, zog eine Grimasse und wedelte mit den Armen. Offenbar legte sie es darauf an, eine zweite Ohrfeige verpaßt zu bekommen. Mrs. Derdon trat in die Diele zurück.

»Das da oben ist das Zimmer meines Sohnes«, sagte sie. »Du darfst es dir anschauen, aber erst mußt du in die Küche hinunterkommen und deine Mutter eine Tasse Tee trinken lassen.«

Das Kind schlug die angebotene Milch aus und trank mit den beiden Frauen Tee. Als sie alles, was auf dem Tisch stand, aufgegessen hatte, erhob sie sich und wanderte in der Küche umher.

»Meins«, sagte sie und faßte den Stuhl an, auf dem sie gesessen hatte.

Sie berührte den Gasherd. »Meins«, sagte sie.

»Daß sie sich immer so aufspielen muß«, meinte ihre Mutter gleichmütig und umklammerte den Henkel ihrer Teetasse. »Danke für den Tee, Ma'am«, fügte sie hinzu. Seit sie sich an den Tisch gesetzt hatte und die Wärme des Herdes genoß, war sie schläfrig geworden.

»Meins«, sagte das kleine Mädchen und legte die Hand an den karierten Vorhang vor dem Fenster.

»So«, sagte Mrs. Derdon, als sie sah, daß der Tee ausgetrunken war, »möchtest du jetzt das Zimmer oben sehen?«

»Ich will da hineinsehen«, sagte die Kleine keck, als sie die drei Stufen zur Diele hochgingen. Sie wies auf die Wohnzimmertür, und schon stürzte sie hin, um sie zu öffnen.

»Meins«, kreischte sie. »Meins, meins.«

Sie berührte das Sofa, und die beiden gepolsterten Sessel, und den Tisch mit den Farnen, und die Vasen auf dem Kaminsims, und die Porzellanfiguren, die in gehörigem Abstand voneinander auf dem Klavier standen, wo sie in Sicherheit waren, da es nie aufgeklappt wurde.

»Meins«, schrie sie und kauerte sich wie ein dicker, nasser Frosch auf den Teppich.

»Sie haben aber ein schönes Haus, Ma'am«, bemerkte die Mutter.

»Jetzt gehen wir nach oben und sehen mal, was es da alles gibt«, sagte Mrs. Derdon mit linkisch aufmunterndem Lächeln. Indem es ihrer Hand auswich, schlüpfte das Kind geschickt an ihr vorbei und flitzte die Treppe hinauf, als kenne sie sich in dem Haus aus.

Als sie zu Father Derdons Zimmer kamen, stand sie bereits am Fenster und drückte das Gesicht gegen die Scheibe. Der weiße Vorhang bauschte sich zur Seite.

»Da ist das Tor, durch das wir gekommen sind«, rief sie ihrer Mutter zu und winkte sie aufgeregt herbei. Sie zerrte an ihrer Hand. »Und da sind wir, Mama, und kommen die Straße herauf. Schau uns an, da draußen.«

Ein kleines Mädchen mit langen, glänzenden Ringellöckchen und einem rosa Mantel lief die Häuserzeile entlang, neben ihr eine Dame, die sich eine Pelzstola um die Schultern gelegt hatte.

Das Mädchen wandte den Blick vom Fenster und starrte seine Mutter an. »Die Dame da, das bist du, Mama, und das Mädchen mit dem Mantel und den Locken, das bin ich.«

Höhnisch versetzte ihr die Mutter einen Stoß.

»Ach, geh«, sagte sie und lächelte Mrs. Derdon verlegen an.

Das Mädchen machte sich heftig los und zeterte vor Wut.

»Das sind wir!« brüllte sie. »Schau uns an, da draußen.«

»Halt den Mund. Ich hab deine Lügen gründlich satt«, rief die Mutter und gab ihr wieder eine schallende Ohrfeige. Das Kind grinste die beiden rasch an, bevor ihm wieder Tränen in die Augen traten.

»Sie schlagen sie viel zu oft«, protestierte Mrs. Derdon.

»Ach, Sie wissen doch selbst, anders bringt man sie nicht zur Vernunft, Ma'am. Das Gör hier hat sich angewöhnt, die ganze Zeit zu flunkern und sich aufzuspielen. Sie ist unverschämt.«

Das Kind ging vom Fenster weg und hüpfte auf dem Bett herum.

»Meins«, sagte sie, nun schon gedämpfter, und schlang ihre langen, schmutzigen Finger um die Querstange des Fußteils. Ihre Finger waren wie Zweige, ihre Augen scharf wie Dornen; in ihrem Lächeln war weder Liebe noch Scham. Sie legte sich aufs Bett und streckte die dürren Ärmchen auf der weißen Steppdecke aus.

»Das ist ja eine Brosche, was du da hast«, sagte sie neugierig.

Mrs. Derdon trug eine kunstvolle Brosche aus Gold und blauer Emaille. Sie hob die Hand und berührte sie.

»Weißt du, was ich tun werde? Ich werde sie dir schenken«, sagte sie rasch, beugte sich über das Bett und steckte die Brosche an das Kleid des Mädchens. Schwer, als sei sie weggeworfen worden, lag sie auf den Lumpen. Das Kind warf seiner Mutter, die zum ersten Mal Mrs. Derdon betrachtete und eine erschrockene, mißtrauische Miene zeigte, einen triumphierenden Blick zu. Die arme Frau wurde unruhig, fürchtete sie doch, Mrs. Derdon könnte das Geschenk bereuen, ehe sie Zeit hätten, aus dem Haus zu fliehen. Sie ermahnte das Kind, von der sauberen Steppdecke aufzustehen, die Dame nicht länger zu belästigen und sich für die hübsche Brosche zu bedanken. Das Kind, eine erfahrene Verschwörerin, sprang gehorsam vom Bett herunter und war schon unten in der Diele, bevor die Mutter ihre Wohltäterin segnen konnte.

Noch ehe sie die Tür hinter den beiden davonhastenden Rükken geschlossen hatte, bereute Mrs. Derdon, die Brosche weggeschenkt zu haben. Das Schmuckstück war nach dem Tod ihrer Mutter in ihren Besitz gelangt. Ihre Mutter hatte es immer getragen und erst, wenn sie zu Bett ging, zu ihren Haarnadeln gelegt. Ihrem längst verstorbenen Vater war es ein vertrauter Anblick gewesen. Einige von Roses frühesten Erinnerungen waren damit verbunden, und nun hatte sie es preisgegeben. Die Patchworkdecke auf dem Bett oben war das einzige, was ihr aus der Vergangenheit geblieben war.

Nicht zum ersten Mal hatte sie übereilt etwas weggegeben und es hinterher bedauert. Johns Taufhemd, in monatelanger Arbeit von ihr angefertigt, hatte dasselbe Schicksal erlitten, es war einer armen Frau an der Tür abgetreten worden; ein andermal ein Paar neuer Handschuhe, das ihr selbst gehört hatte. Manchmal fragte sie sich, ob sie nicht ihr ganzes Leben damit verbracht hatte, die Dinge wegzuschenken, die sie am meisten schätzte, ohne daß man es ihr je gedankt hätte. Die Leute kannten keine Grenzen und nahmen alles. Oft hatte sie zu John gesagt, wenn man den Leuten einen Zoll gebe, nähmen sie gleich die ganze Elle. Als Hubert das hörte, bemerkte er, daran sei nur sie selbst schuld, weil sie den Leuten immer gleich die ganze Elle in den Hals ramme. Dann fragte er John, ob er ihm sagen könne, was eine Elle sei, und sie mußten beide lachen.

Keinem der armen Männer und keiner der armen Frauen, die im Lauf der Jahre, die sie im Haus gewohnt hatte, an die Tür gekommen waren, war sie je auf der Straße begegnet. Bis sie eines Tages, als sie gerade neue Bettlaken kaufen wollte, auf der O'Connell Bridge dem Mann mit der verkrüppelten Hand begegnete.

Der Vorort, in dem sie wohnte, war mit dem Bus etwa zwanzig Minuten vom Stadtzentrum entfernt, sie unternahm die Fahrt aber nur selten und nur, wenn sie einen besonderen Grund hatte. Die Endstation des Busses befand sich auf der Südseite der Liffey. Darüber war sie froh, denn dann hatte sie einen Vorwand, die Brücke zu Fuß zu überqueren und auf den Fluß zu schauen. Es herrschte großes Gedränge. Mrs. Derdon trug schwarze Schnürschuhe, die sie geputzt hatte, bevor sie aus dem Haus ging. Die Sohlen waren so dünn, daß sie bei jedem Schritt das harte Pflaster spürte. Als Frau vom Land war sie klarere Flüsse gewohnt, trotzdem freute sie sich auf den Anblick des dunklen, mächtigen Stroms in seinem hohen Bett. Als sie über die Brücke ging und die kalten Windstöße in ihrem Gesicht spürte, entdeckte sie den Mann mit der verkrüppelten Hand, wie er, seine Hand schirmend, an der Brüstung entlangstrich. Als sie auf gleicher Höhe waren, hob er die Augen und sah sie. Bei ihrem Anblick drückte sein Gesicht eine so herzliche Überraschung aus, daß sie ihm die Hand entgegenstreckte und ihn ansprach, doch er fand seine Fassung wieder, tippte an seine Mütze und ging an ihr vorbei. Auch sie setzte ihren Weg fort. Ein paar Sekunden später drehte sie sich um und suchte seinen Rücken in der Menge, aber der Mann war schon verschwunden. Sie trat aus dem Menschenstrom und suchte die ganze Brücke ab, aber er blieb verschwunden. Er mußte es außergewöhnlich eilig gehabt haben, dachte sie, weil sie ihn so schnell aus den Augen verloren hatte.

Als sie mit dem Bus nach Hause fuhr, dachte sie voller Befriedigung, daß die Begegnung auf der Brücke ihr die langersehnte Gelegenheit geben würde, ein Gespräch mit ihm anzuknüpfen. Sie dachte sich einen Dialog zwischen ihnen aus:

SIE: Neulich habe ich Sie auf der Brücke gesehen.

ER: Ja. Ich habe Sie auch gesehen. Ich hätte ja auch etwas gesagt, aber Sie schienen in Eile. Wie seltsam, daß wir uns begegnet sind.

SIE: Durchaus nicht. Die Welt ist ein Dorf.

Oder sie hätte gesagt: »Sie kommen jetzt schon seit so vielen Jahren zu mir.«

Nein, das ginge nicht. Womöglich verstünde er das als einen Wink, wegzubleiben. Vielleicht sollte sie einen scherzhaften Ton anschlagen und ihn fragen, warum er es auf der Brücke so eilig gehabt habe. Nun, wenn es soweit war, würden sich die Worte schon von selbst einfinden.

Als er am nächsten Donnerstag nicht zur gewohnten Stunde vor der Tür erschien, wurde sie unruhig und wartete den restlichen Nachmittag im vorderen Wohnzimmer auf ihn. Wie jeden Abend bog Hubert um fünf nach sechs um die Straßenecke und ging langsam auf das Haus zu. Als sie Hubert sah, wußte sie, daß der Mann mit der verkrüppelten Hand nicht mehr kommen würde. Sie ging in die Diele, nahm das Geld, das sie schon früh auf den Garderobentisch gelegt hatte, und tat es in eine Tasse im Geschirrschrank. Hubert schloß die Haustür auf, und als er feststellte, daß das Abendbrot nicht bereitstand, ja nicht einmal angerichtet war, erkundigte er sich erstaunt, ob er etwa zu früh nach Hause gekommen sei. Er verglich seine Armbanduhr mit der Uhr auf dem Kaminsims im Wohnzimmer und rief fröhlich in die Küche hinunter, er hätte gern ein gekochtes Ei.

Als sie bei Tisch saßen und ihr Abendbrot zu sich nahmen, erzählte sie ihm von der Begegnung mit dem armen Mann auf der Brücke und davon, daß er nicht gekommen war.

»Vermutlich hast du ihn zu Tode erschreckt«, meinte Hubert gelassen. »Mit ausgestreckter Hand so auf ihn zuzurennen, zumal wenn sie leer ist.«

»Aber ich wollte doch nur ein paar Worte mit ihm wechseln, das kann doch nichts schaden.«

»Himmel noch eins, du brauchst dir doch nur das Gesicht dieses Mannes anzusehen. Ein Mann wie er kann mit deinem Getue und Gerede nichts anfangen, Rose. Gib ihm, was immer du ihm geben willst, aber laß ihn in Frieden.«

»Aber er sah so froh aus, mich zu sehen, Hubert. Noch nie in meinem Leben bin ich jemandem begegnet, der so froh war, mich zu sehen.«

»Das nächste Mal weiß er's besser. Woher sollte er auch wissen, daß du ihn umarmen wolltest?«

»Hubert, daß du mich immer ins Unrecht setzen mußt.«

»Rose, Liebling, das hast du dir selbst zuzuschreiben. Es will einfach nicht in deinen Schädel, daß du in diesem Leben lernen mußt, andere Leute in Frieden zu lassen.«

Nach einem kurzen Schweigen, das er nutzte, um sein Ei zu köpfen, sagte er versöhnlich, der Mann mit der verkrüppelten

Hand werde bestimmt zurückkehren, sobald er seinen Schreck verwunden habe. Dann fügte er hinzu, wenn der Mann nicht zurückkäme, wäre es ihm auch nicht unrecht, da sie dann etwas Geld einsparen würden. Aber er scherze nur. Er meine es nicht böse.

Am folgenden Donnerstag kam der Mann mit der verkrüppelten Hand wie immer nachmittags zur Tür. Sobald sie ihn sah, wußte sie, daß er keinen Ton von sich geben würde. Sie hatte beschlossen, ihn in Ruhe zu lassen, es sei denn, er sagte von sich aus etwas. Er hielt ihr seine verletzte Hand hin und blickte sie ohne eine Spur jenes Leuchtens an, das sie auf der Brücke in seinem Gesicht erblickt hatte. Falls er sich schämte, weil er sich verraten hatte, ließ er sich auch das nicht anmerken. Er war schon zu tief gesunken. War unerreichbar. Es war ihr ein großer Trost, ihn wieder vor ihrer Tür zu sehen. Danach dachte sie nie wieder daran, ihn in ein Gespräch zu verwickeln, und nach einer Weile vergaß sie die Neugier, die an ihr genagt hatte, auch wenn sie weiter Ausschau nach ihm hielt, nach ihm und nach all den anderen, die an ihre Tür kamen.

Ein junges Mädchen kann sich um seine Chancen bringen

Oben in dem Schlafzimmer, das er seit mehr als dreißig Jahren mit seiner Frau teilte, stand Mr. Derdon in aufrechter Haltung vor der Frisierkommode, die ihm allein gehörte, und band gelassen den Knoten seiner marineblauen Fliege. Er hatte seine Weste und seine Hose an. Die beiden Kleidungsstücke, die er sich von einem der Schneider des Herrenkonfektionsgeschäfts, in dem er arbeitete, zu einem Sonderpreis hatte anfertigen lassen, waren aus glattem Wollstoff, marineblau mit hellgrauen Nadelstreifen. Die Anzugjacke hing, zum Überstreifen bereit, über der geraden Lehne eines Stuhls auf seiner Seite des Bettes. Auf Mrs. Derdons Seite des Bettes stand ein dazu passender Stuhl, über dessen Lehne jedoch keine Kleidungsstücke hingen. Mrs. Derdon war wie üblich vor ihrem Mann aufgestanden, hatte sich angekleidet und das Zimmer verlassen, ehe er richtig wach war.

Wäre dies ein gewöhnlicher Morgen gewesen, hätte sie ihr Frühstück um diese Zeit schon beendet. An einem gewöhnlichen Morgen hätte sie bereits mit der Hausarbeit begonnen, und sobald er nach unten gekommen wäre, hätte sie alles stehen und liegen lassen und wäre in die Küche zurückgegangen, um ihm beim Frühstück aufzuwarten. Aber dies war kein gewöhnlicher Morgen. Es war ein Morgen zum Auswachsen. Heute war der dreiundvierzigste Todestag von Mrs. Derdons Vater. Wie jedes Jahr ließ sie eine Messe für seinen Seelenfrieden lesen, und wie jedes Jahr an diesem Tag würde sie der Messe beiwohnen. Das hatte zur Folge, daß Mr. Derdons Morgen durcheinandergebracht werden würde – als er aufwachte, hatte er voller Ärger gleich daran denken müssen –, da sie nicht zur Stelle wäre, um ihm sein Frühstück vorzusetzen und sich von ihm zu verabschieden, wenn er zur Arbeit ging.

Mr. Derdon ließ sich Zeit mit dem Binden seiner Fliege. Er musterte sich in dem Spiegel, der über seiner Frisierkommode hing, doch obwohl seine Hände und seine Augen mit der Fliege beschäftigt waren, galt seine ganze Aufmerksamkeit der Diele unten, und er lauschte auf das Zufallen der Haustür. Dies wäre das Zeichen, daß Mrs. Derdon das Haus verlassen hatte, daß er allein war und nach unten gehen konnte, ohne Gefahr zu laufen, daß sie ihn sah. Wenn sie schon so aus dem Haus ging und ihn seinem Frühstück überließ, sollte sie nicht auch noch die Genugtuung haben, ihm dabei zuzusehen, wie er es sich am Küchentisch bequem machte, bevor sie aufbrach. Sein Entschluß stand fest. Er würde nicht nach unten gehen, bevor er nicht sicher sein konnte, daß sie aus dem Haus war. Er hatte die Zeit auf seiner Seite. War er erst einmal unten, konnte er sein Frühstück rasch hinunterschlingen. Eigentlich hätte sie schon vor geraumer Zeit aus dem Haus gehen müssen. Wenn sie in ihrer Bank niederknien wollte, ehe der Priester zum Altar trat, um mit der Messe zu beginnen, hätte sie schon auf halbem Weg zur Kirche sein müssen. Er konnte sich getrost Zeit lassen. Sie würde es bald leid sein, unten herumzustehen und auf ihn zu warten.

Endlich hörte er, wie die Haustür ins Schloß fiel. Sie war fort. Im Nu hatte er seine Fliege gebunden, war in seine Anzugjacke geschlüpft und hatte seine Brille, sein sauberes Taschentuch, sein Wechselgeld, sein Schreibetui und die anderen Gegenstände, die jede Nacht auf seiner Frisierkommode lagen, in die Taschen gesteckt, und nun stand er oben auf der Treppe, die zu ihrer schmalen Diele hinunterführte.

Er bekam einen Schreck, als er sie unten in der Diele stehen sah. Sie hatte ihre Straßenkleidung an, trug ihren grauen Mantel und ihre schwarzen Sonntagsschuhe. Ihr Kopf war geneigt, das Gesicht von der Krempe ihres Huts beschattet. Sie war in ihr Gebetbuch vertieft und stand so reglos da, daß er einen Augenblick lang glaubte, ein Gespenst vor sich zu sehen, doch dann blickte sie zu ihm auf und klappte ihr Gebetbuch zu.

»Ich dachte, du wärst schon weg«, sagte er.

»Ich mußte noch mal zurück. Ich hab was vergessen«, antwortete sie. Er ging die Treppe hinunter, machte am Fuß der Treppe eine scharfe Kehrtwendung und ging die drei Stufen hinab, die zur Küche führten. Sie folgte ihm. Natürlich wußte er genau, was hier gespielt wurde. Das sah ihr ähnlich. Jeder von ihnen hatte versucht, dem anderen einen Streich zu spielen, und sie hatte gewonnen. Die ganzen letzten zehn Minuten über hatte sie genau gewußt, was er im Schilde führte, als er dort oben Zeit zu schinden versuchte. Aber sie hätte natürlich nicht zu ihm hinaufgerufen, sie wäre auch nicht, wie jede andere Frau, zu ihm heraufgekommen. Das hätte sie »ihn stören« genannt. Etwas ohne Umschweife zu tun hieß »ihn stören«. Aus irgendeinem Grund war sie ebenso entschlossen gewesen, ihn noch einmal zu sehen, wie er, sie nicht noch einmal zu sehen.

»Du weißt vermutlich, daß du zu spät zur Messe kommst«, sagte er, nahm die Teekanne vom Herd und trug sie zum Tisch, dann setzte er sich und griff nach einer Scheibe Brot.

»Ich hab dir alles hingestellt«, sagte sie.

Unsicher blieb sie in der Tür stehen. Sogar ihre Handschuhe hatte sie an. Gleich würde sie die Handschuhe abstreifen und herumhantieren, noch mehr auf den Tisch stellen und ihn fragen, ob er etwas benötige.

»Gehst du nun zur Messe oder nicht?« fragte er.

»Hubert«, sagte sie, »heute morgen ist mir etwas ganz Komisches eingefallen. Weißt du, daß ich heute genauso alt bin wie meine Mutter am Tag meiner Hochzeit?«

»Früher oder später mußte es dazu kommen«, erwiderte Hubert.

»In zwei Tagen bin ich dreiundfünfzig, und zwei Tage vor dem dreiundfünfzigsten Geburtstag meiner Mutter habe ich geheiratet.«

»Ich habe an dem Tag ebenfalls geheiratet, falls du es vergessen haben solltest«, sagte Hubert. »Sie sah viel älter aus als dreiundfünfzig«, fügte er hinzu.

Sie zögerte und blickte erst ihn, dann den Tisch, dann wieder ihn an.

»Nun ja, ich dachte, ich sollte es dir sagen«, meinte sie. »Komisch, wenn man es sich recht überlegt. Ich gehe jetzt. Vergiß nicht, die Haustür kräftig zuzuschlagen. Achte darauf, das sie richtig zu ist.«

»Ja doch, ja doch, ja doch«, sagte er, aber dann fiel die Haustür ins Schloß, und er wußte nicht, ob sie ihn noch gehört hatte.

Seine Stimme hatte sie wohl gehört, nicht aber seine Worte. Sie war zufrieden. Sie hatte ihn noch einmal sehen wollen, und nun hatte sie ihn gesehen. Sie hatte es nicht gern, aus dem Haus gehen und ihn allein zurücklassen zu müssen.

Der heutige Tag, der Todestag ihres Vaters, war schon immer ein sonderbarer Tag gewesen, und selbst jetzt, nach dreiundvierzig Jahren, ging er ihr sehr nahe. Heute fiel er auf einen Dienstag.

Dienstag, der 9. September. Ihr Vater war zwei Tage vor ihrem zehnten Geburtstag gestorben. Jedes Jahr, wenn sein Todestag wiederkehrte, wurde sie daran erinnert, daß in zwei Tagen ihr Geburtstag wäre, und dann, an ihrem Geburtstag, wurde sie daran erinnert, daß er an ihrem zehnten Geburtstag erst zwei Tage tot gewesen war. Nicht einmal zwei Tage, jedenfalls nicht offiziell, denn gestorben war er irgendwann zwischen halb sieben und halb acht abends, während sie irgendwann nach drei Uhr morgens zur Welt gekommen war. Ein paar Minuten nach drei, hatte ihre Mutter ihr erzählt. So daß ihr noch unbeerdigter Vater genau in dem Moment, als sie zehn Jahre alt wurde, noch nicht einmal zwei Tage tot war.

Jedes Jahr an ihrem Geburtstag zählte sie ihre fortschreitenden Jahre und dachte an den zeitlichen Abstand, der sie zunehmend von ihrem Vater trennte; am meisten aber dachte sie immer wieder an diese beiden unvollständigen Tage, und am Morgen ihres Geburtstags wachte sie stets mit einem schrecklichen Angstgefühl auf, als habe sie vergessen, etwas Wichtiges zu erledigen, und man werde ihr dahinterkommen. Das Angstgefühl, das sie bei dem Gedanken an die Unvollständigkeit dieser beiden Tage beschlich, war ungeheuer schmerzlich, und nie kam sie über die Vorstellung hinweg, irgend etwas, das mit dem Tod ihres Vaters zu tun hatte, sei unerledigt geblieben – vielleicht, daß er es versäumt hatte, jemanden zu sehen, den er gern noch einmal gesehen hätte, eine Fahrlässigkeit bei der Totenwache oder bei seiner Beisetzung oder mangelnder Respekt beim Tragen seines Sarges oder an seinem Grab. Sie war zu klein gewesen, um dafür zu sorgen, das alles seine Richtigkeit hätte. Zusammen mit ihrem kleinen Bruder war sie zu einer Nachbarin geschickt worden. Lange Minuten hatte sie nicht gewußt, was mit ihrem Vater passierte oder wer ihn gerade anschaute. Die älteste Tochter der Nachbarin dagegen wußte Bescheid; sie hatte alles mitbekommen, und als der Sarg hineingetragen wurde, hatte sie Rose gerufen, damit sie ihn sähe.

Mrs. Derdon wußte sehr wohl, daß der Abstand von nicht einmal zwei Tagen zwischen der Todesstunde ihres Vaters und der Stunde ihrer Geburt nichts weiter war als Zufall, der reinste Zufall, ihre Angst aber lebte fort, und wovon sie sich nährte, war ebendieses Gefühl des Zufalls.

Dabei hätte er gar nicht zu sterben brauchen. Er war nicht alt gewesen, und krank auch nicht. Gebrechlich schon – wie oft hatte er sich ins Bett gelegt, um sich auszuruhen –, aber nicht krank. Hätte er doch nur ein klein wenig länger durchgehalten, es bis zu ihrem Geburtstag geschafft, vielleicht wäre er gar nicht gestorben, sondern hätte das Schlimmste überstanden. Schließlich war es ihr Geburtstag, ihr Großer Tag, und in dem Bewußtsein, was für ein wichtiger Tag das war, hätte er sich den ganzen Tag über so in acht genommen, daß er sich, als er abends nach Hause kam, nicht zur Ruhe gelegt hätte, und wenn er sich nicht zur Ruhe gelegt hätte, wäre er vielleicht nicht gestorben. Beide waren sie so damit beschäftigt gewesen, an ihren Großen Tag zu denken und darüber zu reden, daß sie die vorhergehenden Tage gar nicht beachtet, sondern im Kalender mit dem Bleistift durchgestrichen hatten. Vater hatte einen leuchtendroten Stern um ihren Großen Tag gemalt, die vorhergehenden Tage aber gar nicht beachtet, und sie auch nicht. Höchstens, daß sie beide froh waren, jeden Abend einen weiteren Tag durchstreichen zu können, der ihnen bewies, daß der Tag, auf den sie sich beide freuten, wieder ein Stück nähergerückt war. Sämtliche Tage vor ihrem Geburtstag waren gewöhnliche Tage gewesen, langweilige Alltagstage, die nicht zählten, sondern aus dem Weg geschubst werden mußten, und dann hatte sich einer dieser gewöhnlichen Tage gewendet und war zum bedeutendsten aller Tage geworden.

Hätte er an jenem Abend wie so oft in seinem alten Lehnstuhl bei ihr in der Küche gesessen, er wäre wieder zu Atem gekommen, und danach wäre es ihm besser gegangen. Sie hatte oft miterlebt, wie er nach Atem rang. Dabei schaute er sie immer an, und sie schaute ihn an und sah, wie ihm die Tränen in die Augen traten, während er nach Atem rang, und danach mußten sie beide lächeln, weil er den Anfall überstanden hatte.

Er ließ sie immer auf seinem Schoß sitzen. Das ärgerte ihre Mutter. Ihre Mutter behauptete immer, sie sei zu groß und zu schwer, um auf seinem Schoß zu sitzen, er jedoch entgegnete, sie sei federleicht. Wenn er von der Arbeit nach Hause kam und sich ins Bett legte, ging Rose am liebsten hinauf, legte sich zu ihm und unterhielt sich mit ihm, bis er sich ausgeruht hatte, aber ihre Mutter bereitete dem ein Ende.

An jenem Abend war er wie gewöhnlich von der Arbeit nach Hause gekommen, und als er im Kalender den Tag durchstrich, hatte Rose neben ihm gestanden. Dann hatte er gefragt: »Soll ich mich hier an den Kamin setzen, oder soll ich hinaufgehen und mich ein bißchen ausruhen?«

»Ganz, wie du willst«, hatte Rose geantwortet, und als sie ihn ansah, mußte sie lachen, so sehr freute sie sich immer, ihn zu sehen.

»Ach, ich weiß nicht, ich glaube, ich ruhe mich ein bißchen aus«, sagte er, legte seine Hand um ihren Nacken, unter ihr Haar, und schüttelte sie ein wenig. »Nur noch ein Tag, Rose«, sagte er, »dann werden wir sehen, was wir sehen werden.«

Sie war vergnügt, weil sie wußte, daß er das Geschenk meinte, das er ihr versprochen hatte – es sollte eine Überraschung sein.

Und Jimmy, damals erst fünf, der allein vor dem Kamin auf dem Fußboden saß, stand auf und kam zu ihnen, weil er wußte, daß es auch für ihn etwas geben würde, obwohl es Roses Geburtstag war. Und Vater hatte sich zu ihm gebeugt und gesagt: »Ja, Jimmy, für dich wird's auch was Schönes geben.« Dann war er die Treppe hinaufgegangen, und zusammen mit Jimmy hatte sie am Fuß der Treppe gestanden und ihm nachgeschaut. Er hatte sich nicht umgeblickt, aber er hatte ja auch nicht gewußt, daß sie an den Fuß der Treppe getreten waren, um ihm nachzuschauen.

Ihre Mutter war nicht nach oben gegangen, um nach ihm zu sehen, wie sie es normalerweise tat, wenn sie aus dem kleinen Laden, den sie im früheren Vorderzimmer des Hauses führte, wieder in die Küche kam. Erst war sie damit beschäftigt gewesen, das Abendbrot zuzubereiten, und als aufgetragen war, hatte sie gesagt, sie wolle ihn eine Weile schlafen lassen. Und schließlich hatte die Frau von nebenan hereingeschaut und sie in ein Gespräch verwickelt. Er war allein gestorben. Er mußte schreckliche Angst ausgestanden haben, war aber sehr tapfer gewesen. Weder hatte er aufgeschrien noch irgendeinen Namen gerufen. Sie alle hatten sich unten aufgehalten und nichts gehört. Aber ihre Mutter und die Frau von nebenan hatten gelacht und geplaudert. Vielleicht hatte er ja doch gerufen, und sie hatten ihn nur nicht gehört. Vielleicht hatte er versucht, »Rose, Rosie!« zu rufen. »Rose« bedeutete, daß er sie rief, und »Rosie« bedeutete, daß er lächelte, wenn er ihren Namen zum zweiten Mal rief. Aber er hatte sie nie zweimal rufen müssen. Immer war sie gleich losgerannt, sobald sie seine Stimme hörte. Immer, wenn er ins Haus getreten war, hatte er als erstes sie gerufen.

An jenem Abend war sie unruhig gewesen. Unbeachtet von den anderen, hatte sie am Küchentisch gesessen. Ihre Mutter und die

Frau von nebenan hatten am Kamin einander gegenüber gesessen. Jimmy saß bei seiner Mutter auf dem Schoß, und sie drückte ihn an sich, einen Arm auf seinem Bein, den anderen um ihn geschlungen. Während sie sich über seinen Kopf hinweg mit der Frau von nebenan unterhielt, kraulte sie ihm den Nacken. Jimmy trug die kurze Hose, die seine Mutter ihm aus einem ihrer alten Röcke genäht hatte, und den von ihr gestrickten roten Pullover. Als Rose ihn von der Schule nach Hause gebracht hatte, hatte Mutter ihm Stiefel und Strümpfe ausgezogen, und jetzt glänzten seine kleinen Füße im Schein des Kaminfeuers.

Rose hatte dagesessen und Jimmy in die Arme nehmen wollen, sich aber nicht getraut zu fragen, und schließlich hatte sie gesagt, sie würde mal eben nach oben laufen und nachschauen, wie es ihrem Daddy gehe. Aber ihre Mutter, die sich, wenn sie Besuch hatte, anders verhielt als sonst, hatte ihr einen Blick zugeworfen, der, wie Rose wußte, für die Frau von nebenan bestimmt war, und befohlen: »Du bleibst, wo du bist, Miss, und störst deinen Daddy nicht. Ich bestimme, wann es Zeit ist, ihn zu wecken, hörst du?« Und Mutter hatte der Frau von nebenan bedeutungsvoll zugenickt und gesagt: »Rose ist die größte kleine Wichtigtuerin, die Sie je gesehen haben.«

Und die Frau von nebenan hatte, nicht eben freundlich, gelächelt und gemeint: »Sie will nur beachtet werden, stimmt's, Rose?«

»O ja, und wie sie beachtet werden will«, hatte die Mutter erwidert. »Aber er verhätschelt sie regelrecht. Was ich auch sage, er verhätschelt sie. Und auf lange Sicht macht er es ihr damit nur schwer.«

»Nichts ärger als ein Hätschelkind«, hatte die Frau von nebenan erklärt, und dann hatten sie sich einem anderen Gesprächsgegenstand zugewendet, und Rose hatte geduldig dabeigesessen, bis ihre Mutter es für angebracht hielt, nach oben zu gehen, wo Vater lag.

Rose hatte nie herausgefunden, was Vater ihr zum Geburtstag schenken oder was er Jimmy geben wollte. Manchmal – wenigstens ein-, zweimal – hatte er für das Geschenk, das er sich ausgedacht hatte, eine Anzahlung geleistet, und die Verkäufer hatten das Geschenk, ein Spielzeug oder eine Puppe, beiseite gelegt, bis er genügend Geld beisammen hatte, um es abzubezahlen. Rose konnte nicht glauben, daß er diesmal keine Anzahlung geleistet haben sollte; vielleicht nicht für Jimmys Geschenk, denn das wäre kleiner gewesen, aber doch für ihres. Und so ging sie mehrmals zu Miss Greene's und zu O'Malley's, trödelte eine Weile, schaute sich um und hoffte, einer der Verkäufer hinter der Ladentheke würde ihr sagen, ihr Vater habe eine Anzahlung für ihr Geschenk geleistet, und sie hätten es in Verwahrung, aber nie erwähnte jemand irgendeine Anzahlung, und zu fragen traute sie sich nicht.

Was Rose bedrückte, war freilich nicht so sehr der Verlust des Geschenks, der Verlust des Geburtstags oder auch nur der Verlust ihres Vaters, als vielmehr das allein ihr vorbehaltene Wissen um jenes verlorene Bruchstück Zeit zwischen dem Augenblick seines Todes und dem Augenblick, der ihre Geburt bezeichnete. Ein großes Stück Zeit war herausgebrochen worden und untergegangen, und vielleicht hatte es außer ihm noch andere Menschen mitgerissen, von denen sie jedoch nichts wußte. Das Furchtbare war, daß niemand außer ihr zu bemerken schien, daß ein Stück Zeit aus ihrer aller Leben herausgelöst worden war und in dieser Zeit nichts geschehen sein konnte – keine Minuten, keine Stunden oder dergleichen. Rose konzentrierte ihre Aufmerksamkeit auf dieses eine ungleichmäßige Bruchstück, bemühte sich, seine Form zu erraten (nicht ganz wie ein Tag und nicht ganz wie eine Nacht) und sich vorzustellen, welchem Zufall es wohl zu verdanken war, daß es sich fortgestohlen hatte, wo es doch hätte ausharren können, bis Vater und sie den sicheren Boden ihres Geburtstags erreichten. Ihr Wissen um die Macht des Zufalls, ihre angeborene, verwirrte Furcht sowie das Bedürfnis, dafür zu sorgen, daß Hubert etwas zu essen bekäme, hatten sie veranlaßt, ihn mit einer Finte dazu zu bewegen, daß er an diesem Morgen nach unten kam, obwohl sie genau wußte, wie sehr er es genoß, den Beleidigten zu spielen.

Sie kam gerade noch rechtzeitig zur Messe. Als sie in die Kirche trat, hielt sie sich ganz aufrecht und trug eine selbstbewußte, fast hochmütige Miene zur Schau, die Miene einer Frau, die bislang nichts auszusetzen gefunden hat, jedoch befürchtet, sich jeden Moment unter Menschen wiederzufinden, die ihr nicht ebenbürtig sind und immer gleich plump-vertraulich werden.

Hubert kannte diese Miene. Sie setzte sie nur außer Haus auf. Hubert mochte es gar nicht, wenn sein Tagesablauf durcheinandergeriet. Er mochte es nicht, wenn bei seinem Frühstück alles drunter und drüber ging, und er mochte es nicht, wenn er seine Frau an einem Wochentag zu früher Morgenstunde mit Hut und Handschuhen, das dicke Gebetbuch in der Hand, im Haus herumrennen sah; am meisten aber verabscheute er es, wenn sie in die Welt hinausging und die Miene aufsetzte, die sie der Welt zu zeigen pflegte, jene Miene, mit der sie die Leute zu beeindrucken glaubte – als ob je irgend jemand Notiz von ihr genommen hätte. Ihre Anmaßungen, die bemitleidenswerten Allüren, in denen sie sich gefiel, als wäre sie eine Standesperson, reizten ihn so sehr, daß er es bei den seltenen – jedenfalls seltener gewordenen –

Gelegenheiten, da sie zusammen ausgingen, kaum ertragen konnte, sie auch nur anzusehen. Seit mehr als dreißig Jahren lebten sie in Dublin, und sie war noch dasselbe schlichte Mädchen aus derselben schlichten Kleinstadt, und auf gewisse Weise war das ja auch in Ordnung, wenn sie sich nur damit zufriedengegeben hätte; doch sobald sie aus dem Haus trat, fing sie an, sich etwas auf sich einzubilden, als könne sie die Leute durch bloße Einbildung und Anmaßung zu der Annahme verleiten, sie sei die Sorte Frau, die sie gar nicht war. Mehr noch, als könne sie die Leute zu der Annahme verleiten, sie sei eine Sorte Frau, die es nirgendwo und zu keiner Zeit gegeben hatte, außer in ihrem Kopf.

Hubert fand, daß der Tag sich schlecht anließ – all diese Grübeleien. Aber als er erst einmal angefangen hatte, über all das nachzudenken, konnte er nicht mehr aufhören. Infolgedessen kam er sieben Minuten später als gewöhnlich, wenn auch immer noch lange vor den meisten anderen Angestellten zur Arbeit und war übelgelaunt. Die Erschütterungen dieses Morgens erwähnte er nicht. Er mochte es nicht, andere ins Vertrauen zu ziehen oder sich von ihnen ins Vertrauen ziehen zu lassen, er ließ sich nicht gern ausfragen und stellte auch anderen fast nie eine Frage. Seine ausschließlich mit Männern besetzte Abteilung befand sich am hinteren Ende des Erdgeschosses, hinter der breiten, mit Teppichboden belegten Treppe, die zum Obergeschoß führte. Das Erdgeschoß war so hoch wie zwei Stockwerke, und um Platz für die Waren, die Anfertigung und Durchsicht von Musterbüchern und die Kontrolle der eingehenden Bestellungen zu schaffen, war in der Herrenabteilung eine Galerie angebracht worden. Heute würde sich Hubert auf der Galerie aufhalten, um anhand der Musterbücher zu prüfen, wieviel Stoff sie von jeder Sorte auf Lager hatten. In seiner Abteilung ließen sich auch viele Priester ausstatten, und als Hubert sich zurechtlegte, was er im Lauf des Tages durchzuarbeiten gedachte, schob er die Stoffproben für die Geistlichen beiseite, damit er nicht schon vor dem nächsten oder übernächsten Tag darauf stieß. Huberts einziger Sohn, sein einziges Kind, war Priester geworden, und Hubert ließ sich nur ungern daran erinnern, daß John inzwischen Father John Derdon hieß.

Hubert war zwar enttäuscht, aber um die Wahrheit zu sagen, zugleich erleichtert gewesen, als John Priester wurde. John war ein armseliges Bürschchen gewesen, schwächlich und schüchtern, ohne jede Begabung und ohne jede Neigung, und Hubert hatte sich nie vorstellen können, was er anfangen würde oder könnte, um sich seinen Lebensunterhalt zu verdienen und etwas aus seinem Leben zu machen. Für einen Burschen wie ihn war das Priestertum eine Lösung so gut wie jede andere. Man würde sich um ihn kümmern und ihm sagen, was er zu tun und zu lassen hatte. Sein ganzes Leben lang würde er unbehelligt bleiben. Mit der Zeit, mit zunehmendem Alter, würde er in seiner schwarzen Robe vermutlich mit ebensoviel Autorität dahergehen und -reden wie alle anderen auch. Was John widerfahren war, sein Schicksal, konnte man Rose zur Last legen. Sie hatte den Jungen ruiniert. Sein Leben lang hatte sie ihn für sich behalten wollen, und am Ende hatte sie ihn ruiniert. Hubert dachte nicht gern an John. Als dieser sie das letzte Mal besuchte, hatte er etwas Dürftiges und Verlorenes an sich gehabt: seine steifen neuen Manieren, sein verkehrt herum sitzender Kragen und seine übergroße Achtsamkeit in allen seinen Äußerungen. Ganz verlegen hatte John an jenem Tag gewirkt, als sei er bemüht, sich selbst mit gutem Beispiel voranzugehen; er hatte sich selbst im Auge behalten und dann seine Eltern angeblickt, als hoffe er, sie würden ihm sagen, daß alles in Ordnung sei.

Der Vormittag, der für Hubert schlecht begonnen hatte, verlief auch weiterhin schlecht. Die beiden hartgekochten Eier, die Rose ihm hingestellt und die er in letzter Minute hinuntergeschlungen hatte, nachdem er zunächst entschlossen gewesen war, Rose damit zu strafen, daß er sie unberührt stehenließ, lagen ihm kalt im Magen. Als es Mittag wurde, hatte er keinen Appetit und beschloß, einen Spaziergang zu machen und vielleicht ein Glas Milch oder dergleichen zu trinken.

Es war ein kühler, heller Sonnentag, aber am Morgen hatte es mehrmals geregnet, und Hubert hatte seinen Regenmantel angezogen, als er aus dem Geschäft trat.

Er war ein unauffälliger, passabel aussehender Mann, von durchschnittlicher Größe. Sein Gesicht war blaß und dünn, und er hatte blaue Augen. Er wirkte wie ein Freund, allerdings wie ein Freund, der keine Versprechungen macht. Er schritt genauso methodisch aus, wie er arbeitete; langsam ging er die schmale, überlaufene Grafton Street entlang, wobei er den Kinderwagen auswich und auf den Weg achtete. Auf die Schaufensterauslagen verschwendete er keinen Blick. In der Grafton Street ging es zu wie in einem Tollhaus, dachte er und war froh, als er zu den breiteren, offeneren und ruhigeren Flächen des Stephen's Green gelangte. Das hohe Parktor schräg gegenüber der Straßenecke, wo er sich befand, stand offen.

Er hatte den Park schon seit Jahren, seit vielen Jahren nicht mehr betreten, doch als Rose und er nach Dublin gezogen waren, war er ihnen von allen Orten der liebste gewesen. Jeden Sonntagnachmittag hatten sie im Park verbracht – jede freie Minute. Damals hatte der Regen ihnen nichts anhaben können, sie hatten sich von nichts stören lassen; bei Wind und Wetter waren sie im Park umherspaziert. Damals hatte Rose einen Hut gehabt, einen kleinen Hut mit Krempe, der dem ganz ähnlich war, den sie an diesem Morgen aufgesetzt hatte. Sie hatte den Park geliebt. Immer wieder hatte sie hingehen wollen. Sie liebte es, die Enten zu füttern, und stieß unablässig Entzückensrufe aus: über die schönen Blumen, die raffinierte Anlage der Beete, die bequemen Bänke und Stühle, die am Wegesrand aufgestellt waren, damit die Spaziergänger sich darauf ausruhen konnten, und die Sorgfalt, mit der Rasen, Rabatten und Sträucher gepflegt wurden. In jenen ersten Wochen – ach was, Monaten –, bevor sie ein erschwingliches Haus fanden und nach Ranelagh hinauszogen, hatte sie sich stets im Park aufgehalten.

Während dieser ersten gemeinsamen Wochen wohnten sie in einem Mietshaus in der Somerville Street, zwei kleine Zimmer im obersten Stockwerk – man mußte hoch hinaufsteigen –, und Rose hatte die Zimmer sehr ins Herz geschlossen. Am Tag, als sie aus der Somerville Street auszogen, weinte sie. Sie zogen in ein eigenes Haus, und Rose brachte es fertig zu weinen. Als er sie fragte, was ihr fehle, stammelte sie nur: »Nichts. Ich kann nichts dafür. Ich kann nichts dafür.«

Allem Anschein nach war sie über das neue Haus sehr froh gewesen, und er konnte nicht begreifen, was plötzlich in sie gefahren war. Er selbst hatte sich Sorgen, finanzielle Sorgen, gemacht und sich gefragt, ob sie sich etwa zu hohe Ausgaben aufgehalst hatten, und ihre Tränen hatten ihn zermürbt.

Als sie, es war ihr erster Sonntag im eigenen Haus, beim Abendessen saßen, hatte sie plötzlich den Kopf in die Hände gelegt und von neuem zu weinen begonnen. »Ach, ich wünschte, wir wären dort geblieben. Es war so schön da. Ich wünschte, wir hätten dort bleiben können.«

Er hatte die Beherrschung verloren und ihr gesagt, seit ihrer Heirat sei ihnen ein Fehler nach dem anderen unterlaufen, vielleicht sei das Ganze ein Fehler gewesen, auch die Heirat, vor allem die Heirat, und was sie eigentlich damit sagen wolle, daß sie wünschte, sie seien dort geblieben, was eigentlich in ihr vorgehe, jetzt sei sie doch besser dran als je zuvor in ihrem Leben.

Es war ein miserabler Tag gewesen, jener erste Sonntag im eigenen Haus. Es hatte so kalt, so kahl und unwirtlich gewirkt, selbst nachdem sie die Schlafzimmergarnitur und die übrigen Möbel, die sie damals besaßen, eingeräumt hatten – eine unvollständige Wohnzimmergarnitur, den gelben Küchentisch und die Küchenstühle. Dennoch hatte das Haus kahl und armselig gewirkt, und selbst ihm war der Weg vom Stephen's Green beim Umzug weit und traurig vorgekommen. Wieder hatte er sich gefragt, ob sie sich vielleicht zuviel vorgenommen hatten, aber nach seinem Wutausbruch hatte er sich wieder gefaßt, und als sie mit dem Abendessen fertig waren, hatte er vorgeschlagen, mit der Straßenbahn in die Stadt zu fahren, zum Stephen's Green, und wie früher im Park spazierenzugehen. Aber es war nicht dasselbe, wenn man mit der Bahn hin- und wieder zurückfahren mußte – es war, als wären sie jetzt Besucher in einer Gegend, die früher ihnen gehört hatte.

Die schlimmste Erinnerung an jenen Unglückstag aber war der Ausdruck des Entsetzens, der über Roses Gesicht huschte, als er sie so grob anfuhr. Das Entsetzen, die Kränkung in ihrem Gesicht hatten ihn schockiert. Er hatte sie doch nur aus verständlicher Wut und Ungeduld angegriffen – zumindest redete er sich das ein –, in Wirklichkeit aber hatte er sie zermalmt. Es brauchte nicht viel, und sie ließ sich in die Knie zwingen. Vor ihr stand ihr voller Teller, aber sie aß nur wenig, vielmehr beugte sie sich die ganze Zeit darüber wie ein gezüchtigtes Kind oder wie ein geprügelter Hund, der den Schwanz einzieht. Dann überließ er sie dem Abwasch, und als er seine Fassung wiedergefunden hatte und in die Küche hinunterkam, um ihr den Spaziergang im Park vorzuschlagen, stand sie vor der Spüle und stopfte sich die Reste von ihrem Teller in den Mund. Als er in der Küchentür erschien, drehte sie sich in panischem Schrecken um und verdeckte den Teller, um zu verbergen, daß sie von ihm aß, und er machte kehrt und ging wieder nach oben, als habe er nichts bemerkt.

Er verstand sie einfach nicht – ihre Heimlichtuerei, ihre Verstohlenheit, die Art, wie sie, sobald er das Zimmer betrat, in ihrer Tätigkeit innehielt und sich beeilte, etwas anderes zu tun, als ob ihr das, was sie tat, verboten sei. Sie fürchtete sich vor ihm und machte keine Anstalten, ihre Furcht zu verhehlen, ganz gleich, was er sagte. Dabei riet er ihr doch nur, die Dinge und das Leben nicht so schwer zu nehmen – Bemerkungen dieser Art, um sie zu beruhigen. Aber sie fürchtete sich vor ihm, darin lag die ganze Schwierigkeit, und jedesmal überstieg es seine Kräfte. Und deshalb gab er allmählich oder letztendlich – er hätte nicht sagen können, wie es dazu kam – jeden Versuch einer Beziehung mit ihr auf.

Jeder, der ihnen begegnete, sah ihr an, daß sie sich vor ihm fürchtete – zumindest glaubte Hubert, daß jeder, der ihnen begegnete, ihr die Furcht ansah –, und das war ungerecht, da er nicht die Sorte Mann war, vor der man sich fürchten mußte. Manchmal benahm sie sich wie eine Frau, die an einem Ort gefangen war, an dem sie nicht sein wollte, zusammen mit einem Menschen, vor dem sie Todesängste ausstand und der sie nicht bei sich haben wollte. Es gab Zeiten, da war ihr Gesicht nicht das Gesicht eines normalen Menschen. Irgendwann beschloß er, nicht mehr darüber nachzudenken – über ihre Angst oder was immer sonst mit ihr los war.

Als das Kind zur Welt kam, war sie um vieles glücklicher und schien gefaßter, aber dann ging sie ganz in dem Kind auf. Die Art, wie sie sich von John abhängig machte, noch ehe er groß genug war, um laufen zu können, war ungesund und grundverkehrt. Danach sorgte sie dafür, daß auch John sich vor ihm fürchtete. Hubert hörte sie schwatzen, doch sobald er die Tür öffnete und das Zimmer betrat, in dem sie sich aufhielten, verstummten sie beide. Er ertappte sie dabei, wie sie Blicke wechselten, von denen er ausgeschlossen war. Und wenn sie das Kind schelten wollte, machte sie es sich zur Gewohnheit zu sagen: »Dein Daddy mag das nicht, Johnny« oder »Dein Vater würde sich das nicht von dir gefallen lassen, Johnny«. Als ob er, Hubert, der stumme Vater, der nie ein unfreundliches Wort zu dem Kind sagte und nie Gelegenheit hatte, mehr als »Guten Morgen«, »Gute Nacht« und »Fröhliche Weihnachten« zu wünschen – als ob er der einzige gewesen wäre, dem es nicht gefiel, was das Kind gerade trieb.

Wie Hubert vermutete, wußte sie ganz genau, daß zwei Dinge ihr Macht verliehen: ihre Furcht vor ihm und seine Furcht, ihre Gefühle zu verletzen; aber nie ging er soweit, sie wegen dieser Macht zur Rede zu stellen oder auch nur wegen seines anderen Verdachts – daß sie einen gewissen Genuß daraus zog, ihn zu reizen. Nie konnte er sich dazu durchringen, zu sagen: »Du hast Angst vor mir. Ich weiß nicht, warum du Angst vor mir hast. Ich finde, du solltest dich bemühen, sie zu überwinden. Es ist nicht recht, weder mir noch dir noch dem Kind gegenüber. Und ich glaube, du findest Befriedigung darin, Angst vor mir zu haben. Ich glaube, du weißt ganz genau, was du tust – das Kind dazu zu bringen, Partei für dich zu ergreifen, wenn es gar keinen Grund gibt, überhaupt Partei zu ergreifen. Ich mag solche Spielchen nicht. Nicht im geringsten. Ich wünschte, du würdest dich dazu entschließen, mit diesem Unsinn aufzuhören. Ich wünschte, du würdest damit Schluß machen. Jedesmal, wenn ich ins Zimmer komme, zuckst du zusammen und rennst hinaus. Das muß ein Ende haben. Es muß ein Ende haben. Ein Ende haben.«

Aber immer, wenn er in Gedanken an diesen Punkt gelangte, mußte Hubert an sich halten, weil er merkte, daß seine Wut auf sie nicht zu bändigen war. Diese Wut war grauenhaft, weil es keine Möglichkeit zu geben schien, sie an jemandem auszulassen. Es war eine Wut, die danach verlangte, hohe Mauern einzurennen oder große, hoch aufragende, wertvolle Dinge umzustoßen, die mit einem schrecklichen Krach zu Boden fielen. Nur befand sich das, was er wirklich zertrümmern wollte, außer Reichweite, und er wußte ja nicht einmal, was es war, doch wenn er an Dinge außerhalb seiner Reichweite dachte, die er zerschmettern würde, wenn er sie nur zu fassen bekäme, ging es ihm gleich besser. Aber es gab keine Möglichkeit, mit ihr zu reden. Das kleinste Wort faßte sie als Vorwurf auf, und wenn er einen Versuch unternahm, mit ihr zu reden, ihr vernünftig zuzureden, endete es nur damit, daß er sich schämte und seiner und ihrer überdrüssig wurde. Inzwischen allerdings war es schon lange her, daß er irgendeine Anstrengung unternommen hatte, herauszufinden, was ihr fehlte oder weshalb sie so unglücklich war. Gehorsam, nachgiebig und sanft, überlistete sie ihn noch jedesmal. Sie fügte sich ihm. Sie fügte sich ihm in allem. Ihre Fähigkeit nachzugeben kannte offenbar keine Grenzen, und er war davon überzeugt, daß sie sich ihm ohne jedes Wenn und Aber immer wieder fügen und nicht die geringsten Anstalten machen würde, sich durchzusetzen. Es gab etwas in ihr, wogegen er nicht ankam oder das er nicht ausfindig machen konnte, aber er wußte nicht, was es war oder was ihr fehlte.

Was sie verriet oder eben auch nicht verriet, je nachdem wie man es betrachtete, waren ihre Augen. Sie hatte die Augen und die Gesichtszüge ihres Vaters. Das hatte ihre Mutter ihm erzählt. Als er Rose das erste Mal gesehen hatte, hatte sie hinter der Theke des kleinen Ladens gesessen, den ihre Mutter in einem Raum des Hauses, einem früheren Wohnzimmer, betrieb. Man trat durch die Eingangstür, wandte sich nach rechts, und schon stand man in dem Laden. Damals war Rose zwanzig Jahre alt gewesen und ihr Haar von einem ganz hellen, sonnigen Braun. An jenem Tag war es ihm aufgefallen, weil sie den Kopf über eine Häkelarbeit gebeugt hielt, an der sie gerade arbeitete, und die Sonne durch das quadratische Fenster hinter ihr direkt auf ihr Haar schien. Sie hatte es zu einem Knoten hochgesteckt, eine Frisur, die nicht zu ihrem Alter paßte und ihr ein zu schlichtes, ruhiges Aussehen verlieh. In ihrem Schoß lag ein Stück Stoff, ein großes Taschentuch, ein Stück von einem Kopfkissenbezug oder dergleichen, und als sie ihn sah, ließ sie die Häkelarbeit auf das Tuch sinken, faltete dieses zu einer kleinen Tüte zusammen, stand auf und lächelte ihn an, alles zur gleichen Zeit. Sie schien sehr froh, ihn zu sehen. Er fand, daß sie hübsch aussah, mit einem offenen Gesicht wie ein Kind. Bei diesem offenen Gesicht und ihrer fügsamen Natur hätte sie blaue Augen, klare blaue Augen, haben sollen, aber ihre Augen waren grün, von der Farbe des Seegrases, ein tiefes Grün, nicht dunkel, aber wolkenverhangen.

Er bat sie um eine kleine Schachtel Zigaretten. Sie griff in das Regal neben ihr, nahm sie herunter und legte sie auf den Ladentisch, dann hob sie sie gleich wieder auf, öffnete die Schachtel und zählte die Zigaretten ab. Sie zählte sie flüsternd, dann sagte sie: »Sechs«, und zeigte ihm die geöffnete Schachtel.

»Sind da nicht immer so viele drin?« fragte er.

»Ich muß sie zählen«, erwiderte sie kleinlaut, »sonst frißt mich meine Mutter. Neulich kam ein Mann herein und nahm eine Schachtel Zigaretten wie die hier, und ehe ich mich's versah, kam er zurück und beschwerte sich darüber, daß nur vier Zigaretten in der Schachtel wären. Und ich wußte nicht, was ich tun sollte. Ich habe ihm eine zusätzliche Zigarette gegeben, aber als ich es meiner Mutter erzählte, wurde sie böse und sagte, er hätte mich übers Ohr gehauen. Deswegen muß ich sie jetzt immer abzählen.«

Hubert lächelte sie an, fand es aber nicht erstaunlich, daß jemand sie übervorteilt hatte. Er dachte noch an sie, als er die Straße entlangging, da hörte er, wie sie ihm etwas nachrief (»Warten Sie einen Moment, warten Sie einen Moment!«) und hinter ihm hergerannt kam, und als er sich umdrehte, hatte sie ihn bereits eingeholt.

»Ich wollte Ihnen nur sagen, daß ich die Schachtel für jeden aufmachen muß«, sagte sie, »nicht nur für Sie.«

»Ich weiß«, gab er zurück. »Das haben Sie mir schon gesagt.«

»Ich hatte nur Angst, ich hätte vielleicht Ihre Gefühle verletzt«, sagte sie.

»Aber nicht doch. So leicht sind meine Gefühle nicht zu verletzen«, sagte er und fand sie zu nervös. Es gefiel ihm nicht, daß sie ihm so auf der Straße hinterherrannte und die Aufmerksamkeit auf ihn lenkte.

Rose, ihre Mutter und ihr kleiner Bruder Jimmy verbrachten die Abende in dem Raum am Ende der Diele – einer großen, düsteren Küche, die ganz aus Türen zu bestehen schien und nur eine Fensteröffnung hatte, die auf ihren kleinen, von hohen Mauern eingefaßten Hinterhof ging. Die Mutter saß stets in einem hölzernen Lehnstuhl neben dem Kamin. Rose saß auf einem geraden Stuhl an einem Tisch in der Mitte, und Jimmy lümmelte sich auf einer Holzbank unter dem Fenster. Damals war Jimmy fünfzehn, ein schweigsamer Junge, der jedesmal lächelte, wenn man ihn ansah. Wie Rose behielt er ständig seine Mutter im Auge. Rose pflegte wie ein braves Kind in dieser Küche zu sitzen und sprach kaum. An dem Abend, als sie beschlossen zu heiraten, saß Hubert ihr gegenüber am Tisch, und selbst da sprach sie kaum, sondern beobachtete ihn nur. Selbst wenn sie vorgab, auf den Tisch oder den Kamin zu schauen, wußte er doch, daß sie ihn beobachtete.

Roses Mutter war eine Frau, die wußte, was sie wollte. Sie kannte den Unterschied zwischen Recht und Unrecht und tat offen ihre Meinung kund. Sie ließ nicht mit sich spaßen, und als sie an jenem Abend alle beisammensaßen, sagte sie: »Ich hoffe, Sie wissen, was Sie tun, Hubert. Es ist keine Kleinigkeit zu heiraten. Schließlich ist es nicht damit getan, einem Mädchen den Ring an den Finger zu stecken. Man sagt, ein junges Mädchen kann sich um seine Chancen bringen, aber ebenso leicht kann sich auch ein junger Mann um seine Chancen bringen. Ich weiß nicht, ob Sie und Rose einander gut genug kennen. Sie sollten noch ein bißchen darüber nachdenken, Sie und Rose. Sie sollten eine Weile abwarten und nicht übereilt handeln. Sie sollten die Sache nicht überstürzen. Sie sollten sich Zeit lassen, für den Fall, daß Sie es sich anders überlegen. Lieber jetzt überlegen, bevor es zu spät ist. Rose ist wankelmütig. Von einer Minute auf die andere besinnt sie sich anders. Sie weiß nie, was sie von einem Augenblick zum nächsten denkt. Was sie denkt, hängt davon ab, wer gerade mit ihr spricht. Sie ist noch ein Kind. Sie sollten sich vergewissern, daß Sie festen Boden unter den Füßen haben, ehe Sie den entscheidenden Schritt tun. Nun, ich weiß, was du denkst, Rose. Daß ich gefühllos bin. Ich bin nicht gefühllos. Aber ich kenne dich. Sie sind ein junger Mann, Hubert, der niemanden hat, der ihm raten kann. Ich bin älter und klüger, und obwohl Rose meine Tochter ist, möchte ich doch, daß Sie wissen, daß mir Ihr Wohlergehen ebenso am Herzen liegt wie Roses. Und sie ist unbeständig. Sie kann nichts dafür. Es ist ihr Naturell. Ich glaube, Sie sollten eine Weile darüber nachdenken.«

»Ach, Mutter, sprich doch nicht so mit ihm«, rief Rose. »Das ist nicht fair. Jetzt hat er einen schlechten Eindruck von mir. Das ist wirklich nicht fair.«

»Keine Widerrede, Rose«, sagte ihre Mutter. »Und um zu beweisen, daß ich recht habe, will ich Hubert ein Beispiel dafür geben, wovon ich rede.«

»Jetzt ist alles verloren«, flüsterte Rose.

»Was ich meine, ist dies«, fuhr ihre Mutter fort. »Und ich erzähle es Ihnen nur deswegen, Hubert, damit Sie im Bilde sind und niemand sich hinter Ihrem Rücken über Sie lustig macht. Kennen Sie die Gasse hinter der Volksschule drüben in der Patrick Street? Nun, Sie werden sie nicht kennen, da Sie fremd sind, aber es gibt sie, und am unteren Ende findet sich nichts als ein leerstehender Stall mit einer aufgebrochenen Tür. Die Tür wurde vor etwa einem Jahr aufgebrochen, als eines Nachts ein paar Rowdys in den Stall eindrangen, niemand weiß, wozu, und man will es auch gar nicht wissen. Man hat nie herausgefunden, wer es war, obwohl wir alle unseren Verdacht haben. Diese Gasse würde kein anständiges Mädchen allein hinuntergehen, und wenn sie einen Funken Anstand im Leibe hat, bei Nacht auch in Begleitung nicht. Aber am 10. Juni hat sich Rose, als ich ihr eben den Rücken kehrte, hinausgeschlichen und mehr als zwei Stunden lang, von halb neun bis nahezu elf Uhr abends, an diesem Stall gewartet, und zwar auf einen jungen Burschen aus der Straße hier. Einen jungen Burschen? Einen jungen Gauner, der nicht gut genug ist, daß Rose ihre Stiefel an ihm abtritt, oder jedenfalls nicht gut genug war, bis sie ihm erlaubte, seine Stiefel an ihr abzutreten.«

»Mutter!« rief Rose.

»Genau das hat er doch getan«, sagte die Mutter. »Und der Grund, weshalb sie dort hinging und wartete, war der: Er kam hier in den Laden und erzählte ihr, er hätte mit einigen von seinen Kumpeln eine Wette darüber abgeschlossen, daß sie sich dort mit ihm treffen würde, und er sagte, wenn sie sich nicht dort mit ihm trifft, dann wird er seinen Wochenlohn einbüßen und sich obendrein zum Gespött der Leute machen. Und natürlich ist sie, ohne zweimal zu überlegen oder mich zu fragen, in ihren besten Schuhen aus dem Haus gegangen und hat zwei Stunden lang herumgestanden. Einfach herumgestanden. Und auf ihn gewartet. Jedes andere Mädchen auf der Welt hätte gewußt, was sich gehört, aber doch nicht dieses arme, dumme Ding. So hatte er seine Wette gewonnen, und sie wird es nie verwinden. Die haben sich geschüttelt vor Lachen. Und ich werde es nie verwinden, und dem armen Jimmy hat's das Herz gebrochen, so wie sie sich in der Schule über ihn lustig gemacht haben. Das alles hat sie angerichtet. Sie hat's aus Weichherzigkeit getan, ich weiß, und ich weiß auch, daß sie's nicht böse gemeint hat, aber es schickt sich nicht für ein Mädchen, so dumm und unachtsam zu sein und so wenig Respekt vor sich selbst und ihrer Familie zu zeigen. Das wollte ich Ihnen sagen. Ich wollte nicht, daß sie es Ihnen verheimlicht.«

»Das mußtest du ihm nun wirklich nicht erzählen, Mutter«, sagte Rose. Mit gesenktem Kopf weinte sie leise vor sich hin, und am liebsten hätte er über den Tisch gegriffen und ihre Hand genommen, aber er hatte Angst, ihre Mutter könnte erraten, daß die Berührung ihrer Hand ihm bereits vertraut war. Er hatte Angst vor ihrer Mutter.

»Und ob ich das mußte, Rose«, entgegnete ihre Mutter. »Und du brauchst gar nicht so zu weinen. Schließlich bist du kein Kind mehr. Du redest vom Heiraten und willst beweisen, daß du zum Heiraten vernünftig genug bist. Deshalb sage ich ja, daß ihr es noch eine Weile überdenken solltet, alle beide, bevor ihr euch irgendwelche Versprechen gebt. Überdenkt es noch eine Weile. Einen Monat, oder vielleicht eine Woche. Vielleicht wäre es gut, wenn Sie eine Woche oder so wegblieben, Hubert, um noch einmal darüber nachzudenken. Und auch Rose kann noch einmal nachdenken.«

»In einer Woche werde ich wieder in Dublin sein«, erwiderte Hubert.

Rose wandte sich um und sah ihn an, und er musterte sie über den Tisch hinweg. Er wußte, jetzt wäre es an ihm gewesen zu sagen, sein Entschluß stehe unverrückbar fest. Ihre Augen waren scheu und ängstlich, aber sie hielt seinem Blick stand und sah aus, als würde sie lächeln. Sie war überzeugt, er werde ihrer Mutter sagen, daß sein Entschluß feststehe, daß der Bursche, der seinen Schabernack mit ihr getrieben habe, einen Fußtritt verdiene, daß er, Hubert, nicht den leisesten Zweifel an seinen Absichten hege und daß sie bei der erstbesten Gelegenheit gemeinsam zum Priester gehen und so bald wie möglich das Aufgebot bestellen würden. Er könne nicht die ganze Zeit von Dublin anreisen. Und er begehre sie zur Frau, aber damit, daß er diesen Gedanken aussprach, rechnete Rose nicht.

Aber Hubert glaubte, daß sie so gut wie sein war. Zusammen mit ihm würde sie das Haus ihrer Mutter verlassen, oder sie würde dableiben und auf ihn warten. Sie würde tun, was immer er sagte. Ganz gleich, was er sagte oder tat, sie würde sich nicht beklagen oder ihm widersprechen. Und er hatte Zeit. Und er wollte, daß ihre Mutter ihn für einen verantwortungsbewußten Mann hielt, der abwog, Vernunft walten ließ und nicht irgendeiner Laune oder Eingebung folgte. Er wandte den Blick von Rose und sah ihre Mutter an.

»Vierundzwanzig Stunden«, sagte er. »Entweder komme ich morgen abend wieder oder nie. Ich werde die Sache überschlafen.«

Daraufhin blickte er Rose mit einem komplizenhaften Grinsen an, doch ihr Gesichtsausdruck hatte sich verändert. Er war getrübt und vor Staunen verzerrt, und sie sah töricht und grausam aus. Rasch blickte sie ihre Mutter an, die sie mit ruhigem Triumph musterte.

»So sei es«, sagte die Mutter. »Es ist nicht lange genug, aber ich sehe, daß Sie wissen, was Sie tun. An dem Abend, als sie aus dem Haus ging, war ich außer mir und machte mir Sorgen, was mit ihr geschehen war, und als sie zurückkam und ich hörte, was sie getan hatte, habe ich sie mir vorgeknöpft. Ich hätte sie umbringen können. Schließlich habe ich sie gefragt, was sie zu ihrer Entschuldigung vorzubringen habe, und wissen Sie, was sie mir geantwortet hat? Sie hat gesagt: ›Aber Ma‹, hat sie gesagt, ›wenn ich nicht erschienen wäre, hätten ihn alle ausgelacht.‹ Haben Sie so was schon mal gehört? Ihn hätten alle ausgelacht, aber das konnte sie natürlich nicht zulassen, o nein, ihn durften sie nicht auslachen, obwohl sie den Burschen kaum kannte, außer vom Sehen, und um das Gesicht zu wahren, sein Gesicht, mußte sie sich ihrem Gelächter aussetzen, schlimmer noch, ihrem Gelächter und ihrem Gerede. Ich weiß nicht, was man ihr nicht alles nachgesagt hat. Am folgenden Sonntag und am Sonntag darauf mußte ich sie zwingen, zur Messe zu gehen. Aber sie wollte nicht, daß er ausgelacht würde. Und sie glaubte, das sei Grund genug gewesen, sich so zu benehmen, wie sie's getan hat.«

Stephen's Green ist von hohen Eisengeländern eingeschlossen und auf allen vier Seiten von breiten, verkehrsreichen Straßen umgeben. Mr. Derdon war auf dem gegenüberliegenden Bürgersteig die Westseite und die Südseite des Parks entlangspaziert, vorbei an den Stadthäusern mit ihren gewaltigen Fassaden, von denen Rose so beeindruckt gewesen war, als sie sie zum ersten Mal gesehen hatte. Inzwischen lief er die Ostseite entlang, am St. Vincent's Hospital und am College vorbei, und fand sich an der Ecke zur Somerville Street wieder. Hier blieb er stehen und blickte die enge graue Straße hinunter, die am unteren Ende von drei Häusern abgeschlossen wurde. In einem der Häuser auf seiner Seite der Straße hatten Rose und er ihren ersten Hausstand gegründet. An die Hausnummer konnte er sich nicht mehr erinnern, und er war nicht geneigt, hinzugehen und nachzusehen, ob ihm das Haus noch bekannt vorkäme, er wußte aber, es war das vorletzte am Ende der Zeile.

Ein Freund von ihm, ein Mann, der ihm damals ein guter Freund gewesen war, hatte ihm geholfen, die Wohnung zu finden. Frank Guiney, ein gutherziger Kerl. Frank und er waren dicke Kumpel gewesen, aber Frank war nach England gegangen, um dort sein Glück zu versuchen. Hubert fragte sich, ob Frank wohl je wieder zurückgekommen war. Bis auf ein paar Postkarten in den Wochen nach seiner Abreise hatte er nie wieder von ihm gehört. Frank war ein großartiger Freund gewesen. An dem Abend, als Hubert und Rose in Dublin ankamen, hatte Frank sie vom Bahnhof in der Westland Row abgeholt, und gemeinsam waren sie zur Somerville Street gelaufen. Hubert und Frank hatten das Gepäck getragen, Rose nur einen Korb, gefüllt mit Lebensmitteln – Tee, Zucker und dergleichen –, die ihre Mutter in letzter Minute aus dem Laden geholt hatte. Sogar eine Flasche Milch war dabei, da ihre Mutter behauptete, in Dublin gebe es keine vergleichbare. Rose hatte den Lebensmittelkorb nicht mitnehmen wollen. Es war ihr peinlich gewesen, ihn zu tragen, und im Zug hatte sie, um die kleinen Tüten und Päckchen zu verdecken, mit denen er angefüllt war, ihren Mantel darübergebreitet. Aber als sie aus dem Bahnhof traten und sie zwischen Frank und ihm die Straße entlangging, trug sie ihn ganz unbefangen und lächelte dabei. Frank beschwerte sich, Hubert habe wohl eine reiche Erbin geehelicht, er habe so schwer zu tragen. Frank war sehr lustig an jenem Abend. Er sagte, der Koffer, den er trage, sei bestimmt mit Nippes vollgestopft, so schwer sei er.

»Porzellannippes«, rief Frank. »Porzellankatzen und Porzellanhunde und riesige Porzellanpferde. Was wollen Sie mit so viel Zierat, Rose? Wie?? Ist Hubert nicht Zierde genug für Sie? Nehmen Sie sich in acht, daß Sie ihn nicht aus Versehen auf den Kaminsims stellen.«

Rose hatte sich ausgeschüttet vor Lachen. Dann, als sie in der Somerville Street waren, fragte sie: »In welchem der Häuser werden wir wohnen?« Und Frank schwenkte eines der Pakete, das er trug, bis er vor lauter Alberei beinahe alles hätte fallen lassen, und sagte: »Nur im besten.« Als sie zu dem Haus gelangten, mit einer steinernen Freitreppe, einer zerkratzten und eingedellten dunkelgrünen Tür und einem Sprung im Oberlicht, stellte Frank alles, was er in der Hand hielt, auf dem Boden ab und reckte sich, um sich vor dem langen Aufstieg etwas zu erholen.

Frank sah Rose an und sagte: »Sie lächelt und lächelt und lächelt.« Offensichtlich sehnte Rose sich danach, das Haus zu betreten und nach oben zu gehen, um endlich die Zimmer zu sehen, aber gehorsam und vergnügt blieb sie stehen, während die beiden Männer sie betrachteten.

»Sie lächelt und lächelt und *lächelt*«, rief Frank, dann fragte er Hubert: »Hört sie denn nie auf zu lächeln?« Und Hubert antwortete: »Nie.«

Als Hubert jetzt an der Ecke zur Somerville Street stand und die Häuserfronten entlangblickte, um festzustellen, in welchem Haus Rose und er gewohnt hatten, sah er sie wieder vor sich, wie sie an jenem Abend zu dritt dagestanden hatten, aber das Wort, das ihm im Kopf herumging, lautete Qual. Qual Qual Qual ging ihm im Kopf herum, während er die drei Gestalten beobachtete, die ein paar Häuser und mehr als dreißig Jahre von ihm entfernt standen, und er beobachtete sie so lange, bis die Vision ihn blendete und seine Augen sich mit Tränen füllten. Rasch wandte er sich von der Somerville Street ab und setzte seinen Weg in Richtung Shelbourne Hotel fort. Furchtbar, woran man sich alles erinnert, dachte er; es ist lange her, daß ich hier herumspaziert bin. Es nützt nichts, sich an jene Zeiten zu erinnern, dachte er, gleichzeitig aber dachte er, daß es auch nichts schadet, sich daran zu erinnern. An jenem Abend waren sie gesegnet gewesen, Rose und er, und auch Frank. Sie hatten im Zustand der Gnade dagestanden. Und dann hatte Frank sich und seinen Zierat aufgerafft, und zu dritt waren sie mit fliegenden Fahnen ins Haus und die Treppe hinauf marschiert.

Und heute war Rose in demselben Alter wie ihre Mutter an jenem Abend. Neugierig warf Hubert einen Blick in den Park, und dann noch einen. Wie viele Jahre war es her, daß er sich zuletzt darin aufgehalten hatte? Zehn oder mehr? Er konnte sich nicht erinnern. Vielleicht sollte er die Straße überqueren und für eine Minute in den Park gehen, herausfinden, ob sich etwas verändert hatte. Er genoß seinen Spaziergang. Die Bewegung tat ihm gut, aber er wünschte, er hätte in einer seiner Hände eine Zeitung halten können. Wenn seine Hände leer waren, schienen sie ihm immer in die Quere zu kommen. Er hatte die Hände in den Hosentaschen. Wenn er mit dem Spazierengehen ernst machen wollte, sollte er einen Spazierstock dabeihaben. Ein Spazierstock war nur natürlich, wenn man spazierenging. Ein Spazierstock oder eine Zeitung. Alles andere war lästig.

Als John sein Elternhaus verlassen hatte, war Rose so in Schwermut versunken, daß er ihr in dem Bemühen, sie abzulenken, eines Abends eine Hyazinthe mitgebracht hatte, und als er mit der Pflanze in den Händen aus dem Blumenladen getreten und die Straße entlanggegangen war, war er sich so töricht und so auffällig vorgekommen wie noch nie in seinem Leben. Die Verkäuferin hatte sie in rosafarbenes Papier eingewickelt und das Papier zu einem hohen Kegel gefaltet, so daß sie viel größer und viel zu festlich wirkte. Er hatte versucht, sie in einer Hand zu tragen, sie aber nicht balancieren können. Er hatte eine blaue Hyazinthe ausgesucht, die in voller Blüte stand, und war sehr besorgt, daß sie nicht zerquetscht wurde oder abbrach. Mit der Pflanze in beiden Händen geriet die Fahrt mit der Straßenbahn zu einer heiklen Angelegenheit, und wie der Zufall es wollte, mußte er ausgerechnet an diesem Abend die ganze Zeit über stehen. Als er nach Hause kam, war er fast wütend. Ehe er ins Haus trat, entfernte er das rosa Papier, dann stellte er die Hyazinthe mitten auf den Eßzimmertisch, wo sie ihr sofort auffallen mußte, wenn sie zur Tür kam, um ihn zum Abendessen zu rufen. Sie war hereingekommen, und er hatte so getan, als habe er gar nicht bemerkt, daß etwas anders war als sonst, und sie hatte gesagt: »Was in aller Welt?«, die Hyazinthe vom Tisch genommen und, um sie zu halten, einen Arm um sie geschlungen, während sie mit der freien Hand die Stelle befühlte, wo die feuchte Pflanze ohne irgendeinen Untersetzer auf dem Tisch gestanden hatte. »Oh, Hubert«, sagte sie, »eine schöne Hyazinthe. Ist das nicht ein wunderbares Blau? Aber sie braucht Wasser. Und ich werde sie in einen größeren Topf setzen. Draußen im Schuppen habe ich einen, der Topf, in dem die armen Rosengeranien vertrocknet sind. Nach dem Abendessen hole ich ihn. Ich werde einen günstigen Standort für sie finden müssen, wo sie genügend Sonne abbekommt.« Während sie von der Hyazinthe sprach und was sie alles für sie tun werde, hatte sie trotz der Traurigkeit, die ihrem Gesicht zu dieser Zeit anhaftete, ein leises Lächeln auf den Lippen, ein schwaches, verschlossenes, verschwiegenes, fast könnte man sagen, halb befriedigtes und fast triumphales Lächeln. Danach fiel sie natürlich gleich wieder in jene immerwährende Aufmerksamkeit zurück, mit der sie Johns Abwesenheit bedachte. Daß er fortgegangen war, um der Kirche zu dienen, der sie sich selbst so hingebungsvoll widmete, tat ihren Gefühlen keinen Abbruch und war ihr kein Trost.

Hubert fragte sich, was wohl aus der blauen Hyazinthe geworden war, ob sie in dem neuen Topf, in den Rose sie umgesetzt hatte, gediehen oder verwelkt war, ob sie sie später in den Garten gepflanzt hatte oder was. Er war sicher, daß er Hyazinthen auch im Freien hatte wachsen sehen. Vielleicht wuchs dieselbe Hyazinthe jetzt in ihrem Vorgarten oder an einem sonnigen Fleck im hinteren Garten. Falls ja, war sie dort größer geworden und würde sie jedes Jahr blühen? Heute abend würde er sie nach der Hyazinthe fragen, aus reiner Neugier.

Für ein Mädchen, das in einer Stadt aufgewachsen war, bewies Rose ein ungewöhnliches Interesse an Gartenarbeit und ein feines Gespür für Blumen. Ihre beiden Gärten, der kleine vor dem Haus und der größere dahinter, waren immer herrlich anzuschauen. Selbst im Winter gelang es ihr, in ihrem Garten etwas wachsen zu lassen, das die Aufmerksamkeit sofort gefangennahm. Selbst im Winter erweckten die Beete den Anschein von Ordnung und Formgebung, sie sahen aus, als folgten sie einem Muster, das eigens für sie, für diese besonderen Beete, und nie für andere Beete in anderen Gärten entworfen worden war. An den Parkanlagen des Stephen's Green hatte Rose sich berauscht. Sie sagte, so etwas wie diesen Park hätte sie sich nie vorstellen können. Hubert hatte eine Erinnerung daran, wie sie einmal in einem marineblauen Rock und mit einer langärmeligen weißen Bluse, aber ohne Jacke dort spazierengegangen war. Es mußte ein sehr warmer Tag gewesen sein. Zu dem marineblauen Rock gehörte eine passende Jacke. Diese Kombination nannte sie ihr Kostüm, und es war ihr Hochzeitskleid gewesen.

An jenem Nachmittag war der Park voller Mütter, Kindermädchen und Kinder. Die Frauen saßen auf den Bänken, die die Wege säumten, unterhielten sich miteinander und beobachteten, bewunderten, rügten und riefen die Kinder. Diese rannten überall umher. Er und Rose bummelten den Weg entlang. Sie waren das Miteinander noch nicht gewohnt.

Rose sagte: »Eben habe ich gedacht, wie schön es ist, verheiratet zu sein.«

Hubert sah sie an, aber sie erwiderte seinen Blick nicht.

Sie fuhr fort: »Ich kann mir nicht vorstellen, daß jemand, der verheiratet ist, je eine Sünde begehen würde. Ich weiß nicht, was für eine Sünde ein verheirateter Mensch begehen könnte. Mir fällt nicht das geringste ein, was ich dem Priester zu gestehen hätte, wenn ich in diesem Augenblick zur Beichte ginge. Nichts ist mehr Sünde. Ist das nicht komisch?«

Hubert heftete die Augen auf den Weg. In sein Blickfeld rannten Kinderbeine und verschwanden wieder, da die kleinen Jungen und Mädchen auf dem Weg und zwischen den Bänken Fangen spielten. Er mußte ausweichen, um nicht ein ganz kleines Mädchen in weißem Kleid und weißen Stiefeln umzustoßen, das langsam und unsicher den Weg entlangstapfte und sich aufrechthielt, indem es mit weit geöffneten Armen die Luft vor sich umschlang. Als Hubert beiseite trat, um dem Kind auszuweichen, sah er neben sich Roses Rock wippen. Im Sonnenlicht wirkten ihre schmalen Hüften in dem marineblauen Rock herrisch und fremd, aber sie war sein, und wenn man Hubert in diesem Moment gesagt hätte, die schöne Helena sei zur Erde zurückgekehrt und nenne sich Rose, er hätte es nicht abgestritten. Hinter ihm kreischte eine Frau: »Komm sofort hierher, Paddy Mernagh, daß ich dir den Hals umdrehe!« Hubert dachte an Rose und an die Zukunft, und alle seine Gedanken galten der Unschuld und der Notwendigkeit, genug zu verdienen, damit sie den Kopf hochhalten konnten und nie jemandem Dank schulden müßten, so lange sie lebten.

Hubert näherte sich der Mündung der Grafton Street, von wo aus er seinen Spaziergang um den Platz angetreten hatte, und dachte abermals, daß er, wenn er Zeit hätte, hinübergehen und einen

Blick in den Park werfen könnte, um zu sehen, was für Veränderungen darin vorgenommen worden seien. In all den Jahren war er nicht mehr dagewesen. Er fragte sich, weshalb er John, als dieser noch klein war, nie mit in den Park genommen hatte. Vielleicht hatte Rose ihn ja mitgenommen. Vielleicht, wenn sie in der Stadt waren, um einzukaufen. Es wäre jammerschade, wenn John nie im Park gespielt hätte, aber er war sich fast sicher, daß es dazu nie gekommen war. Rose würde er nicht danach fragen. Falls John nie zum Spielen in den Park mitgenommen worden war, wollte Hubert es nicht wissen. Inzwischen bereute er, daß er versucht hatte, sich an die genaue Anzahl der Jahre zu erinnern, die verronnen waren, seit er den Park zuletzt betreten hatte. Es war vor dreiunddreißig Jahren gewesen. Seit jenem letzten Sonntag, an dem er mit Rose hingegangen war, ihrem ersten Sonntag im eigenen Haus, war er nicht mehr dagewesen. Es schien unvorstellbar, daß jemand dreißig Jahre seines Lebens in Dublin verbringen konnte, ohne auch nur einmal Stephen's Green zu betreten, aber er war ein Gewohnheitsmensch, und nach Feierabend fuhr er immer geradewegs nach Hause. Dreiunddreißig Jahre war es her. Damals war er achtundzwanzig gewesen. Er beschloß, sofort die Straße zu überqueren und den nächsten Eingang in den Park zu nehmen.

Als er an der Bordsteinkante stehenblieb und die Straße auf und ab blickte, sah er, wie sich ihm vom anderen Ende des Platzes auf seiner Straßenseite ein Trauerzug näherte. Der Leichenwagen wurde von zwei schwarzen Pferden gezogen, deren Köpfe mit schwarzen Federn geschmückt waren, und Hubert hatte den Eindruck, daß die Schlange schwarzer Limousinen dahinter sehr lang sein würde. Hubert hielt sich gern an den Brauch, den Toten die letzte Ehre zu erweisen, indem man den Trauerzug ein paar

Schritte begleitet, selbst wenn er deswegen umdrehen und ein Stück zurückgehen mußte. Er hätte genügend Zeit gehabt, die Straße zum Park zu überqueren, bevor der Trauerzug herankam, aber die Verzögerung machte ihm nichts aus. Er wollte ihn passieren sehen, und sobald er die Gelegenheit hätte, würde er die Zeitung aufschlagen und raten, um wessen Begräbnis es sich gehandelt hatte. Die Prozession war noch ein gutes Stück entfernt, und müßig begann er ihr entgegenzuschlendern. Er maß die Entfernung zwischen sich und dem Leichenwagen und versuchte, den Zeitpunkt abzuschätzen, da sie sich auf gleicher Höhe befinden würden, zugleich nahm er, ohne hinzublicken, die Gestalt einer Frau wahr, die reglos in der Gosse stand und der Straße den Rücken kehrte. Sie bettelte. Das wußte er, ohne hinzuschauen. Sein ganzes Leben lang hatte er Bettler abgewiesen. Er verabscheute und verachtete sie. Auch an der Frau ging er vorbei. Der Sarg war mit üppigen Kränzen bedeckt und wie ein Osteraltar von Blumen gesäumt. Es war ein Sarg, der selbst jetzt noch von Nutzen und Frommen des Reichtums und von der befriedigenden Schönheit des Zeremoniells und der Ordnung kündete. Hubert machte kehrt, um mit dem Sarg mitzugehen, und noch während er sich umdrehte, bewunderte er ihn. Er tat ein, zwei, drei Schritte, vier, fünf, sechs. Sechs Schritte genügten, doch als er die Augen vom Sarg abwandte und eben einen verstohlenen Blick in die erste Limousine mit Hinterbliebenen werfen wollte, stellte er fest, daß er dank seiner Respektsbezeugung fast Auge in Auge der Bettlerin gegenüberstand. Sie sah ihn an und streckte die Hand unter ihrem Umhang hervor, um entgegenzunehmen, was immer er ihr geben würde. Den Umhang hatte sie straff um die Schultern und um ein Kind gewickelt, dessen Kopf eben noch vor ihrer Schulter zu sehen war, und es war die Hand, mit der sie den Po des Kindes abstützte, die sie ihm nun – nicht etwa fordernd, sondern erwartungsvoll – entgegenstreckte, während sie den Ellbogen weiter fest gegen das Kind preßte und es sicher hielt. Offenbar glaubte sie, er sei an ihr vorbeigegangen, habe es sich anders überlegt und sich wieder zu ihr umgedreht.

Er kehrte ihr den Rücken und ging rasch davon, bemerkte aber noch, wie ihre Hand sich straffte und wieder zu dem Kind zurückzog und wie ihr erwartungsvoller Gesichtsausdruck in einen so verzweifelten Haß umschlug, daß es für einen Moment aussah, als sei ihr das Gesicht abgeschnitten worden. Sie glaubte, er habe es mit Absicht getan, habe sich mit Absicht umgedreht, um ihr eine Enttäuschung zu bereiten. Aber sie mußte doch gewußt haben, daß der Trauerzug vorbeikam. Nein, sie hatte den Trauerzug überhaupt nicht gesehen. Sie hatte Hubert gesehen und daran gedacht, was sie wohl von ihm bekommen würde. Sie hatte gesehen, wie er an ihr vorbeiging, und sie hatte gesehen, wie er sich wieder zu ihr umdrehte. So etwas traute sie ihm also zu. Sie hielt ihn für die Sorte Mann, dem so etwas zuzutrauen war. Er war drauf und dran, sich erneut umzudrehen und ihr diesmal rasch etwas zustecken, doch die Scham beschleunigte seine Schritte, und er entfernte sich immer schneller. Eine Frau blickte ihn im Vorübergehen an, und er merkte, daß er etwas gemurmelt und sich die Augen gerieben hatte. Er hatte gesagt: »So etwas tue ich nicht. So etwas tue ich nicht.« Sämtliche Trauergäste mußten ihn gesehen haben, wie er davoneilte und Grimassen schnitt wie ein Irrer. Er wünschte, er hätte der Frau etwas gegeben; es wäre ein Leichtes gewesen, ihr etwas zu geben. Sie hatte keinen Grund zu betteln; es gab Heime, wo sie hingehen konnte, wo man ihr helfen würde; dennoch war sie bemitleidenswert, so wie sie dastand, sie hatte ihn nicht angesprochen und ihm keine Beschimpfungen nachgerufen, wie viele andere an ihrer Stelle es getan hätten. Aber wie konnte sie glauben, er sei der Typ, der sich einen solchen Scherz mit ihr erlaubte? Er hätte ihr erklären können, er habe sich nur den Trauerzug angesehen, aber selbst dann hätte sie nicht verstanden, weshalb er ihr nichts gegeben hatte. An ihr vorbeizugehen, ohne ihr etwas zu geben, ging ja noch an, aber sich zu ihr umzudrehen und ihr trotzdem nichts zu geben? Sie mußte den Eindruck haben, als spotte er ihrer oder führe noch Schlimmeres im Schilde. Wie konnte sie ihm so etwas zutrauen? Sie hatte das Kind gehalten, als schwebe es in Gefahr. Sie hatte beide Arme um das Kind geschlungen, so wie Rose John zu halten pflegte, als gäbe es nichts anderes auf der Welt als dieses eine Baby. Die Art, wie sie das Kind an ihren Körper gedrückt hatte, war ein Vorwurf und eine Warnung an jeden, der ihm zu nahe kam. Mit Frauen wie ihr war nicht zu spaßen. Sie gaben sich mit Herz und Seele einem Wesen hin, von dem sie wußten, daß es sie verlassen würde. Sie ließen nicht mit sich reden. Alle Mathematiker der Welt konnten sich zu Tode schuften, aber diese Frauen würden nicht einmal über die Schulter blicken, um zu erfahren, was vor sich ging. Solange sie das Kind hatten, würden sie nichts lernen, nichts wahrnehmen und sich um nichts anderes kümmern. Hielte man ihnen vor, sie seien unwissend und rücksichtslos und brächten sich selbst in Gefahr, sie würden einen nicht hören. Sie wären gar nicht in der Lage, einen zu hören. Alle Geschichte, Mathematik und Architektur der Welt bedeutete ihnen nichts im Vergleich zu der Geschichte, Mathematik und Architektur dieses einen Gesichts. Man konnte sich den Mund fusselig reden, und sie würden nur überlegen, ob es an der Zeit sei, die Windeln zu wechseln. Und immer blieben sie stumm. Man bekam keine direkte Antwort aus ihnen heraus, nicht für Geld und gute Worte. Man bekam überhaupt keine Antwort aus ihnen heraus. Sie sagten nicht die Wahrheit. Sie hatten die Wahrheit nicht in sich. Man konnte sie stehen lassen und davongehen, aber sie riefen einem nichts nach und sagten keinen Ton, sondern blickten einem nach, bis man sich an sie erinnerte und sie nicht wieder vergessen konnte und auch nicht vergessen konnte, daß sie einem nachblickten, so wie diese Frau ihm jetzt nachblickte. Wie hatte sie nur denken können, er sei die Sorte Mann, der so etwas tut?

Er bog in eine Seitenstraße und ging auf Umwegen wieder zum Geschäft zurück, und als er dort ankam, verschwand er schnurstracks auf der Toilette und wusch sich Hände und Gesicht. Dann begab er sich an seinen Tisch und widmete sich, so gut er konnte, seiner Arbeit, aber er hatte das Gefühl, daß ihn von allen Seiten Augen taxierten, so wie sie ihn taxiert hatte, und er konnte nicht aufhören, über sich nachzudenken und sich zu taxieren, so wie sie ihn taxiert hatte. Jack Minton kam aus der Werkstatt und suchte einen Ballen grauen Tweed, und als er an Huberts Tisch vorbeikam, blieb er stehen, musterte ihn und fragte, ob ihm etwas fehle. Hubert antwortete, ihm fehle nichts. Minton blieb immer noch unschlüssig am Tisch stehen und blickte auf ihn nieder, aber Hubert schaute nicht auf, und gab, damit er endlich wegging, schließlich zur Antwort, er habe einen leichten Schock erlitten, nicht der Rede wert, und so redete er denn auch nicht darüber.

Am Spätnachmittag kam Rose aus dem Garten herein, wo sie gearbeitet hatte, setzte sich auf ihren niedrigen Sessel am Kamin und entnahm dem alten Korb, den sie immer neben sich auf dem Fußboden stehen hatte, eine Häkelarbeit aus grauer Wolle. Den Korb hatte sie am Tag ihrer Hochzeit aus dem Haus ihrer Mutter mitgenommen, und er hatte deswegen so lange gehalten, weil er für die täglichen Einkäufe zu sperrig war und sie nur ihre Handarbeiten – ihr Häkel-, Strick- und Stopfzeug – darin aufbewahrte. Sie häkelte eine Decke aus einzelnen Quadraten, Karo um Karo. Während der Arbeit bewegte sie die Lippen, und jedesmal, wenn sie eine Maschenreihe beendet hatte, hob sie den Kopf, als habe sie plötzlich einen Entschluß gefaßt, den zu fassen schwierig, aber den gefaßt zu haben angenehm war. Von Zeit zu Zeit sah sie sich prüfend im Zimmer um und warf einen Blick auf die Uhr. Die Uhr, ein Hochzeitsgeschenk von Huberts altem Freund Frank Guiney, war aus Mahagoni und nahm auf dem Kaminsims den Ehrenplatz ein. Als sie hörte, wie der Zeitungsjunge das Abendblatt durch den Briefkastenschlitz steckte, stand sie auf, um die Zeitung hereinzuholen, dann setzte sie sich wieder und begann zu lesen, doch sobald sie hörte, wie sich Huberts Schlüssel im Schloß drehte, faltete sie die Zeitung rasch wieder so zusammen, als wäre sie nie aufgeschlagen worden.

Hubert hängte seinen Regenmantel und seinen Hut in die Garderobe, ging hinauf ins Schlafzimmer und tauschte sein Jackett gegen eine alte Strickjacke aus gelbbrauner Wolle mit drei Knöpfen. Als er ins hintere Wohnzimmer kam, saß Rose auf ihrem Stuhl und hatte sich wieder ihre Häkelarbeit vorgenommen.

»Ich hab dir die Zeitung auf den Sessel gelegt«, sagte sie.

»Steht was Wichtiges drin?« fragte er.

»Nein«, antwortete sie unsicher. »Ich weiß nicht. Vielleicht.«

Er trat ans Fenster und blieb stehen, um auf ihren Garten hinauszublicken. Er bestand nur aus einem kleinen Rasenstück, begrenzt von Blumenrabatten und eingefaßt von Mauern aus grauem Zement, die sie mit Efeu und einer anderen Kletterpflanze mit spitzen roten Blättern getarnt hatte. Er war nur handtuchgroß, aber sie hatte einen Gutteil ihres Lebens damit verbracht, ihn zu verschönern, sein Sohn hatte seine Kindheit darin verbracht, und er selbst hatte, auf einem Liegestuhl sitzend, alle seine Sommerferien darin verbracht. Sie fuhren nie in Urlaub, weil es Geld kostete wegzufahren, außerdem ließen sie das Haus nur ungern unbeaufsichtigt zurück.

»Ich gehe in die Küche und setze Wasser auf«, sagte sie.

Er drehte sich um und sah sie an. Sie erhob sich. Zwar nicht anmutig, aber doch mühelos, ohne daß sie sich mit den Händen abstützen mußte, und als sie endlich stand, hielt sie sich sehr gerade.

»Sag mal«, fragte er, »erinnerst du dich noch an die Hyazinthe, die ich dir mal gekauft habe? Was ist aus der eigentlich geworden?«

»Die blaue Hyazinthe?« antwortete sie. »Die ist prächtig gediehen, nachdem ich sie in den großen Topf umgesetzt hatte. Ich hab sie dir doch gezeigt. Wunderbar aufgeblüht ist sie.«

»Und wo ist sie jetzt?« erkundigte er sich. »Hast du sie in den Garten umgeplanzt?«

»Ach wo. Hyzinthen gehen ein, Hubert. Sie halten nur ein Jahr. Man muß jedes Jahr neue Zwiebeln besorgen.«

»Ich besorge dir eine andere«, versprach er. »Morgen schon. Morgen abend bringe ich dir eine mit.«

»Zu dieser Jahreszeit findest du nirgendwo Hyazinthen«, erwiderte sie. »Hyazinthen bekommt man nur im Frühjahr, und jetzt haben wir September.«

»Ach so«, sagte er. »Verstehe. Das hatte ich ganz vergessen.«

»Tut mir leid, Hubert«, sagte sie.

»Schon recht«, erwiderte er.

»Wie kommst du gerade jetzt auf die Hyazinthe?« fragte sie.

»Nur so. Sie ist mir nur eben eingefallen«, antwortete er.

Sie ging zur Tür.

»Zündest du das Kaminfeuer für mich an?« fragte sie. »Dann geh ich jetzt runter.« Sie zögerte, als könnte er ihr die Bitte ausschlagen.

»Ich zünde es gleich an«, sagte er. »Geh nur, geh nur, tu, was du zu tun hast.«

Auf dem Kaminsims, neben einem gerahmten Foto, das John am Tag seiner Priesterweihe zeigte, lag eine Schachtel Streichhölzer. Hubert vermied es, das Foto anzusehen. Was sie dazu bewogen hatte, es dort aufzustellen, war ihr krankhaftes Beharren auf dem eigenen Unglück. Dabei hatte sie im Schlafzimmer oben einen weiteren Abzug in einem ähnlichen Rahmen hängen. Das Foto wies ohnehin keine Ähnlichkeit mit John auf, und eines Tages würde er es abnehmen und verstecken. Er riß ein Streichholz an, beugte sich hinab, entzündete mit großer Sorgfalt das Gas und regulierte die Flamme, indem er langsam und mit vor lauter Anstrengung zusammengepreßten Lippen an dem Knopf drehte. Dann ging er zu seinem Sessel, nahm die Zeitung zur Hand und setzte sich. Er schlug sie nicht auf. Statt dessen saß er geruhsam da und sah zu, wie sich die blaßrosa Wärme auf dem Aschengrill des Kaminrosts ausbreitete. So blieb er sitzen, bis Rose ihn zum Abendessen rief. Da stand er auf, knöpfte sich die Strickjacke zu, strich sie glatt und ging in die Küche, um sich zu ihr zu gesellen. Im Gehen fiel ihm wieder das Gespräch über die Hyazinthe ein, und als er daran dachte, daß sie trotz ihres wie immer entschuldigenden Tonfalls halbwegs gelächelt hatte, als sie ihm auseinandersetzte, wie schwierig es sei, Frühlingsblumen zu besorgen, wenn nicht Frühling war, mußte er selbst lächeln. Die Schuld am Wechsel der Jahreszeiten konnte selbst die arme Rose nicht ganz auf sich nehmen.

In der Küche war der Abendbrottisch gedeckt, Rose stand da und schenkte den Tee ein. Früher hatte er immer versucht, sie davon zu überzeugen, die Teekanne auf den Tisch zu stellen, damit sie nicht alle fünf Minuten aufspringen mußte, aber sie hatte darauf bestanden, die Kanne auf dem Herd stehenzulassen, damit der Tee heiß blieb. Er rückte einen der alten gelben Stühle heran und ließ sich darauf nieder. Bald darauf nahm sie auf dem Stuhl ihm gegenüber Platz. Während der Mahlzeit fiel ihm der Trauerzug ein, und als er Rose davon berichtete, ging sie hinauf ins Wohnzimmer, um die Zeitung zu holen und nachzuschauen, wer mit solchem Prunk begraben worden sein mochte. Da sie schon einmal dabei war, sammelte sie die Morgenzeitung und die Ausgaben der letzten drei Tage ein, für den Fall, daß diese weitere Informationen enthielten. Sie hatte eine ziemlich klare Vorstellung davon, wessen Trauerzug Hubert gesehen hatte – ein Lebensmittelgroßhändler namens Kinsella, dessen Vater mittellos aus Cork gekommen war und ein florierendes Geschäft aufgebaut hatte –, aber ehe sie sich nicht ganz sicher war, wollte sie Hubert den Namen nicht nennen.

Während sie hinaufging, die Zeitungen einsammelte, auf das Datum schaute, um sich zu vergewissern, daß sie auch die richtigen Ausgaben zusammengeklaubt hatte, und sie in die Küche brachte, mußte sie die ganze Zeit über daran denken, wie gedankenlos es von Hubert gewesen war, das Thema Trauerzug anzuschneiden und sich nicht daran zu erinnern, daß dies der Todestag ihres Vaters war. Aber inzwischen war auch ihr eigenes Interesse erwacht, und als sie die Zeitungen hinuntertrug, warf sie einen verstohlenen Blick hinein. In der Tat, es war John Patrick Kinsella, und es war sein Leichenbegängnis, dem Hubert beigewohnt hatte.

Rose überließ es Hubert, sich den vollständigen Bericht über Mr. Kinsellas Lebensumstände durchzulesen, den er bereits überflogen hatte, ohne ihm besondere Aufmerksamkeit zu widmen, weil er in der Ausgabe vom Vortag erschienen war; sie selbst blätterte müßig die hinteren Seiten der alten Sonntagszeitung durch und stieß auf etliche Meldungen, die ihr bei der ersten Lektüre entgangen waren. Als sie eine diesbezügliche Bemerkung machte, äußerte Hubert, offenkundig habe sie nie gelernt, richtig zu lesen, sie sei eine unachtsame Leserin, die zu oft die Zeilen überspringe und sich auf das Gelesene nicht richtig konzentriere. Was schade sei, denn eine gute Gewohnheit anzunehmen falle im Alter zunehmend schwer, genauso schwer wie eine schlechte abzulegen, wenn sie einem erst einmal in Fleisch und Blut übergegangen sei.

Ein Mann ertrinkt

Nach dem Tod seiner Frau wollte Mr. Derdon unbedingt in ihr Schlafzimmer gehen und sich bei geschlossener Tür allein darin umschauen, ohne daß jemand dabei wäre, der ihn beobachtete und sich fragte, wie ihm wohl zumute sei. Was ihn in ihr Zimmer trieb, war weder Angst noch Kummer noch sonst irgendeine schmerzliche Empfindung, weder Sehnsucht noch Verlangen oder dergleichen, sondern reine Neugier. Er wollte sich lediglich umschauen. Das Zimmer, das, solange sie noch lebte, für ihn kaum existiert und das er nur selten betreten hatte, auch wenn er gelegentlich in der Türöffnung gestanden hatte oder zumindest kurz davor stehengeblieben war, um ihr noch etwas zuzurufen, bevor er das Haus verließ – dieses Zimmer erschien ihm jetzt geheimnisvoll, so wie ein leeres Haus Kindern, denen es in bewohntem Zustand niemals aufgefallen wäre, plötzlich geheimnisvoll erscheint oder gar Angst einjagt, oder wie ein leeres Vogelnest, das nach einem sommerlichen Sturm auf dem Erdboden liegt und dem Geist Gedanken aufzwingt, die nichts mit Flügeln oder Nahrung, Wärme oder Gesang zu tun haben: Gedanken an Leere und Gedanken an den Winter, an Winde, die zu heftig, und an Nächte, die zu finster sind, Gedanken an stumm erlittene steinerne Einsamkeit und an Landschaften, die zu kalt und flach sind, als daß man gern in ihnen spazierenginge. Das kleine, zu Boden gefallene Nest birgt eine Leere, die zu groß ist, als daß wir sie begreifen könnten. Wir können uns nicht vorstellen, wie sie sich anfühlt. Eine grenzenlose Leere, die über unseren Verstand geht, obwohl wir sie gern begreifen und von allen Seiten prüfen, ihr Grenzen setzen und sie in den Griff bekommen würden, um sie an einen behaglichen Ort zu schaffen und dann zu vergessen. Aber das Nest ist nichts, nicht mehr als ein Überbleibsel. Das leere Nest ist nur ein starkes Bild für jene Furcht, die so verbreitet ist, daß wir nicht nur jeden Tag durch sie hindurchschreiten und so tun, als nähmen wir sie nicht wahr, sondern durch sie hindurchschreiten und so tun, als gäbe es sie gar nicht. Solange das leere Nest dort liegt, spähen wir hinein, doch dann ist es verschwunden, und wir denken nicht mehr daran.

Solange die Tür zu dem Schlafzimmer, in dem seine Frau gestorben war, geschlossen blieb und der Raum dahinter leer, dachte Mr. Derdon an nichts anderes. Die Leere hinter der Tür wühlte ihn auf, nachts begann er davon zu träumen, und in seinem wirren Geist stand die Tür ihm offen, aber dann – ein Irrtum – stand sie ihm doch nicht offen, und das Zimmer dehnte sich aus und zog sich zusammen. Zuerst war es ein sehr großes Zimmer, dann ein sehr kleines, aber nie hatte es seine tatsächliche Größe, und es entwickelte zusätzliche Türen, seltsame Türen, die ihn ängstigten. Morgens wachte er aus diesen Träumen so erschöpft auf, als habe er Alpträume durchlitten, dabei hatte er doch nur vom Schlafzimmer seiner Frau geträumt. Seine Schwester, seine unverheiratete Schwester, war nach Dublin gekommen, um ihm den Haushalt zu führen, und die wenigen Male, da sie ausging, wurde er von der Putzfrau bemuttert und versorgt. Beide waren der Meinung, er dürfe in dieser Zeit nicht allein gelassen werden. Er fragte sich, was sie damit wohl meinten – »in dieser Zeit«. Es war doch keine Frage dieser, jener oder irgendeiner anderen Zeit. Im Augenblick gab es nur die Zeit vor Roses Tod und die Zeit nach Roses Tod, und wenn sie zu ihm sagten: »in dieser Zeit«, meinten sie damit etwa, er dürfe für den Rest seines Lebens nie auch nur eine Minute allein gelassen werden? Es störte ihn, daß sie ständig um ihn herumscharwenzelten, und verblüfft dachte er über die Freiheit nach, die er noch vor einem Monat, ja noch vor zehn Tagen genossen hatte, all die Freiheit, die er gehabt hatte, ohne sie richtig zu schätzen. Damals, davor, war er unermeßlich frei gewesen. Er staunte über die Freiheit, die er gehabt hatte. Er wunderte sich über sie. Frei wie ein Vogel war er gewesen. Damals, als Rose noch lebte, hätte er, wenn ihm danach gewesen wäre, vor der geschlossenen Tür in der Diele auf und ab laufen können. Den lieben langen Tag hätte er dort auf und ab laufen können, die Diele hinauf, die Diele hinab, und ihm wären keine Fragen gestellt worden. Sie hätte nicht im Traum gewagt, ihn ins Verhör zu nehmen. Nach Lust und Laune hätte er dort auf und ab marschieren können. Natürlich hätte er etwas gesagt. Vielleicht hätte er gesagt: »Ich wollte mir nur ein bißchen Bewegung verschaffen«, oder dergleichen. Aber sie hätte nichts darauf erwidert. Vielleicht hätte sie gelächelt oder genickt, auf ihre verlegene Art, als ob ihr Hals kleine anmutige Gesten nicht gewohnt sei, was er ja auch nicht war, aber gesagt hätte sie nichts. Sie hätte ihre jeweilige Tätigkeit fortgesetzt und ihm keine Fragen gestellt. Vielleicht hätte sie gesagt – die Chance gab es immerhin –: »Ah, dir Bewegung machen, nun ja, wenn dir danach ist.« Das sollte beiläufig und unbeschwert klingen, kam aber nur unbeholfen heraus, wie bei einem schüchternen Kind, das versucht, besonders klug zu erscheinen. Höchstwahrscheinlich aber hätte sie ihm nur ein schamhaftes Lächeln geschenkt, als habe sie kein Recht zu erfahren, was er da trieb, und wäre fortgegangen, um sich irgendeiner unbedeutenden Arbeit zu widmen, die sie sich vorgenommen hatte. Sie wäre fortgegangen, und er wäre zurückgeblieben, umhüllt von ihrem Schweigen, das ihm grenzenlose Freiheit bescherte oder zumindest etwas, das er neuerdings als grenzenlose Freiheit wertete, selbst wenn es ihm damals nur wie eine Bürde vorgekommen war, jene Bürde der Unbestimmtheit, die in ihm immer nur die Frage ausgelöst hatte, was er denn jetzt schon wieder nicht getan hatte, das er hätte tun sollen, oder was er denn jetzt schon wieder nicht gesagt hatte, das er hätte sagen sollen. Er wußte nie, woran er mit ihr war. Er wußte nie genau, was er getan oder womit er seine Zeit verbracht hatte, da es keinen bestimmten Punkt gab, an dem er innehalten und ermessen konnte, was er getan oder womit er seine Zeit verbracht hatte. Jetzt hatte sie dafür gesorgt, daß er selbst unbestimmt geworden war, und wie sollte er sie betrauern, wenn ihm kaum etwas von ihr in Erinnerung geblieben war, bis auf die offensichtliche Tatsache, daß sie sanft, still, duldsam, schön – oder zumindest in ihrer Jugend mehr oder weniger schön – gewesen war? An vieles konnte er sich buchstäblich nicht erinnern. Schon begann er zu glauben, sie sei unsichtbar gewesen, doch als er das dachte, war ihm zumute, als müsse er vor lauter Angst gleich losheulen, denn wie konnte er nur so denken, wo sie doch da waren und von seiner verstorbenen Frau redeten und wo er doch wußte, daß er über vierzig Jahre lang eine Frau gehabt hatte, daß sie einen Sohn gehabt hatten und dieser Sohn ihnen ins Priesteramt entlaufen war, und nun stand er hier und hatte kaum eine Erinnerung an sie, konnte sich nicht einmal richtig darauf besinnen, sie oft gesehen zu haben. Und wie sollte er um etwas trauern, das sich nicht bestimmen ließ, oder etwas beklagen, das spurlos verschwunden war? Das war's – sie hatte keinen bleibenden Eindruck hinterlassen. Wie immer sie es auch bewerkstelligt hatte, sie hatte es fertiggebracht, mehr als vierzig Jahre lang mit einem Mann, einem empfindsamen, gutherzigen Mann, zusammenzuleben, ohne auch nur den geringsten Eindruck auf ihn zu machen. Sie war schon immer unmöglich gewesen. Etliche Male, vor langer Zeit, hatte er darauf angespielt. »Du bist unmöglich«, hatte er zu ihr gesagt. Und sie hatte *nichts* gesagt. Sie hatte nichts gesagt, und sie hatte ihm nichts gegeben, nichts, worüber er wütend, nichts, worüber er traurig sein konnte, nichts, worüber er lachen, nichts, worüber er staunen, und überhaupt nichts, woran er sich erinnern konnte. Sie hatte ihm nichts gegeben, und sie hatte ihm nichts hinterlassen, und indem sie ihm nichts hinterließ, hatte sie ihm das eine genommen, das ihm jetzt ein Fels der Kraft hätte sein können, jenen Fels der Trauer, auf dem er in seliger Vereinzelung hätte verharren können – unfähig zu sehen, zu hören, zu sprechen oder zu denken, vor lauter Kummer, der ihn ausfüllen und schließlich zugrunde richten würde. Jetzt aber würde dieses gewaltige Leid das bleiben, was es war, nämlich nur ein Traum von Leid, der ihm von seiner Warte aus vorkam wie ein Traum von Frieden, denn er wußte, in diesem entsetzlichen Leid würde er endlich Frieden finden, und dann könnte er sich in dem Wissen ausruhen, das Richtige und Angemessene getan und die richtigen und angemessenen Gefühle empfunden zu haben, jene Gefühle, die der gerechte Tribut sind, den wir dem Tod entrichten. Aber es war zwecklos. Er empfand nichts. Er konnte wie gewöhnlich sehen, hören und so weiter und verspürte sogar ein wenig Appetit.

Wenn sie ihn wenigstens am hinteren Fenster stehen und Roses Garten betrachten ließen, vielleicht könnte er sie ja dort unten sehen, so viel Zeit, wie sie darin verbracht hatte. Wenn sie ihn wenigstens dort stehen und auf ihren Garten hinausblicken ließen – und der Anblick lohnte sich durchaus –, vielleicht könnte er sie dort unten finden und wenigstens anfangen, sie zu vermissen –

und das war ja wohl das mindeste, was er tun konnte: sie zu vermissen. Aber er vermißte sie nicht, er vermißte sie nicht im geringsten; alles war genau wie immer, er vermißte sie nicht im geringsten, und wenn er versuchte, sich ans Fenster zu stellen und auf ihren Garten hinauszublicken, würde seine Schwester oder die andere herumglucken und versuchen, ihn aus sich herauszulokken. Damals, davor, als er noch seine Freiheit genoß, hätte er sich an dieses Fenster stellen können, solange er wollte, ohne daß sich jemand eingemischt hätte. Damals, davor, hätte er den ganzen Tag in seinem Sessel am Kamin sitzen und vor sich hinträumen, friedlich an gar nichts denken können, versunken in Erinnerungen, die so verworren und gleichförmig waren, daß sie ihm Wärme spendeten; so dazusitzen, nichts zu tun und sich im Grunde an gar nichts zu erinnern, war, als würde man an Wärme denken. Damals, als sie noch lebte und er von der Freiheit, die er genoß, noch nichts wußte, hätte er, solange er wollte, in seinem Sessel sitzen können, ohne ein Buch, eine Zeitung oder dergleichen in der Hand zu halten, und niemand wäre heraufgekommen, um ihn anzusprechen und ihn zu mahnen, nicht in Trübsal zu verfallen, sich zu beschäftigen und abzulenken. Woher wollten sie eigentlich wissen, daß das, was in ihm vorging, trübselig war, wo er doch nicht einmal selbst wußte, was in ihm vorging? Sie richteten ihn ab, als sei er ein Hund, ein armer, bedauerlicher Hund, der tun mußte, was man ihm befahl, und keine Fragen stellen durfte, nur weil er ein *Hund* war und aus keinem anderen Grund. Armer Hund. Armes Tier. Es ergab keinen Sinn. Er mußte sich munter geben, oder sie seufzten. Er mußte deutlich und mit einer gewissen Lebhaftigkeit sprechen, oder sie warfen ihm besorgte Blicke zu und stellten Mutmaßungen an. Jeden Tag mußte er einen Spaziergang machen, aber nicht etwa im Garten, denn der gehörte ihr und war zu trübselig, sondern vor dem Haus – um seinen Spaziergang machen zu können, mußte er vor die Tür gehen. Sie schienen zu glauben, hinter dem Haus gäbe es keine frische Luft mehr, nur noch vor dem Haus, vor der Haustür, wo die Nachbarn auf ihn zukamen, Leute, die er nur vom Sehen kannte und die ihm Dinge sagten, die er kaum verstand und nicht hören wollte, obwohl er wie durch ein Wunder immer wieder die richtigen bekümmerten Erwiderungen auf all ihre bekümmerten Gemeinplätze herausbrachte. Und er spürte, daß jedes Wort, das er von sich gab, eine Lüge war, und wenn er ins Haus zurückkehrte, war er erschöpft.

Er hätte sich gern alles von der Seele geredet. Gern hätte er seiner Schwester und den anderen gestanden – er sehnte sich geradezu danach –, daß er keinen Kummer verspürte. Er wollte ihnen die Wahrheit gestehen. Er wollte, daß sie wußten, was für ein Heuchler, was für ein elender Heuchler er war, oder ihnen wenigstens beweisen, daß sie ihn zum Heuchler machten. Aber wenn er ihnen die Wahrheit gestünde, würden sie ihn für ein Ungeheuer halten, und lieber wollte er sich damit abfinden, ein Heuchler zu sein, als für ein Ungeheuer zu gelten. Er war ein Mann, der keinen Kummer verspüren konnte, ein leerer Mann. Dennoch hätte er gern die Freiheit gehabt, tun zu können, was ihm beliebte, aber er zögerte, ihre Gefühle zu verletzen. Ihm kamen allerlei scharfzüngige Bemerkungen in den Sinn, aber aussprechen wollte er sie nicht, es sei denn, man trieb ihn in die Enge. Er wußte, die beiden Frauen meinten es gut mit ihm. Natürlich konnte er sie auffordern zu gehen. Sie würden protestieren, aber am Ende würden sie gehen, und dann wäre er allein, dann könnte er still sein. Wenn er sie des Hauses verwiese und sie merkten, daß es ihm ernst war, würden sie gehen müssen. Aber er brachte es nicht über sich, da sie es so gut mit ihm meinten, und außerdem konnte er im Hinterkopf behalten, daß er sie jederzeit loswerden könnte, jederzeit. Es war etwas, worauf er sich freuen konnte, auf den Augenblick, da er sie ein für allemal hinauswerfen würde, und er freute sich wirklich darauf. Stand sein Entschluß erst einmal fest, würden sie ohne Wenn und Aber gehen müssen. Stand sein Entschluß erst einmal fest, würde er nicht mit sich spaßen lassen, einstweilen aber ließ er sie im Haus schalten und walten und tat, wie ihm geheißen, und darin würde er so lange fortfahren, wie es ihm paßte, und keine Minute länger. Aber es war angenehm, sich auf den Augenblick zu freuen, da er sie hinauswerfen würde. Er würde sie schalten und walten lassen, er würde ihnen ihren Willen lassen, sie würden sich einbilden, sich eingenistet zu haben, und plötzlich, völlig unvermittelt, würde er sich gegen sie wenden und ihnen zeigen, wer hier der Herr im Hause war. Der Augenblick würde kommen. Dessen war er gewiß. Sie würden es zu weit treiben. Ganz sicher. Er würde handeln, wenn sie es am wenigsten erwarteten, und er würde sie vernichtend schlagen. Er würde sie zum Teufel jagen. Als er sich die Überraschung auf ihren Gesichtern ausmalte, mußte er lächeln, und dabei ertappte ihn seine Schwester, und er ertappte sie dabei, wie sie ihn ertappte, mit jener mitfühlenden Miene, die ausdrücken sollte, daß sie ihm freundliche, sanfte, zartfühlende, glückliche Gedanken über die liebe Verstorbene zutraute, und er war so verärgert, daß er sie hätte schlagen können, zog die Mundwinkel herab und begann wieder finster dreinzublicken.

Sie hielten es für ein Zeichen der Trauer, daß er ihnen befohlen hatte, Roses Zimmer unangetastet zu lassen, dabei war es überhaupt kein Zeichen der Trauer. Als er ihnen aufgetragen hatte, die Tür zu schließen und geschlossen zu halten, war er einer Eingebung gefolgt. Er hatte einfach nur seine Autorität geltend machen, eine vernünftige Anweisung erteilen und sich Gehorsam verschaffen wollen, und sie hatten ihm gehorcht, aber es war keine wichtige Sache gewesen, bis die geschlossene Tür mit einem Mal auf rätselhafte Weise ungeheuer wichtig geworden war.

Wenn er erst einmal allein in jenes leere Zimmer ginge und die Tür hinter sich zumachte, dachte er, würde er klarer denken können und etwas in Erfahrung bringen, wovon er jetzt noch nichts wußte. Einmal im Zimmer, würde er sich andere Seiten von ihr in Erinnerung rufen können als die, daß sie demütig und geschäftig durchs Haus gehuscht war – so wie er sie jetzt im Gedächtnis bewahrte. Einmal im Zimmer, würde er mehr entdecken als ewige Ergebung. Noch ihr letztes an ihn gerichtetes Wort war ein »Ja« gewesen. Daran war nichts Befremdliches, immer hatte sie ja gesagt, doch selbst andauernde Ergebung war ihr nicht unbestimmt genug gewesen; bis auf dieses allerletzte Ja hatte sie selbst ihre Jas stets abschwächen müssen – »Ja, gut«, »Ja, wenn du meinst«, »Ja, ich habe nichts dagegen, wenn du magst. Wenn du möchtest, vermutlich, ja.« Aber jenes letzte abschließende »Ja«, als er sie fragte, ob er nach dem Arzt schicken solle, stand in seiner Erinnerung einzigartig da. Er konnte jetzt noch ihre Stimme hören, wie sie »Ja« sagte, und erinnerte sich, daß er trotz seiner Besorgnis überrascht, ja vielleicht sogar erfreut gewesen war, weil sie so entschlossen klang. Es war, als habe er, als sie so »Ja« zu ihm sagte, zum ersten Mal nach langer Zeit wieder ihre Stimme vernommen.

So wie er sich auf den Tag freute, an dem er seiner Schwester und der anderen Frau befehlen würde, sein Haus zu verlassen, so freute er sich jetzt auf die Gelegenheit, in das leere Zimmer zu schlüpfen und sich allein darin aufzuhalten, ohne daß jemand von seiner Anwesenheit wüßte. Er wartete auf eine Gelegenheit, da beide aus dem Haus wären. Darauf arbeitete er hin. Er schmeichelte sich bei ihnen ein. Er saß nicht in seinem Sessel am Kamin und träumte vor sich hin, sondern hielt ein Buch in der Hand, in dem er aufmerksam las. Er ließ sich das Abendblatt bringen, als sei er daran interessiert, was in der Zeitung stand. Er blickte nicht aus dem hinteren Fenster auf Roses Garten. Er aß, was ihm vorgesetzt wurde, und deutete sogar an, daß, wenn sie beide scharf nachdächten und ihr Hirn anstrengten, ihnen vielleicht einfallen würde, daß er seine Eier warm und weichgekocht liebte, da einem kalte, hartgekochte Eier schwer im Magen lagen, besonders frühmorgens. Er wurde verwegener. Er schlug ihnen vor, sie sollten, wenn die vorgeschriebene Trauerzeit vorüber sei, alle drei ihren Sonntagsstaat anziehen, mit dem Taxi in die Stadt fahren und sich ein Theaterstück oder dergleichen ansehen. Sie blickten ihn erstaunt an, dann wandten sie die Gesichter wieder ab wie enttäuschte Katzen, die sehen, daß ihr Opfer sich nicht mehr regt, und die hoffen, es dadurch, daß sie so tun, als würden sie es nicht mehr beachten, wieder zum Leben zu erwecken, damit es weiter in ihrer Gewalt bleibt. Mr. Derdons Schwester und die Putzfrau also sahen erschrocken weg, dann sahen sie wieder zu ihm hin, aber er kannte ihre Eigenheiten und lächelte noch immer. »Wir tun der armen Rose keinen Gefallen, wenn wir mit langen Gesichtern hier herumsitzen«, sagte er.

Zwei Tage später, vielleicht auch schon am nächsten Tag, war Mr. Derdon durch ein Wunder, das ihm sorgfältig erklärt wurde, während er zuzuhören vorgab, nachmittags allein zu Hause. Bevor er die Tür zu Roses Zimmer öffnete, zögerte er eine Weile. Wie er es sich ersehnt hatte, lief er kurz in der Diele auf und ab und dachte darüber nach, wie es sein würde, das Zimmer zu betreten. Er wollte nicht blind hineintappen. Schließlich würde die Leere, die sich seit Roses Tod darin ausgebreitet hatte, für immer zerstört werden, sobald er das Zimmer beträte, und er war darauf bedacht, einen Eindruck von ihr zu gewinnen, bevor sie sich verflüchtigte. Er lief etliche Male auf und ab, dachte intensiv nach und rieb sich die Hände, doch dann drehte er, ohne weiter nachzudenken, den Türknauf, öffnete die Tür, trat ein und schloß die Tür hinter sich. Da war nichts. Da war nicht einmal eine wahrnehmbare Leere. Es war ihr Zimmer, oder es war ihr Zimmer gewesen, aber sie selbst war nicht mehr da. Das Zimmer blieb stumm. Die Leere, oder was er als Leere empfand, war nichts Besonderes, und er konnte sich nicht vormachen, daß er sie als jene spezielle und individuelle Leere empfand, die Rose hinterlassen hatte, die sie und nur sie hinterlassen haben konnte. Es war eine allgemeine Leere, die ihren Platz ausfüllte – ebensogut hätte er in ein herabgefallenes Nest spähen können, um die Natur eines Nicht-mehr zu entdekken. Er wurde es leid, sich in etwas hineinzudrängen, das nicht da war und ihm insofern keinen Widerstand leisten konnte. Es gab in diesem Zimmer keinen Widerstand. Es gab nichts, wogegen er seine Kräfte aufbieten konnte. Er war enttäuscht, wie damals als Kind, wenn das Weihnachtsfest vorbei war, und zugleich war er nervös, als müsse er eine Prüfung bestehen, vor der man ihn nicht gewarnt hatte, von der er nicht gewußt hatte, daß man sie bestehen müsse, auf die er nicht vorbereitet war und auf die er sich nicht vorbereiten konnte, da er keine Ahnung hatte, welche Fragen man ihm stellen würde oder welchen Tests er sich unterziehen müsse. Schon immer hatte er unter dem unbehaglichen Gefühl gelitten, daß es etwas gab, das nur andere Menschen wußten, etwas, das jedermann wußte und als selbstverständlich ansah, nur er nicht. Manchmal hatte er gehofft, durch einen glücklichen Zufall auf dieses bißchen Allgemeinwissen zu stoßen – ein Prüfstein, der ihm jenes Geheimnis offenbaren würde, dessen Vorhandensein er ahnte, jenes Geheimnis, an dem die anderen teilhatten und das ihm verschlossen blieb. Immerfort schoß ihm der eine Gedanke durch den Kopf: »Das Leben muß doch noch mehr zu bieten haben, das Leben muß doch noch mehr zu bieten haben.« O ja, allerdings mußte es noch mehr zu bieten haben, dachte er, und in diesen ungläubigen Momenten schielte er in die Gesichter der Leute, die ihm auf der Straße entgegenkamen, versuchte, ihren Mienen abzulesen, welches Wissen sie Tag für Tag am Leben erhielt, denn nicht jeder hatte seine Kraft und nicht jeder, ja kaum irgendwer konnte die innere Stärke besitzen, um in der Verwirrung, in der er, Hubert, lebte, tagaus, tagein weiterzumachen. Es war kaum möglich, daß auch andere, wie er, aus keinem ersichtlichen Grund Tag für Tag weiterlebten oder, wie er, tapfer den Schein wahrten, tapfer jene respektable Fassade aufrechterhielten, die eine Fassade war vor nichts und nichts als Fassade. In solchen Momenten, wenn er das Gefühl hatte, einen weiteren Anlauf nehmen zu müssen, um hinter das Geheimnis zu dringen, warf er einen Blick in Roses Gesicht, immer nur einen flüchtigen Blick und immer nur, wenn er meinte, sie würde nicht bemerken, daß er sie ansah. Er erinnerte sich, wie er bei diesen Gelegenheiten, an diesen Abenden, wie gewöhnlich Hut und Mantel an die Garderobe hängte, seinen Regenschirm in den Ständer stellte und durch die Diele ins Wohnzimmer ging, wo sie saß, sich ihr gegenübersetzte und seine Abendzeitung aufschlug, doch benutzte er bei diesen Gelegenheiten die Zeitung nur als Tarnung; er gab vor zu lesen, während er sie in Wahrheit beobachtete, nicht in seiner Rolle als Ehemann, ja nicht einmal überhaupt als Mann, sondern als demütiger Bittsteller, der hoffte, sie könne ihm Auskunft geben, was sie all die Jahre über zusammengehalten hatte oder was irgendein Paar zusammenhielt oder was die Leute überhaupt am Leben erhielt, so wie es ihnen vorgezeichnet war. Wann hatte all dieser Gehorsam begonnen, und wer hatte den vorgeschriebenen Weg ausersehen, den Männer und Frauen widerspruchs- und meist auch klaglos gingen? Vor allem aber, was für ein Grund war genannt worden, der diesen Gehorsam erzwang, und weshalb war dieser Grund nicht auch ihm genannt worden, so wie allen anderen? Es gab ein allgemein bekanntes Geheimnis, in das nur er nicht eingeweiht war, und inzwischen kam es ihm vor, als müsse auch der Kummer ihm ein Geheimnis bleiben, denn selbst jetzt, da er in dem Raum saß, in dem sie einen großen Teil ihrer Zeit verbracht und in dem sie geschlafen hatte, empfand er keinen Kummer. Er saß auf dem Stuhl mit der geraden Lehne, den sie immer bei ihrer Nähmaschine stehen hatte. Die Nähmaschine war geschlossen, die flache, glatte Oberfläche dort, wo Rose, wenn sie die Maschine nicht benutzte, einige ihrer Pflanzen abgestellt hatte, von blaßweißen Ringen gezeichnet. Sie hätte sich einen kleinen Blumentisch anschaffen können. Die Ausgabe hätte ihn nicht gestört. Er hätte ihr das Geld für einen Tisch gegeben, wenn sie ihn darum gebeten hätte, nur hatte sie ihn nicht darum gebeten. Sie hatte es vorgezogen, die Märtyrerin zu spielen, und da er keinerlei Hoffnung mehr hatte, sich je mit ihr verständigen zu können, hatte er vor lauter Verachtung keine Notiz von ihr genommen oder, wenn man so wollte, ihr ihren Willen gelassen. Wenn sie mit der Maschine nähen wollte, räumte sie lieber ihre Kommode ab. Dann hob sie die Pflanzen, darunter auch große und schwere, auf die Kommode, und wenn sie alle sicher aufgereiht waren, öffnete sie die Nähmaschine, beugte sich dicht darüber und machte sich an die Arbeit. War die Arbeit beendet, begann sie den ganzen mühsamen Vorgang von vorn und stellte die Pflanzen wieder an ihren Platz auf der Maschine. Für sie war die Maschine ein behelfsmäßiger Blumentisch, so wie vieles in ihrem Leben nur ein Behelf war. Zum Beispiel die Anordnung der alten Pralinenschachteln auf der Wäschetruhe unter dem Regal, in dem sie ihre wenigen Bücher aufbewahrte. Wenn man diese Pralinenschachteln sah, wenn man die sorgfältige Ordnung bemerkte, in der sie aufgestapelt waren, nach Größe, aber auch nach Form: eine rechteckige akkurat und mittig auf eine größere rechteckige gesetzt, die quadratischen wie Bauklötze auf den quadratischen und die beiden länglichen etwas abseits plaziert und das Arrangement gerader Linien und rechter Winkel beschließend, wie das alles von Sauberkeit, Sorgfalt und einem überwältigenden Ordnungssinn zeugte – wenn man all dies sah, lag die Vermutung nahe, daß die Schachteln irgend etwas von Wert oder Interesse enthielten. Was aber enthielten sie? Dreißig Jahre alte, längst bezahlte Rechnungen. Rezepte für Festmahle, die sie nie gekocht hatte, für so ausgefeilte Festmahle, daß sie von einem Besuch des englischen Königspaares geträumt haben mußte, als sie die Menüs aus den Illustrierten ausschnitt, in denen sie sie gefunden hatte. Schnittmuster für Kleider, die zu tragen sie in ihrem ganzen Leben keinen Anlaß gehabt hätte – es gab ein ganzes Heft mit Mustern, Maßen und allem für die Anfertigung eines Ballkleides aus Atlas. Wenn es nicht so bemitleidenswert gewesen wäre, hätte man darüber lachen können. Eine der Schachteln enthielt Kärtchen mit Stoffproben – Tweed, Serge, Anzug- und Mantelstoffe. Er wußte, wie sie an diese Kärtchen herangekommen war. Sie hatte es ihm nie erzählt, aber er kannte sie gut genug, um zu wissen, wie sie an diese Kärtchen herangekommen war. Er sah sie jetzt noch vor sich, wie sie vor dem Schneidergeschäft stand, einmal vor diesem, einmal vor jenem, die Stoffballen und die Bilder von Anzügen und Mänteln im Schaufenster bewunderte und sich vornahm, etwas in Auftrag zu geben, ein Kostüm vielleicht, und wie sie sich überlegte, welchen Schnitt es haben und aus welchem Material es sein sollte. Er sah, wie sie sich ein Herz faßte, die Ladentür aufstieß und mit jener halb schüchternen, halb gewichtigen Miene eintrat, die sie immer in der Öffentlichkeit zur Schau trug und die ihn fast bis zur Weißglut reizte. Und er sah, wie sie auf den Maßschneider zuging, den vornehmen Akzent einer Dame annahm, die ihm die Gunst ihrer Kundschaft erweisen mochte oder auch nicht, und Schnitt und Stil eines Mantels oder eines Rockes erörterte oder was immer es war, das sie zu kaufen gedachte. Und er sah sie in all ihrer Ernsthaftigkeit, wie sie sich von dem Schneider die Karte mit den Stoffproben geben ließ, diese mit nach Hause nahm und sich nachmittags allein hinsetzte und zu träumen anfing, er sah, wie sie sie ans Fenster trug, um die Muster bei besserem Licht betrachten zu können, und den Blick nur hob, um die Blumen in ihrem Garten anzusehen, und dabei die ganze Zeit träumte, träumte, träumte, immer nur träumte. Wovon hatte sie ihr ganzes Leben lang geträumt? Sie hatte es ihm nie verraten. Sie hatte nicht einmal zugegeben, daß sie ihre Zeit verträumte. Hätte man sie gefragt, woran sie »dachte«, sie hätte geantwortet: »Ach, an nichts«, und sich eilends mit irgend etwas beschäftigt, um die Aufmerksamkeit von sich abzulenken. Oder sie hätte, auf welche Frage auch immer, geantwortet: »Auf dem Linoleum bei der Tür ist ein böser Kratzer. Ich habe mir überlegt, wie ich ihn am besten verdecken kann.« Sie war die Unaufrichtigkeit in Person.

Der Inhalt der Pralinenschachteln zeugte von einem Gemüt, das ganz dem Belanglosen und Behelfsmäßigen verfallen war, dem Sich-Behelfen, Einteilen und Auskommen, um nur ja alles verwerten zu können, um nur ja nichts vergeuden zu müssen außer ihrer Zeit und ihrem Leben, und seiner Zeit und seinem Leben. Dennoch hatte er, wenn er sie heimlich beobachtete, die Hoffnung gehegt, daß sie jenes allgemein bekannte Geheimnis, das allen enthüllt worden war außer ihm, kannte und ihm anvertrauen würde. Schließlich war sie schwach gewesen, und es war undenkbar, daß sie einfach so dahingelebt hatte, ohne von irgend etwas getragen worden zu sein, von einer Wahrheit oder einem Glauben, einem Zauberwort, einem Trost, den sie mit ihm hätte teilen können, wenn sie denn fähig und willens gewesen wäre, sich mitzuteilen. Aber die Zeiten, da er sie beobachten konnte, waren immer seltener geworden, denn je älter er wurde, um so unfähiger wurde er, die innere Unruhe zu ertragen, die über ihr Gesicht hinwegzitterte, wenn sie seinen Blick auf sich spürte. Sie saß da, strickte, nähte, stopfte oder blätterte in einer der Haushaltsillustrierten, die sie liebte, das Gesicht stets auf das gerichtet, was sie gerade in den Händen hielt, doch sie merkte es sofort, wenn er sie ansah, und die Veränderung ihrer Miene war ein schrecklicher Anblick. Ihr Gesicht zerfiel vor Scham und Furcht. Worauf alles hinauslief, das A und O von alledem, war, daß sie sich vor ihm fürchtete. Einmal, vor langer Zeit, hatte sie ihn so gereizt, daß er sie herausforderte. »Bin ich ein Ungeheuer oder was?« hatte er sie angebrüllt. »Was ist mit dir? Was ist nur mit dir los? Warum hast du Angst davor, mich anzusehen? Bin ich ein Ungeheuer?« Aber sie hatte so heftig gezittert, daß er sie in Ruhe ließ. Vor Fragen hatte sie Angst. Er ließ sie in Ruhe. Aber es hatte keinen Sinn, das Ganze wiederzukäuen, es hatte keinen Sinn, darüber nachzugrübeln, am besten schlug er es sich aus dem Kopf.

Trotzdem konnte er nicht glauben, daß selbst ein so lebensuntauglicher Mensch wie sie aus dem Leben treten konnte, ohne auch nur irgendeine Spur zu hinterlassen. Eine Spur wäre ein Zeichen, das ihn zu dem Kummer wiese, den er ihr zuliebe erleiden wollte. Aber es gab kein solches Zeichen.

Er stand auf und trat an ihr Bett. Es war schmal. Er stand so da, wie er an ihrem letzten Morgen dagestanden hatte. Natürlich hatte er nicht geahnt, wie schlecht es ihr ging, als er sie an jenem Morgen ansah. Als sie nicht wie sonst pünktlich um neun Uhr mit seinem Frühstück erschienen war, das er gern allein in seinem Zimmer zu sich nahm, war er in ihr Zimmer gegangen. In Morgenmantel und Hausschuhen ging er in ihr Zimmer, und sie lag untätig im Bett. Obwohl sie die Augen geöffnet hatte, blickte sie ihn nicht einmal an, und er war so überrascht, sie zu sehen, es war so lange her, daß er sie im Bett hatte liegen sehen, daß er fragte: »Was machst du denn im Bett, Rose?« Und sie antwortete: »Nichts.« Ihre Stimme klang vollkommen normal. Er setzte zu einem kleinen Scherz an, der dazu überleiten sollte, sie an das Frühstückstablett zu erinnern, als sie, mit derselben vollkommen normalen Stimme, sagte: »Ich habe entsetzliche Brustschmerzen.« Und kaum hatte sie diese Worte geäußert, als er die Schmerzen auch schon in der eigenen Brust verspürte, doch bei ihm war das nichts Neues, es war nur allzu vertraut. Schon oft hatte er zu ihr gesagt, wie vertraut ihm diese Schmerzen seien, und hier war sie wieder, die Botschaft seines verräterischen alten Herzens, die ihn eines Tages noch ins Grab bringen würde, und er legte die Hand auf die Brust und fragte: »Soll ich den Arzt rufen? Wenn er hier ist, kann er mich gleich mit untersuchen.« Aber Rose antwortete ihm nicht. Statt dessen sah sie ihn an, und ihr Blick, der ihm stets angsterfüllt und ausweichend, ja verstohlen, abwesend und unruhig vorgekommen war – dieser Blick aus verschleierten grünen

Augen schien plötzlich ganz ihr anzugehören, so als habe sie erstmals das Kommando über ihn übernommen und bestehe auf ihrem Recht, selbst hinzusehen, selbst zu schauen und zwar nicht irgend etwas, sondern alles, und dann zu wählen, was sie wirklich sehen wollte; aber nicht so, daß sie das übrige nicht zur Kenntnis nahm, sondern als würde sie dasjenige betrachten und in Besitz nehmen, was für sie empfänglich wäre, und wenn das, was für sie empfänglich war, Freude war, dann betrachtete sie Freude, und wenn es Schmerz war, dann betrachtete sie Schmerz, und wenn es Grausamkeit war, dann betrachtete sie Grausamkeit, bis Grausamkeit, Schmerz und Freude durcheinanderzuwirbeln begannen und ihr das zeigten, was sie zuallererst hatte sehen wollen: ein Gesicht, das sie bereitwillig anlächelte, Augen, die sie zu erkennen schienen, ein Herz, das bereit war, sie zu achten, und Hände, die sie kannten, sie aber dennoch so wollten, wie sie war, was immer sie war.

So hatte sie dagelegen und ihn angeschaut, aber seine Frage hatte sie immer noch nicht beantwortet, und wieder fragte er, wobei er noch immer den Morgenmantel über seinem Herzen massierte, um auf seine eigenen Schmerzen hinzuweisen: »Soll ich den Arzt nun rufen oder nicht? Ich glaube, ich rufe ihn in jedem Fall, für mich. Möchtest du, daß ich ihn rufe?« Und Rose hatte gesagt: »Ja.« »Ja«, sagte sie, und dieses eine Wort kam geschwind heraus, wie ein Seufzer oder ein Lacher, wie ein Laut der Einsicht, der Hinnahme und des Hohns. »Ja«, sagte sie, aber nur einmal, als gebe sie sich endlich geschlagen und akzeptiere etwas, das sie bis dahin nicht hatte akzeptieren wollen.

Da war er losgegangen und hatte den Arzt gerufen, und er hatte sich ins Wohnzimmer gesetzt und gewartet, und er hatte gewünscht, jemand würde ihm eine Tasse Tee bringen, und als der

Arzt eintraf und das Zimmer betrat, konnte er natürlich nur noch feststellen, daß es aus und vorbei war mit Rose.

Jetzt, dachte Mr. Derdon, war es zwecklos, noch länger in diesem Zimmer zu verweilen. Hier war nichts zu entdecken. Er öffnete die Tür, trat hinaus in die Diele und ließ die Tür hinter sich offenstehen. Mochten seine Schwester und die Putzfrau nur hineingehen und tun, was sie für richtig hielten – aufräumen, ihre Kleider aussortieren und was noch alles. Ihm war es einerlei, was sie taten. Er ging in die Küche und sah sich um, dann verließ er die Küche wieder und blieb einen Augenblick in der Diele stehen, und dann ging er ins Wohnzimmer und setzte sich in seinen Sessel am Kamin. Er war zu müde zum Lesen und zu müde zum Denken, aber er konnte sich nicht bremsen. Es war ihm ein Rätsel, wohin ihr gemeinsames Leben entschwunden war oder weshalb sie überhaupt zusammengefunden hatten. Er erinnerte sich an den Abend, als er um sie angehalten hatte. Draußen vor der Stadt, in der sie wohnte, hatten sie zusammen auf einer kleinen Steinbrücke gestanden, die über einen Fluß führte. Er hatte gar nicht beabsichtigt, sie an jenem Abend zu fragen – er hatte vorgehabt, sie noch eine Weile zappeln zu lassen, damit sie nicht zu selbstsicher würde –, doch plötzlich wandte er sich zu ihr und sagte: »Ich habe mir gedacht, wir könnten vielleicht heiraten.« Sie starrte weiter auf das dahinfließende Wasser und antwortete nicht. Da sagte er: »Ich frage mich, ob du mich überhaupt in Betracht gezogen hast.« Sie antwortete immer noch nicht und hob nicht einmal den Kopf. Da sagte er: »Rose, um Himmels willen, bitte, wirst du mich heiraten?« Und sie hob den Kopf, sah ihn an – damals waren ihre Augen noch klar – und sagte: »Ja«, und mehr sagte sie nicht. »Ja«, hatte sie gesagt, in einem Tonfall, der entschlossen klang und ihr doch abgerungen schien, so als habe sie ja sagen wollen und sei auch darauf gefaßt gewesen, hätte das Ja jedoch gern noch ein Weilchen hinausgezögert, nur ein kleines Weilchen. Ihr Gesicht, das sie ihm an jenem Abend zugewandt hatte, war das Gesicht von jemandem gewesen, der mitten in einen tiefen See gefallen war und nicht schwimmen konnte, auf Hilfe aber eher hoffte als um Hilfe rief. »Es war unachtsam von mir, in dieses tiefe Wasser zu fallen«, schien ihr Gesicht zu besagen, »und ich bin ganz allein schuld daran, weil ich nicht schwimmen gelernt habe, aber auch wenn es dumm von mir war, nicht schwimmen gelernt zu haben, und auch wenn das Wasser tief ist, möchte ich nicht ertrinken.« Da hatte er die Arme um sie gelegt und ihr versprochen, für immer auf sie aufzupassen. Als er jetzt am Kamin saß und an jenen Abend zurückdachte, stellte er fest, daß er ihr Gesicht, so wie es damals ausgesehen hatte, ganz deutlich vor sich sah. Er konnte ihr Gesicht sehen, und in ihm all die Dinge, die es ihm in Aussicht gestellt hatte, all die Verheißungen, die sich nicht erfüllt hatten. Ihr Gang, ihr Schritt hatte mutig, frei und entschlossen gewirkt, und jetzt kam ihm wie so oft der Gedanke, daß er sich genau dieser Eigenschaften wegen in sie verliebt hatte, Eigenschaften, die sie überhaupt nicht besaß. Es war nicht Roses Schuld, daß er sich in ihr geirrt hatte. Von ferne hatte sie geleuchtet, doch in der Nähe hatte sie aufgehört zu leuchten. Dennoch, sie war fort, sie war gutherzig gewesen, und er wünschte, er könnte sie vermissen.

Als seine Schwester nach Hause kam und sah, daß die Tür zu Roses Zimmer offenstand, eilte sie ins Wohnzimmer und stellte Mr. Derdon, der am Kamin saß, zur Rede.

»Ich habe gesehen, daß die Zimmertür offensteht«, sagte sie.

»Ich finde, sie war lange genug geschlossen«, erwiderte er. »Wir können ihr Zimmer doch nicht in einen Schrein verwandeln.«

»Bist du hineingegangen?« fragte sie.

»Ja«, antwortete er. »Ich bin hineingegangen.«

Er sah zu ihr auf.

»Es ist leer«, sagte er, legte die Hände vors Gesicht und fing an zu weinen. Seine Schwester fing ebenfalls an zu weinen, sie ging aus dem Zimmer und kam gleich darauf mit einer Tasse Tee für ihn zurück. Er lehnte den Tee ab, und als sie ihm vorschlug, den Arzt zu holen, lehnte er es ab, den Arzt zu empfangen. Er wollte die Hände nicht von seinem Gesicht nehmen, und er wollte nicht aufstehen, in sein Schlafzimmer gehen und sich hinlegen, er wollte nichts anderes tun als weinen. Die Tränen schmerzten ihn. Sie taten seiner Brust und seinen Augen weh, schienen die tiefen, holzschnittartigen Furchen in seinem Gesicht und an seinem Hals herabzulaufen, und sie taten seinem Hirn weh, bis dieses ebenfalls schmerzte. Aber die Tränen liefen nicht einfach an seinen Wangen herab und trockneten dann. Vielmehr ergossen sie sich über seinen ganzen Körper und blieben haften und schlugen über ihm zusammen, und als er versuchte, sie zu unterdrücken, da er befürchtete, an ihnen zu ersticken, von ihnen umschlossen zu werden, strömten sie nur um so heftiger und schienen kein Ende nehmen zu wollen. Die Tränen steckten ihn in eine Art Zwangsjacke, und er konnte nicht sprechen. Jetzt, da er nicht sprechen konnte, wünschte er, er könnte sprechen, denn er sehnte sich danach, seiner Schwester die Wahrheit zu sagen und die Angelegenheit ein für allemal aus der Welt zu schaffen. Die Tränen schmerzten und überzogen ihn mit einem Weh, das mit jeder Minute unerträglicher wurde, doch was ihn am meisten peinigte, war sein Unvermögen, seiner Schwester zu gestehen, er weine nicht um Rose (denn tatsächlich empfand er um ihren Tod gar keine Trauer), sondern er weine um seine Unfähigkeit zu trauern (denn die arme

Rose hatte wirklich mehr verdient als eine beiläufige Entlassung aus dem Leben), vor allem aber weine er einzig und allein deshalb, weil er sich selbst bedauere. Er bedauerte sich selbst, und er weinte, mehr ließ sich dazu nicht sagen. Aber er bekam den Mund nicht auf, um es seiner Schwester mitzuteilen, und diese, selbst hilflos vor Tränen, blickte ihn fortwährend an und murmelte, wie glücklich Rose im Himmel sei, und er bekam den Mund nicht auf, um ihr zu sagen, dies alles sei nur Maskerade und er nur ein Heuchler von einem Mann, und als er, nach langer Zeit, seine Fassung endlich wiedergewann, schien es ihm nicht länger der Mühe wert, es ihr zu sagen, und so kam es, daß er es weder ihr noch irgendeinem anderen Menschen jemals offenbarte.

Editorische Notiz

Die hier versammelten Erzählungen über das Dubliner Ehepaar Hubert und Rose Derdon sind dem Band *The Springs of Affection. Stories of Dublin* (Boston/New York: Houghton Mifflin, 1997) entnommen und wurden für die vorliegende Ausgabe in der chronologischen Reihenfolge der darin geschilderten Ereignisse neu zusammengestellt. Erstveröffentlicht wurden sie wie folgt:

»The Poor Men and Women« (»Die armen Männer und Frauen«), in: *Harper's Bazaar,* April 1952

»An Attack of Hunger« (»Ein Hungeranfall«), in: *The New Yorker,* 6. Januar 1962

»A Young Girl Can Spoil Her Chances« (»Ein junges Mädchen kann sich um seine Chancen bringen«), in: *The New Yorker,* 8. September 1962

»The Drowned Man« (»Ein Mann ertrinkt«), in: *The New Yorker,* 27. Juli 1963

»A Free Choice« (»Eine freie Wahl«), in: *The New Yorker,* 11. Juli 1964

»Family Walls« (»Glaswände«), in: *The New Yorker,* 10. März 1973

MAEVE BRENNAN

Die Besucherin

Novelle
Aus dem Englischen und mit einem Nachwort
von Hans-Christian Oeser
96 Seiten, Hardcover mit Schutzumschlag

*

Die junge Anastasia King kehrt nach dem Tod ihrer Mutter aus Paris traurig und einsam zu ihrer Großmutter nach Dublin zurück. Sie trifft auf eine kaltherzige alte Frau, die ihre Enkelin nur als Gast duldet. Für irgend etwas nimmt die Großmutter Rache an Anastasia und treibt sie in ein emotionales Katz-und-Maus-Spiel.

»Eine eindrucksvolle literarische Wiederentdekkung«. *Berliner Zeitung*

»Ein wunderbares, unendlich trauriges Buch, dessen größter Zauber darin besteht, daß es den Leser nicht traurig macht, sondern hoffnungsfroh.«
Frankfurter Allgemeine Zeitung

GEORGINA HAMMICK

Fluchtwege

Roman
Aus dem Englischen von Thomas Piltz
368 Seiten

*

Armer Dexter Bucknell: Seine Freundin will ihn nicht heiraten, seine Bank ihm keinen Kredit geben, und seine alte Mutter rechnet ernsthaft damit, daß er einmal ihren Hof übernimmt – es ist zum Davonlaufen. Doch seinem verkorksten Leben kann er nicht entfliehen, denn mit zarter Hand hat Georgina Hammick solide Fallstricke ausgelegt.

»Ein Stück große Literatur, die sich mit sehr alltäglichem Material befaßt. (...) Hammicks Roman geht bei aller scheinbaren Leichtigkeit ans Eingemachte.«
Frankfurter Allgemeine Zeitung

»Georgina Hammick erzählt eine Geschichte, sensibel, klug und spannend, die irgendwann unmerklich weiterläuft – ins eigene Leben.« *Neue Zürcher Zeitung*

»Mit Leichtigkeit und subtilem Witz erzählt Hammick von Liebesverschleiß und Beziehungsangst, von Sehnsucht nach Nähe und dem Wunsch, allein zu sein.« *Die Tageszeitung*

Steidl Verlag · Düstere Straße 4 · 37073 Göttingen
www.steidl.de

CLAIRE KEEGAN

Wo das Wasser am tiefsten ist

Erzählungen
Aus dem Englischen von Inge Leipold
und Hans-Christian Oeser
stb 200, 240 Seiten

*

Eine Frau, die aus dem vorgezeichneten Einerlei ihres Lebens ausbrechen will, ein Mädchen auf der Schwelle zum Erwachsenwerden, ein Mann, der mit einer furchtbaren Schuld beladen ist – das sind einige der Helden der irischen Schriftstellerin Claire Keegan. Jede ihrer Erzählungen entblättert eine große oder kleine Abgründigkeit und liest sich dabei so spannend wie ein Thriller. Gerade im Verschwiegenen enthüllen sich ganze Lebensdramen.

»Diese Erzählungen zählen zu den besten, die ich seit Jahren gelesen habe.« *Roddy Doyle*

»Die erstaunliche irische Autorin hat einen Band mit Erzählungen vorgelegt, die vom ersten bis zum letzten Satz elektrisieren.« *Frankfurter Allgemeine Zeitung*

»Ein literarisches Debüt der Extraklasse, das Romansüchtige von allen Vorbehalten gegen kürzere Geschichten kurieren kann.« *dpa*

ELEONORA HUMMEL

Die Fische von Berlin

Roman
224 Seiten, Leinen mit Schutzumschlag

*

Alina aus Kasachstan hat mit der deutschen »Heimat« nichts im Sinn. Während ihre Eltern seit vielen Jahren von der Zukunft im Land ihrer Vorfahren träumen, interessiert sie sich brennend für die Vergangenheit und löchert ihren Großvater mit unbequemen Fragen. Ein streng gehütetes Geheimnis wird gelüftet, und eine so spannende wie tragische Familiengeschichte entfaltet sich unversehens zum Panorama eines ganzen Jahrhunderts.

»Ein floskelloser und anrührender, ein kleiner gelungener Roman.« *Frankfurter Allgemeine Zeitung*

»So klar ist dieser Roman, so wohltuend stark ohne Muskelspiel, so andeutungsvoll ohne überschuldete Anleihen, so stoffsicher.« *Frankfurter Rundschau*

»Bei diesem Buch wird einem klar, warum es geschrieben werden mußte.« *Deutschlandradio*

Steidl Verlag · Düstere Straße 4 · 37073 Göttingen
www.steidl.de

ERICH LOEST

Sommergewitter

Roman
344 Seiten, Leinen mit Schutzumschlag

*

Nach diesem Tag ist nichts mehr wie zuvor. Erich Loests packender Roman erzählt von ganz normalen Menschen, die Geschichte machen. Sie geraten hinein in die Ereignisse des 17. Juni 1953, an dem eine unbedachte Äußerung, eine leichtsinnige Unterschrift, ein übermütiger Auftritt über Knast oder Karriere entscheidet.

»Erich Loest hat einen großen Roman geschrieben, vielleicht seinen besten bisher.« *Die Welt*

»Ein packendes Stück Zeitgeschichte.«
Frankfurter Rundschau

»Ein bewegender, ereignissatter Roman.«
Der Tagesspiegel

»Ein wunderbares, lesenswertes Buch.«
Sächsische Zeitung

»Ein Roman, bei dem man beruhigt sagen kann, lesen unterhält und bildet.« *rbb, Antenne Brandenburg*